# 인문과학 정보원

# 인문과학 정보원

*Key Information Resources of Humanities & Arts*

## -史·哲·宗·言·文·藝-

이종권 · 백항기 공편

학문은 세계를 보는 '렌즈'라고 말할 수 있다. 학자들은 학문을 통해서 세상을 보고 해석하고, 평가하고, 방향을 잡는다. 역사학자는 역사학의 렌즈로, 경제학자는 경제학의 렌즈로, 화학자는 화학의 렌즈로 세상을 보고 해석하고 예측한다.

도서관에서는 다양한 분야의 렌즈로 세상을 볼 수 있고, 새로운 세상을 발견할 수 있다. 사서들은 이들 다양한 세계를 널리 포용하고, 이해하며, 안내해야 한다. 도서관처럼 다양한 지식을 보유하고, 수집하고, 안내하고, 제공하는 곳은 별로 없다. 혹자는 종합대학이 있지 않느냐고 반문할 것이다. 그러한 이해도 틀린 것은 아니다. 종합대학은 각기 그 대학에 개설되어 있는 학문분야의 모든 지식을 안내하고, 연구하며, 교육한다. 그러나 그렇더라도 대학에서의 지식 보존과 안내·제공은 상당부분 대학도서관을 통해서 이루어진다.

이렇게 도서관은 모든 지식을 보유하고, 안내하고, 활용하는 지식정보의 보고(寶庫)다. 따라서 도서관의 진정한 봉사는 이러한 지식정보의 보고 속에서 동맥과 정맥을 정확히 짚어 안내할 수 있는 유능한 주제 전문사서들이 많이 포진하면서 고객들에게 제때에 제대로 안내해야만 주제별 도서관 서비스의 질적 수준을 높일 수 있을 것이다.

인문과학 정보원은 사서들에게 인문학과 예술분야의 주제전문성을 길러 주기 위해 기획된 문헌정보학의 전공과목 가운데 하나다. 주제전문사서의 양성이 제도적으로 미흡한 우리나라의 교육상황에서 사서들이 인문·예술분야 지식의 갈래와 개념을 이해하고, 이용자를 각기 그들의 눈높이에 맞는 지식정보자원으로 안내할 수 있도록 하기 위한 것이다.

"철학은 철학하는 방법만을 가르칠 수 있다."는 말이 있다. 이 말은 모든 학문에도 통용될 것 같다. 인문과학 정보원은 인문·예술 분야의 문헌정보를 해설하고 정보원을 찾아가는 방법을 안내하는 교과목이다. 즉 인문·예술분야의 개요와 학문 갈래, 세부 정보원에 대한 지름길을 제시하는 과목이라 할 수 있다. 이러한 길 안내를 통해 사서들은 스스로 그 방법을 익히고, 보다 심도 있는 지식 정보에 접근하는 노하우(know-how)를 스스로 터득해 가야 할 것이다.

정보원의 안내에 있어서는 서지리스트의 망라적인 나열과 해제보다는 각 분야 정보원에 접근하는 방법을 먼저 터득하는 것이 중요하다. 이 책은 그 방법의 하나로서 먼저 각 학문분야의 기본 개념과 갈래를 안내하고 종합대학의 관련 커리큘럼 및 각 학문분야의 주요 레퍼런스 정보를 소개하는 방식으로 편성하였다. 이렇게 함으로서 학문에 접근하는 초학자로부터 교수·연구자에 이르기까지 각 분야에 대한 수준별 체계적인 정보 접근안내를 할 수 있을 것으로 판단된다.

이 책은 저술이라기보다는 편집이다. 인문학과 예술학을 포괄적으로 소개하는 일은 편자들의 지식만으로는 불가능하다. 그런데도 굳이 이 책을 편집한 목적은 문헌정보학과 학생들과 도서관의 직원들에게 주제전문성을 길러 도서관에서의 고객 서비스향상을 도모할 수 있도록 안내하기 위한 것이다. 따라서 여러 문헌자료와 백과사전류를 두루 활용하였음을 밝혀둔다. 또한 각 학문분야의 대학 커리큘럼은 서울대학교, 성균관대학교, 동국대학교, 국가평생교육진흥원 학점은행제 교과과정을 활용하였으며, 각 분야 정보원은 서울대학교 도서관목록, 고려대학교 도서관목록, 이화여자대학교 도서관목록, 교보문고 홈페이지 등을 두루 활용하였다. 도움을 주신 여러 선학 제위께 무한한 감사의 말씀을 드린다.

2015년 8월
문정작은도서관에서 편저자

# 제1장 학문과 도서관 그리고 시민소통

# 제1장 학문과 도서관 그리고 시민소통

## 1.1 학문의 탄생과 학문의 본질

학문은 인류문명의 발생 이후 동양과 서양에서 각기 다른 방식으로 태동되었다. 동양에서는 중국의 문자발명이후 유학을 중심으로, 서양에서는 고대 그리스의 철학과 자연과학을 중심으로 탄생된 것으로 보는데 별 이견이 없는 것 같다. 동양철학을 제외한 오늘의 모든 분과학문들은 그 시조를 고대 그리스에서 찾고 있다. 그만큼 고대 그리스는 학문의 발상지였다. 고대 그리스에서는 소크라테스, 플라톤, 아리스토텔레스, 헤로도토스, 히포크라테스 등 유능한 철학자와 자연과학자들이 출현하여 철학, 정치, 자연과학의 경계가 없는 인문주의 학문의 기초를 세웠다.

동양에서는 기원전부터 석가의 불교사상과 공자의 유교사상이 출현하여 인본주의 동양학의 정신적 기반을 구축하면서 면면히 전승되어왔다. 동양의 학문 역시 철학, 종교, 정치, 자연과학의 경계가 없는 통 큰 인문학으로 출발하였다.

그러나 서양의 고대와 중세의 학문은 근대학문으로 재정립되는 과정에서 대학으로 들어왔다. 12세기 중세의 대학들은 설립 초기에는 신학, 철학 등을 주축으로 하면서도 법률학, 의학 등 사회과학과 자연과학으로 교육과 연구영역을 세분시켜 왔고, 대체적으로 자유7과(문법, 수사학, 논리학, 산술, 기하, 천문, 음악)를 교수하였다. 또한 17, 18세기 이래 근대과학의 비약적 발전으로 학문은 더욱 여러 분야로 분화되기 시작하였고, 산업혁명 이후 현대로 내려오면서 학문의 갈래는 전문화라는 이름아래 수많은 가지를 치게 되었다.

이러한 경향에 따라 대학에 강좌나 학과가 설립된 시기를 기준으로 어떤 분야의 학문성립시기를 판정하는 가늠자로 삼게 되었다. 이렇게 대학에서 분과학문들이 수없이 갈라지고 그 세분화가 지속됨으로서 유사한 학문 영역 간에도 서로 소원해지는 현상이 벌어지게 되었다. 오늘의 학자들은 자기 분야의 좁은 테두리 안에서만 깊이 있는 연구에 매달리게 됨으로써 학문 전체를 조망할 수 있는 능력을 점점 상실하게 되었다. 그래서 이제는 다른 영역의 분과학문에 대해서는 아예 언급을 회피하는 것이 예의처럼 되어 있다. 만약 다른 영역에 대하여 한마디라도 비판적 언급을 했다가는 "전공도 아닌 자가 뭐 안다고 떠드나?" 라는 핀잔을 듣기가 쉬울 것이다.

그러나 학문의 본질은 원래 통합적인 것으로서 어느 시대에 있어서나 우리 인간과 자연을 탐구하는 데 있어 왔다. 이러한 통합적 탐구를 통해 인간의 참 가치[眞]·윤리[善]·아름다움[美]을 재정립함은 물론 물질과 우주의 이치를 끊임없이 찾아내어 자연스럽고 편리한 문명을 이룩함으로서 인류사회에 지속적 행복을 가져오게 하는 데 학문의 본질적 목적이 있다 하겠다.

## 1.2 인문학의 범 학문적 성격

앞서도 살펴본 바와 같이 학문은 인간의 탐구정신에서 비롯되었다고 할수 있다. 인간이 자신과 환경을 탐구하는 데서 학문이 시작되었다고 본다. 인간이 자신과 환경의 정신적인 면을 탐구하면 철학, 종교, 역사, 문학, 예술이 된다. 또한 인간이 자신과 환경의 물질적인 면을 탐구하면 과학기술이 된다.

인문학의 위기론이 대두되면서 인문학은 흔히 문·사·철(文·史·哲 : 문학, 사학, 철학)로 줄여서 부르는 경향이 유행되고 있으나 인문학의 범주는 문학, 철학, 사학에 국한되지 않는다. 문학, 사학, 철학을 기본으로 하면서도 언어학, 종교학, 예술(미술, 연극, 영화, 음악, 무용, 체육) 등 많은 학

문분야들이 포함된다.[1]

인문학에는 우선 언어학이 있다. 언어학은 모든 학문을 표현하는 도구적 학문이다. '인문(人文)'이라는 국어 단어를 뜯어보면 인(人)과 문(文)이다. 사람이 문자를 가지고 배우는(學) 것이다. 따라서 우리나라에서는 국어가 학문의 도구이며, 영미에서는 영어가 모든 학문의 도구가 된다. 마찬가지로 독일에서는 독일어가, 프랑스에서는 프랑스어가 학문의 도구다. 언어학의 기초 없이는 인문학도, 사회과학도, 자연과학도 불가능하다.

문학은 언어를 미적으로 표현하는 언어예술이다. 언어를 활용하여 시, 소설, 수필, 희곡, 시나리오 등 인간의 감정을 어루만지고 용기를 주는 작품을 창작한다. 문학이 없는 인간 생활은 삭막하다. '암스트롱이 놀던 달'보다는 '이태백이 놀던 달'이 훨씬 멋있다. 문학은 인간의 생활을 정서적으로 인간답고 멋지게 만들어 준다.

역사학은 과거의 연구를 통해 미래의 방향을 제시하는 학문이다. 인간은 반성하는 동물이다. 과거에 대한 바른 인식과 해석 없이는 올바른 미래를 창조하기 어렵다. 개인은 자기반성을 통해 발전을 추구할 수 있다. 마찬가지로 모든 학문은 역사가 있으며 각 학문사의 연구를 통하여 당해 학문의 발전을 모색한다. 국가는 국사의 연구로, 세계문명은 세계문명사의 연구로 미래 문명의 방향을 잡아 나갈 수 있다. 과거의 연구는 모든 학문과 미래 연구의 초석이 된다.

철학은 윤리학을 포함하며 인간의 삶의 근본문제와 가치를 탐구하고 재조명한다. 인간은 무엇 때문에 사는가? 인간이 추구하는 근본가치는 무엇인가? 먹기 위해 사는가? 살기위해 먹는가? 한편 모든 분과학문들은 그 근본

---

[1] 인문학의 범위는 문(文)·사(史)·철(哲)·언(言)·예(藝)·종(宗)으로 설명되기도 한다.(정대현. 2005. "인문학이란 무엇인가."『스무살에 선택하는 학문의 길』. 서울 : 아카넷. 26 - 35쪽) 그러나 순서로 본다면 언(言)·문(文)·사(史)·철(哲)·종(宗)·예(藝) 라고 해야 할 것 같다. 언어가 있은 다음 문학이 있고, 역사기록이 있고, 철학, 종교, 예술이 있을 수 있지 않을까?

적 목적과 방향을 철학에서 찾는다. 교육은 교육철학, 역사는 역사철학, 정치는 정치철학, 과학은 과학철학, 경영은 경영철학이 있다. 철학의 범위는 인간 삶의 거의 모든 부문에 걸쳐 그 가치를 판단한다.

종교학은 인류의 으뜸[宗] 가르침[敎]인 종교(宗敎)를 학문적으로 연구한다. 종교가 발생하게 된 역사 지리적, 사회 문화적 배경을 연구하고, 종교사 및 신흥종교를 연구한다. 종교철학은 각 해당 종교의 교리를 역사적·철학적으로 구명(究明)하여 각 종교와 그 믿음의 체계 및 신학적, 철학적 가치를 재조명한다.

예술은 아름다움과 즐거움을 추구함으로서 인간생활을 풍요롭게 한다. 아름다운 음악의 선율에 감동하고, '그림 같은' 회화와 조각에 빨려 들며, 연극과 영화를 통해 인생의 희로애락을 간접 체험한다. 예술은 종합적이다. 전 학문이 예술에 개입된다.


## 1.3 과학기술의 인문사회적 성격

과학의 역사는 우주의 역사이다. 빅뱅이론은 우주탄생을 설명하는 이론이다. 과학자들은 대폭발에 의해 우주가 탄생되고, 태양계가 형성되어 지구가 탄생된 후 지구상에 생명이 태동한 것으로 보고 있다. 빅뱅이론에 따르면 우주는 하나의 작은 입자에서부터 폭발, 팽창되어 형성되었으며, 지금도 우주 저 멀리에서는 팽창이 계속되고 있다고 한다. 이렇게 인간은 우주 속에서 하나의 미미한 생명으로 발아되어 지구에 자손을 퍼뜨리며 살고 있는 연약한 생물군에 불과하다.

그러나 인간은 우주의 거대한 역사 속에서 그들의 작은 역사를 형성하며 살고 있다. 다른 동물은 우주의 역사와 자신의 역사를 모를 것이다. 그러나 인류는 우주와 지구를 탐구하며, 스스로의 존재를 파악하는 하는 슬기 슬기인(Homo sapiens sapiens)이다. 그 앎은 태초에서부터 조금씩 깨우치고 전승되면서 현대의 과학기술에까지 이르게 되었다. 이렇게 인간은 하나의 작은 생물군에 불과하지만 우주적 존재이며, 역사적 존재로서 그 모두를 의식하고 탐구하는 슬기로운 존재인 것이다.

인간의 역사적 인식은 과학 탐구의 정신에서 비롯되었다고 할 수 있다. 우리는 현재 인문과학, 사회과학, 자연과학을 구분하고 있다. 그러나 이 구분은 인간이 자신과 사물을 바라보는 시각의 차이일 뿐이다. 모든 학문은 인간성의 바탕위에 서 있다. 인문학이든, 사회과학이든, 자연과학이든 인간성을 배제하고는 별 의미가 없다. 인문학자도, 사회과학자도, 자연과학자도 모두 다 인간이기 때문이다.

또한 인간은 사회적 존재이다. 그러나 인간사회의 성격은 지역별로 달라서 각 지역의 인간들이 추구하는 이상과 목표 및 이의 실현 방법이 다르다. 이것이 곧 이념이다. 인간사회의 공통된 목표는 행복의 추구라고 할 수 있을 것이다. 그러나 이를 실현하는 방법에 있어서는 각기 다른 성향을 띠게 된다. 그러한 성향은 먼저 종교에서 태동하였다. 불교, 유교, 기독교, 이슬람교 등 모든 종교들은 인간다움을 지향하는 면에서는 공통되나 그들의 실행 방법은 각기 판이하게 다르다. 각국의 정치는 그 나라의 주류 종교의 영향을 받으면서 정치이념을 형성하여 왔다. 어느 나라나 민주주의를 추구한다고 하지만 민주주의를 실현하는 세부적 방법은 다르게 나타났다. 그중 가장 극명하게 나타난 것이 자유주의와 공산주의의 양극화와 제3세계의 대립이라 할 수 있다. 인간사회에는 권력관계가 형성되므로 한 사회가 다른 사회를 지배하려는 속성이 있다. 자기들의 행복을 위해 다른 사회를 지배하려는 것이다. 이것이 서세동점과 군국주의로 나타났다.

과학의 최종 목표 역시 인간의 행복 추구일 것이다. 과학도 사회적 환경의 지배를 받아왔다. 아무리 순수과학이라 해도 사회라는 지붕 속에서 벗어나지 못한다. 갈릴레오는 그 사회에 반하는 주장을 했다가 당시의 사회적 잣대로 재판을 받았다. 전쟁에 대비해서 과학자는 무기를 만들어야 한다. 여기서 우리는 건강한 사회에서만 행복한 과학기술이 발전할 수 있다는 결론을 얻을 수 있다.

따라서 과학은 사회적 존재이며 과학자는 사회의 요구에 맞는 진리를 추구한다. 그러나 과학자의 진리 탐구는 고도의 정신활동으로서 사회적 테두리를 벗어날 수 있으며, 이를 통해 사회를 개선하는 지도적 역할을 수행할 수 있다. 사회 속에 과학이 존재하되 과학은 사회를 발전시킬 수 있으며 그 역 또한 같다.

## 《과학자와 무기 관련 최근 신문기사》

### 호킹 · 머스크 · 촘스키 … 이들은 왜 AI를 두려워할까?

세계적인 물리학자 스티븐 호킹 박사, '스페이스 X'의 창업자 엘론 머스크 회장, 애플의 공동 창업자 스티브 워즈니악 그리고 언어학계의 혁신가 노암 촘스키까지 …

이름만 대면 누구나 알만한 세계적인 석학과 기업가들이 한 장의 서한에 모두 자신의 이름을 써넣었다.

바로 '킬러 로봇'으로 알려진 인공지능(AI)을 기반으로 한 '공격형 자율 무기(offensive autonomous weapons)' 금지 서명에 동참한 것이다. 지난 27일(현지시간) 미국의 '생명의 미래 연구소'(Future of Life Institute · FLI) 측은 전 세계 1000명 이상의 유명 인사들이 서명한 서한(open letter)을 공개했다.

이 서한은 AI 무기 발전이 장차 인류에게 해가 될 것이라는 전망에 기초한다. 마치 영화 '터미네이터'에 등장하는 '스카이넷'이 현실이 될 수도 있음을 경고한 것. FLI측은 "이 기술의 '탄도'는 분명하다. 자율형 공격 무기는 내일의 '칼라슈니코프(AK시리즈로 유명한 소총의 대명사)'가 될" 것이라면서 "인간의 통제를 벗어난 이같은 무기 개발을 법으로 금지해야 한다."고 선언했다.

사실 할리우드 SF 영화에서 AI는 이제 단골 악당으로 등장하고 있다. AI는 'Artificial Intelligence'의 약자로 인간의 지능을 모방한 기계 혹은 컴퓨터 소프트웨어를 말한다. AI의 기반을 제공한 사람은 영화 '이미테이션 게임'으로 잘 알려진 영국 수학자 앨런 튜링(1912~1954)으로 그는 '효율적인 계산가능성'이라는 개념을 가지고 '튜링 기계'(Turing's Machine)를 만들어냈다.

AI라는 말이 공식화 된 것은 튜링이 세상을 등진 2년 후다. 지난 1956년 미국 다트머스 대학교의 수학자이자 컴퓨터 과학자인 존 매커시는 'AI'라는 용어를 공식화시켰다. 이후에도 AI는 소위 '강한 AI'와 '약한 AI'의 논란으로 이어졌다. 강한 AI는 컴퓨터가 인간의 능력을 모두 갖춘 것으로 인간을 뛰어넘는 '슈퍼 AI'로 발전할 수도 있다. 인류를 멸망시키는 '스카이넷'과 어벤저스의 울트론이 그 예.

이에 반해 인간처럼 지능이나 지성을 갖추고 있지는 못하지만 지능적인 능력을 보이는 것이 '약한 AI'로 대표적으로는 애플의 '시리'같은 존재다.

최근 들어 컴퓨터와 뇌 과학 기술의 발전과 더불어 AI 산업이 급속도로 커져 나가자 이에 대한 경고가 유명인들 사이에서 수차례 터져 나왔다. 사실 이 서한에 서명한 호킹 박사와 머스크 회장은 FLI의 자문위원으로 이미 수차례 AI에 대한 경고를 한 바 있다.

호킹 박사는 지난해 연말 BBC방송과의 인터뷰에서 "AI가 인간보다 훨씬 빠른 속도로 발달해 인류의 종말을 부를 수도 있다."는 섬뜩한 경고를 한 바 있다. 현실판 '토니 스타크'인 머스크 회장 역시 "AI 기술이 생각보다 더 빠르게 진전돼 5년 혹은 최대 10년 안에 인류에게 중대한 위험을 줄 일이 실제 벌어질 수 있다"고 주장했다.

또한 워즈니악은 지난 3월 호주언론과의 인터뷰에서 "머스크 회장과 호킹 박사의 예언처럼 AI가 사람들에게 끔찍한 미래가 될 수도 있다" 면서 "인간이 신이 될지, AI의 애완동물이 될지 모르겠다."고 밝힌 바 있다.

(서울신문 2015.7.28, 박종익 기자 pji@seoul.co.kr)

## 1.4 학문의 사명, 학자의 사명

학문은 사회 속에서 태동하고 사회와 함께 성장한다. 인간사회는 매우 포괄적이지만 국가라는 범주로 한정해서 보면 각국의 사회적 성격은 각기 차별화된다. 예를 들면 미국사회와 한국사회, 일본사회와 중국사회는 정치, 경제, 사회, 문화면에서 다르게 형성되어 왔다. 학문은 인류 보편의 진·선·미(眞·善·美)를 추구하지만 그 사회적 바탕은 나라마다 다르다.

학문이 사회라는 기반 위에서 사회를 위해 존재한다는 것은 어쩌면 당연한 일일 것이다. 학문은 사회의 산물이며 사회 속에 깊이 통합되어야만 학문으로서의 기능을 발휘할 수 있기 때문이다. 학문이 사회와 동떨어져 학자들만의 난해한 언어와 담론(談論)으로만 머문다면 그것은 학자를 위한 학문일 뿐이며 학문으로서의 가치와 기능을 발휘하지 못하는 것이다. 요즘 '인문학 위기'의 문제도 우리나라의 인문학이 시민 속에 튼튼히 뿌리내리지 못한 데 그 원인의 일단을 찾을 수 있을 것이다. 즉 학문의 씨앗을 파종하고 생산하는 학자들이 소위 학술논문이라는 그들만의 영역을 구축하고 어려운 문장으로 포장함으로써 시민들과 담을 쌓고 있다는 것이다. 각 학문 영역들이 사회 속에서 시민들을 위해 실용성과 가치를 제공할 수 있도록 시민의 일상 언어로 접근하지 못하고 있는 것이다.

미국의 물리학자 리처드 파인만(Richard P. Feynman)은 물리학적 앎, 즉 물리학 지식에 대하여 "과학을 전공하지 않은 자기 애인이 이해할 수 있도록 물리학의 내용을 쉽게 설명할 줄 알아야 그것이 자기의 지식이 되었다고 할 수 있다"고 말했다고 한다.[2] 이러한 논리는 인문학에도 동일하게 적용할 수 있을 것이다. 예를 들어 철학은 철학을 모르는 부인이 알아들을 수 있도록, 국어학은 어법을 모르는 초등학생이 알아들을 수 있도록, 문헌정보학은 도서관을 모르는 노인이 알아들을 수 있도록 설명할 수 있어야

---

2) 오세정. 2005. "물리학 - 자연과학의 근본." 『스무 살에 선택하는 학문의 길』. 360쪽.

각기 그 학문에 대한 지식이 있다고 할 수 있을 것이다. 다시 말해 각 학문은 모든 시민들이 이해할 수 있는 언어로 표현되어야만 학문의 '위기'를 극복할 수 있다고 생각된다.

## 학문의 사명

인간은 사회를 형성하여 서로 도우며 살아간다. 이 '서로 도움'이 곧 상호작용이며 소통일 것이다. 이러한 삶의 상호작용에는 정신적 작용과 물질적 작용이 있다. 인간의 삶을 나무에 비유해 보면 정신적 상호작용은 인간 생활의 뿌리이며, 물질적 상호작용은 인간 생활의 줄기, 가지, 잎이라 할 수 있다. 뿌리가 튼튼하면 줄기와 가지와 잎이 무성하다. 한편 줄기와 가지와 잎이 제대로 기능해야 뿌리도 잘 살 수 있다. 건강한 나무는 뿌리와 줄기, 가지, 잎이 서로 보완관계를 유지한다. 그러나 중요한 것은 나무에서 가지와 잎은 떼어내도 살 수 있다. 또 줄기를 잘라도 뿌리만 있으면 새순이 돋는다. 어떤 경우는 가지와 잎을 많이 솎아 주어야 더 잘 살 수 있다. 그러나 뿌리를 자르면 나무는 살 수 없다. 따라서 생명력의 근원은 뿌리에 있다.

인문학은 곧 인간 삶의 뿌리에 해당된다. 인간이 이용하는 물질, 즉 부(富)는 줄기, 가지, 잎에 해당된다. 줄기와 가지와 잎이 너무 무성하면 나무가 지탱하기 어렵듯이 물질이 너무 풍부하면 정신이 퇴보된다. 복권에 당첨된 졸부들이 쉽게 무너지는 것은 이 때문이다. 갑자기 찾아온 부를 지탱할 수 있는 정신의 뿌리가 약하기 때문이다. 따라서 나무가 균형 성장을 하듯이 사람도 정신과 물질의 균형성장(成均)을 이루어야 한다. 그런데 언제부터인가 물질이 인간의 정신을 과도하게 지배하게 되어 인문학에 위기가 찾아온 것 같다.

인문학은 인간의 뿌리를 지탱하는 학문이다. 인문학은 인간에 대한 깊은 성찰을 통하여 인간생활에 끊임없이 맑은 물을 공급하는 생명 샘이다. 따라서 인문학이 없으면 인간 정신이 병들고 말라 인간은 얼마 못가 '서로 도움'의 정신을 잊어버리고 인간 끼리 '약육강식(弱肉强食)'하는 동물로 퇴보할지 모른다. "인문학이 죽으면 나라 망한다"는 한 잡지 기사의 제목은[3] 저널리즘의 지나친 선동적 표현이라기보다는 인간 정신의 뿌리로서의 인문학의 역할과 중요성을 단적으로 웅변한 것이라 할 수 있다. 언어학, 문학, 역사, 철학, 종교, 예술 등 모든 인문학은 인간 정신활동의 산물이며 인간을 인간답게 하는 학문들이다. 따라서 인문학문의 사명은 바로 인간을 인간답게 하는 데 있으며, 이는 어느 시대에 이르러 종료되는 것이 아니라 끊임없는 연구와 성찰을 통해 연면히 이어지는 인류 정신의 역사이다. 인문학은 이러한 인간 정신의 뿌리를 튼튼히 하는 소임을 다해야 할 역사적 사명을 띠고 있다.

## 학자의 사명

그러나 학문은 말처럼 그렇게 쉬운 것은 아니다. 인문학자들의 사명은 간단히 말하면 '인간 정신의 뿌리인 인문학을 연구하고 가르치는 것'이라 할 수 있다. 언어학자, 역사학자, 종교학자, 문학자, 철학자, 예술인 등 모든 인문학자는 그들의 지식의 지평[4]을 넓히면서 지혜의 심연(深淵)을 천착하여 시민들에게 삶의 방향을 제공함으로써 인간사회의 정신적 지주가 되어야 한다. 학자들은 자기 영역 안에서의 고립을 버리고 다양한 전공자와 교류하면서 그들의 깊이 있는 전공지식의 각도에서 다른 영역도 아울러 성찰함으로써 인간 정신사의 전체적인 통찰을 이루어 내야 한다. 그러기 위해서는 모든 학문에 있어 포용과 창조적 태도가 절실히 필요하다.[5]

---

3) 『신동아』1999년 5월호. 346쪽.
4) 2006년 12월에 『지식의 지평(知平)』이라는 학술잡지가 창간되었다. 학술지의 제목에서 지평을 '地平'이라 쓰지 않고 '知平'이라 한 것이 의미심장하다. 땅의 지평선이 아니라 지식이 소통하는 '지식의 지평선'이라는 의미로 해석되기 때문이다.
5) 조동일. 1997. 『인문학문의 사명』. 서울대학교출판부. 49 - 56쪽.

또한 연구의 결과 발표에 있어서는 학자들 사이에 교류되는 학술논문의 언어 표현은 다소 전문적이고 난해하다고 하더라도 그 내용이 일반 대중을 향할 때에는 대중의 언어로 소통될 수 있어야 한다. 시민의 호응을 얻지 못하는 학문은 학문으로서의 사회적 역할을 할 수 없을 것이기 때문이다. 오늘의 학자에게 요구되는 사명은 연구는 깊고 넓게, 표현은 쉽게 하는 것이라고 말할 수 있다. 즉 학자들은 지식의 샘을 파고, 지혜의 샘물을 길어 시민에게 공급하는 역사적 사명을 띠고 있다. 쉽지 않은 학문을 쉽게 뚫어 내기는 어려울 것이다. 또 어렵게 뚫어낸 학문을 쉽게 설명하기는 더욱 어려울 것이다. 그러나 그 딱딱한 진리를 뚫어낸 학자는 자신만의 앎의 과정을 체험했기 때문에 좀 더 쉬운 언어로 설명할 수 있을 것이다. 알기 쉬운 언어로 시민에게 지식과 지혜를 제공함으로써 교양과 지혜를 갖춘 시민을 길러 그들로 하여금 인간적 삶의 행복지수를 높이는 활동을 전개하는 것이 이 시대 학자들에게 주어진 사명이 아닐까?

## 1.5 인문학의 위기와 타개책

인문학의 위기론은 근대 교육제도의 실시 이후 수많은 학자들의 생각 속에 잠재되어 왔으나 1990년대 중반 '문민정부'의 임시조직 '교육개혁위원회'가 교육의 방향을 '수요자 위주'의 교육으로 제시하면서 수면 위로 떠오르게 되었다(교육개혁방안, 1995년 5월 31일). 그 후 '국민의 정부(김대중 정부)', '참여정부(노무현 정부)', 'MB정부(이명박 정부)', 현 정부에 이르기 까지 거의 20년이 흘러가고 있지만 '인문학의 위기'는 아직도 진행 중이며, 오히려 학문의 전당이라는 대학에서는 문학, 사학, 철학과의 폐지나 통폐합 등 인문학의 위기를 더욱 심각한 수준으로 내몰고 있다.

학문의 '위기론'은 인문학에만 있었던 것은 아니다. 자연과학, 응용과학 등 소위 이공계 학문에서도 위기론이 대두되어 왔다. 기초과학을 소홀히 하고 과학기술자를 홀대하면 국가의 발전이 암울하다는 의견도 수없이 제기되어 왔다. 오늘의 교육제도 하에서는 인문학의 위기론이건 자연과학의 위기론이건 국가와 사회의 미래를 걱정하는 지적이라고 생각된다. 그렇다면 이러한 학문의 위기를 어떻게 타개할 것인가? 위기라는 말을 습관적으로 쓰다보면 위기의식을 느끼지 못하는 것이 우리 인간의 속성이다. 따라서 이제는 학문의 위기타령만 계속할 것이 아니라 위기를 느끼는 사람들, 즉 학자 자신들부터 학문의 위기를 극복하려는 노력을 기울여야 하리라고 본다.

'인문학 위기론'의 본질은 인문학이 경시됨으로써 벌어지는 인문정신의 결핍과 그로 인해 야기되는 정신문화의 쇠퇴에 있다고 생각된다. 국가와 대학에서 그리고 사회 각 부문에서 지금처럼 인문학을 홀대하고 무시한다면 인간의 인간다움을 지탱하는 정신적 기둥이 무너지게 된다는 것이다. 즉 작금에 대두되고 있는 인문학 위기론은 부문 간의 연구용역비를 둘러싼 돈타령이나 자리다툼이 아니라 인간 정신을 찾는데 그 목적을 두어야한다고 본다. 구체적으로 말한다면 인문학과 사회과학, 인문학과 자연과학의 밥그릇 싸움이나 자리다툼이 목적이 되어서는 안된다.

그러나 지금까지 설명되고 있는 위기론과 그 비판들을 보면 마치 주어진 연구비 예산을 어느 부문이 더 많이 차지하느냐로 비쳐지기 십상이다. 인문학의 위기, 자연과학의 위기 등 각종 위기론의 등장에는 당국의 지원 소홀과 부문 간 불균형 지원, 학생들의 졸업 후 취업난 등 현실적 경제적 기회 균등의 문제와 관련되고 있다. 위기론이 학문적 본질에 근거한 것으로 여겨지기보다는 사회경제적 기회의 불평등이라는 면에서 사회적 갈등으로 비쳐지는 것 같아 석연치 않다.

따라서 위기의 본질을 확실히 한 연후에라야 보다 근본적인 타개책이 나올 수 있을 것이다. 이러한 위기의 본질 인식위에서 대응전략으로서는 장기적인 안목에서 위기의 타개방안을 찾아야 한다고 생각한다. 학자, 학생, 정책당국이 지혜를 모아 국가와 사회의 장기적 균형 있는 발전을 모색해야 한다고 생각한다.

## 교육정책 당국의 전략

교육정책당국은 인간을 경제적 자원으로만 보는 근시안적 시각에서 탈피하고 인간과 학문 그리고 교육에 대한 정책을 펴야 한다. 적어도 교육에 관한 한 인간을 자원으로 보는 비인간적 발상과, 학문을 경제 논리로 지배하려는 교육의 시장 경제적 발상을 버려야 인간사회가 제대로 발전할 수 있다고 본다.

그런 다음 국가 전체적으로 학문발전의 균형을 생각해야 한다. 우선은 돈벌이가 되지 않아도 모든 학문 부문에 골고루 지원을 해야 한다. 돈벌이가 되는 쪽만 투자하면 결국 기형사회가 된다. 기형의 사회를 원하지 않는다면 정책당국은 교육과 학문 발전의 '성균정책(成均政策)'을 펴야 한다고 생각한다. 학문의 균형은 국가의 균형이자 문명의 균형이기 때문이다.

## 학자들의 전략

학자들은 연구비와 관련된 밥그릇 싸움을 경계하고 그들이 진정으로 좋아하는 학문연구에 몰두해야한다. 공자(孔子)는 연구비를 타지 않고도 위대한 인문학을 수립했다. 석가(釋迦)는 탁발 구걸하면서 불교를 확립했다. 기독교의 박애주의는 금욕 정신에 기반을 두고 있다. 조선조의 위대한 인문학자 다산 정약용선생은 18년간 전라남도 강진의 귀양지에서 500여권의 책을 저술했다고 한다.[6] 인문정신은 곧 인간, 사회, 역사, 우주에 대한 탐구정신이며, 이러한 정신에서 진정한 학문의 결실이 수확된다. 학자들은 연구용역을 수주하려 애쓸 필요가 없다. 교수직만으로도 현실적 삶은 좋으며 책을

---

6) 정민, 2006.『다산선생 지식경영법』. 서울 : 김영사.

사고 연구할 시간은 많다고 생각한다. 국가의 지원은 교수로 임용되지 못한 신진 학자들에게 돌아가야 한다. 연구하고 가르치고 또 연구하는 성실한 삶의 실천이야말로 진정한 인문학자들의 태도라고 생각된다.

## 학생들의 전략

학생들은 무엇을, 어떠한 삶을 원하는가? 취직, 돈, 다 삶에 있어 필수적이다. 그럼 취직이 되고 돈을 많이 벌었다고 하자. 그 다음은 무엇인가? 대재벌이 되어 돈을 굴리면서 부도덕한 활동을 일삼는 '경제동물'이 될 것인가, 아니면 먹고, 마시고, 노래하고, 방탕할 것인가? 그것까지도 인간인 이상 허용할 수 있는 일이라고 하자. 그럼 그 다음은 무엇인가?

취업과 돈은 한계가 있고 억지로 되지도 않는다. 또한 그것이 인생의 원대한 목표라고하기에는 너무나 저급하다. 백만장자라도, 천하를 지배하던 왕이라도 결국은 사라진다. 우리 인생은 길지도 않지만 결코 짧지도 않다. 젊었을 때부터 착실히 학문에 전념하고 본인이 가장 좋아하는 일을 찾아 평생 동안 행복하게 사는 것, 그것보다 더 나은 삶이 있을까?[7]

백만장자가 아니라도 내가 가장 하고 싶은 일을 평생 누리면서 다른 사람들에게 더불어 행복을 줄 수 있는 일, 정치가, 기업인, 공무원, 학자, 언론인, 예술인, 외교인, 의사. 기술자, 노동자 다 좋을 것이다. 나의 길(道)이 뚜렷하고, 나의 행(行)이 올바르고, 나의 생각(念)이 슬기로우면 그것처럼 인간다운 삶은 없을 것 같다. 직업의 선택, 학문의 선택은 본인의 의지에 따라야 하며 결코 경제논리로 부화뇌동(附和雷同)해서는 안 될 일이다. 어떤 분야를 공부하든 인문학은 우리의 삶의 방향을 잡아주는 나침반이다.

---

7) 김순희. 2006. "헤이리 출판도시, 행복한 바보들이 마음치장하며 사는 동네." 『신동아』 2007년 1월호. 418 - 427쪽.

## 기업들의 전략

기업은 인재를 중요시한다. 기업들은 인재를 양성하기 위해 연수원에서 교육을 하고 해외유학도 보낸다. 일은 사람이 하며 그중에서도 능력 있는 사람이 해내기 때문이다. 능력 있는 사람이란 인간적인 경영자, 창의적 기술자들이다. 인간경영으로 회사를 기획하며, 창의적 신기술을 개발하여 경쟁에서 이기는 사람들이 기업을 이끈다. 창의적인 인재는 기술인이라도 인문정신을 지닌 사람들이다. 인문정신의 바탕이 없이 기술에만 밝은 사람은 기업에 대한 충성도가 낮을 수도 있다. 산업스파이로 기술을 빼내 갈 수도 있다. 그러나 인문정신이 두터운 사람은 자신을 알고, 회사를 알고, 국가와 사회를 생각하므로 회사에 기여하고 회사를 떠나서도 회사와 사회를 위해 일할 것이다. 기업에서의 '인문정신'은 곧 '기업정신'으로 발전될 수 있다.

결국 정책 당국, 대학, 학생, 그리고 기업들이 자신의 본질 구현에 충실할 때 모든 위기는 기회로 전환될 수 있다. 당국은 균형 있는 교육학술정책을, 학자는 진리탐구에 전념을, 대학은 기초학문의 육성을, 학생들은 스스로 적성에 맞는 가장 하고 싶은 공부를, 기업은 기업정신과 인문정신의 접목을 이루어내야 한다. 결론은 다음 한 마디로도 충분할 것 같다. "돈 벌이라고요? 우리 모두 먼저 '인간'이 되어야죠."

## 1.6 학문의 대중화와 도서관

인문학이 대중과 소통해야 한다면 무엇을 어떻게 소통해야 하는가? 여기에 '무엇을'에 해당하는 답은 인문학 각 분야의 연구에 바탕을 둔 충실한 내용, 즉 콘텐츠이며, '어떻게'에 해당하는 답은 콘텐츠를 효율적으로 소통하는 멀티미디어와 디지털미디어이다. 전통적인 소통은 면대면의 대화와 책 등 아날로그적 소통이었으나 지식정보사회에서의 소통은 디지털 네트워크에 의한 컴퓨니케이션(compunication) 소통으로 변모되고 있다.

초기 컴퓨터 통신과 인터넷은 콘텐츠를 만드는 프로그램이 미숙했고, 컴퓨터통신과 인터넷의 유용성에 대한 학자들의 인식도 부정적이어서 인문콘텐츠를 구축하고 소통하는 노력이 적극적으로 이루어지지 않았으며, 다만 인터넷을 통해 뉴스를 보거나 전자메일을 이용하는 수준이었다. 또한 음란물이나 상업성 게임 등이 먼저 인터넷을 점령해 인터넷 중독, 게임 중독 등의 사회문제를 야기하여 왔다. 그러나 2000년대 이후 인터넷에 탑재되는 각종 자료의 내용이 점점 충실해지고, 정부, 회사, 단체, 개인에 이르기까지 홈페이지를 구축하여 마케팅의 수단으로 활용하면서 이제는 유용하고 수준 높은 내용들도 인터넷에 탑재, 디지털문서로 제공함으로써 지식정보의 소통이 상당부분 인터넷을 통해 이루어지고 있다.

특히 IT(Information Technology)기술과 CT(Culture Technology)기술의 접목으로 정보통신 산업과 문화산업이 급속도로 발전하고 있다. 오늘 우리의 삶의 모습은 문자생활을 하는 사람이라면 누구나 눈만 뜨면 인터넷에 접속하여 정보를 검색하고 메일을 교환하며, 도서관에 가기 전에 먼저 인터넷을 통하여 정보를 찾게 되었다. 또한 교육, 영화, 상거래 등 거의 모든 부문의 커뮤니케이션을 사이버를 통해 실현해 가고 있다. 이제 지식정보사회는 역사를 흐르는 시대의 대세이기 때문에 전통적 방법을 고수하던 학자들도 이러한 역사적 흐름을 외면할 수 없게 되었다.[8] 따라서 인문학, 사회과학, 자연과학 모두 지식정보 네트워크에 연구의 성과물인 콘텐츠를 올려 지식과 정보를 대중 속으로 전파하지 않으면 안 되게 되었다.

---

8) 이태진. 2001. "정보화시대의 한국 역사학". 『역사학과 지식정보사회』. 서울대학교출판부. 3 - 31쪽.

## 콘텐츠와 디지털콘텐츠

이러한 상황 속에서 이제 '콘텐츠'라는 용어는 본래의 사전적 의미인 책의 '목차, 내용'의 의미로부터 '전자적으로 구현되는 내용, 즉 디지털에 탑재되는 내용'으로 변모되었다. 사전에서 '콘텐츠'와 '디지털콘텐츠'를 검색하면 다음과 같은 해설이 나온다.

"콘텐츠(contents) : 원래는 책·논문 등의 내용이나 목차를 가리키는 것이었으나 지금은 영화나 음악, 게임 등의 오락으로부터 교육, 비즈니스, 백과사전, 서적에 이르는 디지털 정보를 말한다. 통신회선을 사용하여 간단히 접속할 수 있는 데다 개인용 컴퓨터의 보급이 확산 일로에 있으므로 콘텐츠 관련 비즈니스는 더욱 확대될 것으로 예상된다. 한편 콘텐츠의 사회적 영향력에 대해서는 예측 불가능한 부분이 있으므로 법적·윤리적 관점에서 어느 정도의 규제를 설정해 두어야 한다는 지적이 나오고 있다"(백과사전)

"디지털콘텐츠(digital contents) : 유무선 전기 통신망에서 사용하기 위해 부호·문자·음성·음향·이미지·영상 등을 디지털 방식으로 제작, 처리, 유통하는 자료, 정보 등을 말한다. 구입에서 결제, 이용까지 모두 네트워크와 개인용 컴퓨터(PC)로 처리하기 때문에 종래의 통신 판매 범위를 초월한 전자 상거래(EC)의 독자적인 분야로서 시장 확대가 급속히 이루어지고 있다."(IT사전).

이와 같은 콘텐츠의 의미와 성격에 비추어 볼 때 인문콘텐츠, 문화콘텐츠, 디지털콘텐츠는 각기 콘텐츠의 포함 범위가 다르다는 것을 알 수 있다. 콘텐츠 앞에 붙여진 한정어들이 그 포함범위를 지시해주기 때문이다. 즉 인문학의 내용을 디지털화 한 것은 '인문콘텐츠'이며, 문화의 내용을 디지털화하면 '문화콘텐츠'가 되는 것이다. 또 '문화콘텐츠'는 인문학을 기반으로 하지만 문화는 그 범위가 더 넓으므로 문화콘텐츠는 인문콘텐츠를 포함하는 개념으로 볼 수 있다. 인간생활의 모든 측면이 문화에 포함되기 때문이다. '디지털콘텐츠'는 인류의 전 지식 영역을 디지털화하는 것으로 해석되며 어떤 내용이든지 디지털화 하면 디지털콘텐츠로 되어 문화콘텐츠보다 더 광범하게 느껴진다.[9) 또한 디지털콘텐츠가 인류의 전 지식영역을 콘텐츠화 한다는 의미로 본다면 이는 '디지털도서관'과 동일한 의미가 된다. 이와 같이 인문콘텐츠, 문화콘텐츠, 디지털콘텐츠는 순차적인 포함관계를 이룬다고 하겠다. 따라서 모든 지식과 정보는 궁극적으로 디지털화를 통해서 디지털 도서관 개념으로 통합될 수 있다. 인류의 전 지식 부문에 걸쳐 디지털화가 완성되고 디지털유통으로 전 세계가 교류되면 지구촌은 거대한 디지털도서 관이 될 것으로 전망된다.

## 인문학의 '블루오션'

'블루오션 전략'이라는 책이 2005년에 출판되어 경영분야의 베스트셀러가 된 적이 있다. 블루오션 전략(Blue Ocean Strategy)이란 프랑스 INSEAD Business School의 김위찬(W. Chan Kim) 교수와 르네 마보안(Renee Mauborgne) 교수가 제창한 기업전략 이론이다. 이 이론의 핵심은 '경쟁을 넘어선 창조'에 있으며 이를 '푸른 바다'전략이라 이름 붙인 것이다. '푸른 바다(Blue Ocean)'란 이미 존재하는 치열한 경쟁 산업시장을 의미하는 '붉은 바다(Red Ocean)'와 대비되는 개념으로서 아직 아무도 시도한 적이 없는 저 푸른 바다와 같은 거대한 성장잠재력을 가진 미개척 시장을 뜻한다. 따라서 블루오션에서 시장 수요는 경쟁에 의해 발생되는 것이 아니라 창조에 의해서 발생되고 높은 수익과 고속 성장을 가능하게 하는 무한한 기회가 존재하는 시장이라는 것이다.[10)

그런데 이러한 블루오션전략이 인문학과 무슨 관계가 있을까? 특히 인문

---

9) 그러나 한편으로는 '디지털콘텐츠'는 용어의 구성으로 볼 때 의미의 중복이 감지된다. 앞서 용어설명에서도 보았듯이 '콘텐츠'라는 말 속에는 이미 '디지털'이라는 의미가 함유되어 있는데 '디지털콘텐츠'라 하면 '콘텐츠 콘텐츠'로 되기 때문이다.
10) 김위찬, 르네 마보안. 강해구 옮김. 2005. 『블루 오션 전략』. 서울 : 교보문고.

학은 산업이 아니므로 시장개념과는 거리가 멀고, 따라서 본래 경쟁이라는 게 없는 것 아닌가? 그러나 위의 블루오션의 개념의 핵심은 '창조'에 있으며, 인문학은 인간 정신의 '창조'에 있기 때문에 이런 점에서 공통점을 발견할 수 있다. 산업에서도 경쟁을 넘어서는 창조를 강조하듯이 본래부터 창조를 본질로 하는 인문학이야말로 보다 새로운 다짐으로서 '블루오션'적 전략으로 나가면서 온고지신(溫故知新)할 필요가 있다고 생각되기 때문이다.[11]

앞서 살펴본 21세기 사회의 큰 줄기가 되고 있는 지식정보사회 내지 디지털사회 속에서 인문학은 새로운 창조와 대중화의 방법적 전환을 통하여 문화산업의 창조에도 핵심적인 역할을 수행해야 할 책임이 있다. 이러한 맥락에서 인문학의 블루오션 전략은 바로 인문콘텐츠, 문화콘텐츠, 디지털콘텐츠로 나아가는 것이다. 인문학은 새롭고 알찬 온고지신(溫故知新)의 통찰력으로 깊이 있는 학문적 천착을 지속하면서 그 결과물들을 인문콘텐츠와 문화콘텐츠에 담아냄으로서 학문의 대중적 소통을 통하여 인류의 정신문화와 물질문명이 균형 있게 발전할 수 있도록 이끌어야 할 것이다. 인문학은 이제 좁은 골방으로부터 벗어나 저 푸른 대양을 향해서 항해를 시작해야 한다.

## 학문의 대중화

현대사회가 인터넷으로 대표되는 디지털사회라고 하지만 아직 완전한 디지털사회가 이루어진 것은 아니다. 대부분 인문학의 기초자료와 연구물들은 아직 아날로그 상태이다. 지식을 소통하는 데 중요한 역할을 하는 도서관

---

11) 정조대왕은 溫故知新은 '옛글을 익혀 새 글을 안다'는 뜻만이 아니라 '옛 글을 익히면 그 가운데서 새로운 맛을 알게 되어 자기가 몰랐던 것을 더욱 잘 알게 된다.'는 의미라고 경연에서 가르쳤다고 한다. 옛 고(古)를 쓰지 않고 까닭 고(故)를 쓴데서 이러한 해석이 가능하며 오늘의 우리들도 재음미하고 깨달아야 할 대목이다. (한국학중앙연구원 세종국가경영연구소. 2005. 『정조실록으로 떠나는 여행』. 171 - 173쪽 참조)

역시 아날로그의 비중이 훨씬 높다. 디지털자료는 점점 확대일로에 있지만 아직은 발전단계에 지나지 않는다고 해야 할 것이다. 따라서 앞으로의 도서관은 인문콘텐츠와 문화콘텐츠를 아우르면서 디지털콘텐츠를 구축하고 소통시키는 것이 시대가 요구하는 방향이라고 생각된다.

현재 대부분의 도서관은 책과 멀티미디어 문헌자료를 수집, 보존, 활용시키고 있다. 학자들은 개인적으로 수집해서 공부하는 책도 많지만 고문헌자료 등 역사자료들은 도서관을 이용한다. 전통적 인쇄자료인 종이 책의 편리와 유용성은 아직 훌륭하다. 학생들은 책이 없으면 공부하기 어렵다.[12] 따라서 도서관은 종이책을 지속적으로 유지하면서 사라져가는 책들을 디지털화하는 노력을 기울이지 않으면 안 된다.

그러나 중요한 것은 디지털사회는 인간사회의 한 측면에 불과하다는 점을 잊어서는 안 된다는 것이다. 디지털은 보존과 소통의 유용한 기술적 방법일 뿐이며 이를 활용하는 것은 인간이기 때문에 인간과 디지털에 있어 주객이 전도되는 현상이 일어나서는 안 될 것이다. 인간은 아날로그도 필요하고 디지털도 필요하다. 인간은 디지털 방식으로 결혼하고 아이를 낳을 수 없다. 디지털 방식으로 음식을 먹을 수도 없다. 인간은 인간이며, 디지털은 디지털인 것이다. 따라서 인간은 앞으로도 인간정신을 뿌리로 하고, 과학기술을 도구로 삼는 인간적 지혜를 발휘하며 살아갈 것이라 확신한다.

## 1.7 통섭이란 무엇인가

요즘 모든 학문은 '통섭'의 학이 되어야 한다는 주장이 나오고 있다. 미국의 생물학자 에드워드 윌슨(Edward Osborne Wilson 1929~)의 『consilience :

---

12) 학생들이 교과서를 사지 않으려하는 것은 공부하지 않겠다는 것과 다름이 없다. 공부의 도구를 사용하지 않는 것이기 때문이다.

the unity of knowledge. 학문의 대 통합, 통섭』이 1998년에 출간되어 2005년에 우리나라에 번역 소개되었다. 이 책을 번역한 생물학자 최재천 교수는 생물학으로부터 학문의 대 통합을 이루어야 함을 강조하고 있다.[13][14] 물론 그 이전에도 서울대학교 장회익 교수가 '온생명론'을 주창하였다. 장교수는 그의 저서 『삶과 온 생명』에서 자연과학을 우주 전체의 생명의 문제로 보고 동양철학적인 해석을 시도하였다.[15] 우주는 곧 생명의 질서로서 우주 전체가 하나의 거대한 생명체라는 것이다. 따지고 보면 학문 간의 편 가름은 매우 부질없고 편협한 일이다. 우주의 전체를 보고 학문을 해야만 올바른 생명의 원리와 질서를 알아낼 수 있다. 인문학을 하든, 자연과학을 하든, 저 광대무변한 우주의 생명을 기저로 해야 한다는 것이다. 또한 2005년에 우리나라 인문학자와 자연과학자간 학문적 대화를 정리한 『대담』이라는 책이 출판되어 눈길을 끌었다. 앞서 소개한 생물학자 최재천 교수와 영문학자 도정일 교수와의 대화로 이루어진 이 책은 인문학과 자연과학의 경계는 인간이라는 큰 틀에서는 하나로 통합됨을 여실히 보여준다.[16]

'통섭'의 골자는 한마디로 고대 그리스나 고대 동양의 학문처럼 학문의 본래 모습으로 돌아가야 한다는 것으로 세부 전공자들이 자신만의 좁은 테두리를 벗어나 전체 학문을 인간적으로 조망할 수 있는 눈을 갖자는 것으

---

13) 에드워드 윌슨(Edward Osborne Wilson 1929~). 최재천 역. 2005. 『학문의 대 통합, 통섭』. 서울 : 사이언스북스.
  "진리의 행보는 우리가 애써 만든 학문의 경계를 존중해 주지 않는다. 학문의 구획은 자연에 실재하는 것이 아니기 때문이다. 진리의 궤적을 추적하기 위해 우리 인간이 그때그때 편의대로 만든 것일 뿐이다. 진리는 때로 직선으로 때로 완만한 곡선을 그리며 학문의 경계를 관통하거나 넘나드는데, 우리는 우리 스스로 만들어 놓은 학문의 울타리 안에 앉아 진리의 한 부분만을 붙들고 평생 씨름하고 있다."
  〈통섭. 7쪽 옮긴이 서문 첫 단락에서〉
14) 최재천. 2005. "생물학, 지식을 통섭하는 학문". 『스무살에 선택하는 학문의 길』. 서울 : 아카넷. 391 - 402쪽.
15) 장회익. 1998. 『삶과 온생명』. 서울 : 솔출판사
16) 도정일, 최재천. 2005. 『대담』. 서울 : 휴머니스트

로 이해된다. 모든 학문은 결국 '인간의, 인간을 위한, 인간에 의한 학문'이 기에 좁은 스펙트럼의 색안경을 쓰고는 그런 포괄적 안목을 갖기 어렵다는 것이다. 현재 흔히 나타나고 있는 학문 간의 담쌓기에 대한 경종이라 생각된다. 사실 학문이란 무엇인가? 배우고 묻는 것이다. 배우면서 의문을 가지고 탐구하고 또 배우고… 여기에 경계란 무의미하다. 학문은 소통되어야 한다. 학문은 한 개인 학자의 전유물이 아니다. 누구든지 배우고 물어서 새로운 것을 터득하여 인류에게 이롭게 하면 되는 것이다.[17]

---

17) "우리 학문, 소통해야 위기 뚫는다." 조선일보 2007년 1월 9일(화) A23면.
    한국학술협의회. 2006. "기획 특집, 우리학문 어디에 서 있는가." 『지식의 지평』
    창간호(2006년 12월 15일). 87 - 192쪽.

## □ 참고문헌

『다산선생 지식경영법』(정민. 김영사, 2006)

『대담』(도정일·최재천. 휴머니스트, 2005)

『삶과 온생명』(장회익. 솔출판사, 1998)

『역사학과 지식정보사회』(이태진. 서울대학교출판부, 2001)

『통섭 - 지식의 대 통합』(에드워드 윌슨 지음, 최재천·장대익 옮김. 사이언
　　스북스, 2005)

『통섭의 식탁』(최재천. 명진출판, 2012)

『블루오션 전략』(김위찬·르네 마보안 지음, 강해구 옮김. 교보문고, 2005)

# 제2장 전문사서와 인문학 서비스

# 제2장 전문사서와 인문학 서비스

## 2.1 전문직으로서의 사서

사회에 전문직은 무수히 존재한다. 대학에는 수많은 학과가 있다. 그 많은 학과들은 다 나름대로의 전문성을 갖추고 있어서 그 분야 전문가 양성에 주력하고 있다. 전문 자격증의 종류도 무수히 많다. 그러면 전문직이란 무엇인가? 이를 확실히 하지 않으면 전문직에 대한 혼동이 일어나서 무엇이 과연 전문직인지 판단하기가 어려울 것이다. 따라서 전문직의 정의와 특성을 먼저 살펴보기로 하겠다.

먼저 사전적 의미에서 전문직을 살펴보면 전문직이란 "일반인들이 갖지 못한 고도의 전문적 기술이나 지식을 갖추고 일반인들이 수행할 수 없는 일을 처리하는 직업"으로 이해된다. 따라서 전문직은 특정 직업이 지식이나 기술적 측면에서 고도의 전문성으로 말미암아 다른 직업 또는 활동과 차별화 되는 직업이다. 그러므로 적문직의 업무는 아무나 할 수 없는 것이 된다. 그러나 사회적 의미에서의 전문직은 사전적 의미의 전문직 보다 더 세부적으로 설명된다. 전문직의 개념은 위의 전문 지식과 기술을 갖추는 것은 필수적이고 그 이외에도 국가가 인정하는 전문 자격증, 봉사정신 등이 꼽히고 있다. 보다 세부적인 분석은 다음 예에서 찾아볼 수 있다.[1]

### 구조적 외적 특성

- 인류와 사회에 봉사할 수 있는 창조적, 이론적, 체계적 지식과 지적 기술
- 전문 교육기관의 설립과 장기간의 교육 훈련

---

[1] 김영욱 외. 1999. 『언론인 전문화 교육- 개념과 모델, 실태와 전망』. 한국언론재단. 16쪽.

- 전문인 협회의 창설
- 윤리강령의 제정
- 전문인으로서의 권위
- 사회적으로 인정받는 특권
- 전문인들이 형성하는 문화
- 직업의 상근성

## 태도적 심리적 특성

- 자기 직업에 대한 고도의 참여의식
- 경제적 보상보다 내면적, 정신적 보상을 기반으로 하는 직업에 대한 의무감
- 자기 분야의 전문인 협회 또는 단체를 주된 준거집단으로 삼는 자세와 공통 규범
- 공중에 대한 봉사의 신념과 가치관
- 직업 활동에 대한 자율적 규제의 신봉
- 자기 분야에 대한 소명의식
- 직무 수행에 있어서의 자치성 향유

위와 같은 전문직에 대한 정의와 개념에 비추어보면 사서직의 경우도 상당한 전문직으로서의 특징을 갖고 있다고 볼 수 있다. 즉 전문지식의 습득은 대학의 문헌정보학과와 대학원의 석·박사학위 과정을 통하여 이루어지고 있다. 국가의 공인은 법률에 의거 일정한 교육 이수자에게 사서자격증을 수여함으로서 이루어진다. 또한 도서관협회가 결성되어 활동하고 있으며, 윤리성과 관련하여 '도서관인 윤리선언'은 사서의 사회적, 윤리적 책임성을 강조하여 전문직에 요구되는 윤리와 책임을 규정하고 있다.

## 전문직의 윤리

우리나라에서는 도서관계가 뜻을 모아 도서관인의 철학적·윤리적 실천 덕목으로서 '도서관인 윤리선언'을 선포하였다. 도서관인 윤리선언은 1997년 10월 30일 한국도서관협회가 주관하여 도서관계의 중지를 모아 제정한 것이다. 여기에 좋은 말은 다 들어 있다. 따라서 우리 사서들은 이와 같은 윤리를 평소의 생활 속에 실천할 수 있도록 성실과 인내로 지식과 지혜를 연마해야 할 것이다.

### 도서관인 윤리선언

도서관인은 민족과 인류의 기억을 전승하여 사회발전에 기여하는 도서관의 운영 주체로서 무거운 책임을 지니고 있다. 이 책임은 우리들 도서관인의 모든 직업적 행위의 바탕에, 비판적 자기 성찰과 윤리적 각성이 살아 있을 때 비로소 완수될 수 있다. 이에 우리는 스스로의 다짐이자 국민에 대한 약속으로 우리가 지켜 나갈 윤리적 지표를 세워 오늘 세상에 천명한다.

1. (사회적 책무)도서관인은 인간의 자유와 존엄성이 보장되는 민주적 사회발전에 공헌한다.
   가. 도서관인은 헌법이 보장하는 국민의 알 권리를 실현하는 데 기여한다.
   나. 도서관인은 국민의 자아성장 의욕을 고취하고 그 노력을 지원한다.
   다. 도서관인은 도서관과 이용자의 자유를 지키고 정보접근의 평등권을 확립한다.
   라. 도서관인은 성숙된 지식사회를 열어가는 문화적 선도자가 된다.

2. (자아성장)도서관인은 부단한 자기개발을 통하여 역사와 함께 성장하고 문명과 더불어 발전한다.
   가. 도서관인은 자신을 개선하는 데 게으르지 아니하며 끊임없이 연구하고 정진한다.

나. 도서관인은 자신의 직무가 역사를 보존하며 사실을 전수하는 행위임을 자각한다.

다. 도서관인은 사회의 변화와 이용자의 요구에 능동적으로 대처하는 능력을 배양한다.

라. 도서관인은 개척자의 정신으로 일상의 난관을 극복하며 열정과 안내, 그리고 용기와 희망 속에서 일한다.


## 3. (전문성)도서관인은 전문지식에 정통하며 자율성을 견지하여 전문가로서의 책임을 완수한다.

가. 도서관인은 자신의 업무영역에 관한 전문 지식과 기술습득에 최선을 다한다.

나. 도서관인은 전문가로서의 자율성을 발휘하여 스스로 사회적 지위를 확보한다.

다. 도서관인은 소속된 조직의 입장이 전문성의 원칙에 배치될 경우 전문가적 신념에 따라 이의를 제기할 책임이 있다.

라. 도서관인은 전문직 단체의 중요성을 인식하고 조직 활동에 적극 참여한다.


## 4. (협력)도서관인은 협동력을 강화하여 조직운영의 효율화를 도모한다.

가. 도서관인은 협력의 기초가 되는 소속 도서관의 능력신장에 먼저 노력한다.

나. 도서관인은 도서관간의 협력 체제를 지속적으로 발전시켜 나간다.

다. 도서관인은 다른 사회기관과 협력하여 부단히 활동영역을 확장한다.

라. 도서관인은 자신의 조직에 불이익이 있을지라도 협력의 의지를 지켜나간다.


## 5. (봉사)도서관인은 국민에 헌신하는 자세로 봉사하고 도서관의 진정한 가치에 대한 사회적 인식을 유도한다.

가. 도서관인은 이용자의 다양한 요구에 적합한 전문적 봉사에 힘쓴다.

나. 도서관인은 이용자의 이념, 나이, 성별, 사회적 지위 등을 이유로 차별하지

아니한다.

다. 도서관인은 항상 친절하고 밝은 태도로 업무에 임한다.

라. 도서관인은 도서관에 대한 사회의 정당한 인정을 획득하기 위하여 노력한다.

## 6. (자료)도서관인은 지식자원을 선택, 조직, 보존하여 자유롭게 이용하게 하는 최종 책임자로서 이를 저해하는 어떠한 간섭도 배제한다.

가. 도서관인은 민족의 문화유산과 사회적 기억을 지키는 책임을 진다.

나. 도서관인은 지식자원을 선택함에 있어서 일체의 편견이나 간섭 또는 유혹으로부터 자유로워야 한다.

다. 도서관인은 지식자원을 조직함에 있어서 표준화를 지향한다.

라. 도서관인은 이용자와 관련된 개인정보를 보호하며 그 공개를 강요받지 아니한다.

## 7. (품위)도서관인은 공익기관의 종사자로서의 품위를 견지한다.

가. 도서관인은 언제나 전문가로서의 긍지를 가지고 업무를 수행한다.

나. 도서관인은 항상 정직하고 정당한 태도를 잃지 아니한다.

다. 도서관인은 업무와 관련하여 정당하지 아니한 일체의 이익을 도모하지 아니한다.

라. 도서관인은 직업적 윤리규범을 성실히 지킨다.

이러한 구조적 외적 구색 맞춤에도 불구하고 사서직에 대한 전문성 인식은 아직 사회적 공감대를 확실하게 형성해내지 못하고 있는 실정이다. 이는 여러 가지 요인을 생각해 볼 수 있겠으나 대략 다음 네 가지 정도로 집약해 볼 수 있다.

첫째, 문헌정보학 교육에 대한 사회적 인식이 의사나 법률가의 교육에 대한 인식보다 낮다는 것을 들 수 있다. 의사가 되려면 우선 의과대학의 입학이 어렵고, 그 수학의 과정도 6년의 대학과정 후에도 인턴과정 등을 거쳐야 한다. 법조인의 경우도 법과대학 등의 과정을 거쳐 사법시험이나 로스쿨과 같은 어려운 과정을 거치며 시험 합격 후에도 사법연수원 등에서 강도 높은 교육을 받아야 한다. 그러나 사서직은 대학 4년을 수료하면 전원 2급 정사서자격증을 수여함으로써 다른 전문직에 비해 비교적 쉬운 분야라는 인식을 주고 있다.

둘째, 우리나라의 공무원 인사제도가 사서 자격증의 등급과는 다르게 운영되는 점을 들 수 있다. 사서직 공무원의 경우 현실적으로 전문성은 크게 고려하지 않은 채 공무원제도의 획일적 틀 안에서 공무원의 직급만을 적용하여 사서의 채용과 임용 및 훈련이 이루어지고 있다. 따라서 박사학위를 취득한 1급 정사서라 하더라도 공무원 직급이 낮을 경우 2급 정사서 아래에서 일해야 하는 등 전문자격증과 공무원 제도가 기형적으로 결합되어 운영되고 있다. 또한 도서관의 최고 경영자인 관장들이 아직 사서직이 아닌 일반 행정직 공무원이 많은 점도 사서직에 대한 전문직 위상을 낮게 평가하는 요인이 되고 있다.

셋째, 사서직의 전문성을 확보하기 위한 실제적인 노력이 지속적으로 이루어지지 못하는 점을 들 수 있다. 정보환경의 변화에 따라 문헌정보학 관련 교육이 학회나 협회를 통해 산발적으로 이루어지고 있으나 국가적, 체계적으로 평생교육의 틀 안에서 이루어지지는 못하고 있다. 대부분의 학교 밖 교육은 단발성 교육으로 그칠 뿐 사서직의 전문성과 능력 발전에 대한 평생교육 체계가 확립되어 있지 못한 점도 평생 전문 직업인으로서의 전문성 인정에 저해요인이 되고 있다.

마지막으로 태도적인 측면에서 도서관에 근무하는 사서들의 도서관에 대한 소명의식과 직업정신이 부족한 것을 들 수 있을 것이다. 도서관 이용자들에 대한 미온적인 태도나 불친절이 심심찮게 노정됨으로서 언론에 보도될 뿐 아니라 주제 전문지식에 대한 일반 이용자의 불신도 여전하여 뿌리 깊게 박혀 있는 사회적 인식을 단시일에 극복하기가 어려운 실정이다.

따라서 이러한 저해요인들을 하나하나 극복해 가는 정책적·제도적 노력이 필요함은 물론 도서관에 종사하는 사서들의 보다 철저한 자기개발과 직업정신, 그리고 서비스 친절에 대한 인식과 실천이 아울러 요청된다고 하겠다.

## 2.2 전문사서의 기능과 역할

전문사서는 자료와 이용자 사이의 중개자로서 '도서관의 꽃'으로 지칭되어 왔다. 이는 전문사서의 역할이 꽃처럼 아름답고 중요하다는 뜻일 것이다. 이용자가 도서관에 왔을 때 정보문제를 상담할 만한 사람이 없다면 매우 막막할 것이다. 전문사서가 항상 도서관의 꽃으로서 웃는 얼굴로 이용자를 맞이할 때 도서관은 생동감 넘치는 분위기가 조성될 수 있다.

그러나 전문사서는 단순한 '꽃'으로서의 역할만이 아니라 이용자에게 실질적인 도움을 주어야 한다. 아름다운 도우미가 앉아 있어 웃는 얼굴로 고객을 맞더라도 고객에게 실질적인 도움을 주지 못한다면 이는 속된 말로 '얼굴마담'에 불과할 뿐이다. 전문사서는 이용자가 필요로 하는 주제정보를 안내하고, 직접 찾아주고, 계속 애프터서비스를 해야 한다. 그동안 역사적으로 사서의 기능과 역할을 연구한 내용을 보면 과거의 소극적 역할에서 점점 적극적인 역할로 변화되어온 것을 알 수 있는데 대표적인 학자들의 견해는 다음과 같다.

### 여러 학자들의 견해

Fussler(1949) : 사서는 주제 분야 도서관활동의 책임자로서, 한사람의 학자로서 자기 주제의 일반적 학술동향을 이해하고 있어야 한다. 또한 자료의 가치평가, 유통체계의 이해 및 자료들에 대한 서지 비평 능력을 갖추고 자료의 선정 수집에 주된 역할을 하여야 한다.(이경호, 2007, 33)

Shera(1964) : 각종 다양한 매체를 통하여 세계 도처에서 생산되고 있는 정보자료를 수집, 정리, 분석, 평가하는 업무와 전문분야의 참고 업무, 서지 색인, 초록, 문헌조사 및 검색 등 새로운 정보와 지식을 가지고 이용자의 문제 해결을 위한 방법을 제안하고 연구의 방향까지도 제시할 수 있어야 한다.(이경호, 2007, 33)

Byrd(1966) : 대학도서관에서는 도서관과 각 학과 사이에서 활동하는 숙련된 조정자 내지 해설자로서 양자 간의 커뮤니케이션을 원활하게 하여 쌍방의 학술발전에 기여해야 한다.(이경호, 2007, 33)

Haro(1969) : 정보사서는 이용자의 질문을 해결해 주는 질문 응답서비스와 도서관 이용교육, 정보원과 이용자의 연계기능을 해야 한다.(한상완, 2007, 143)

Smith(1972) : 대학도서관을 중심으로 사서는 장서개발, 질문응답서비스, 서지통정, 분관운영, 연구진의 일원으로 연구에 참여해야 한다. 또 보다 전문적 기능으로서 특정 주제정보의 전문서비스, 이용자를 위한 서지정보의 작성과 준비, 교육, 정보와 자료 문제에 대한 최종 해결자로서의 기능을 해야 한다.(한상완, 2007, 144)

Crossley(1974) : 대학도서관을 중심으로 이용자에 대한 조력, 서지이용과 정보조사제공 업무에 대한 강의, 관련 학과와 부서의 연계, 정보조사, 서지안내, 독서리스트의 제공 등을 담당한다.(한상완, 2007, 144)

Moore(1996) : 정보사서는 정보와 서비스를 개발하고 생산하는 정보생산자, 이용자의 요구를 충족시켜 줄 정보원을 구축하는 정보수집자, 이용자에게 정보를 제공하거나 정보를 찾을 수 있도록 도와주는 정보 전달자, 정보를 분석하고 종합하고 해석할 수 있는 정보통합자이다.(한상완, 2007, 145)

Pantry(1997) : 어느 조직에서든 이용자들이 효과적으로 도서관과 정보를 이용할 수 있도록 교육을 제공하고, 항상 새롭고 가치 있는 정보를 제공하며, 정보전문가에게 요구되는 기술을 끊임없이 갱신하고 계속교육과 훈련을

통하여 전문가로서의 영역을 확장해 나가야 한다.(한상완, 2007, 145)

박준식(2000) : 도서관 자료의 이용방법 뿐만 아니라 전체 정보원을 대상으로 체계적이고 단계적인 교육프로그램을 구성하고, 실천할 수 있는 교육전문가, 독서상담, 독서치료, 논문작성에 대한 협조, 연구자들의 연구 협조와 자문 등의 역할을 인본주의적 관점에서 수행할 수 있는 상담전문가, 전자적 탐색기법에 능숙하고 정보탐색을 정확하고 신속하게 처리함으로써 개인이나 단체의 의사결정을 도울 수 있는 탐색전문가, 해답을 탐색하고 정보를 수집할 뿐만 아니라 그 정보의 유용성을 평가하고, 요구자에게 이익이 되도록 자문까지 해주는 정보 중재자, 분야별로 정보서비스를 전문화시키고 정보의 탐색과 정보 중재를 효과적으로 수행할 수 있도록 하기 위한 주제전문가, 도서관 이용과 재정지원을 촉진하기 위해 각종 문화프로그램을 기획하고, 추진할 수 있는 능력을 보유한 문화기획자.

한상완(2007) : 정보사서의 전통적인 기능을 선행 연구자들의 연구결과를 종합하여 다음과 같이 제시하였다.

- 이용자의 조력기능 : 이용자의 정보 질문 해결, 자료의 선택과 이용 상담, 도서관 건축설계와 계획에 이용자의 편의성 제공
- 강의와 교육기능 : 공식적 비공식적 이용자 교육, 이용자 교육프로그램 개발, 이용교육과 강의에 대한 교수진과의 협력
- 연계기능 : 주제 분야별 학과, 대학원과의 협력관계 수립, 이용자와의 긴밀하고 우호적인 관계 유지, 교육과 연구의 필수기관으로서 도서관 홍보
- 정보제공기능 : 이용자 요구에 따른 문헌조사, 신착자료의 서지나 목록 작성과 배포, 주제별 문헌에 대한 안내자료 작성과 배포, 이용교육 자료의 작성과 배포, 신착자료 안내와 목차서비스, 최신 정보의 선택적 배포 등을 수행한다.

## 경영능력과 주제전문성

필자는 2007년 9월 국회도서관보에 기고한 '그로컬시대의 시민과 도서관' 이라는 글에서 새 시대의 사서들이 갖추어야 할 능력으로 교육자로서의 능력과 경영자로서의 능력을 제시해보았다. 우선 교육자로서의 능력은 주제전문성과 연관된다. 사서가 도서관 이용방법만을 교육하는 것이 아니라 한 가지 이상의 주제전공을 가지고 내용면에서도 시민의 평생교육을 담당해야 한다. 전공분야의 자료 발굴과 안내, 연구, 강의, 저술 활동을 함으로써 도서관의 '평생교사'가 된다면 책의 표피만을 어루만지는 사서에서 교육자로서의 사서로 탈바꿈 할 수 있을 것이다. 어린이 자료실을 담당하는 사서들은 페스탈로치나 몬테소리의 교육정신, 아동발달과 어린이문학에 대한 해박한 지식을 가지고 어린이와 학부모의 교사로서 교육프로그램을 기획하고 진행해야 한다. 일반 시민을 담당하는 사서들은 주제전문분야별로 나누어 평생교육학적 지식을 바탕으로 전공분야의 자료 발굴과 안내 및 교육서비스프로그램을 기획·진행해야 한다.

경영자로서의 능력은 도서관이라는 실체를 '기업경영'이라는 관점에서 통찰하고, 경영목적을 달성하기 위한 선 순환적 경영 사이클을 원활히 가동할 수 있는 전략경영능력이다. 도서관의 존재이유를 명확히 하고 인적·물적·재정적 자원을 사업 우선순위에 따라 종합·조정하는 리더십을 발휘해야 한다. 이러한 도서관의 교육자 및 경영자로서의 능력은 도서관의 종류를 불문하고 그로컬시대가 요구하는 바람직한 사서상이라 하겠다.

### 〈칼럼〉 서서들의 전문성과 인간성

사서직의 전문성향상에 대한 논의는 수십 년 전부터 있어왔다. 사서 자격 취득요건은 법령으로 정해져 있지만, 과연 무엇이 전문성이고 어떻게 해야 그 전문성을 향상시킬 수 있는지에 대해서는 뚜렷한 해법이 나오지 않고 있다. 혹 어떤 방안이 제시되더라도 연구는 연구로서만 끝날 뿐 대학의 문헌정보학 교과과정에 반영되지 못하고, 제도적으로도 아무런 반응이 없는 것이 우리의 현실인 것 같다.

필자는 대학에서 '정보서비스론' 수업을 진행할 때마다 과제물로 현장 체험기를 써 내게 한다. 도서관 서비스 현장을 직접 경험해 보고 본인이 사서라면 어떻게 할 것인지를 생각해보라는 뜻에서이다. 그런데 학생들은 십중팔구 본인이 체험한 도서관의 서비스가 별로 만족스럽지 못하다는 보고서를 낸다. 사서들은 대부분 이용자와 격리된 사무실에서 근무하기 때문에 만나기 어렵고, 운 좋게 만나서 질문이라도 하면 귀찮아하고, 어떤 경우는 "학생이 그런 걸 왜 물어보느냐"고 핀잔을 주기도 한다는 것이다. 물론 사서 인력이 부족하고 내부 업무처리에 바빠서 그렇다고 해도 사서들의 불친절은 도서관의 이미지와 신인도를 격하시키는 자해행위나 다름이 없다. 정보서비스의 기본은 '인간적 도움'이라고 수없이 배운 사람들이 현장에 가면 왜 그렇게 변하는지 안타깝기만 하다.

사서의 전문성 문제는 두 가지로 생각할 수 있을 것 같다. 첫째는 문헌정보학적 전문성이다. 이는 대학에서 문헌정보학을 이수하면 습득할 수 있는 기본적 능력이라 할 수 있다. 문헌정보학은 복합 학문적 성격이 짙기 때문에 문헌정보와 지식정보를 다루는 광범한 지식과 기술을 배우고 익혀야 한다. 그런데 중요한 것은 강의실 수업으로 그치는 수험용 학습보다는 도서관 현장의 체험을 통하여 도서관 서비스를 피부로 느끼는 공부가 더 중요하다고 본다. 문헌정보학의 이론과 실무를 체계적으로 연마하면서 인간으로서 인간을 대하는 예절과 태도 등 실천적 인간관계교육을 강화해야 한다고 본다.

둘째는 주제전문성이라 할 수 있다. 주제전문성은 문자 그대로 주제에 대한 지식을 말한다. 큰 주제로서의 인문학, 사회과학, 자연과학, 그리고 보다 세분된 분야에서 철학, 문학, 역사학, 예술학, 경영학, 법률학, 의학, 농학, 또는 대상 고객별로 어린이 청소년 전문, 실버전문, 다문화전문 등으로 대학 문헌정보학과에서는 다루지 못하는 주제 분야를 사서들이 선택하여 스스로 전문성을 연마해야 한다는 것이다. 사서들은 "사서 고생한다"는 말이 나올 정도로 고생을 한다. 이는 일을 찾아서 할 때만 그렇다. 사서들이 주제전문성을 높이려면 평생 공부하지 않으면 안 된다. 흔히 "사서들은 책을 많이 만지기는 하지만 책을 읽지는 않는다."고 한다. 사서가 책을 읽지 않는 한 주제전문성은 높아질 수 없다. 독서지도를 해야 할 사서들이 책을 읽지 않고 어떻게 독서지도를 할 수 있을까?

제도적인 문제를 떠나서 보면, 사서가 전문성을 제고하는 방법은 간단하다. 우선 문헌정보학적 지식과 기술의 바탕위에서 따뜻하고 원숙한 인간관계 기술을 연마하고, 부지런히 책을 읽고 글을 쓰면 된다. 나아가 사서는 도서관이라는 '우리'에만 머물지 말고, 도서관 밖의 보다 넓은 세상을 보아야 한다. 그래야만 전문성을 인정받을 수 있고 도서관을 사회 속으로 통합시킬 수 있다.

〈이종권. 월간 라이브러리 & 리브로, 2012년 8월호〉

## 2.3 디지털도서관과 전문사서의 기능

정보기술의 비약적 발전에 따라 도서관도 점차 디지털화되어가고 있다. 국내에서는 1996년 LG상남도서관이 전자도서관으로 개관하여 디지털 정보 서비스를 시작한 이래 많은 전통적 도서관들도 자료의 디지털화를 위해 노력해 왔다. 특히 국립중앙도서관과 국회도서관은 전통적인 도서관서비스와 아울러 국가적인 디지털도서관 서비스 구현을 위해 별도의 건물과 시설을 구축하여 국가디지털도서관을 개관하였다. 따라서 머지않아 모든 도서관들이 도서관 서비스의 전부 또는 일부를 디지털과 정보기술을 통하여 전문(full text)정보를 제공하는 날이 올 것으로 예상된다. 이러한 디지털 도서관의 정보사서는 디지털 및 웹정보기술을 능숙하게 운용할 수 있는 능력을 갖추지 않으면 안 된다. 이에 따라 미국에서는 정보사서에 대한 명칭도 Cybrarian(가상사서), Webrarian(웹사서), Ubian(유비쿼터스사서) 등으로 다양하게 변화되고 있다. 연세대학교 한상완 교수는 디지털 도서관의 정보사서에게 요구되는 기능을 콘텐츠의 강화기능, 정보원의 평가기능, 교육기능, 저작권 관리기능, 서비스홍보기능, 연계기능, 연구기능 등 7가지로 정리하여

제시하고 있다.(한상완, 2007, 147 - 150)[2)]

## 콘텐츠 강화기능

오늘날에는 기존의 도서관이 소장하고 있는 장서는 물론 모든 매체의 정보 자료를 수집하고 서비스해야 한다. 도서관은 정보 활용을 위한 하나하나의 거점으로서 도서관마다 특성을 살리면서 전자적으로 유통되는 정보를 취사선택하여 제공하지 않으면 안 된다. 따라서 전문사서는 디지털 콘텐츠를 활용할 수 있는 정보리터러시능력 뿐 아니라 디지털콘텐츠의 생성, 발굴, 검색, 제공 등과 관련된 지식과 기술을 연마하여 도서관의 콘텐츠를 강화하고 이용자에게 신속히 제공하는 기능을 수행해야 한다(기존 장서의 디지털화, 정보자원의 데이터베이스 구축, 웹 자원의 링크 등).

## 정보원의 평가기능

정보원의 평가는 강화된 콘텐츠에서 이용자에게 적정한 정보를 평가하여 제공하는 기능이다. 또한 오늘의 정보서비스는 개별 도서관의 장서(콘텐츠)만으로는 이용자의 요구를 충족할 수 없기 때문에 온라인상의 정보를 검색 평가 제공하는 일이 사서의 또 하나의 기능으로 중요시되고 있다. 이에 따라 사서들의 웹 정보원에 대한 평가 능력이 요구된다. 전자정보원의 평가는 정보원의 내용과 신뢰성, 형태, 접근방법, 이용허가, 기술적 조건, 비용, 저작권 등 복합적인 분석 능력이 요구된다.

---

2) 본고에서는 한상완교수의 디지털도서관 정보사서의 7개 기능항목을 차용하였으나 세부적 설명에 있어서는 필자의 문장으로 구성하였다.

## 정보리터러시 교육기능

사서들의 이용자에 대한 교육기능은 전통적으로도 있어왔지만 특히 정보화가 빠르게 진전되고 있는 현대에 와서는 전통적인 도서관이용교육만으로는 이용자의 요구를 충족할 수 없게 되었다. 따라서 도서관은 이용자들이 다양한 정보매체와 정보기술을 스스로 활용할 수 있도록 정보 활용능력을 키워주어야 한다. 이용자를 위한 정보리터러시 교육과 신진 사서들을 위한 정보 활용교육을 강화함으로써 도서관의 정보센터로서의 기능을 활성화할 수 있을 것이다. 특히 초·중·고, 대학신입생에 대한 정보리터러시 교육은 해당 도서관 전문사서의 주요기능이 되어야 한다.

## 저작권 관리기능

도서관과 저작권의 문제는 저작물의 복사 제공과 관련하여 지속적으로 거론되어 왔다. 특히 디지털 도서관의 증가로 콘텐츠의 디지털화에 따른 복사 전송에 대한 문제가 새롭게 등장하고 있다. 현재까지 디지털 자료는 주로 학위논문 등 저작권 문제가 해결된 자료를 중심으로 이루어지고 있으나 앞으로 완전한 디지털도서관을 구현하기 위해서는 모든 자료들이 디지털로 변환되어야하기 때문에 모든 저술에 대한 저작권 문제가 해결되지 않으면 안 된다. 전문사서는 도서관에서 저작권법을 비롯한 지적 재산권 관련법을 광범위하게 공부하여 국내법 및 국제조약 등에 저촉되는 일이 없도록 문제를 사전 예방함은 물론 디지털자료의 라이선스 계약 등에 있어 저작자의 보호와 이용자의 보호를 동시에 추구하는 저작권 전문가가 되어야 한다.

## 마케팅기능

전문사서는 도서관이 제공하는 서비스를 이용자에게 적극 알려야 할 책임이 있다. 도서관이 아무리 새롭고 참신한 서비스를 개발했다하더라도 이를 고객이 알지 못한다면 고객은 그러한 서비스를 이용할 수 없을 것이다. 도서관을 이용하는 고객 및 잠재고객들에게 다양한 채널을 통하여 도서관의 서비스를 적극적으로 알리는 활동은 또 하나의 도서관 서비스라 할 수 있다. 홈페이지, 이메일, 전화, 문자서비스, 홍보브로슈어 발간, 각종 행사프로그램 안내 등을 통하여 항상 새롭게 변해가는 도서관 서비스를 홍보해야 한다. 이제는 사서가 앉아서 고객을 기다리는 시대는 지난 것 같다. 주요 고객들과 끊임없는 상호작용을 통해서 도서관을 알리고 고객의 범위를 확대해 나가야만 새 시대가 요구하는 도서관상을 구현할 수 있을 것이다.

## 연계기능(liaison)

이는 특히 대학도서관에서 강조되는 것으로서 대학도서관 사서와 각 학과 및 교수들과의 협조기능을 말한다. 이러한 기능을 하는 사서를 미국에서는 faculty team librarian, liaison librarian, learning advisor 등으로 부르고 있다. 사서와 교수진과의 협력은 강의 자료 및 과제 자료를 사전에 협의하고 충실히 구축, 활용함으로써 교육의 질을 높일 수 있는 방법으로서 이는 초·중·고등학교 도서관에서부터 대학도서관에 이르기까지 사서가 수행해야 할 학습파트너로서의 기능이라 할 수 있다.[3]

## 연구기능

사서는 연구자 및 학자로서의 역할을 수행해야 한다. 도서관 서비스와 관련한 문헌정보학 연구만이 아니라 특정 연구프로젝트 등 주제별 연구에

---

3) 우리나라의 도서관들은 이러한 연계 기능을 거의 수행하지 않고 있다. 이는 교사 및 교수진의 도서관에 대한 인식부족과 도서관 경영자 및 사서의 의지부족이 맞물려 나타나는 악순환이라 하겠다.

참여하여 정보서비스 측면에서 공동연구를 수행하는 것이 바람직하다. 이는 대학 연구소는 물론 전문 연구기관 소속 도서관의 사서들에게 주로 해당된다. 사서가 연구원으로서의 역할을 감당하려면 그만큼 해당 주제에 밝아야한다. 이는 주제전문사서라야 가능한 일이다. 주제에 밝지 못하면 연구팀에 들어간다고 하더라도 능력을 발휘하지 못할 것이며, 이는 그 연구팀 및 기관에서 사서의 위상을 떨어뜨리는 요인이 될 것이다.[4]

## 2.4 인문학과 도서관 서비스

### 인문학(人文學 : humanities)의 개념

인문학은 liberal arts라고도 하며 인간과 인간의 문화에 관심을 갖거나 인간의 가치와 인간만이 지닌 자기표현 능력을 인식하기 위한 분석적·비판적연구방법을 연구하는 학문이다. 인문학의 개념은 고대 그리스의 파이데이아(paideia)와 로마의 후마니타스(humanitas : 인간성)에서 유래했다. 파이데이아는 BC 5세기 중엽 소피스트들이 젊은이들을 폴리스의 능동적 시민으로양성하기 위해 마련한 일반 교육과정이고, 후마니타스는 BC 55년 로마의키케로(BC 106~BC 43)가 데 오라토레(De Oratore : 웅변학교)에 마련한 웅변가 양성과정이었다. 키케로의 웅변학교의 목적은 시민들에게 인간이 필요한 4가지 기본 덕목을 갖추도록 하는 데 있었다. 그의 4가지 덕목이란 자기검증성(probitas), 박애정신(misercordia), 관용정신(liberalitas), 그리고 교양(urbanitas)이었다고 한다.

성 아우구스티누스를 비롯한 중세 초기 교부들은 파이데이아와 후마니타스를 그리스도교의 기본 교육과정으로 채택하면서 이들을 유익한(bonae) 과

---

4) 우리나라도 각종 연구소에 소속된 전문도서관 사서들은 연구원으로 활동하는 경우가 많이 있다.

목 또는 교양(liberales) 과목으로도 불렀다고 한다. 이들 교양과목은 수학, 언어학, 역사, 철학, 과학 등이며, 중세 대학에서도 이를 채택하여 자유 7과라는 교양교육을 실시하였다. 중세 대학의 자유 7과는 인문학, 자연과학, 음악을 포괄하는 과목으로서 언어계열 세 갈래(triuium), 즉 문법, 수사학, 논리학과 수학계열 네 갈래(quadriuium), 즉 산술(수학), 기하학, 천문학, 음악 등이었다. 자유 7과에서 '자유'의 의미는 즐거움과 통하며 어떤 목적의식에 예속되지 않고 자유롭게 즐거움을 찾는 학문을 의미한다. 반면에 어떤 직업적 경제적 목적의식을 갖고 억지로 공부하는 분야를 '노예학문'으로 보았다. 15세기 이탈리아 인문주의자들은 세속적인 문예 및 학술활동을 가리켜 '스투디아 후마니타티스'(studia humanitatis : 인간 연구)라는 말을 사용했다. 그들은 이 학술활동을 인간과 고전에 대한 연구라고 생각했다. 18세기에 디드로를 비롯한 프랑스 백과전서파는 스투디아 후마니타티스가 오직 고대 그리스어·라틴어와 고전문헌 연구에만 몰두하는 무미건조한 학문이 되었다고 비판하기도 했다.

유럽의 산업혁명 이후에는 대학에서 학문의 전문화가 심화되어 인문학, 자연과학, 사회과학, 그리고 예술분야가 총 망라된 교육과 연구를 실행했으며 개인이 전공할 수 있는 분야가 대폭 축소되었다. 특히 기술개발과 산업 발전을 지향하는 공과대학이 중점 육성되면서 기술문명이 급속도로 진전되었다. 그 결과 세계는 불과 200여 년 동안 고대와 중세에서 경험하지 못한 새로운 기술 환경으로 변모되어 인간의 삶에 편리와 부작용을 동시에 안겨주고 있다. 반면 인간의 본질적 측면인 인간성과 인간다움을 추구하는 인문학 분야는 전 시민적 교양교육으로 보편화 되지 못하고, 인문학 전공 학자들에 의해서만 계승되고 있어 일반 시민들에게는 어려운 학문분야로 치부되었고, 인문학은 학자를 위한 학문, 실제로 별 쓸모가 없는 공허한 학문으로 인식되게 되었다. 이러한 풍토에 따라 인문학을 연구하는 학자들도 학문적으로는 그럴 듯한 논설을 펼치지만 그들의 실제 생활에서는 인문학과 동떨어진 행태를 보이는 것도 부정할 수 없게 되었다. 이제는 모든 학문에서 경제성을 따지면서 대학에서도 인문학 과목이 점점 축소되고 취업을 위한 실용적 기능적인 분야까지도 대학으로 들어와 새로운 유망 학과로 등장하고 있다.

한편 인문학의 시작과 그 어원을 서양에서만 찾고 마치 동양에서는 인문학이 없었던 것처럼 인식되고 있으나 이는 서양 수입학문 일변도의 우리 학문풍토에서 야기된 착오로서 동양에서도 그리스, 로마 못지않은 훌륭한 인문학이 태동하여 면면히 이어지고 발전되어왔다는 사실을 뒤늦게나마 각성하게 되었다. 조동일 교수는 우리의 학문풍토를 '수입학', '시비학', '자립학', '창조학'이라는 4갈래가 존재한다고 지적하였다. 즉 '수입학'은 서양학문을 수입하여 그대로 따라 배우는 것, '시비학'은 서양 학문에 대하여 비판적 태도로 시비를 가리는 것, '자립학'은 우리 고유의 학문으로 자립할 수 있다는 생각, '창조학'은 이 모두를 아울러 새로운 창조적 학문으로 발전시켜 나가는 태도이며 이 가운데 우리가 지향해야 할 학문 태도와 방향은 '창조학'이 되어야 한다고 역설한 바 있다.5) 그는 또한 '인문', '인문학', '인문과학' 등의 어원에 대해서도 동양의 고전 주역(周易)에서 그 유래를 찾고 있다. 즉 주역의 비괘(賁卦) "觀乎天文 以察時變 觀乎人文 以化成天下(천문을 살펴 때의 변화를 알아내고, 인문을 살펴 천하의 교화를 이룬다)"에서 인문이라는 말이 유래했다는 것이다. 뒤이어 천문과 지리를 짝지어서 "仰以觀於天文 俯以察於地理(위를 올려다보고 천문을 살피고, 아래를 내려다보고 지리를 알아낸다.)"는 말에서 天·地·人의 사상이 나왔으며 이러한 天·地·人 사상은 곧 천문, 인문, 지문이며 천문은 자연 현상, 인문은 인문현상, 지문은 사회현상으로 대비할 수 있다는 것이다. 그러므로 천문은 천문학, 즉 자연과학이며, 인문은 인문학이고, 지문은 사회과학으로 대비할 수 있다는 것이다. 그러면서 "우리가 하는 인문학은 그 명칭이 'humanities'의 번역어라는 생각

---

5) 조동일. 1997. "수입학에서 창조학까지의 전환과정", 『인문학문의 사명』. 26 - 56쪽.

을 버리고 동양 '人文'의 전통을 되찾아야 한다고 주장했다.[6)

사실 동양의 학문은 인간과 자연 전체를 아우르는 인문학이자 자연과학이며 정치학으로서 인간생활의 모든 면을 우주와 대자연에 연결시켜 탐구하여 왔다. 하늘을 공경하고 인간을 사랑하는 경천애인의 정치철학은 현대의 세분된 학문의 구분을 무색하게 한다. 공자에 의해 유학으로 집대성된 동양의 학문은 서양의 인문학과는 차원을 달리하는 '통섭'의 학문으로서 우리나라와 일본 등 인근 국가의 사상과 학문의 발전에 지대한 영향을 주었다. 우리나라의 학문은 삼국시대와 고려 및 조선조에 이르기 까지 중국의 학문을 들여와 우리의 창의적인 연구와 해석 및 적용을 통하여 인문학을 창조적으로 발전시켜 왔다. 그와 같은 증거는 삼국사기, 삼국유사, 고려사, 조선왕조실록 등의 역사서는 물론 조선조의 정도전, 세종, 퇴계, 율곡, 정조, 정약용, 최한기 등 기라성 같은 수많은 학자들이 남긴 업적을 통해서 확인할 수 있다. 우리가 서양의 고전을 읽기에 앞서 우리의 뿌리인 동양고전을 읽어야 할 이유가 바로 여기에 있다.

### 도서관과 인문학

위에서 살펴본 바와 같이 인문학은 인간 자신의 '인간다운 삶'이 무엇인가를 탐구하는 학문이다. 인간을 육체와 정신으로 구분한다면 인문학은 인간의 정신적 측면을 더욱 강조한다. 따라서 자연과학처럼 인간을 실험이나 정량적 분석의 대상으로 삼지 않는다(인간의 육체를 대상으로 실험, 관찰 등 정량적으로 연구하는 분야는 의학으로서 자연과학에 속한다). 인문학의 특징 및 도서관자료의 성격은 일반적으로 다음과 같이 정리할 수 있다.[7)

---

6) 조동일. 위의 책. 209 - 218쪽.
7) 한상완. 2000. 『디지털시대의 정보조사제공학』. 서울 : 구미무역(주)출판부. 151 - 155
   쪽 참조

- 인문학은 널리 인정되는 지식이라도 학자에 따라 받아들이는 의미가 다르다. 인문학은 학자 개인의 주관적 인식 및 시각에 따라 그 해석이 다를 수 있기 때문이다.
- 인문학은 일정한 하나의 객관적 결과를 위해서 탐구되는 자연과학과는 달리 연구자의 문제 인식에 따라 선택된 주제를 문장으로 기술하는 주제 중심적 연구를 지향한다.
- 인문학은 자연과학과는 달리 계층적 상하개념이나 주종의 개념이 희박하며 연구자의 통찰력과 주관적 인식에 따라 다른 주장이 제기될 수 있다.
- 인문학에서는 시대에 따른 진전이나 발전의 개념을 적용하기 어렵다. 21세기의 인문학이 17세기 조선조의 인문학보다 발전했다거나 퇴보했다고 단정할 수 없다.
- 인문학 연구에서는 원본에 대한 의존도가 높다. 예를 들면 훈민정음 원본, 시, 소설 등 문학작품의 원작, 그림, 조각 등 예술작품의 원작이 매우 중요시 된다. 교과서, 사전 등 편집물이나 색인, 초록, 서지 등 2차 자료는 인문학 연구의 전 단계에 있는 학습자들에게 공부의 가이드라인 및 길잡이로서 중요하다.
- 인문학분야 자료는 사회과학분야의 자료와 더불어 거의 모든 도서관에서 장서의 중심을 이룬다.

## 인문학 이용자 및 연구자들의 정보이용 특성

- 인문학 자료 이용자 및 연구자들은 도서관에서 단행본을 가장 우선적으로 이용한다. 인문학 자료는 반감기의 개념이 희박하며 최신의 자료도 선호하지만 오래된 자료일수록 연구자들에게는 더욱 가치 있는 자료일 수 있다. 따라서 인문학 자료는 사회과학 및 자연과학분야에 비

하여 그 수명이 매우 길다. 연구가 심화된 연구자일수록 과거로부터 축적되어온 모든 역사적 자료를 필요로 한다.

- 인문학 논문은 핵심잡지의 개념이 자연과학처럼 분명하지 않으며 광범위한 학술지에 분산 게재된다. 그러나 요즘은 인문학분야 학회들이 전문화되어 있어 학회지를 중심으로 해당 주제 연구논문이 집중 발표되는 경향이 있다.

## 2.5 인문대학 공통기초 커리큘럼(서울대하교 인문대학)

### 삶과 인문학
### Life and Humanities

인문학을 시작하는 이들에게 인문학이 무엇인지 소개하고 인문학 전공자로서 사회에 기여할 수 있는 바가 무엇인지 제시함으로써 전공학습을 위한 토대를 제공한다. 인문학을 전공하는 학자들과 인문학을 전공한 후 사회의 여러 분야에서 활동하고 있는 인사들과의 교류를 통하여 인문학을 공부하는 것이 자신의 삶과 사회생활에서 어떤 의미를 갖는가를 이해할 수 있게 한다.

### 한국어연구입문
### Introduction to Korean Linguistics

한국어, 즉 국어학은 어떠한 학문이며 구체적으로 무엇을 연구하는지에 대한 정보를 제공하고, 동시에 국어가 어떠한 특징을 지닌 언어인지 살펴봄으로써 보다 쉽게 국어학에 접근할 수 있도록 한다. 구체적으로는 일반언어학과의 관계에서 정립되는 국어학의 위치, 국어학의 하위 분야들, 연구대상 및 범위, 국어의 역사적인 변화 양상, 현대국어의 음운, 문법, 어휘적 특징 등을 고찰한다.

## 한국문학연구입문
## Introduction to Study of Korean Literature

한국문학의 연구대상과 연구 방법은 무엇인가에 대하여 충실한 답변을 제시함으로써 우리 문학 전반에 대해 이해하고 우리 문학을 연구하는 데 필요한 기본 지식을 습득하도록 한다. 한국문학의 개념과 범위, 갈래 체계와 역사적 전개 과정, 주제적, 미학적 특성, 전반적인 작품의 실상 등을 체계적으로 고찰한다.

## 한국문학과 한국사회
## Korean Literature and Korean Society

문학이 사회를 반영하면서 동시에 작품의 배경으로 삼기도 하는 문학 일반의 원칙을 한국 문학 작품들을 통해 확인함으로써 문학과 실제 삶의 연관성을 이해하도록 한다. 구체적으로는 시, 소설, 평론 등으로 짜인 한국문학을 한국인의 삶의 현장인 한국사회의 관점에서 살펴본다.

## 한자의 세계
## Understanding Chinese Character

한자는 중국에서 사용되는 문자이면서 동시에 중국의 전통과 현대를 아우르는 문화적 요소를 담고 있으며 중국을 비롯한 동아시아 공통의 문화유산으로서의 지위도 가지고 있다. 따라서 한자에 대한 학습은 중국의 고대와 현대에 대한 이해는 물론 한자문화권의 역사와 문화를 이해하는 데 필수적인 요소이다. 이 과목에서는 한자의 유래와 발전 과정, 그리고 현대적 변용을 포함한 한자를 둘러싼 여러 가지 사항들에 대해 학습한다.

## 중국의 대중문학
### Chinese Popular Literature

역대로 중국인들에게 친숙하게 읽혔던 대중문학 작품들을 대상으로 하여, 대중문학의 의미 및 가치, 사회적 전후 상황 등에 대해 살펴본다. 또 개별적인 작품에 대한 심화된 접근과 부분적 강독을 진행한다. 작품은 주로 소설과 희곡 장르에서 선별된다.

## 중국현대명작의 세계
### Masterpieces of Modern Chinese Literature

20세기 이후 창작된 중국현대문학 작품 중에서 명작으로 널리 인정받는 시, 소설, 희곡 등의 작품들을 직접 읽고 감상할 수 있도록 개론적인 설명과 강독의 기회를 제공한다. 이를 바탕으로 중국현대문학비평과 중국현대시사, 중국현대소설사 등을 심도 있게 공부할 수 있는 기초를 마련한다.

## 중국고전문학탐색
### In Search of the World of Chinese Classical Literature

중국고전문학의 개념과 그 연구대상 및 연구 방법 등에 대하여 살펴봄으로써 보다 친근감을 느끼면서 중국고전문학에 접근할 수 있도록 한다. 구체적으로 중국고전문학의 개념과 범위, 장르, 역사적 전개 과정, 미학적 특성, 전반적인 작품의 면모 등을 체계적으로 고찰한다.

## 영어학입문
### Introduction to English Linguistics

영어학의 여러 분야와 분야별 언어현상 및 탐구방법 등을 소개함으로써 영어학이란 무엇인가에 대한 이해를 높이고, 영어학 연구의 내용, 방법, 활용 등에 대한 기본을 익힌다. 주로 영어의 음성 / 음운 체계 및 어휘, 문장,

의미 구조와 관련한 다양한 현상은 물론 영어사용의 화용적, 사회적 특성, 코퍼스(언어 연구를 위해 텍스트를 컴퓨터가 읽을 수 있는 형태로 모아 놓은 언어 자료) 자료를 이용한 영어 연구, 영어습득 및 영어교육 등 응용분야를 다룬다.

### 영문학서설
### Introduction to English Literature

시, 소설, 드라마 등 각 장르에 걸쳐 작품들을 읽고 영문학 연구를 위한 기본 용어를 익힌다. 비교적 해독하기 쉽고 길지 않은 작품을 영미문학에서 선택하여 다룬다. 영문학의 기본 개념, 정의, 문학 언어의 성격, 표현양식, 비평의 방법, 시작법의 기본원리로서의 프로소디(prosody: 음률구조) 등을 작품을 읽으면서 자연스럽게 습득하게 한다.

### 영미명작의 세계
### The World of English Masterpieces

영문학의 대표적인 고전들을 선별하여 읽으면서 문학 텍스트를 분석하는 방법을 배운다. 〈영문학서설〉에서보다 더 긴 작품들을 읽으며, 소설, 시, 희곡 중 두 장르 이상을 다룬다.

### 세계 속의 프랑스어
### French in a World Perspective

현대 유럽 문화의 한 중심에 프랑스가 위치하고 있다고 볼 때, 프랑스어가 유럽과 전 세계에 미친 정신적, 문화적 영향력은 매우 크다고 할 수 있다. 이 교과는 유럽을 넘어 세계 속에서 프랑스어가 갖는 영향력을 유럽문화의 역사적 흐름과 확산이라는 관점에서 살펴보고 전 세계에서 프랑스어의 사용도와 인도 유럽어 내에서의 프랑스어의 계통을 중심으로 유럽 인근

언어와 한국어 등과의 형태적, 구조적 차이를 조명한다.

## 프랑스문학과 예술의 흐름
## Trends in French Literature and Art

프랑스 문학가들은 작가인 동시에 음악이나 미술, 건축과 같은 분야의 비평가였고 심지어는 철학가이기도 했다. 이처럼 프랑스 문학은 예술의 전반적인 흐름과 분리해서 생각할 수 없다. 따라서 중세부터 현대에 이르는 프랑스 문학작품과 예술작품을 당대의 사상사적 맥락에서 체계적으로 분석하고 그것을 우리 시대의 관점에서 재구성함으로써 프랑스 문학과 예술의 전반적인 흐름을 이해한다.

## 독일의 언어문화
## German Language Culture

이 과목에서는 독일의 언어문화를 여러 측면에서 살펴봄으로써, 독일어와 독일인, 그리고 독일인의 의식 구조를 깊이 이해할 수 있도록 한다. 구체적으로는 독일어의 유래와 특징, 독일어가 국제사회에서 차지하는 위상을 살펴보며, 언어에 반영되어 있는 독일인의 의식구조와 인간관계, 그리고 여러 가지 매체를 통해 나타나는 다양한 언어현상을 살펴본다.

## 독일어권의 문학과 예술
## Literature and Arts in the German Speaking World

이 과목은 독일어권의 문학과 예술이 어떻게 상호작용하였는지를 살펴보며 그러한 상호작용 속에서 어떻게 독일 문화의 특성이 드러나고 있는지를 탐구한다. 세부적으로는 문학 속에 음악과 미술은 어떻게 반영되고 있는가, 반대로 음악과 미술은 문학을 어떻게 받아들였는가, 또는 어떤 공동의 예술 이념이 문학, 음악, 미술의 창작에서 유사한 양상으로 나타나는지 등의 문제를 다룬다.

## 세계 속의 러시아어
## Russian Language in the World

러시아 어학개론의 전단계로서 러시아어의 여러 특성들을 세계의 다른 언어들과 비교하여 학습한다. 언어를 통해 러시아문화의 특성도 살펴본다.

## 러시아문학과 사상의 흐름
## Trends in Russian Literature and Thoughts

이 과목은 러시아 문학사의 전반적 흐름을 파악하는데 초점을 맞춘다. 일반적으로 소개된 문학 텍스트 및 지성사적 텍스트들을 읽고 토론함으로써 문학과 사상의 흐름 속에 녹아있는 러시아 사회와 역사에 대해 이해할 수 있도록 한다.

## 러시아예술과 문화
## Russian Art and Culture

러시아의 역사, 종교, 관습, 제도, 예술 등과 관련된 다양한 텍스트들을 섭렵함으로써 러시아 문학에 대한 심도 있는 이해의 기초를 마련하고 러시아 문화사 전반에 대한 학습의 기회를 제공한다.

## 현대 라틴아메리카의 대중문화
## Mass Culture of Contemporary Latin America

이 과목은 축제, 노래, 미술, 연속극, 춤, 문학, 영화 등의 라틴아메리카 현대대중문화를 다룬다. 대중문화에 대한 기초적이고 일반적인 시각들을 검토하며 라틴아메리카 대중문화의 독특한 특징을 살펴본다. 또한 식민통치와 신식민주의가 라틴아메리카 대중문화 형성에 끼친 영향, 근대성과 라틴아메리카 대중문화의 함수관계 및 세계화와 라틴아메리카 대중문화의 변화 양상을 살펴본다.

## 스페인 영화의 이해
## Understanding Spanish Cinema

이 교과목은 세계적으로 인정을 받고 있는 스페인 영화예술을 깊이 있게 다룬다. 이를 통해 스페인 영화의 고유한 미학과 국가적 정체성을 이해하는 것을 목표로 한다. 또한 스페인의 사회, 문화, 역사에 대해 폭넓게 이해하게 한다.

## 스페인어권 현대문학과 영상
## Modern Spanish Literature and Screen Arts

현대 스페인어권의 대표적인 문학작품과 영화작품을 상호 연관시켜 살펴본다. 스페인어권 예술의 정수를 감상할 수 있는 작품들을 선정하여 포괄적이고 개론적인 접근이 가능하도록 한다.

## 스페인어의 세계
## World of Spanish Language

이 과목은 스페인어의 세계적 위상과 스페인어의 구조적 특징, 그리고 스페인어의 유래와 발달사 등을 전반적으로 소개하는데 목표를 둔다. 언어적 탐구만이 아닌 포괄적 언어사회학을 탐구한다.

## 스페인사회와 문화
## Spanish Society and Culture

8세기 동안 아랍의 지배를 경험하고 1492년 콜럼버스를 지원해 아메리카에 진출하는 한편 근대 사회에서 구교를 수호하는 대항종교개혁의 구심점이었던 스페인의 역사는 스페인 사회의 문화적 정체성을 결정짓는 주요한 요인이었다. 그러한 역사적 배경을 통해 스페인인들이 어떻게 사유하고 문화를 창조해 나갔는지 탐구해보는 일은 스페인어와 스페인 문학을 이해하는 데 중요하다.

## 언어와 언어학
## Language and Linguistics

인문학의 관점에서 인간 언어의 구조와 언어능력을 이해하도록 하며, 이에 관한 기존의 이론적 연구와 실제적 적용을 소개한다. 언어표현의 형식과 의미의 관계에 대하여 다양한 시각에서 접근할 뿐만 아니라, 특히 현대 언어학이 철학·문학·심리학·전산과학·신경과학·사회학·수학 등과 어떠한 관계 속에서 연구되고 있는지를 살펴본다.

## 언어와 컴퓨터
## Language and Computer

인간 언어에 대한 연구가 여러 가지 정보축적과 정보소통의 문제와 어떤 관련을 맺고 있는지를 소개한다. 인간의 자연언어와 컴퓨터의 인공언어의 공통점과 차이점을 이해한다. 언어정보의 자동처리 방법과 응용을 소개한다. 인간 언어에 대한 기초연구가 어떻게 음성인식, 음성합성 등의 음성정보 처리와 구문 분석, 의미정보처리에 응용되며, 현대 정보사회의 발달을 위한 정보검색, 요약, 필터링, 그리고 기계번역 등에 적용되는지를 소개한다.

## 말소리의 세계
## Phonetics

말소리를 어떻게 분류하고 어떻게 발음하는지 체계적으로 학습하고, 이를 토대로 한국어, 영어, 불어, 이태리어 등 여러 언어의 말소리를 분별해서 듣고 정확하게 발음할 수 있는 능력을 함양한다. 아울러 여러 언어의 강세, 리듬, 성조, 억양에 대해서도 체계적으로 학습한다.

## 세계의 언어
## Languages of the World

세계의 주요 언어들을 대상으로 계통론적 관점과 유형론적 관점에 입각하여 대조·비교함으로써, 언어의 보편적 특성과 개별적 특수성에 대한 새로운 인식을 높인다. 아울러 사회언어학적, 인류언어학적 관점에서 언어의 변화와 변이를 통한 언어의 다양성에 대해 이해한다.

## 한국사를 보는 관점과 자료
## Korean Historiography and Sources

한국사에 대한 기초지식을 제공하는 교양과목으로 크게 두 부분으로 이루어진다. 첫째, 고대로부터 현대에 이르기까지 한국사를 이해하는 시각(사관)이 어떻게 바뀌어왔는가를 개관하고, 미래의 바람직한 시각을 전망한다. 둘째, 한국사를 이해하는데 필요한 기본적인 역사자료를 소개한다.

## 20세기 한국사
## Korea in the 20th Century

20세기 한국사회는 실로 커다란 변화를 경험하였다. 자주적 근대화 노력의 좌절, 식민지 경험, 해방, 남북분단, 전쟁, 경제발전, 민주화투쟁, 도시화, 생활양식의 서구화 등 이 기간 동안 한국사회는 매우 큰 변화를 겪어왔다.

이 과목은 위에서 예시한 바와 같이 이 기간 동안 한국 사회가 겪은 변화를 설명해 줄 수 있는 주요 주제를 선택하여 그 역사적 의미를 살핀다.

## 한국사를 이끈 사상가들
### Leading Thinkers in Korean History

한국사 속에서 문화건설을 담당한 주도층의 사상을 이해하는 것은 각 시대 사람들의 가치관과 태도, 시대적 과제 등을 이해하는 데 중요한 길잡이이다. 또한 각 시대의 중요한 변화를 일으킨 요소가 개개인에게 어떻게 잠재, 형성되었으며 어떤 조건을 통해 사회적 변화를 일으키는 데 작용했는지를 파악함으로써 역사 속에서 개인의 역할을 조망할 수 있게 한다.

## 한국사와 생활문화
### History of life Style in Korea

의식주를 비롯한 생활사와 관련된 자료를 중심으로 한국사의 흐름을 짚어보는 과목이다. 전통시대의 생활방식과 단절된 현대인들에게 과거의 생활모습을 복원시켜 제시함으로써 한국사를 느끼고 체득할 수 있도록 한다.

## 동양사학입문
### Introduction to Asian History

아시아를 구성하는 동아시아, 동남아시아, 중앙아시아, 서남아시아의 역사에 대해 동양사를 바라보는 시각을 집중 탐구한다. 각 지역별 역사 전개의 특징, 지역과 지역 간의 교류 등을 통해서 아시아의 전체상을 구성해본다. 또한 동양사 연구에 부합하는 연구시각 및 방법론도 다룸으로써 동양사 연구에 필요한 지식기반을 마련한다.

## 개관일본사
## Survey of Japanese History

일본의 원시시대로부터 현대에 이르기까지 일본 역사 전체를 대상으로 그를 개괄적으로 이해하는 것을 목적으로 한다. 따라서 일본의 역사 전개의 전체적인 흐름과 함께 그 시대 각각의 특징을 우선적으로 정리하고, 일본사 전체의 역사적인 특질이 무엇이고 이것이 동아시아의 다른 국가들과는 어떤 보편성과 차별성을 갖는가에 대하여 이해하게 한다.

## 몽골세계제국사
## History of Mongol World Empire

13세기 초 칭기즈칸과 그의 후계자들은 전체 인구 100만 명 남짓 되는 몽골유목민들을 이끌고 유라시아 대륙의 거의 전부를 정복하였으며, 최소한 150년이 넘는 기간 동안 명실상부한 세계제국을 경영했다. 몽골의 시대에 유라시아의 여러 민족들은 긴밀한 접촉과 교류를 통해서 미지의 세계에 대한 지식을 넓혀갔고 마침내 하나의 '세계사'가 탄생하는 계기가 만들어졌다. 본 교과는 먼저 이것을 가능케 한 몽골인들의 힘, 그 뒤에 숨어있는 유목제국의 전통, 세계 제국 경영의 원리 등을 탐구한다. 나아가 몽골제국이 유라시아 각 지역에 남긴 역사적 유산을 이해함으로써, 서구의 대두 및 근대세계의 탄생의 비밀을 설명할 것이다. 또한 문명과 야만이라는 이분법적 편견으로 인해 무시되고 왜곡되어 온 이 위대한 세계 제국의 역사상을 올바로 이해하게 한다.

## 동남아시아의 역사와 해상무역
## Southeast Asia History and Maritime Trade

전근대시기 동남아시아의 역사에서 가장 중요한 요소라 할 수 있는 해상무역과 동남아시아 국가발전과의 관계를 검토함으로써, 보다 객관적인 동남아시아 역사이해에 다가설 수 있도록 한다. 특히, 16세기 이래 스페인·네 덜란드의 동인도 진출과 맞물리면서 전개된 동남아시아의 역사는 근대 이 후 동남아시아 역사 전개의 이해에 중요한 기반이 됨을 이해시킨다.

### 서양사를 보는 시각
### Perspectives on Western History

이 과목은 서양사학은 어떤 학문이고, 어떻게 연구하느냐는 물음에 대한 하나의 답을 제공하는 데 그 목표를 두고 있다. 구체적으로 이 과목에서는 정선된 서양 역사가들의 저술을 토대로 서양사의 주요 흐름을 이해하고, 나 아가 역사를 보는 관점과 역사해석 및 서술 방식 등에 대한 기초적인 지식 과 정보를 제공한다.

### 사료로 보는 서양사
### Western History in Primary Sources

이 과목의 목표는 서양사의 전개과정에서 중요한 역사적 의미를 지닌 사 료를 통하여 서양 역사의 흐름을 파악하는 데 있다. 역사 연구의 토대가 되는 사료의 중요성을 인식하게 하고, 나아가 사료분석에 대한 기본적인 지 식을 제공한다.

### 서양의 지적전통
### Intellectual Traditions of the West

이 과목은 서양에서 나타나는 주요 사상의 흐름을 역사적 맥락에서 이해 하는 데 그 목표를 두고 있다. 서양 사상의 내용 및 특징과 아울러 그것의 역사적, 사회적 배경을 파악하는 데 중점을 두고 있다.

## 서양의 근대문화
## Culture of Modern Europe

이 과목의 목표는 근대 이후 서양문화의 특징과 발전 양상을 이해하는데 있다. 특히 문화는 학문과 예술 활동뿐만 아니라 개인과 집단의 생활방식 전체를 포함하는 포괄적인 의미를 지니는 것으로, 엘리트 집단의 문화뿐아니라 민중문화도 함께 다룬다.

## 인도불교철학
## Indian and Buddhist Philosophy

인도철학과 불교철학 일반을 다룬다. 인도에서 나타난 여러 철학 학파들의 형성과 발달을 역사적으로 고찰하고, 인도의 문화적 역사적 배경 속에서 탄생하여 아시아의 여러 문화권에서 다양한 사상적 전통을 형성한 불교에대해 고찰한다.

## 세계종교
## World Religions

세계종교 전통들의 역사적 변천과정들을 전체적으로 조감함으로써 선사시대로부터 현대사회에 이르기까지의 사상사적 흐름을 이해하고, 종교적 신념체계들의 비교를 통하여 개별종교전통의 사상적 특성들과 아울러 다종교사회에서의 사상적 문제들에 대해 균형 있게 소개한다.

## 불교개론
## Introduction to Buddhism

불교의 역사와 사상의 전개에 대한 기본지식 및 이해의 획득을 목표로하여, 불교의 역사, 기본 교리와 사상, 각 지역 불교의 특징적 전개 양상등을 개관한다.

### 기독교개론
Introduction to Christianity

인류의 기독교 경험이 표출해온 신앙적, 실천적, 공동체적 특성들과 경전적 전통 등을 개관한다.

### 종교와 종교학
Religion and Religious Studies

종교의 본질을 학문적으로 탐구할 수 있는 시각을 다양한 방법들을 통해서 체계적으로 개관한다.

### 미학원론
Fundamentals of Aesthetics

미와 예술에 대한 제반이론의 중심 개념을 살펴보고, 미학의 문제와 방법을 심도 있게 검토함으로써 제반 미학이론의 형식적 구조와 한계를 고찰한다.

### 예술철학
Philosophy of Art

미학사를 통해서 예술의 본질이 무엇인지 탐구하고자 하였던 여러 이론들을 비교, 검토함으로써, 예술을 하나의 인식적 활동으로 이해하고자 하는 예술철학이 지닌 위상과 아울러 현대적 관점에서의 한계를 규명한다.

### 미학사
History of Aesthetics

미학의 주요 개념들의 발생과 전개 과정 그리고 중요한 논쟁의 맥락을 통사적으로 검토한다. 미와 예술에 대한 주장의 역사적 통찰은 현재의 미와 예술 개념의 형성과 이해의 근거가 될 것이다.

## 동양예술론
## Theory of Arts in Asia

동양의 예술에 대한 미학적 사상과 동양예술에 내재되어 있는 정신적인 측면들을 고찰한다. 특히 중국예술이론에서 지속적으로 제기되어 온 문제들을 체계적으로 고찰한다.

## 고고학의 세계
## Invitation to Archaeology

고고학의 범위와 특징, 방법론에 대하여 개괄하는 것을 그 목적으로 한다. 고고학의 성립 및 발달 과정, 현대고고학의 성격, 고고학의 연구대상, 고고학의 기본적인 연구 방법을 비롯하여, 고고학 전공자가 갖추어야 할 기본 자질 및 자세, 직업으로서의 고고학에 대한 전망 등에 대하여 폭넓게 소개한다.

## 고고학연구의 기초
## Foundations of Archaeology

이 과목은 고고학 연구에서 이용되는 다양한 연구 방법론을 보다 심도 깊게 소개하는 것을 목적으로 한다. 과거의 사회와 문화를 복원, 이해하기 위해 고고학에서 전통적으로 시도해온 방법론에 대한 기본적인 이해를 바탕으로, 인류학, 경제학, 지리학, 역사학, 지질학, 생물학, 유전학, 금속학 등 다양한 분야와의 학제적 연구를 시도하고 있는 현대고고학의 다양한 방법론들에 대하여 고찰한다.

## 한국의 미술문화
## Korean Art and Culture

선사시대부터 조선시대까지의 우리나라 미술을 다루되 미술의 기원, 특징, 변천을 고분미술과 불교미술로 대별하여 살펴본다. 또한 미술의 제 양상을 회화, 조각, 공예, 건축 등의 대표적인 작품들을 통하여 검토함으로써 우리나라 미술에 대한 기초적 이해를 도모한다.

### 미술사와 시각문화
### Art History and Visual Culture

전통적인 미술과 미술가의 개념을 살펴보고 현대사회의 확대된 미술과 관련된 다양한 형태와 영역들을 포괄적이고 총체적인 시각문화라는 개념으로 학문적인 시각에서 조명한다. 새로운 매체를 통해 시도되고 있는 순수 미술가들의 미술창작과 그것을 둘러싼 활동 외에 영상, 상업미술, 시각문화산업 등 광범한 범위를 다룬다.

### 러시아학 입문
### Introduction to Russian Studies

러시아는 어떠한 역사적 과정을 통해 형성되었으며, 그것이 현대 러시아 사회와 문화에 어떠한 영향을 미쳤는가? 러시아 혁명과 사회주의 연방의 탄생, 페레스트로이카(perestroika : 개혁)와 소련의 해체, 연방 해체 이후의 문화적 혼란과 새로운 강한 국가주의의 형성에 이르는 독특한 여정 속에서 러시아와 러시아인들은 어떠한 고유한 특성을 드러내고 있는지 대하여 해답을 모색한다.

### EU와 독일어권 문화
### EU and German Culture

변모하는 독일어권 국가들의 현대문화를 EU와의 관계에서 고찰하는 지역학이다. 통일 이후 유럽연합의 일원으로 변모한 독일과 독일어권 국가들은 각 분야에서 새로운 모습을 보여주고 있다. 이 교과는 유럽과 독일의 정체성이라는 주제를 중심으로 유럽과 독일의 역사를 통시적으로 살펴본다.

### 인도문명의 이해
### Understanding Indian Civilization

인도는 서아시아, 유럽, 중앙아시아, 동아시아와 다양한 문화권과 활발히 교류하면서 일찍부터 독특한 문명을 발전시켜 왔다. 이 교과는 고대부터 현대에 이르기까지 인도 문명의 다양한 양상을 살펴보는 것을 내용으로 한다. 종교, 사상, 문화, 예술 등 문명의 여러 국면을 살펴봄으로써 인도 문명에 대한 이해를 높인다.

### 서아시아문명의 이해
### Understanding West Asian Civilization

서아시아 언어문명 전공에서 다룰 수 있는 여러 가지 분야와 주제를 총망라하여 각 분야를 대표하는 연구 성과와 접근 방법을 연구논저를 통해 살펴본다. 본 교과목에서 포함하는 학문 분야는 고대 오리엔트 고고학, 종교학, 이슬람 신학과 철학, 법학, 사학, 문학, 현대 중동의 정치 경제 등을 아우른다.

### 동남아시아문명의 이해
### Understanding Southeast Asian Civilization

동남아시아는 남아시아와 동아시아의 여러 지역과 활발히 교류하면서 일찍부터 독특한 문명을 발전시켜 왔다. 본 교과는 고대부터 현대에 이르기까지 동남아시아 문명의 다양한 양상을 살펴본다. 종교, 사상, 문화, 예술 등 문명의 여러 국면을 살펴봄으로써 동남아시아 문명에 대한 이해를 높인다.

## 일본문명의 이해
## Understanding Japanese Civilization

일본 문명의 형성과 발전에 영향을 준 핵심 개념을 이해한다. 특히 무사, 쇼군, 천황제, 신국사상 등 주요 개념을 통해 일본 문명의 특질을 폭넓게 고찰한다. 이와 아울러 고대부터 근현대에 이르는 시기에 외부 세계와 접촉하면서 일본 문명이 어떻게 생성되고 변용되어 나갔는가를 파악한다.

## 서양고대철학
## Ancient Western Philosophy

서양 철학의 고중세 시기에 어떤 문제들이 어떤 방식으로 제기되고 제기된 문제들의 해결을 위해 도입된 개념과 논변들이 어떤 것인지를 당시 작품의 강독을 통해 검토한다. 플라톤, 아리스토텔레스, 아우구스티누스, 토마스 아퀴나스의 문헌이 일차적인 선택범위에 들며, 철학적 분석과 문헌학적 역사적 접근방법을 통해 서양 고중세의 철학적 문헌을 학적으로 접근하는 방식을 이해하게 한다.

## 중국고대철학
## Ancient Chinese Philosophy

전한 시대 이전에 활발하게 전개된 유가, 도가, 법가, 묵가 등 제자백가들의 다양한 철학적 논의를 당대 사회의 변화·발전과 연관시켜 비교 연구한다. 또한 동중서의 사상 등 전한시대 철학에 대해서도 다룬다.

## 러시아문학과 영상예술
## Russian Literature and Film Art

20세기 러시아문학의 발전에 있어 문학의 실험적 기법들은 영상예술과의 상호 교류와 근접을 통해 이루어진 바 있다. 이 교과목은 문학과 영화를 함께 연계하여 공부하도록 한다. 이 과정을 통해 문학 작품과 영상 예술은 서로를 보충적이고 발전적인 관점에서 해석할 수 있을 뿐만 아니라 러시아 문화와 삶에 대한 보다 깊고 폭넓은 이해의 장을 제공한다.

## □ 인문학 일반 정보원

『경제학자의 인문학서재 : 그들은 어떻게 인문학에서 경제를 읽어내는가?』
　　(김훈민·박정호 공저. 한빛비즈, 2012)

『기적의 인문학 독서법 : 삶에 기적을 일으키는 인문학 독서법의 비결』(김
　　병완 지음. 북씽크, 2013)

『내 삶을 경영하라 : 삶을 풍요롭게 살기 위한 인문학적 자기경영 지침서』
　　(김태우 지음. 창해, 2014)

『리딩으로 리드하라』(이지성 지음. 문학동네, 2010)

『매일 읽는 인문학 : 일상의 인문학을 통해 보는 '어떻게 온고지신할 것인가'』
　　(선정규 지음. 천지인, 2013)

『부모인문학 : 교양 있는 아이로 키우는 2,500년 전통의 고전공부법』(리 보
　　틴스 지음, 김영선 옮김. 유유, 2013)

『빅데이터 인문학 : 진격의 서막 : 800만 권의 책에서 배울 수 있는 것들』
　　(에레즈 에이든, 장바티스트 미셸 지음, 김재중 옮김. 사계절, 2015)

『사회인문학이란 무엇인가? : 비판적 인문정신의 회복을 위하여』(김성보
　　외 공저. 한길사, 2011)

『생각하는 인문학 : 5000년 역사를 만든 동서양 천재들의 사색공부법』(이
　　지성 지음. 차이, 2015)

『서울대 명품강의』(서울대학교 사회과학연구원 기획. 최무영 외 공저. 글
　　항아리, 2010)

『스무 살, 인문학을 만나다』(김주원 외 공저. 서울대학교 인문대학 편. 그
　　린비출판사. 2010)

『스무 살에 선택하는 학문의 길』(김용준 외 공저. 아카넷, 2005)

『스토리텔링 인문학 : 인문학으로 키우는 내 자녀』(송태인 지음. 미디어숲,

2014)

『어떻게 살 것인가 : 세상이 묻고 인문학이 답하다』(고은 외 공저. 21세기
　　　북스, 2015)

『이끌림의 인문학 : 세상을 이끌 것인가? 세상에 이끌려 갈 것인가?』(전경일
　　　지음. 다빈치북스, 2014)

『인문의 스펙을 타고가라』(이동진 외, 서울대학교 인문대학 편. ㈜사회평론,
　　　2010)

『인문학 명강』(강신주 외. 21세기북스, 2013)

『인문학문의 사명』(조동일. 서울대학교출판부, 1997)

『인문학자 과학기술을 탐하다 : 인문학과 과학기술의 융합은 어떻게 이루어
　　　지는가』(박이문 외 4인 공저. 고즈윈, 2012)

『일상의 인문학 : 넓게 읽고 깊이 생각하기』(장석주 지음. 민음사, 2012)

『저는 인문학이 처음인데요』(박홍순 지음. 한빛비즈, 2014)

『지금 시작하는 인문학』(주현성. 더좋은책, 2012)

『친절한 인문학 길잡이 : 초보자를 위한 인문학 사용설명서』(경이수 지음.
　　　책비, 2014)

『탈산업사회에서 포스트모던사회로 : 현대사회의 새로운 이론들』(크리샨
　　　쿠마르 지음, 이성백 · 신재성 · 신승원 공역. 라움, 2012)

『평화인문학이란 무엇인가』(서울대학교 평화인문학연구단 편. 아카넷,
　　　2013)

『한국 근현대 인문학의 제도화 : 1910~1959』(신주백 편. 혜안, 2014)

『판도라의 도서관 : 여성과 책의 문화사』(크리스티아네 인만 지음, 엄미정
　　　옮김. 예경, 2011)

# 제3장 역사학 주제정보 접근법

# 제3장 역사학 주제정보 접근법

## 3.1 역사의 개념

역사는 인간사회의 탄생으로부터 지금까지 변천되어온 발자취의 기록이라고 말할 수 있다. 즉 역사란 넓은 의미에서는 우주의 탄생으로부터 현재에 이르기까지 까지 발생한 인간과 사회, 인간과 자연의 모든 현상에 관하여 기록한 것이며, 좁은 의미에서는 인간 개별조직체의 발생에서부터 현재에 이르는 연혁을 기록한 것이라 할 수 있다. 영어의 history라는 단어는 '연구'를 뜻하는 그리스어 이스토리아(istoria)에서 유래한 것으로 과거에 관한 탐구와 그 서술을 의미한다. 동시에 독일어의 역사(Geschichte)의 어원은 '일어나다(geschehen)에서 나온 것으로 일어난 사실 그 자체를 의미한다.

역사학에서의 역사는 과거의 사실을 연구하되 이를 어떤 관점에서 연구하느냐에 따라 객관적 의미의 역사와 주관적 의미의 역사로 구분된다. 객관적 의미의 역사란 독일어에서의 역사의 어원인 geschehen(일어나다)에서와 같이 역사적 사건 그 자체, 즉 과거에 일어난 모든 일 그 자체를 의미한다. 여기에는 연구자의 주관이 개입하지 않은 '사실 그 자체'로서 일상적으로 언급되는 "지금 역사가 이루어지고 있다"라고 하는 표현이 여기에 해당된다.

주관적 의미의 역사란 영어의 history의 어원인 그리스어 이스토리아(istoria, 연구)의 의미에서처럼 과거에 관한 연구와 그 서술이며 탐구한 끝에 얻어진 역사에 관한 지식과 정보라는 뜻이다. 즉 과거에 일어난 사실이 역사연구의 대상이 되지만 과거의 사실 그 자체가 바로 역사가 되는 것은 아니다. 일정한 관심 및 가치 판단에 입각해 선택된 과거의 사실이 역사를 구성한다는 것이다. "역사는 다시 쓰여 진다."는 말은 연구자의 문제의식에 따라 역사기술이 다르며 이는 곧 과거의 사실 그 자체가 아닌 '과거의 사실

에 대한 해석'을 역사로 보는 것이다.[1]

역사학은 기록과 증언 등의 자료를 비판적으로 검토하는 작업에 바탕을 두고 있다. 역사가들의 작업에 대한 이와 같은 태도는 18세기말 이후 역사가들이 과학적 역사를 발전시킨 데 그 근원을 두고 있다. 역사연구는 이제 자연스러운 인간 활동의 하나이며 교육의 중요한 일부분으로서 인간생활 전반에 대한 해석을 제공하는 학문으로 인식되고 있다.

## 3.2 역사학의 학문적 성격

역사학은 2000년 이상의 역사를 가진 학문이다. 그리스의 신화에 나오는 역사의 여신 클리오(Clio)는 기억의 신으로서 학예신(Muses)가운데 가장 상위를 차지한다. 따라서 역사는 인간 정신의 최고의 존재였다. 그럼에도 불구하고 역사학은 고대와 중세, 근세에 이르기까지 학문으로서 정립되지 못한 채 문학, 철학, 종교에 포함되거나 통치자나 지배세력의 정치적 선전 도구로 이용되어 왔다. 그렇다면 역사학의 정체성(正體性)은 무엇일까? 학문으로서의 역사학은 19세기에 이르러 랑케에 의해 인문과학의 중요한 분야로 확립되었다.[2] 랑케(Leopold von Ranke)는 그의 『라틴 게르만 민족사』에서

"우리는 역사학이 과거를 재판하고 장래에 유익하도록 인류를 선도한다는 따위의 기능을 기대하여 왔다. 이 글은 그런 허황한 기능을 시도하는 것이 아니라 단지 그것이 원래 어떻게 있었는가를 보이려 할 뿐이다. … 아무리 제약이 많고 아름답지 못한 사실이라도 그것을 정확히 제시하는 일이 최상의 원리임은 의심할 바가 없는 것이다."

---

1) 박성수. 2000. 『역사학개론』. 서울 : 삼영사. 14 - 17쪽.
2) 박성수. 2000. 『역사학개론』. 서울 : 삼영사. 33 - 35쪽.

라고 기술하여 역사학의 정확성과 객관성을 강조하였다.[3] 그러나 역사를 과학화한다고 해서 자연과학처럼 다룰 수는 없는 일이다. 따라서 19세기 랑케학파의 한사람인 영국의 엑튼은 역사학의 이론과 방법에 대하여

> "모든 과학은 각기 특유한 방법으로 연구되어야 한다. 그렇지만 모든 과학에 적용될 수 있는 방법이 있다면 그것은 역사적 방법이다. 그러므로 역사는 특수한 학문의 한 분과일 뿐 아니라 다른 여러 분과에 있어서의 특수한 학문 형태요 방법이다."

라고 말함으로서 인문과학으로서의 역사학의 포괄성을 통찰하고 있다.

19세기 후반에 이르러 인문학의 범위에 포함되어 있던 사회과학(社會科學)은 정밀성과 과학성을 주장하며 독립을 선언하였다. 당시까지 학문은 크게 인문과학과 자연과학으로 구분되어 있었으나 19세기 말에 이르러 사회과학이 계량적 방법을 통하여 자연과학적인 방법론을 보다 확대 적용하게 되면서 사회과학이라는 영역을 구축하게 되었다. 사회과학이 인문과학에서 분리됨에 따라 학문은 인문과학, 사회과학, 자연과학으로 구획되게 되었다. 그러나 사회과학이 독립을 선언했다고 해서 인문과학과 사회과학이 본질적으로 완전히 분리되는 것은 아니다. 인문과학이나 사회과학이 인간을 연구 대상으로 하는 이상 그 본질에서는 통합되며, 자연과학 역시 궁극적으로 인간을 위한 학문이라는 점에서는 마찬가지다. 따라서 이는 학자들의 편의상의 구분일 뿐 모든 학문은 결국 하나로 통합되어 인간에 의한, 인간을 위한, 인간의 학문으로 될 수밖에 없는 것이다. 따라서 전체 학문은 다음의 그림처럼 서로 접합하여 연결되며 그 가운데서 역사학은 가장 중요한 통합의 역할을 수행한다. 따라서 분과 학문들은 각각의 방법론적 특성에 따라 독립성을 추구하되 영역간의 접합을 유지함으로서 전체로서의 학문을 구성한다고 말할 수 있을 것이다.

---

3) 박성수. 2000. 『역사학개론』. 서울 : 삼영사. 130쪽.

특히 인간은 시간 예속적 존재이므로 역사와 역사학은 어떤 형태로는 우리와 함께 존재해왔고 앞으로도 존재할 것이다. 따라서 '모든 학문은 역사로 통한다.' 어떤 학문분야이든 역사가 없이는 성립될 수 없다. 역사를 통해서 학문은 발전되기 때문이다. 따라서 역사는 모든 학문에 앞선다고 보아야 할 것이다. 국어를 공부하려면 국어의 역사를, 문학을 공부하려면 문학의 역사를, 경제학을 공부하려면 경제학의 역사를, 세계를 알려면 세계사를, 한국을 알려면 한국사를, 국가와 국가 간의 관계를 알려면 외교사를 공부해야 한다. 또한 가족을 알려면 가족사를, 나 자신을 알려면 나의 역사를 기록하고, 해석하고, 반추하여 재조명해야 한다. 그러므로 역사를 공부하는 것은 시간과 공간을 초월한 가장 근원적인 학문의 바탕을 마련하는 것이며, 역사학은 모든 학문의 근저를 제공하는 '통섭의 학문'이라고 보아야 할 것이다.

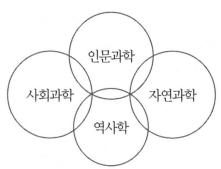

〈그림 3-1〉 학문의 분리와 통합의 구조

## 3.3 역사학의 연구방법

일찍이 영국의 철학자 베이컨(Francis Bacon, 1561~1626)은 학자들이 범하기 쉬운 편견과 오류를 '우상(偶像)'이라고 표현하고 학자들의 '4대 우상'을 지적하였다. 첫째는 '종족의 우상'으로서 인간의 감각기관 그 자체가 지니는 오류, 둘째는 '동굴의 우상'으로서 개별 인간 스스로 자신을 위하여 유리하게 파놓은 동굴 같은 편견, 셋째는 '시장의 우상'으로서 선전 광고의 여러 왜곡, 즉 군중 속에 휩쓸려 들어가는 오류,[4] 마지막으로 '극장의 우상'으로서 지식인들이 범하는 지식인의 연극, 즉 이론, 법칙, 체계를 세운답시고 저지르는 오류 등을 들었다.[5]

또한 이탈리아의 역사 철학자 뷔코(Giovan Battista Vico, 1668~1744)는 역사가들이 범하고 있는 편견으로서 다섯 가지를 제시하였다. 첫째, 역사가는 자신이 연구하고 있는 시대, 인물, 사건 등을 실제보다 크고 훌륭하고 중요한 것으로 믿고 싶어 한다. 둘째, 자기 민족의 역사를 취급하는 역사가는 자기 민족의 역사를 가장 좋아하는 색깔로 채색하려 한다. 셋째, 역사가는 자기가 연구하는 역사상의 인물을 지성 있는 학자적 인간이라 착각한다. 넷째, 두 민족이 유사한 사상이나 제도를 가지고 있을 때 서로 배워온 것이라고 생각하는 데, 이는 인간의 원초적인 창조성을 부정한데서 기인하는 편견이다. 인간의 배움은 선택적이며 창조적이다. 다섯째, 역사는 사건과의 시간적 거리가 가까울수록 그 사건에 대한 지식이 정확하다고 생각한다. 그러나 실제는 그렇지 않다.[6] 역사가도 인간인 이상 이와 같은 우상이나 편견들을 완전히 떨쳐버린다는 것은 불가능한지도 모른다.

역사학의 방법은 기존 지식을 존중하고 그와 관련된 새로운 자료를 찾고 가설을 만든다는 점에서 전체적인 윤곽은 다른 학문들과 별로 다르지 않다. 과거를 시간이나 사건에 따라 나누는 것은 역사가들의 인간적 한계일 뿐이다. 역사학의 방법론은 4가지 측면을 갖고 있는데, 발견적 학습, 일반적으로 인정되고 있는 지식, 연구, 저술이다. 처음 2가지는 간단히 생각할 수 있다. 발견적 학습은 훈련과 경험으로만 얻을 수 있는 연구기법을 가리킨

---

4) 현재 우리나라 대학의 학과가 인기위주로 재편되는 현상은 '시장의 우상'에 빠지는 것이 아닌지?
5) 박성수. 2000. 『역사학개론』. 서울 : 삼영사. 133쪽.
6) 박성수. 2000. 『역사학개론』. 서울 : 삼영사. 132 - 134쪽.

다. 역사가의 경우, 발견적 학습은 필사본 수집에 대한 지식, 색인을 만들고 자료를 분류하는 방법, 도서목록에 대한 지식 등을 포함한다. 발견적 학습은 방법론의 다른 측면들, 예를 들면 같거나 비슷한 분야에 종사하는 역사가들의 능력에 대한 지식이나 문서자료를 신속하게 다루는 능력이 기초가 된다.

현재 일반적으로 인정되고 있는 지식을 습득할 필요성은 연구가 항상 현재의 지식에서 출발하여 알려지지 않은 것으로 나아가야 한다는 연구 순리에 바탕을 두고 있다. 또한 역사가는 자신의 분야뿐 아니라 인접한 관련 학문분야에서 이루어진 성과에 대해서도 잘 알아야 한다. 역사가는 대개 자신의 분야에 해당되는 새로운 역사적 사실을 무조건 받아들이지 않고, 현재 일반적으로 인정되고 있는 해석도 그대로 받아들이지 않는다. 인접한 역사학 분야에서는 사실과 그 분야의 전문가들이 내린 해석을 수용하겠지만 자신의 발견적 학습과 일반적인 역사학 지식으로 그것을 해석하고 수정한다. 인류학, 경제학, 지리학, 자연과학, 문헌학, 심리학, 사회학 등의 관련 분야의 지식은 반대되는 강력한 증거가 없는 한 그 분야에 종사하는 학자들의 연구를 수용한다.

역사가가 역사적 사건 자체를 경험할 수는 없다. 그가 입수할 수 있는 것은 사건에 대한 당시 사람들의 기록 및 구전이나 사료(史料)이다. 이를 통해 역사가는 그 사건을 연구 분석하여 추론하는 것이다.


## 3.4 역사학과 도서관 · 기록관 · 박물관

역사자료는 광범위하게 산재한다. 관심을 갖기에 따라서는 어디에든 자료가 있다. 공공기관의 사무실이나 문서창고, 개인들의 가정집, 땅 속이나 바다 속에 이르기까지 과거에 남겨진 기록이나 유물 유적은 모두 역사자료가 된다. 따라서 이들 모두를 모아서 보존하는 곳은 없다. 역사자료를 활용하기 위해서는 전국, 전 세계를 헤매고 다닐 수밖에 없는 것이다. 그러나 다른 곳보다는 집중적으로 자료를 수집, 관리하는 사회적 기관이 있으니 그곳은 바로 문서보존소, 박물관, 도서관이다.

문서보존소는 문서를 수집, 보존하는 곳이다. 문서보존소도 중앙정부기관, 지방 행정기관, 대학, 연구소, 기업 등 많은 종류의 기록보존소가 있다. 우리나라는 1969년 총무처 산하에 정부기록보존소를 설립하였고 1988년에 대전 정부청사로 이전하였으며 2004년 5월에 국가기록원으로 명칭을 변경하여 오늘에 이르고 있다. 그러나 선진국에 비해 국가적인 기록 관리제도가 미비하여 사료의 보존과 활용이 어려우므로 역사학계, 정치학계의 인사들의 건의로 1999년 '공공기관의 기록물관리에 관한 법률'이 제정되게 되었다.[7] 이에 따라 중앙과 지방의 공공기관들이 기록보존소를 의무적으로 설치하도록 함으로써 늦게나마 역사자료 보존 활용의 길이 열리게 되었다.

도서관은 이미 연구가 이루어진 출판물 중심으로 자료를 수집한다. 따라서 원자료는 희귀서 이외에는 드문 편이다. 그러나 국립중앙도서관이나 서울대학교 규장각, 국사편찬위원회, 한국학중앙연구원, 각 대학도서관의 고서자료는 중요한 역사 연구 자료들이다. 또한 공공도서관의 경우 지역의 향토사 자료를 집중 수집하므로 지역사회 역사연구 자료관으로서의 역할을 수행한다. 역사학자들의 도서관이용은 원문이나 초고자료를 찾기보다는 다른 학자들의 연구결과물을 활용하기 위한 경우가 대부분이다. 그러나 도서관의 고서자료실이나 고문서실에서는 지금까지 알려지지 않고 고증되지 않은 자료들도 포함되어 있기 때문에 귀중하고 희귀한 자료들이 발견되는 수가 있다.

박물관은 역사적 유물의 보존, 전시장이다. 여기에는 선사유물에서부터 역사적으로 중요한 유물들이 수집, 고증, 전시된다. 유물에는 물론 서적과

---

7) 이 법은 2007년 '공공기록물 관리에 관한 법률'로 개정되었고, 같은 해 '대통령기록물 관리에 관한법률'이 제정되었다.

고문서도 포함된다. 그러나 박물관의 책은 도서관의 분류표로 분류되어 있지 않고, 도서관의 책처럼 이용할 수도 없다. 연구용으로 원 자료를 이용하기 위해서는 특별하고 까다로운 절차가 필요하다. 그것은 박물관자료는 국보급 자료도 있고 금전으로 환산되는 값진 유물들이 많기 때문에 보존, 관리상 불가피한 일이다.

역사학 연구자의 관심은 연구자의 연구 수준에 따라 다르다. 중견 학자들은 원본 자료의 발견과 해석에 몰두할 것이므로 기록관이나 문서보존소를 주로 활용할 것이다. 그러나 신진 학자들은 기존의 연구물을 먼저 검토 활용해야하므로 도서관과 기록관을 두루 이용하지 않으면 안 된다. 또 학생들은 학습이 우선되어야 하므로 참고자료가 풍부한 도서관을 이용해야 할 것이다. 역사 연구를 위해서는 도서관, 기록관, 박물관을 모두 이용해야 한다. "도서관 박물관 학교는 하나다"라는 책을 본적이 있다. 역사 연구에서는 "도서관 기록관 박물관은 하나다"라고 해도 무리가 없을 것이다.

## 3.5 역사자료의 성격

역사자료(歷史資料)는 문헌, 유물, 전승자료 등 세 부류로 나뉜다. 문헌은 다시 주관적인 자료와 공식자료로 나뉜다. 주관적인 자료는 개인의 눈을 통해 본 사건들, 따라서 그 개인이 해석한 사건들로 이루어져 있다. 공식자료는 공식기록으로 이루어지며 개인 간의 거래에서 국가 간의 거래에 이르기까지 모든 수준의 문서를 포함한다.

정보는 기본적으로 비개인적인 진술형태로 되어 있으며, 인과관계나 동기에 대해서는 지극히 피상적인 암시만 포함되어 있다. 사실상 주관적인 자료와 공식자료의 경계는 모호하여 하나의 문서가 이 2가지 요소를 모두 포함할 수 있다. 물질자료는 과거 인간 활동의 결과물이다. 전승 사료는 뒤에 기록되어 전하는 경우도 있지만 주로 말이나 관습으로 전해 내려온 것이다. 자장가 같은 전승 동요, 민간설화, 지명 등이다.

어떤 특정한 자료를 거기에 대응하는 다른 자료와 비교해 보고 오늘날 일반적으로 인정되고 있는 해석을 알면 역사가는 대개 그 특정한 자료가 진실인지, 부분적으로 진실인지, 아니면 가짜인지를 알 수 있다. 그 자료가 진실이거나 부분적으로 진실이라 해도 문헌자료와 일부 전승 자료에 포함되어 있는 주관적인 요소를 고려해야 하고, 공식자료나 유물 또는 전승 자료로 남아 있는 흔적을 토대로 사건 자체를 재구성하기는 어렵다는 점도 고려해야 한다.

역사자료의 분류는 본래 실용적인 성격을 가진 것으로서 서로 다른 부류에 속하는 사료를 다룰 때 필요한 서로 다른 기법에 바탕을 두고 있다. 예를 들어 명문이 새겨진 묘비는 역사가의 관심이 명문의 내용에 있느냐 아니면 돌 자체에 있느냐에 따라 문헌사료가 될 수도 있고 물질사료가 될 수도 있다. 연구의 성격에 따라서는 보조 학문분야에 대한 전문적 훈련이 필요할 수도 있다. 보조 학문 가운데 가장 중요한 것은 고고학, 서지학, 연대학, 고문서학, 금석학, 족보학, 고서체학, 인장학, 원문비평학 등이다.

## 3.6 역사학의 분야

### 역사철학

역사를 보는 관점, 즉 역사관의 문제로서 역사서술의 가치기반을 제공한다. 역사를 보는 관점은 크게 세 가지로 나뉜다. 즉 기독교적 역사관, 변증법적 역사관, 순환론적 역사관이다. 서양에서 기독교가 지배하던 고대와 중세사회는 기독교적 가치관이 역사서술에 투영되었다. 변증법적 역사관은 역사의 진행을 정·반·합에 의한 모순의 극복 과정으로 파악하고 유물사관에 입각하여 사회 발전을 설명하려는 시도였다. 순환론적 역사관은 역사의 흐름을 큰 줄기에서 바라보면 인류문명의 역사는 결국 순환된다는 것이다.[8] 이밖에도 민족주의적 역사관이 있고, 기독교 이외의 다른 종교적 관점에서 이슬람교적 역사관, 불교적 역사관, 유교적 역사관, 기타 종교의 역사관이 있다. 그러나 세계사를 흐름을 객관적으로 정확히 파악하기 위해서는 종교적 교조주의나 민족주의의 편협한 사고방식에서 탈피한 보편적 역사원리의 정립노력이 지속되어야 한다. 역사철학은 이러한 역사의 관점과 가치문제를 탐구하는 분야이다.

## 일반사

일반사는 우리가 보편적으로 학습해 왔던 국사와 세계사이다. 어떤 사회 전체를 통해서 전반적인 정치, 사회, 문화의 시대적 발전과정을 기술한다. 이는 각국의 역사와 이를 종합한 세계전체의 역사라고 말할 수 있다. 일반사의 기술은 각국의 정치상황과 역사 관점에 따라 다를 수 있으므로 국가 간 역사분쟁이 일어나기도 한다. 그러나 일반사는 가장 객관적으로 기술되어야 하며 역사가의 과학적 역사탐구에 바탕을 두어야 하는 역사학의 핵심 분야이다.

## 분야사

각 분야별 발달사이다. 정치사, 사회사, 문학사, 교육사, 경제사 등 제반 학문분야에서 각기 그 태동으로부터 오늘에 이르기까지의 과정과 경향을 탐구 분석하는 것이다. 이는 순수 역사학자의 연구 영역과 겹치지만 분야별로 심화된 연구를 위해서는 각 분야의 전공 학자들이 자기분야의 역사를 보다 집중적으로 탐구해야 한다. 역사학자가 모든 학문분야의 역사를 전부

---

8) 박성수. 2000. 『역사학개론』. 서울 : 삼영사. 48 - 118쪽

담당하기에는 역부족이다. 분야별 역사는 역시 그 분야 연구자의 몫이다. 그러나 여기에는 분야별 학자들의 역사학적 소양이 전제되어야 한다.

## 개인의 역사

사회에는 무수한 개인과 단체가 존재한다. 또 이들 개인과 단체는 나름의 역사를 가진다. 이른 바 유명한 사람들은 전기나 자서전을 남긴다. 자서전은 누구든지 마음만 먹으면 남길 수 있다. 일기도 하나의 자서전이다. 그러나 다른 사람이 쓰는 전기는 전기 대상인물의 생애가 남달라야 하며, 당시의 사회에서 뚜렷한 업적과 영향이 있어야 전기의 소재로 선택된다. 위인전은 위대한 인물에 대한 전기이다. 그러나 전기가 일종의 문학으로도 여겨지므로 미사여구(美辭麗句)와 과장(誇張)이 있을 수 있어 객관적인 평가가 어려운 점이 있다.

## 단체의 역사

공·사 단체의 역사는 '○○회사 100년사'등의 역사서이다. 이는 주로 회사자체의 홍보조직에서 편찬하는 것이 보통이다. 단체나 회사의 설립에서부터 그 발전과정이 기술된다. 따라서 설립자의 정신과 의지 등이 부각되고 자기단체에 유리한 사항들이 중심이 되며 결점이나 불리한 점들은 의도적으로 제외되는 것이 보통이다. 객관적, 역사학적 기반위에서 역사가 기술되는 것이 아니라 회사의 홍보물적인 성격이 더 강하다. 따라서 역사학자가 회사의 역사기술을 담당하는 것은 적합하지 않다. 그러나 단체의 역사기술이 연구자료로서 가치가 없는 것은 아니다. 단체의 역사는 많은 사실 자료들을 포함하기 때문에 각종 분야사나 일반사 연구에 참고자료로 쓰일 수 있다.

## 3.7 대학의 역사학과 커리큘럼(서울대학교 인문대학)

### 국사학과

#### 한국고대사
#### Ancient History of Korea

한국고대의 정치, 경제, 사회, 문화를 역사발전의 측면에서 소개한다. 한국민족의 기원과 발달을 고찰하는 한편 초기 고대국가의 형성, 그리고 삼국의 발전과 삼국통일 및 발해의 성립 등 한국 고대국가의 여러 양상을 검토한다.

#### 한국근세사
#### Early modern History of Korea

조선시대의 정치, 경제, 사회, 문화를 역사발전의 측면에서 소개한다. 15~16세기에 조선의 건국과 문물제도의 정비, 신유학의 도입과 정착 등을 살피고 17~18세기 사회경제적 변동과 신학풍의 성장 등을 검토한다.

#### 한국근대사
#### Modern History of Korea

현대 우리의 삶을 근저에서 규정하고 있는 여러 조건들이 어떠한 역사적 과정을 거쳐 변화되어 왔는지 구체적인 역사적 사건들을 통해 조명한다. 개항 이후 해방 이전까지 사회경제적인 구조적 재편과정과 외세의 침탈에 대항하며 자주적 민족국가를 건설하고자 하는 노력 등을 살펴본다.

#### 한국중세사
#### Mediaeval History of Korea: Koryo

고려시대 정치제도, 경제제도, 사회구조, 사상 문화 등에 대한 폭넓은 이해를 위해 개설되었다. 고대와 다른 중세의 시대적 특징을 이해하고 고려시대 사회의 골간을 형성하였던 신분, 토지, 가족제 등의 다양한 양상을 연구·검토한다.

### 한국고대사상사
### Intellectual History of Ancient Korea

한국고대사에서 불교 및 유교가 가지는 정치, 사회적 의미와 함께 사상의 사회적 관계를 고찰한다. 고대국가의 정치적 이념으로써 유교·불교가 도입되는 과정과 삼국통일기 및 이후 통일신라기의 유·불 각각의 사상적 변천과 문화적 역할을 학습한다.

### 한국대외관계사
### History of Korean Foreign Relations

한국 고대에서 근대에 이르는 각 시기의 대외관계를 고찰한다. 주변 여러 국가와의 정치·경제·문화·사상적인 교류와 상호영향관계, 외래문화의 주체적 변용, 국내의 역사적 상황에 따른 외교정책의 변화 등의 내용을 살펴 주변국과의 관계 속에서 우리 역사를 폭넓게 이해한다.

### 한국사회경제사
### Socio-economic History of Korea

한국 역사의 고대에서 근대에 이르는 사회·경제의 변동을 검토한다. 역사발전의 기본 단위인 사회와 경제 단위들을 검토하고 각 시대마다의 특질과 그 변화의 원인을 검토함으로써 역사발전의 맥락을 이해한다.

### 한국근세사상사
### Korean Pre-modern Intellectual History

조선시대 신유학의 도입과 정착과정을 소개하여 성리학이 정치·경제·사회 등에서 지배적인 이념으로 기능하는 측면을 검토한다. 여말선초, 사회 변동기에 성리학이 주체적인 수용과정에서 조선시대에 성리학적 질서로 재편되는 과정, 성리학이 지배 사상으로 한계를 드러내며 새로운 사상을 모색하는 시기 등을 역사적인 관점에서 이해한다.

### 한국사한문강독
### Classical Chinese Readings in Korean History

한국사의 기본 사료를 독해할 수 있는 능력을 배양하기 위한 과목이다. 한국사의 기본적인 다양한 한문 자료를 독해함으로써 한국사 연구자로서의 기본적인 자질을 배양하는 데 목적이 있다.

### 한국사와 멀티미디어
### Multimedia Tools and Methods in Korean Historical Studies

한국사 연구는 전통적으로 문헌사료가 바탕이 되었지만, 이제 정보화 사회의 출현과 함께 다양한 멀티미디어 자료의 이용이 요구되는 추세에 있다. 따라서 규장각에 소장된 역사자료의 전산화, 프리젠테이션에 필요한 시청각 자료의 활용, 표 및 통계의 작성을 위한 전산 프로그램 실습, 금석문의 탁본 및 판독, 기타 콘텐츠의 제작 등을 다룬다.

### 한국상공업사
### Commerce and Industries in Korean History

조선시대 및 근대의 상공업사를 살펴봄으로써 한국역사에서의 상공업 발달을 검토한다. 특히 조선후기 근대를 지향하는 속에서 자수자강(自修自

强)·자력근대화(自力近代化)의 차원에서 이루어진 상공업 발달과 일제 강점하의 상공업 발달의 이해에 초점을 맞춘다. 이를 통해 조선~일제 강점기까지의 역사적 경험이 해방이후 산업화 정책과 어떻게 연결되는지를 이해한다.

### 한국과학기술사
### Science and Technology in Korean History

고대부터 근·현대사회에 이르기까지 한국의 역사 속에 존재했던 과학과 기술의 모습에 대하여 전반적으로 고찰한다. 종래 한국의 과학기술에 대한 역사적 이해는 보편주의적이고 목적론적인 역사인식에 의해 실제의 역사상과 상당히 거리가 있었던 것이 우리의 현실이므로 이와 같은 종래의 이해를 교정할 수 있도록 한국의 과학기술을 어떻게 접근할 것인가에 대하여 방법론적으로 고찰한다.

### 한국중세사상사
### Intellectual History of Mediaeval Korea

고려시대를 통하여 변화·발전하는 유교 및 불교 사상의 면모를 소개한다. 고려시대 전시기를 통괄하여 흐르는 유교와 불교의 통합노력을 중심으로 고려시대 사상의 특질을 이해한다.

### 한국독립운동사
### History of National Independence Movements

일제의 지배로부터 벗어나기 위한 한국 독립 운동의 면모를 탐구·소개하기 위하여 개설하였다. 독립운동을 했던 개인, 단체 등의 사상적인 특징과 함께 한반도를 비롯하여 중국 및 동북아시아일대에서 벌어졌던 항일투쟁의 역사를 검토함으로써 해방의 역사적 동력을 이해한다.

### 한국사학사
### Korean Historiography

한국 역사학의 발전과정을 소개한다. 고대에서 근대에 이르기까지 각 시대의 역사서와 역사학의 전개와 특징을 검토하여 지나간 시대의 역사상을 인식한다.

### 한국정치사회사
### Korean Politico-Social History

한국사의 발전과정에서 변화의 근본적인 단위가 되는 사회제도의 여러 부면을 소개한다. 역사상 존재하는 다양한 수준의 사회제도를 검토 · 연구함으로써 역사의 구조적인 이해를 가능하게 한다.

### 한국현대사
### Contemporary Korean History

해방 이후 한국현대사의 전개과정에 대한 개괄적 이해를 바탕으로 한국 현대 사회에 대한 구조적이고 체계적인 이해를 시도한다. 특히 남과 북의 역사를 전체적으로 볼 수 있는 시야를 가지고, 한국현대사 연구의 시각과 관점, 현대사회의 성격, 현대사의 구조를 해명한다.

## 동양사학과

### 동양사원전강독
### Readings in Primary Sources of Asian History

본 교과는 역사학의 기본이라고 할 수 있는 원전이해에 대한 기초적인 소양을 배양하도록 하는 데에 1차적인 목적이 있다. 이러한 목적을 위해 사료 해독력만이 아니라 역사적 사건에 대해 이해하고 분석하는 능력도 아울러 증진시킨다.

## 동양사한문사료강독
### Readings in Chinese Source Materials of Asian History

본 교과는 원전사료의 독해력을 향상시키는 데에 목적이 있다. 이를 위해 한문원전사료를 읽고 해석할 수 있는 기초적인 독법을 배운다. 초급자가 쉽게 접근하고 이해할 수 있는 간단한 원전사료를 선택하여 문장 내의 용어 사용 등을 비롯한 기초적인 원전이해능력을 배양하고, 이를 바탕으로 해당 사료가 보여주는 역사적 배경과 사건에 대해 생각하고 분석한다.

## 중동사회의 전통과 근대
### Tradition and Transformation in Middle Eastern Societies

18세기 말부터 현재에 이르는 중동의 격변의 역사는 많은 시사적 관심의 대상이 되고 있으며, 이슬람권의 전 시대의 역사 중 가장 큰 관심의 대상이 되는 만큼 첨예한 정치적 입장의 대립으로 인해 논란도 많은 시대이다. 본 교과는 19세기 근대화 개혁의 성과와 한계, 제국의 해체와 국민국가들의 성립, 중동권의 민족주의와 시오니즘, 양차대전, 석유와 경제, 교육과 인구, 가족, 여성문제, 정치적 이슬람주의 등의 여러 주제들을 균형 있게 다룬다.

## 일본국가와 문화의 형성
### Formation of Japanese State and Culture

일본의 전근대 시기 국가발전과 문화발전에 대한 심도 있는 이해를 목표로 한다. 일본의 고중세사 전개는 한반도, 나아가 중국문화권과 밀접한 관련을 가지므로, 한·중·일 3국의 역사발전을 비교사적으로 검토한다.

## 일본의 무사사회
### The Feudal Society of Japan

동아시아에서 유일하게 무사사회를 경험한 일본사회의 특수성을 검토한

다. 또한 일본 전근대사회가 동아시아국가의 일원으로 가지고 있었던 '동아
시아적'인 측면에 대해서도 검토한다.

## 중국문명과 제국의 형성
### Formation of civilization and Empire in China

黃河文明 또는 江河文明이라고 부르던 중국문명을 왜 중국문명으로 불러
야 하는가에 대하여 이해하고, 중국 역사발전의 주체였던 제국이 어떠한 과
정과 논리를 통해 형성되었는가를 살펴 전체 중국문화를 이해하도록 한다.

## 민족이동과 수당세계제국
### Volkerwanderung and Sui—Tang World Empire

위진남북조의 분열기를 거치면서 북방의 유목민족(호족)과 중원지역의 한
족이 서로 융합, 교류하면서 탄생하게 된 수당제국의 역사적 성격을 주로
민족이동과 민족융합이라는 관점을 통해 이해한다.

## 전통중국의 사상과 종교
### Thought and Religion in Traditional China

제자백가·현학·이학·양명학·고증학 등을 해당 사회의 구조적인 맥락
속에서 다룸으로써, 사상이나 종교가 구체적인 역사적 힘으로 전화되는 과
정을 심도 있게 다룬다. 또한 불교와 도교 등의 거대종교 뿐만 아니라 중
국 사회 이해에 필수적인 비밀결사(회당·교문 등)의 이념적 기반이 되었던
다양한 중국 민간신앙에 대한 이해를 통해 중국사회의 또 다른 측면에 대
한 이해를 도모한다.

## 근세무슬림제국과 그 유산
## The Early Modern Muslim Empires and Their Legacy

이 강의는 대표적인 근세 무슬림 제국으로 간주되는 오스만제국의 통사를 주된 줄거리로 하면서 정치체제, 군사기구의 변천, 경제구조, 사회조직 및 엘리트와 대중문화 전반을 종합적으로 살펴보는 것을 목표로 한다. 여기에 이란의 사파비 제국, 인도의 무굴제국의 역사적 전개에서 나타나는 공통점과 차이점을 살펴보고, 이들 제국이 그 이후의 무슬림 세계의 현대적 재구성에 어떠한 영향을 미쳤는지를 살펴본다.

## 중앙아시아사 원전강독
## Readings in Primary Sources of Central Asian History

중앙아시아사는 물론 서아시아 역사 전반의 정확한 이해를 위해서는 페르시아어로 된 원전을 읽는 것이 중요하다. 본 교과는 페르시아어 초급 이상의 실력을 갖추게 하여 그 언어로 된 원전 자료들을 선별하여 읽는다.

## 일본근대국가의 성립과 전개
## Formation and Unfolding of the Modern State in Japan

후발 제국주의 국가였던 일본이 근대 동아시아, 나아가 세계사에 끼친 영향을 '국가'의 역할에 중점을 두어 검토해본다. 또한 일본이 여러 다양한 가능성 속에서 군국주의적인 길로 나아갈 수밖에 없었던 원인에 대해서도 검토해본다.

## 동남아시아 근대와 제국주의
## Modern Southest Asia and Imperialism

스페인, 네덜란드, 영국 등의 진출과 이에 대응한 동남아시아 제국의 역사를 다양한 측면에서 고찰한다. 특히 제국주의 국가의 성격에 따라 그 식민지의 대응이 어떻게 달랐으며, 역으로 식민지의 존재양태에 따라 제국주의 국가의 정책이 어떻게 달랐는가를 다양한 사례를 통해 비교분석함으로써 동남아시아 각국의 제국주의에 대한 대응의 다양성과 공통성을 발견할 수 있도록 한다.

## 사대부사회의 성립과 신유학
### Formation of the Literati Society and Neo-Confucianism

과거제도의 확립과 궤를 같이하여 등장한 사대부계층의 존재양태와 성격을 검토함과 동시에 사대부가 계층으로서 성립하는 데 결정적인 요소의 하나였던 신유학(=주자학)에 대한 이해를 꾀한다. 신유학에 대한 이해는 비단 송대의 역사적 성격에 대한 이해뿐만 아니라 여말선초의 한국사 이해에도 크게 도움이 될 것이다.

## 신사와 중국사회
### The Gentry and Chinese Society

명청대 중국사회의 지배계층이었던 신사층을 그 존재양태, 사회적 기능(순기능과 역기능을 포함한), 사회적 영향, 그리고 신사층의 근대적 전개 등의 측면에서 다양하게 고찰한다.

## 전통중국의 역사인식과 역사서술
### The Idea of History and Historiography in Traditional China

문헌 자료를 포함하여 방대한 역사 자료를 남긴 전통 중국의 역사기록을 중심으로 그에 담긴 역사인식과 역사서술의 특징을 살핀다. 전통시대 중국의 역사 서술은 단순히 기록이라는 측면만 있는 것이 아니라 사상적 이념을 표현하는 수단이었다. 역대 역사서술의 정치 사회적 배경과 사상과의 연관성을 강조하며 전통사학의 현대적 의미를 탐색한다.

## 동양사회경제사
## Socio-economic History of Asia

동양사회의 경제적인 흐름에 대한 이해의 폭을 심화시키는 것을 목적으로 한다. 중국의 사회경제적인 변모를 토지, 화폐, 농업생산, 인구 등의 다양한 요소를 통해서 살펴보고, 각 시대의 경제사상과 그 당시의 경제적인 상황의 연관관계 등을 살펴본다.

## 근대중국의 개혁과 혁명
## Reform and Revolution in Modern China

근대 중국의 최대 과제였던 근대적 국민국가의 건설에 있어서 제기되었던 가장 유력한 방식인 개혁과 혁명이라는 주제를 중심으로 하여 중국근대사의 전개와 발전과정을 개관한다.

## 근 · 현대중국의 사회와 문화
## Society and Culture in Modern and Contemporary China

기존의 중국현대사=중국혁명사라는 도식적인 틀에서 벗어나 현대 중국의 다양한 측면을 다룬다. 특히 명청대 이래로 지속되어온 사회 구조와 문화적 지속성에도 관심을 가지고 보다 폭넓게 중국 현대사를 이해한다.

## 20세기 일본의 역사
## Japan in the 20th Century

20세기의 일본사는 제국주의, 정당정치, 군국주의, 아시아주의, 식민지배, 고도경제성장등의 문제에 관한 많은 시사를 우리에게 제공해준다. 본 교과에서는 러일전쟁전후로부터 현재에 이르는 일본사회의 궤적을 다양한 각도에서 접근, 분석한다.

## 서양사학과

### 미국사
### American History

미국의 역사는 영국의 식민지 상태로부터 벗어나면서 시작된다. 신대륙이었던 아메리카에서는 인디언을 제외하고는 새롭게 이주해 간 유럽인들을 제약할 기존의 신분 체계나 정치 체제가 없었기 때문에 거의 자유롭게 자신들의 이상을 실험해볼 수 있었다. 이렇게 유럽에서 발전한 사상은 미국에서 새로운 활력을 얻게 되었고, 그 결과물이 바로 미국 헌법이다. 이 교과에서는 미국의 헌법제정과정, 남북전쟁, 혁신주의, 미국의 노동운동 등 다양한 주제를 다룬다.

### 영국사
### History of England

주로 잉글랜드의 역사를 중심으로 영국사를 전반적으로 다룬다. 영국은 최초로 산업 혁명이 일어난 나라일 뿐 아니라 한때 세계의 대부분을 차지할 정도로 광대한 제국을 가졌던 나라이다. 또한 오늘날 거의 모든 나라가 채택한 의회제도는 일찍이 영국에서 발달한 것이었다. 이 교과는 영국이 어떻게 이처럼 우월한 지위를 차지할 있었는지에 대해 살펴보는 동시에 한때 '태양이 지지 않는 나라'로 군림하던 영국이 오늘날 과거에 비해 훨씬 제한된 힘만을 갖게 된 원인을 살펴본다.

### 서양근대사 1(르네상스에서 프랑스혁명까지)
### Modern Western History 1(From the Renaissance to the French Revolution)

유럽 각국에서 절대왕정이 성립되는 시기부터 산업혁명 이전까지의 시기를 다룬다. 이 시기는 유럽에서 기독교 중심적인 세계관이 인간 중심적인 세계관으로 바뀌고, 종교 개혁을 통해 기독교세계가 분열되는 시기로 현재 우리가 서구 사상의 특징이라고 생각하는 합리적인 사고가 싹트기 시작한 때이다. 따라서 서양의 근대 초에 대한 연구는 현재 우리의 사고에도 지대한 영향을 미치고 있다. 이 시기 유럽의 봉건제가 무너지고 강력한 왕을 중심으로 한 절대왕정이 성립하는 과정은 근대 국가의 특징 뿐 아니라 초기 자본주의의 발전상을 보여준다.

### 서양근대사 2(긴 19세기의 역사)
### Modern Western History 2(The Long 19th Century)

산업 혁명과 프랑스 혁명이 일어난 18세기 후반부터 제1차 세계대전 발발 전까지의 시기를 다룬다. 산업혁명과 프랑스혁명이라는 이중 혁명을 거치면서 세계 여러 문명 중 하나였던 유럽 문명은 다른 모든 문명에 영향을 미칠 정도의 힘을 갖게 되었다. 근대 초부터 진행되었던 유럽의 팽창은 이 시기에 이르면 유럽 자체의 경쟁력 강화로 새로운 국면을 맞이하게 된다. 산업 혁명은 전통적 사회구조를 근본적으로 변혁시켰고, 프랑스 혁명은 왕에 의해 지배받는 신민이 아닌 국민으로 이루어진 근대 국가의 개념을 탄생시켰다. 오늘날 우리가 살고 있는 사회는 이 두 혁명의 영향 아래에 있다. 따라서 이 시기에 대해서 살펴보는 것은 오늘날의 현실이 어떻게 만들어졌는지를 이해하는데 필수적이다.

### 영문사적강독
### English Readings in Historical Literature

전 세계적으로 영어로 된 역사저술이 대부분을 이루고 있는 상황에서 영어강독 능력은 역사학도가 기본적으로 갖추어야 할 역사학의 본질적인 수단이다. 따라서 다양한 서양사를 전공하고자 하는 역사학도들이 반드시 거쳐야 하는 과정이기도 하다. 이를 통해 사료를 읽는 기본적인 능력을 배양한다.

## 서양사학사
### European Historiography

서양에서 현재까지 흘러온 역사학의 발자취를 탐구한다. 그리스 · 로마 시대의 역사 서술에서부터 현재의 포스트모던 역사학에 이르기까지 역사학이 변화, 발전해 온 과정들을 주요 저작들과 개념들을 통해 살펴본다. '역사학의 역사'를 탐구하는 이 과정은 역사학에 입문한 학도들이 자신이 공부하고 있는 역사학의 위치와 그에 대한 자신의 입장을 세우기 위해서 반드시 거쳐야 하는 과정이다.

## 독일사
### History of Germany

독일의 역사에 대한 전반적인 개관과 더불어 역사전공자들의 깊이 있는 역사 탐구를 위해 독일사의 이모저모를 체계적으로 검토한다. 독일사는 보통 서구 이중혁명(프랑스혁명과 산업혁명)의 주역인 영국, 프랑스 역사와의 비교사적 차원에서 주로 언급되어왔다. 하지만 독일의 역사는 세계사에 의미 있는 기여를 많이 했다. 본 교과는 영국 및 프랑스사와의 비교검토와 함께 독일사의 고유한 측면에 주목한다. 이를 통해 근대 서구가 만들어 낸 민족국가, 근대성, 부르주아 혁명, 파시즘, 민주주의, 사회주의와 같은 개념도 검토한다.

## 프랑스사
### History of France

프랑스란 우리에게 무엇인가? '프랑스학'을 배우고 연구하는 이들에게 숙명적으로 다가오는 물음이다. 여기서 '우리'는 핵심적인 단어이다. 왜냐하면

비유럽세계에 속하는 우리에게 프랑스란, 프랑스인들 자신이나 유럽세계의 같은 일원인 예컨대 이탈리아인들의 그것과는 다른 의미와 실체성을 지니기 때문이다. 이러한 프랑스의 과거에 접근하기 위해 본 교과는 기존의 사회사, 경제사, 심성사, 신문화사 뿐만 아니라 근래에 부활되고 있는 정치사 등 다양한 역사 서술을 다룬다.

## 역사속의 여성과 여성문화
### Women in History

여성의 역사를 살펴본다는 것은 여성 및 남성의 지위가 원래부터 고정된 것이 아니라 역사 속에서 변화해 온 것이고, 앞으로도 변화할 수 있는 것임을 이해하는 데 필수적이다. 또 여성과 남성 혹은 제3의 성 사이의 상호이해 그리고 일상적 성별 민주화를 위해서 필요하다. 이 교과에서는 여성억압의 원인, 여성의 종속이 지속되어 온 구조, 이에 대한 여성의 대응으로서 여성운동 등, 전통적으로 여성사 연구의 주제가 되어 왔던 내용들을 살피고, 나아가 여성이 주체로서 이루어 온 문화를 이해하는 데 도움이 될 것이다.

## 서양의 고대문명
### Ancient Greece and Rome

고대 그리스 문명이 시작되는 크레타 문명부터 서로마 제국이 멸망하는 시기까지의 유럽 고대사를 다룬다. 지리적으로는 오늘날의 그리스와 이탈리아 지역을 다루지만, 이 지역들을 중심으로 한 유럽 고대문명은 이베리아 반도, 갈리아 지역, 브리튼 제도 등 서유럽 지역뿐만 아니라 소아시아와 북아프리카의 여러 지역들, 그리고 그리스 북동부의 동유럽 지역들까지도 포괄한다. 서양의 고대문명은 오늘날까지도 유럽 문명의 근간을 이루고 있는 그리스·로마적 전통(로마법, 그리스의 민주주의 제도, 그리스 철학 등)과 기독교 전통을 낳고, 발전시켰으며 그것을 중세 유럽 문명에 전달했다. 따라서 서양의 고대문명에 대한 지식은 유럽사 전반에 대한 이해에 필수적인 요소라 할 수 있다.

## 서양중세사
## Medieval Europe

중세는 '현대문명의 어린 시절'이다. 현대 유럽문명의 여러 모습, 제도를 이해하기 위해서는 그 기원과 성장과정을 엿볼 수 있는 중세로 돌아가야 한다. 본 교과는 유럽 중세시기(5~15세기)의 사회를 사료와 연구서를 통해 살피고 유럽사회의 토대를 더 깊이 이해하는 것을 목표로 한다. 구체적으로는 게르만의 이동으로부터 근대사회로 이행하는 시기 사이의 주요 주제들, 예컨대 게르만, 카롤링제국, 봉건제, 교권과 속권의 대립, 십자군원정, 경제 및 도시의 발전, 고딕건축, 유럽 각국의 발전, 흑사병 등을 다룬다. 중세유럽을 형성시킨 동력과 과정에 대해 검토하고, 중세 성기의 다양한 정치, 경제, 사회, 문화의 모습들이 근대사회에 어떤 영향을 미치게 되는지도 살펴본다.

## 20세기 전반의 역사
## Contemporary Western History 1

20세기 전반의 역사는 장기 19세기가 끝나는 시점인 제1차 세계대전의 발발로부터 전간기(戰間期)를 거쳐 제2차 세계대전이 끝나는 시점까지의 유럽사를 다룬다. 제1차 세계대전, 러시아의 사회주의 혁명, 의회 민주주의의 쇠퇴와 파시즘의 대두, 제국주의 활동의 가열과 국제적 긴장관계의 고조, 대공황 그리고 제2차 세계대전의 발발과 파시즘의 패배로 이어지는 일련의 중요한 사건들이 이 시기 유럽사를 빼곡히 채우고 있다. 유럽인들에게는 물론이고 그들의 지배를 받고 있었던 많은 비 유럽인들에게도 20세기 전반의 역사는 오늘날까지도 지울 수 없는 외상을 남겼다. 따라서 이 과목은 여전히 정치와 저널리즘의 주 영역으로 남아 있는 여러 가지 중요한 정치적, 경제적, 문화적 현상들을 역사적인 맥락 속에서 깊이 있게 이해하는데 도움을 준다.

## 20세기 후반의 역사
## Contemporary Western History 2

20세기 후반의 역사는 제2차 세계대전의 종전 그리고 동서 냉전체제로부터 시작된 오늘날의 역사를 다룬다. 오늘날 우리가 살아가는 시대를 대상으로 한다는 점에서 이 시기의 역사는 자칫 정치적, 이데올로기적 관점에 의해 편향적으로 해석될 위험에 항상 노출되어 있지만, 다른 한편으로는 바로 그 이유 때문에 반드시 다루어져야 할 필요가 있는 역사이다. 전후 4반세기 동안 세계 정치를 규정한 냉전체제, 제국의 해체와 신생 독립국가의 등장, 그리고 그로 인해 생겨난 제3세계 문제와 남북문제, 후기 산업사회 및 초국적 자본의 형성과 갈수록 심화되고 있는 환경, 생태, 빈곤의 문제들 그리고 냉전체제의 해소가 가져온 다양한 수준의 종교적, 민족적 갈등 등의 문제들을 다룬다.

## 독문사적강독
## Readings of Historical Literature in German

독일어로 된 다양한 문헌들을 직접 읽고 토론한다. 독일의 역사연구는 근대 역사학의 기본적인 방법론을 확립하고 그것의 초기 흐름을 주도적으로 이끌었을 정도로 오랜 전통을 가지고 있다. 따라서 이 과목은 독일어권 역사관련 저작들과 사료들을 직접 접하게 함으로써 서양사에 대한 이해의 폭을 넓히는 데 목적이 있다.

## 불문사적강독
## Readings of Historical Literature in French

불어로 된 다양한 문헌들을 직접 읽고 토론한다. 아날학파로 대표되는 프랑스의 역사학은 역사학의 영역을 확장하고 그것을 인문학과 사회과학을 아우르는 학제 간 연구의 중심으로 만드는 데 크게 기여했으며 오늘날에도 여전히 전 세계 역사학의 중심에 위치하고 있다. 이 과목은 프랑스어권 역사관련 저작들과 사료들을 직접 접하게 함으로써 서양사에 대한 이해의 폭을 넓히는 데 목적이 있다.

## 러시아사
## History of Russia

이 과목은 러시아의 지리적 여건, 국가형성과정 등에 대한 개관으로부터 시작하여 끼예프 공국 시대에서부터 따따르 지배 시대, 모스크바국 시대, 제정시대, 러시아혁명, 소련 및 소련의 해체와 러시아 공화국의 성립에 이르기까지의 역사를 차례로 살펴본다. 특히 뽀뜨르 1세의 서구화 정책이후 소련의 성립과 냉전 시기에 이르는 근현대사가 강조될 것이다. 이에 대한 다양한 책과 사료들은 러시아사와 그에 바탕한 러시아 문화에 대한 폭넓은 이해와 감상에 도움을 줄 것이다.

## 해양팽창과 근대의 형성
## Maritime Expansion and Modern Times

이 과목에서는 전 지구적 차원에서 여러 문명권이 조우하여 하나의 세계가 형성되는 과정을 추적한다. 비교적 고립된 상태에서 독자적으로 발전하던 아시아와 유럽, 아프리카, 아메리카지역의 사회와 국가가 해상을 통한 성호 접촉이 증가하면서 교류와 충돌이 이어지는 것이 근대 세계사의 기본 경향이라 할 수 있다. 본 과목에서는 그러한 문명 간 상호 접촉의 동력이 무엇인가, 그것이 어떤 과정을 거쳐 진행되었는가, 그 결과 세계의 각 지역은 어떤 변화를 겪었는가를 알아본다. 구체적인 주제로는 전 지구적인 교역의 증대, 정치·군사적 충돌의 격화, 생물학적 교환에 따른 생태 환경의 변화, 인적 교류의 증대와 노예무역, 종교 전도와 지적 교류 등을 다룰 것이다.

# □ 역사학 정보원

## 안내서

『(1498~2012) 사물의 민낯 : 잡동사니로 보는 유쾌한 사물들의 인류학』(김
　지룡, 갈릴레오 SNC 지음. 애플북스, 2012)

『(반드시 알아야 할 50) 위대한 세계사 : 50 world history key milestones
　you really need to know』(이안 크로프턴 지음, 박유진, 이시은 공역.
　지식갤러리, 2012)

『12시간의 통일 이야기 - 대한민국을 대표하는 역사학자와 사회과학자가 나눈)』
　(이태진·하영선 외 공저. 민음사, 2011)

『History : 역사 - 미래를 여는 열쇠』(김현수 지음. 청아출판사, 2014)

『고대문명교류사』(정수일. 사계절, 2001)

『과학과 기술로 본 세계사 강의』(제임스 E. 매클랠란 3세 외 공저, 전대호
　옮김. 모티브북, 2006)

『구술사 아카이브 구축 길라잡이 1, 기획과 수집』(한국구술사연구회 편. 선
　인, 2014)

『국화와 칼』(루스 베네딕트 지음, 김윤식·오인석 옮김. 을유문화사, 2012)

『동아시아 근대 역사학과 한국의 역사인식』(이신철 편저. 선인, 2013)

『동양문화사 상·하』(존 K. 페어뱅크 외 공저, 김한규 외 공역. 을유문화
　사, 2011)

『미국의 역사』(프란시스 휘트니 외 공저, 이경식 옮김. 미국무부, 2004)

『발해 대외관계사 자료 연구』(장재진 외 공저. 동북아역사재단, 2011)

『빅히스토리』(데이비드 크리스천·밥 베인 공저, 조지형 옮김. 해나무,
　2013)

『商周史』(윤내현. 민음사, 1988.)

『새한국사』(이태진. 까치, 2012)

『서양 사람들은 어떻게 살았을까 : 생활문화로 보는 서양사』(노명환 외 공저. 푸른역사, 2012)

『서양사학사』(Harry Elmer Barnes 지음, 허승일 · 안희동 공역. 한울, 2010)

『세계문화사』(민석홍 외 2인 공저. 서울대학교 출판부, 2006)

『세계의 역사』(앤드루 마 지음 ; 강주헌 옮김. 은행나무, 2014)

『엑스포 : 1851~2010년 세계박람회의 역사』(안나 잭슨 지음 ; 신창열 옮김. 커뮤니케이션북스, 2013)

『역사란 무엇인가』(Edward Hallett Carr지음, 김택현 옮김. 까치, 2014)

『역사학 개론』(박성수. 삼영사, 2000)

『역사학, 사회과학을 품다 : 새로운 연구 방법론으로서 자연 실험』(제러드 다이아몬드, 제임스 A. 로빈슨 엮음, 박진희 옮김. 에코리브르, 2015)

『역사학의 성과와 역사교육의 방향』(정기문 외 공저. 책과함께, 2013)

『왕은 어떻게 나라를 다스렸는가 : 역사학자의 눈으로 본 제왕들의 국가 경영』(김기흥, 박종기, 신병주 지음. 휴머니스트 출판그룹, 2011)

『우리 역사는 깊다』(전우용 지음. 푸른역사, 2015)

『이슬람사』(김용선. 명문당, 2012)

『이야기한국사』(이현희. 청아출판사, 2012)

『인류사의 사건들』(고든 차일드 지음 ; 고일홍 옮김. 한길사, 2011)

『일본문화사』(구태훈. 재팬리서치21, 2014)

『조선왕조실록 인물사전』(박시백. 휴머니스트, 2015)

『조약의 세계사 : 역사의 흐름을 바꾼 결정적 조약 64』(함규진 지음. 미래의창, 2014)

『중국 역대 장성의 연구 : A study of fortifications throughout Chinese history』(홍승현 외 공저. 동북아역사재단, 2014)

『중국사를 움직인 100대 사건』(홍문숙 · 홍정숙. 청아출판사, 2013)

『중국사를 움직인 100인』(홍문숙 · 홍정숙. 청아출판사, 2011)

『중국의 역사 - 100가지 주제로 본』(빈수지樊樹志 지음, 김지환·이병인·
　　이영옥·이호현 옮김. 고려대학교 출판부, 2007)

『지명으로 보는 세계사』(21세기 연구회 지음, 김향 옮김. 시공사, 2001)

『키워드로 읽는 세계사 : 역사의 흐름을 바꾼 50가지 명장면』(휴 윌리엄스
　　지음 ; 박준호 옮김. 일월서각, 2012)

『한 사학도의 역사산책』(박은구 지음. 숭실대학교출판부, 2011)

『한국사가 죽어야 나라가 산다 : 한국사를 은폐하고 조작한 주류 역사학자
　　들을 고발한다』(이주한 지음. 위즈덤하우스, 2013)

『한국인의 기원』(전곡선사박물관. 경기문화재단, 2011)

『한국통사 韓國通史』(한우근. 을유문화사, 1979)

『한눈에 보는 세계사』(알렉스 울프 지음, 김민수 옮김. 빅북, 2012)

『한중관계의 역사와 현실 : 근대외교, 상호인식』(유용태 엮음. 한울아카데미,
　　2013)


『A concise companion to history』(edited by Ulinka Rublack. Oxford
　　University Press, 2011)

『The essential world history. 6th ed』(William J. Duiker, Jackson J.
　　Spielvogel. Cengage Learning, 2011)

『A history of history』(Alun Munslow. Routledge, 2012)

『A history of Korea : from antiquity to the present』(Michael J. Seth.
　　Rowman & Littlefield, 2011)

『A history of the world in 100 objects』(Neil MacGregor. Penguin Books,
　　2013)

『The new atlas of world history : global events at a glance』(John
　　Haywood. Princeton University Press, 2011)

『A pocket guide to writing in history. 7th ed』(Mary Lynn Rampolla.

Bedford / St. Martin's, 2012)

『The Oxford handbook of cities in world history』 (edited by Peter Clark.
　　Oxford University Press, 2013)


## 사전류

『세계사 사전』 (황보종우. 청아출판사, 2004)

『세계사 작은 사전』 (이무열. 가람기획, 2002)

『역사용어사전』 (서울대학교 역사연구소 편. 서울대학교출판문화원, 2015)

『역사인물사전-그림으로 읽는』 (아주문물학회 기획, 김규선 해설. 아주문물
　　학회, 2003)

『연표와 사진으로 보는 세계사』 (남궁원 · 강석규 공저. 일빛, 2004)

『조선왕조실록 연표』 (박시백. 휴머니스트, 2015)

『한국사연표』 (박태남. 다할미디어, 2013)

『Asian Americans : an encyclopedia of social, cultural, economic, and
　　political history』 (Xiaojian Zhao and Edward J.W. Park, editors.
　　Greenwood, 2013)


## 연속간행물

『東北亞歷史論叢』 (동북아역사재단, 2006~. 계간)

『동양사학 연구』 (동양사학회, 1966~. 부정기)

『사학연구』 (한국사학회, 1958~. 계간)

『서양사론』 (한국서양사학회, 2002~. 계간)

『西洋史研究』 (서울대학교 서양사연구회, 1979~. 반년간)

『西洋史學研究』 (한국서양문화사학회, 1998~. 연간)

『西洋中世史研究』 (韓國西洋中世史學會, 1997~. 반년간)

『先史와 古代』(韓國古代學會, 1991~. 반년간)

『歷史敎育』(역사교육연구회, 1956~. 계간)

『역사문화연구』(韓國外國語大學校 歷史文化硏究所, 2001~. 계간)

『역사비평 : 역사종합계간지』(역사문제연구소, 1988~. 계간)

『역사와 문화 / 문화사학회』(푸른역사, 2000~. 반년간)

『역사와 현실』(한국역사연구회, 1989~. 계간)

『歷史學硏究』(湖南史學會, 2006~. 연간)

『영국연구』(영국사학회, 1997~. 부정기)

『한국고대사연구』(한국고대사학회, 1997~. 반년간)

『한국근현대사연구』(한국근현대사학회, 1994~. 계간)

『한국민족운동사연구』(한국민족운동사학회, 1986~. 부정기)

『한국사학보』(고려사학회, 2009~. 계간)

『한국중세사연구』(한국중세사학회, 1993~. )

『현대사 광장』(대한민국 역사박물관, 2013~. 반년간)


『The Historian : a journal of history』(Phi Alpha ta, 1938~. Q.)

『History and theory』(Wesleyan University Press, 1960~. Q.)

『International journal of Korean history』(Center for Korean History, Institute of Korean Culture, [Korea University], 2000~. SA.)

『Journal of global history』(Published by Cambridge University Press for the London School of Economics and Political Science, 2006~. 3 / yr.)

『The Journal of modern history』(University of Chicago Press, 1929~. Q.)

『Journal of the history of ideas』(Journal of the History of Ideas, Inc, 1940~. Q.)

# 웹 정보원

고려사학회 〈http://koreahistory21.net/xe/〉

국립중앙박물관 〈http://www.museum.go.kr〉

국사편찬위원회 〈http://www.history.go.kr/〉

국제둔황프로젝트 영어판 〈http://idp.bl.uk/〉

국제둔황프로젝트 한국어판 〈http://idp.korea.ac.kr/〉

대구사학회 〈http://daeguhistory.org/〉

동양사학회 〈http://www.asiahistory.or.kr/〉

문화체육관광부 〈http://www.mcst.go.kr/〉

민족문제연구소 〈http://www.minjok.or.kr/〉

부산경남사학회 〈http://www.pkh.or.kr/〉

서울대학교 규장각한국학연구원 〈http://kyujanggak.snu.ac.kr/〉

역사교육연구회 〈http://www.hisedu.or.kr/〉

역사문제 연구소 〈http://www.kistory.or.kr/〉

역사학 연구소 〈http://www.ihs21.org/〉

역사학회 〈http://www.kha.re.kr/〉

영국사학회 〈http://www.ukhistory.or.kr/〉

최초의 한국인 〈http://myhome.netsgo.com/songpr/flag3.htm〉

한국고대사학회

　　〈http://www.koreaancienthistory.net/modules/doc/index.php?doc=intro〉

한국근현대사학회 〈http://www.kmch.or.kr/main/main.do〉

한국민족문화대백과사전 〈http://encykorea.aks.ac.kr/〉

한국민족운동사학회 〈http://www.hknm.or.kr/〉

한국사연구회 〈http://www.hanguksa.org/〉

한국사학회 〈http://hksh.koreanhistory.or.kr/main/main.do〉

한국사학회 〈http://hksh.koreanhistory.or.kr/〉

한국서양사학회 〈http://www.westernhistory.or.kr/〉

한국서양사학회 〈http://www.westernhistory.or.kr/〉

한국여성사학회 〈http://www.kawh.co.kr/〉

한국의 역대인물 〈http://www.koreandb.net/KPeople〉

한국중세사학회 〈http://www.corehistory.or.kr/sobis/core.jsp〉

한국학중앙연구원 〈http://www.aks.ac.kr/home/index.do〉


American Historical Association 〈http://www.historians.org/〉

Archaeological Institute of America 〈http://www.archaeological.org/〉

Association of Ancient Historians

　　〈http://www.associationofancienthistorians.org/〉

German Historical Institute 〈http://www.ghi-dc.org/〉

History of Science Society 〈http://hssonline.org/〉

IASA: International American Studiies Association

　　〈http://www.iasaweb.org/〉

National Council on Public History 〈http://www.ncph.org/〉

Royal Historical Society 〈http://www.royalhistoricalsociety.org/〉

The HIstory of Korea 〈http://rki.kbs.co.kr/english/history/hok_1.html〉

U.C. 버클리 한국학 〈http://socrates.berkeley.edu/~korea/index_casa.html〉

World History Association 〈http://www.thewha.org/〉

# 제4장 철학 주제정보 접근법

# 제4장 철학 주제정보 접근법

## 4.1 철학의 개념

철학은 그리스어 philosophia에서 유래한 것으로 philos는 사랑, sophia는 지혜를 의미한다. 즉 철학(philosophy)은 '지혜에 대한 사랑'이라고 풀이된다. 우리는 오늘의 정보사회에서 지식의 층위 단계를 데이터, 정보, 지식, 지혜의 순서로 그 가치와 심도를 말하고 있다. 이러한 지식의 층위가운데서 지혜는 최고의 단계에 있으며 인간이 인식하고 궁구해야 할 최고점을 '지혜'라고 정의하고 있다. 따라서 '지혜에 대한 사랑'은 인간의 앎의 최고의 가치를 지향하는 것으로서 그 어떠한 분과학문을 하더라도 철학이 그 바탕에 있어야 함을 시사하고 있다.

동양에서는 지혜에 대한 사랑을 의미하는 어휘가 발견되지 않았다. 철학(哲學)이라는 단어는 서양의 학문을 비교적 먼저 접수한 일본의 학자들이 philosophy를 번역한 말이라고 한다. '철(哲)'이라는 한자의 의미는 '밝고 총명하다'는 뜻으로서 '인간이 사물과 인간의 가치를 밝게 깨달아가는 학(學)'으로 풀이할 수 있으므로 philosophy의 의미를 잘 반영했다고 볼 수 있다.

동양에서 철학이라는 말이 없었다고 해서 동양에 철학이 없었다고 할 수는 없다. 왜냐하면 동양에서도 우주와 자연 그리고 인간에 대한 연구는 일찍부터 시작되어 탄탄한 사상기반을 형성하여 왔기 때문이다. 고대 중국에서는 일찍이 경천애인(敬天愛人) 사상이 형성되고 시경, 서경, 주역, 예기, 춘추 등 동양사상의 근본 원리와 인간의 윤리를 연구한 사상체계와 제자백가의 철학이 형성되었고, 이들 가운데 유교사상은 중국의 전 시대를 내려오면서 우리나라와 일본에 전파되어 동양사상의 근간을 이루었다. 인도에서 힌두교의 문화기반위에서 생성한 불교사상 역시 동아시아 전역으로 전파되어

불교사상이라는 또 하나의 동양사상을 형성하였다.

철학의 특징은 서양이건 동양이건 인간과 자연의 모든 문제를 연구한다는데 있다. 즉 철학은 인간 삶의 전체를 연구한다. 따라서 철학적 사유는 부분적 또는 제한적인 것이 아니라 보편적이고 포괄적이다. 인간을 둘러싼 우주와 자연, 신과 인간, 인간 그 자체, 그리고 그들과의 관계 등 삶의 근본문제를 탐구하는 본질적, 근원적인 학문이라는 점이 철학의 특징이라 할 수 있다.

## 4.2 서양의 철학사

고대 서양 철학자들은 모든 것이 시작되는 근원을 물, 불 등의 물질에서 찾았다. 이를 자연철학이라고 부른다. 연구대상을 물질에서 인간으로 본격화한 철학자는 소크라테스이고, 그의 사상이 제자인 플라톤, 아리스토텔레스로 계승되면서 그리스 철학이 융성하였다. 아리스토텔레스 이후 로마시대 서양철학은 제논(Zenon of Elea)의 스토아학파[1]와 에피쿠로스(BC 341~270)의 에피쿠로스학파[2]가 있다.

중세 서양철학은 신학과 긴밀한 관계를 맺어 철학자들 대부분은 성직자였다. 중세 대표적인 철학자 토마스 아퀴나스는 그리스도교 교리를 아리스

---

1) 그리스 로마 철학의 한 학파. 스토아(stoa)란 원래 전방을 기둥으로, 후방을 벽으로 둘러싼 고대 그리스 여러 도시에 있어서의 일종의 공공건축(公共建築)을 의미하는데 이 학파의 창시자 제논이 아테네의 한 '주랑(柱廊)'(스토아)에서 강의를 한 데서 연유하여 이 말이 학파 전체를 나타내는 명칭으로 쓰이게 되었다(위키피디아). 스토아학파는 '자연학'과 '논리학', '윤리학'의 세 가지는 각각 독립하여 있는 것이 아니라 논리학을 매개로 하여 상호 관련되어 있다고 주장한다.

2) 인간의 본성에 근거하여 고통을 피하고 쾌락을 추구하는 것이 행복한 삶이라고 주장한다. 쾌락주의는 쾌락이야말로 우리가 진정으로 원하는 것이며, 이 쾌락이 넘치는 삶이 바로 행복한 삶이라는 것이다. 그러나 에피쿠로스학파가 주장하는 쾌락은 무분별한 욕구의 충족에서 오는 쾌락을 의미하는 것은 아니다.

토텔레스의 철학과 조화시켜 체계를 세웠다. 르네상스 시기에는 마키아벨리의『군주론』으로 대표되는 정치철학과, 홉스의 법철학이 등장하였다. 17~18세기에는 베이컨의 경험론과 데카르트의 합리론이 지배적이었다. 경험론은 로크, 버클리, 흄 등에 의해 계몽주의 철학으로 이어졌다.

19세기 철학은 형이상학의 부활로 정의할 수 있다. 독일의 헤겔은 변증법 철학을, 프랑스에서는 콩트가 실증주의를, 영국에서는 밀이 공리주의를 주창했다. 이후 마르크스가 헤겔의 소외개념을 사용하여 사회주의를 주창했다. 20세기 서양철학은 분석철학과 대륙철학으로 발전해오고 있다.

## 연구대상의 변천

소크라테스 이전 고대 그리스에서는 철학의 연구대상이 자연이었다. 당시 자연은 생명을 가지고 스스로 움직이는 것으로 생각되었으며 현대인이 생각하는 자연과는 상당히 다른 것이었다. 그러나 BC 5세기 후반 소크라테스 시대에는 관심의 대상이 자연에서 인간으로 옮겨져 인간의 혼이 얼마나 선량한가 하는 윤리적 문제에 관심이 집중되었다. 소크라테스는 자연을 대상으로 하는 그 이전의 철학을 부정하여 자연에 대한 지식이 인생을 잘 살아나가는 문제와는 아무런 관련이 없다고 생각했다. 그러나 소크라테스 이후의 플라톤과 아리스토텔레스는 인간과 자연에 대한 고찰을 동시에 진행함으로써 거대한 철학체계를 정립했다.

중세에는 그리스도교가 지배적이었기 때문에 종교적 색채를 강하게 띠게 되어 신에 대한 고찰이 중심문제가 되었다. 그러나 근대에 들어와서는 다시 철학의 관심이 인간으로 옮겨졌다. 인간은 전례 없는 자신감을 가지고 인간 위주의 입장에서 새롭게 모든 문제를 재검토하게 되었다. 이에 따라 인간의 인식이라는 문제가 철학의 주된 연구대상이 되었다. 즉 인간이 여러 사물을 어떤 범위 내에서 인식할 수 있는가를 탐구하는 것이 가장 중요한 문제가 되었다. 이에 따라 데카르트의 합리론과 로크의 경험론이 대립하게 되었다. 합리론은 인간이 이성적 인식에 의해 진리를 파악할 수 있다고 보는 것으로 데카르트가 그 시조이며, 경험론은 인간이 인식하기 위해서는 경험이 필요하며 경험하지 못한 것에 대한 인식은 불가능하다는 주장으로서 로크가 그 시조이다. 칸트의 철학은 이 합리론과 경험론을 종합하여 통일한 것으로서 그의 철학에서도 인식의 문제가 중심 주제이다. 19세기와 20세기의 철학의 과제는 여러 과학의 기초가 되어주는 것이라고 믿은 신칸트학파, 언어를 분석함으로써 언어의 문법적 형식에 제약받지 않는 자유로운 사고를 강조하는 분석철학 등도 인식의 문제를 철학의 중심과제로 삼고 있다.

그러나 인식이 아닌 다른 분야를 중시하는 철학도 있다. 예를 들면 19세기의 헤겔과 마르크스는 철학의 중심적 대상이 역사(歷史)라고 보았다. 역사가 어떤 법칙에 의해 움직이는가를 탐구하는 것이 철학의 가장 중요한 과제라는 것이다. 한편 19, 20세기의 니체, 베르그송, 딜타이 등이 주장한 생(生)의 철학은 비합리적인 생을 중시하여 그 생을 어떻게 파악하는가를 철학의 과제로 삼았다. 또한 키에르케고르, 야스퍼스, 하이데거, 사르트르 등의 실존철학자들은 인간을 절대로 다른 어떤 것과 바꿀 수 없는 실존(實存)으로 파악하여 인간이 스스로의 자유를 발견하여 생의 방식을 결정하는 과정을 철학의 중심과제라고 여겼다.

영국의 철학자 버트런드 러셀(Bertrand Russell, 1872~1970)은 『서양 철학사』에서 서양 철학의 역사를 다음과 같이 고대철학, 가톨릭 철학, 근현대철학으로 나누고 각 시대의 철학적 특징 및 철학 사상가들을 중심으로 서술하였다.

# 버트런드 러셀의 분류

## 고대철학

1) 소크라테스 이전의 자연철학

밀레토스학파, 피타고라스, 헤라클레이토스, 파르메니데스, 엠페도클레스, 아낙사고라스, 프로타고라스 등.

2) 소크라테스, 플라톤, 아리스토텔레스의 철학

3) 아리스토텔레스 이후 고대철학

헬레니즘세계, 키니코스학파와 회의주의학파, 에피쿠로스학파, 스토아철학, 로마제국의 문화, 플로티노스.

## 가톨릭 철학

1) 교부철학

유대교, 초기 그리스도교, 성 아우구스티누스, 성 베네딕투스와 그레고리우스 교황

2) 스콜라 철학

요한네스 스코투스의 사상, 이슬람교 문화와 철학, 성 토마스 아퀴나스

## 근 · 현대철학

1) 마키아벨리에서 흄까지

에라스무스, 토마스 무어, 프란시스 베이컨, 홉스, 데카르트, 스피노자, 라이프니츠, 록크, 버클리, 흄.

## 2) 루소에서 존 듀이까지

루소, 칸트, 헤겔, 바이런, 쇼펜하우어, 니체, 공리주의, 카를 마르크스, 베르그송, 윌리엄 제임스, 존 듀이.


## 4.3 동양의 철학사

동양철학을 대표하는 양대 지역은 중국과 인도이다. 여기서는 중국사상을 중심으로 살펴본다. 중국철학 또는 중국사상(中國思想 Chinese thoughts)은 중국에서 전개된 철학사상을 말한다. 중국의 사상은 주류 사상의 변천에 따라 다음과 같이 나눌 수 있다.

- 백가쟁명시기(百家爭鳴時期): 기원전 550년경~기원전 110년경
- 문헌경학시기(文獻經學時期): 기원전 110년경~기원후 220년
- 노장학 · 현학주류시기(老莊學 · 玄學主流時期): 220년~404년
- 불교주류시기(佛敎主流時期): 405년~819년
- 신유학 · 성리학시기(新儒學 · 性理學時期): 820년~1644년
- 실학 · 고증학시기(實學考證學時期): 1645년~1911년


### 백가쟁명시기(百家爭鳴時期)

기원전 550년경~기원전 110년경까지 약 8백 년간으로 주나라(기원전 1046~256)의 봉건국가 체제가 무너지고 진시황(기원전 259~210)과 한무제(재위: 기원전 141~87)가 강력한 중앙집권적 전제군주 체제를 확립한 시기이다. 이 시기는 도가(道家), 유가(儒家), 음양가(陰陽家), 묵가(墨家), 법가(法家), 명가(名家), 종횡가(縱橫家), 농가(農家), 병가(兵家), 소설가(小說家), 잡가(雜家)의 11개 사상 유파들이 발생하여 활약한 시기이다. 이 유파의 사상가들은

당시의 군주들의 부국강병(富國强兵), 회맹정벌(會盟征伐) 등의 정치적 요구에 부응하거나 자기 유파의 이상(理想)을 실현하기 위해 각기 학설과 주장을 내세우고 다른 유파의 학설과 주장을 비판 또는 공격하였다. 이들은 이를 통해 자신과 자기 유파의 평판을 높이거나 혹은 자신의 특출한 능력이나 기술을 발휘하여 등용됨으로써 자기 유파의 이상을 실현하기 위해 정치를 행하거나 또는 개인적인 부귀와 공명을 얻으려 하였다.

이들 11개 유파를 '제자백가(諸子百家)'라 하고 또 이 유파들이 서로 자신의 사상 또는 철학을 실현하기 위해 다투었던 당시의 시대적 현상을 '백가쟁명(百家爭鳴)'이라고 부른다. 그러나 사상사적 입장에서 보면 종횡가, 병가, 농가, 소설가, 잡가의 5개 유파는 사상사적인 학파로 보기 어렵다. 유가, 도가, 묵가, 음양가, 명가, 법가의 여섯 유파는 각자 독자적인 철학과 학설을 가지고 서로 대립하거나 다투었던 학파들이다. 이들 학파의 발생은 중국의 독창적 지혜를 보여주는 것으로 중국 철학의 기초가 되었다. 그중에서도 공자(孔子, 기원전 551~479)와 맹자(孟子, 기원전 372?~289?)를 중심으로 하는 유가, 노자(老子, 기원전 571?~471?)와 장자(莊子, 기원전 369?~286)를 중심으로 하는 도가, 묵자(墨子, 기원전 470?~391?)를 중심으로 하는 묵가는 서로 현격히 다른 특징을 보여준다. 유가는 인의예지신(仁義禮智信)의 인도주의와 문질빈빈(文質彬彬)의 합리적 인생관을 특징으로 한다. 도가는 무위자연(無爲自然), 유약겸하(柔弱謙下), 소요자적(逍遙自適)의 인생관을 특징으로 한다.

## 문헌경학시기(文獻經學時期)

기원전 110년경~기원후 220년경으로 전한의 무제때로부터 후한(25~220) 말기까지의 시기이다. 선진시대(先秦時代 : 기원전 221 이전)의 제자백가사상이 한무제 때 와서 동중서(董仲舒, 기원전 176~104)가 제안한 정책에 따라

공자의 사상을 신봉하고, 다른 제자백가(諸子百家)를 물리침으로써 유교가 주류 사상이 되었다. 이에 따라 학문으로서의 유학이 종교적 지위의 유교가 되어 국가이념과 국가정책의 기본방침이 되었고, 모든 문물, 제도, 윤리, 도덕이 유가의 경전인 『시경』, 『서경』, 『역경』, 『예기』, 『악(樂)』, 『춘추』, 『논어』에 근거하여 성립되었다.

국가에서는 경학박사 제도를 두어 유교 경전을 전문적으로 연구하고 가르치게 하였다. 그런데 유학 교육에 사용할 텍스트가 진시황 때의 분서갱유로 흩어져 산실되었거나 혹은 남아 있는 책이라도 정확하지 못한 것이 많았다. 이 때문에 유학자들이 시급히 해결해야 할 문제는 경전의 자구를 교감하고 원문을 복원·해석하며 나아가 각 경전의 장과 절을 순서에 맞게 편집하고, 같은 내용의 여러 책을 비교하여 차이 나는 것들을 교정하고 정리하는 등 문헌을 수집하고 정리하는 작업이었다.

그 결과 전한과 후한의 4백여 년간의 양한시대(兩漢時代 : 기원전 206~기원후 220)에 이루어진 성과는 주로 유교경전에 대한 문헌해석 작업이었다. 따라서 유교사상과 내용 면에서는 새로운 발전이 이루어졌다기보다는 고전의 복원과 해석에 치중하였으므로 이 시기를 '문헌경학(文獻經學)'시기라고 부른다.

## 노장학 · 현학주류시기(老莊學 · 玄學主流時期)

서기 220년~404년까지 삼국시대의 위나라(220~265)로부터 서진(265~317)을 거쳐 동진(317~420) 말기에 이르는 약 2백년간의 시기이다. 이 시기를 위진시대(魏晉時代 : 220~420)라고도 부른다.

한나라 시대의 훈고(訓詁) · 장구(章句)의 유학과 참위(讖緯) · 상수(象數) · 재이(災異: 천재와 지이)의 미신에 대한 반동으로서 하안(何晏, 193?~249) · 왕필(王弼, 226~249) · 곽상(郭象, 252?~312) 등에 의해 노장사상에 근거한 유가 경전의 새로운 해석이 나오고 『도덕경』과 『장자』에 대한 새로운 주석이 나오면서 노자와 장자는 다시금 각광을 받게 되었다.

그리하여 허무자연(虛無自然), 염정무위(恬靜無爲), 소요자적(逍遙自適)과 함께 현실에 대한 부정·도피의 인생태도가 사상적 주류를 이루어 예속(禮俗)과 유교를 타파하는 죽림칠현과 "채국동리하유연견남산(採菊東籬下悠然見南山: 동쪽 울 밑에서 국화를 꺾어 들고, 멀리 남산을 바라본다)" 라는 도연명(陶淵明: 365~427) 같은 인물들이 탄생하게 되었다.

## 불교주류시기(佛敎主流時期)

서기 405년~819년간의 시기로 동진(317~420) 말기부터 남북조시대(420~589)와 수나라(581~618)를 거쳐 당나라(618~907) 말기까지의 약 4백년간의 시기이다. 서기 405년은 서역 구자국(龜玆國)서 출생하여 중국으로 초빙된 승려인 구마라습(鳩摩羅什, 344~413)이 오호십육국(五胡十六國)시대 후진의 황제 요흥(재위 394~416)의 국사가 되었던 해이다. 또 819년은 당 헌종(재위 805~820)이 부처의 사리를 영입하는 것을 한유(韓愈, 768년~824년, 중국 당(唐)을 대표하는 문장가·정치가·사상가)가 불교 배척을 상소한 해로 각각 중국에서 불교가 융성하고 쇠퇴하는 기점이 된다.

구마라습 이전에도 서역의 승려들이 와서 포교와 역경 사업을 진행하였다. 진(317~420)의 지둔(支遁, 314~366)·도안(道安, 312~385)·혜원(慧遠, 335~417) 등은 노장사상과 불교사상을 비교하여 노장의 술어로 불교사상을 해석하였고 축법호(竺法護, 266~313)는 밀교경전을 번역하였다. 그러나 구마라습이 후진(384~417)의 수도 장안에서 8백여 고승들과 함께 대규모로 불경 번역 사업을 일으키면서부터 중국의 불교는 전성기에 들어서게 되었다.

그 후 남북조 시대, 수나라, 당나라에 걸쳐 불교는 계속 발전하여 무려 13개 불교종파가 성립되었다. 이 13개 종파는 오·동진·송·제·양·진의

6조 시대(229~589)에 성립된 성실종, 삼론종, 열반종, 지론종, 정토종, 선종, 섭론종, 구사종, 천태종의 9종(九宗)과 당나라(618~907) 시대에 성립된 율종, 법상종, 화엄종, 진언종의 4종이다. 이 중에서 지론종은 화엄종으로, 섭론종은 법상종으로 흡수되었으므로 당나라 시대에는 실제로는 11개 종파가 있었다. 위의 13개 종파 중 가장 중국화된 불교는 선종이었다. 선종(禪宗)은 이론 보다는 실천을 중시하는 불교종파로 불립문자(不立文字)·직지인심(直旨人心)·견성성불(見性成佛)을 주장하는 것이 특징이다. 원나라(1271~1368)·명나라(1368~1644) 때에는 다른 불교 종파가 모두 쇠퇴하였으나 선종은 오히려 번성하였다.

## 신유학 · 성리학시기(新儒學 · 性理學時期)

서기 820년~1644년에 해당된다. 당나라(618~907) 말기부터 5대(907~960)·북송(960~1126)·남송(1127~1279)·원나라(1271~1368)를 거쳐 명나라(1368~1644) 말기까지의 약 8백년의 기간이다. 이 시기는 위진(220~420)·남북조(439~589)·수나라(581~618)·당나라(618~907)의 약 7백 년 동안 노장사상과 불교사상의 세력 아래 부진했던 유학사상이 그동안의 노장사상과 불교사상의 이론을 흡수, 소화하여 새로운 유학(新儒學)이 탄생한 시기이다. 이러한 신유학을 이학(理學) 또는 성리학(性理學)이라고 부른다.

성리학이 발전하면서 성리학에도 성즉리(性卽理), 거경궁리(居經窮理: 마음을 순수하게 하여 오로지 자기의 본래 성에 순응하는 것에서 사물의 이치를 연구한다), 격물치지(格物致知: 사사물물(事事物物)에 임하여 그 이치(理致)를 연구하여 지식을 명확히 한다)를 주장하는 정주학파(程朱學派)와 심즉리(心卽理)·치양지(致良知 : 선량한 지식에 이르는 것, 즉 격물(格物)이란 정심(正心 : 바른 마음)이며, 정심(正心)을 통해 마음의 본체인 양지(良知 : 선량한 지식)에 이른다), 지행합일(知行合一)을 주장하는 육왕학파(陸王

學派)의 두 분파가 생겼다. 흔히 성리학(性理學)이라 할 때는 이 두 분파들 중 정주학파의 유학을 뜻할 때가 많다. 이럴 경우 정주학파의 유학을 특히 성리학(性理學)이라 하고 육왕학파의 유학을 양명학(陽明學) 또는 심학(心學)이라 한다.

성리학의 특징은 성선설(性善說)에 근거한 인간정신의 내적 수련으로 내세우는 "알인욕존천리(遏人慾存天理: 사심을 막고 하늘의 이치를 보존, 또는 사욕을 제거하고 본래의 착한 마음을 보존)"의 실천을 주장했다는 점이다.

## 실학·고증학시기(實學考證學時期)

서기 1645년~1911년까지의 시기로 명나라(1368~1644) 말기에서 청나라 (1616~1912) 말기에 이르는 기간이다. 만주족에게 나라를 빼앗긴 명나라 말기의 유일(遺逸 : 유능하지만 초야에 묻혀있는 선비)들은 학문에 대한 반성을 시작하면서 망국의 죄를 성리학의 공리공론으로 돌리려는 경향이 짙었다. 따라서 실사구시(實事求是)를 내세우는 실학파가 생겨났다.

실학파는 송나라, 명나라 시대의 성리학의 주정적(主靜的) 심성존양(心性存養)의 공부는 노장사상과 불교사상이 모습만 달리한 것뿐이라고 공격하고 경세치용(經世致用)과 이용후생(利用厚生)의 실천과 행동을 강조하였다. 따라서 경전의 해석에 있어서도 송나라 유학자들의 의리(義理: 사람으로서 마땅히 지켜야 할 도리)의 사변적 말장난에 치중하는 해석을 부정하고 사실의 증거를 찾아내는 고증적 방법을 채택하였다. 이들은 또 서양의 과학사상을 받아들이고자 노력하였으며 종래의 경서(經書), 자서(子書·제자서諸子書)의 차별 관념을 타파하고 학문의 자유를 주장하였다.

실학파의 대표적인 인물로는 염약거(閻若璩, 1636~1704)·고염무(顧炎武, 1613~1682)·안원(顏元, 1635~1704)·대진(戴震, 대동원戴東原, 1724~1777)·완원(阮元, 1764~1849)·손이양(孫詒讓, 1848~1908)·왕염손(王念孫, 1744~1832)·

유월(俞樾, 1821~1906) · 왕선겸(王先謙, 1842~1917) 등이 있다.


## 4.4 철학의 학문 갈래

철학은 연구 대상이 한정되어 있지 않으므로 그 내용과 갈래를 체계적으로 명확하게 분류하기는 어렵다. 그러나 철학자들은 대체로 철학을 존재론, 인식론, 가치론으로 분류하여왔다. 첫째, 존재론은 객체로서의 세계와 주체로서의 인간존재를 연구하는 분야이다. 둘째, 인식론은 주체와 객체에 대한 인식의 방법, 즉 논리학을 연구하는 분야이다. 셋째, 가치론은 인간생활에서의 가치문제를 연구하는 실천철학의 분야로서 윤리학과 미학으로 구분된다.

이렇게 볼 때 철학이 추구하는 궁극적 목적은 한마디로 인간이 살아가면서 만나게 되는 모든 자연과 물질의 세계에서 인간이 인간답게 살아가기 위한 진리와 윤리, 그리고 아름다움을 실현하는 데 있다고 말할 수 있다. 철학의 갈래는 학자에 따라, 지역에 따라 다양하게 분류할 수 있다. 플라톤은 변증론, 물리학, 윤리학으로 나누었고, 아리스토텔레스는 이론철학, 실천철학, 시학으로, 칸트는 논리학, 윤리학, 미학으로 구분하였다.

지역으로 구분한다면 크게는 서양철학과 동양철학으로 나눌 수 있으며, 서양철학 안에서는 국가별로 그리스철학, 독일철학, 프랑스철학, 영미철학 등으로 구분할 수 있다. 또 시대별로도 고대철학, 중세철학, 르네상스철학 등으로도 나눌 수 있다. 그리고 동양철학에서는 중국철학, 인도철학, 한국철학, 일본철학 등으로 구분할 수 있고, 시대별 또는 학자별로도 고대 중국철학, 유교철학, 도가철학, 양명학, 퇴계철학, 실학 등 다양한 기준에 따라 분류, 명명하고 있다.

## 4.5 철학과 다른 학문과의 관계

### 철학과 과학

고대 학문의 발생기에는 모든 학문의 대상을 구분하지 않고 모든 문제를 전체적으로 연구했던 것 같다. 이러한 방대한 전체학문을 최초로 분류한 인물은 아리스토텔레스였다. 그는 학문을 우주와 자연을 탐구하는 형이하학(形而下學 physic)과 인간 정신의 내면에 몰두하는 형이상학(形而上學 metaphysika)으로 분류하였다. 즉 자연과학과 철학을 처음으로 분류한 것이다.

- **대상 측면** : 철학은 언제나 대상의 궁극적인 본질이나 보편적 원리를 추구한다. 즉 철학은 존재 일반 및 존재의 내면세계의 총체적인 연관을 파악하려고 노력한다. 반면에 과학은 존재의 현상 및 구체적인 물질세계를 분석하고 탐구한다. 광학, 역학, 미생물학 등은 자연과학이고 자연철학, 존재론, 윤리학 등은 철학에 속한다.

- **방법 측면** : 철학의 특징은 정신적 자기반성이며 철학적 사유는 정신의 자각형식으로 나타난다. 21세를 살아가는 현대에 와서도 동·서양 철학사와 사상사를 재음미하고 의미를 찾는 이유는 인간의 자기반성이라는 정신적 본질 때문이라고 할 수 있다. 그러나 과학은 어떤 대상에 대한 현상의 세계를 부분적으로 분석하는 물질과학으로서 어떤 영역의 특수문제나 전문지식을 추구하는 개별과학 및 특수과학이다. 우주과학, 첨단과학, 발효과학, 정밀과학, 분광학, 나노과학 등 과학 분야는 지속적으로 정밀화되고 있다.

- **습득 가능성 여부** : 과학은 실험과 관찰을 통한 분석과 경험의 누적으로 발전된다. 실험과 분석에 의해 밝혀진 이론은 보편성, 타당성, 재

현가능성을 갖는 것으로서 과학연구자는 교육과 학습을 통하여 객관적 지식을 습득하고 새로운 것을 발견할 수 있다. 그러나 철학은 그 결과를 의식할 무렵에는 언제나 비판적 반성의 입장을 취한다. 철학은 과학과는 달리 비판적 사유를 통하여 논리적 주의 주장을 펼친다. 과학은 현상에 대한 물리적 화학적 지식을 발견 획득하는 반면, 철학은 현상 그 자체에 대한 존재 일반의 인식과 가치를 추구한다.

## 철학과 종교

인간이 진리에 이르는 길은 두 가지로 요약된다. 하나는 철학이요, 다른 하나는 종교다. 그러나 이 두 분야가 추구하는 길은 조금 다르다. 철학은 인간의 사유, 즉 인간 이성에 바탕을 두는 반면, 종교는 인간의 한계를 인정하고 인간 이상의 절대적 존재인 신에 의존한다. 철학과 종교는 진리를 추구하는 면에서는 공통되지만 철학이 추구하는 진리의 성질과 종교가 추구하는 진리의 성질은 근본적으로 다르다. 종교는 인간 이성을 바탕으로 보면 불가사의 한 일이라도 무조건 믿으라고 하는 측면이 있다.

그러나 종교에도 철학적 사유를 도입하며 신과 연결시키기도 한다. 신학, 기독교철학, 불교철학, 이슬람철학 등은 철학적 사유를 도입하면서 이를 신앙으로 연결시킨다. 이런 현상은 철학사를 통해서도 중세 가톨릭 철학의 교부철학이나 스콜라철학에서 확인된다. 철학에서는 사후의 세계인 천당, 극락, 지옥과 같은 개념을 설정하지 않고 인간과 사물의 본질인식과 가치를 중심으로 탐구하지만 종교는 사후의 세계를 전제하고 있다.

## 4.6 철학과 도서관

철학분야 이용자들의 도서관 이용행태는 이용자의 학문 수준에 따라 다르다. 우선 학부생들은 기존의 연구결과를 학습하는 것이 목적이므로 동양과 서양의 철학사 및 철학자들의 저술과 사상체계를 해설한 단행본을 이용한다. 대학원생 및 교수 연구자들은 심화학습 및 연구를 병행하므로 고전의 원전이나 고전의 번역물, 학위논문, 철학 학술지를 주로 이용한다. 철학 연구자들이 생산하는 자료는 특수한 관점의 비평서, 비평에 대한 방어적 논저, 특수한 철학적 논쟁에 대한 고찰 등이 주를 이룬다. 또한 고전에 대한 해석 및 해석에 대한 비판적 연구물, 대중을 위한 철학서들을 내기도 한다.

도서관의 철학분야 장서는 주로 철학과가 있는 대학의 도서관에서는 원전과 고전 해석서, 연구논문, 학술지 등을 체계적으로 구축하고 있으며, 공공도서관에서는 풀어 쓴 철학 해설서의 단행본을 중심으로 장서를 구성한다. 학교도서관에서는 각기 해당 학교의 교사를 위한 교재연구용 도서 및 학생들의 눈높이에 맞는 철학 교육용 서적들을 중심으로 장서를 구축한다. 한편 요즘 인문학에 대한 관심의 확산으로 도서관에서도 철학분야에 대한 강좌나 프로그램을 기획하는 것을 흔히 볼 수 있다.

철학분야 전문사서는 현재 우리나라의 교육 제도적으로는 존재하지 않지만 도서관의 주제별 서비스를 위해서는 철학을 전공했거나 복수전공을 한 사람이 사서로 근무하는 것이 바람직하다. 철학은 보통 어려운 분야로 여겨지고 있으며, 실제로 동양과 서양의 철학 자료에 등장하는 인물과 용어들이 난해하기 때문에 철학에 관심을 가지고 공부하지 않은 사서가 철학분야의 도서관 서비스를 담당하는 것은 거의 불가능하다. 따라서 주제전문사서가 제도적으로 정립되고 철학사서가 양성되기 전까지는 학부에서 철학을 전공한 사람이 문헌정보학을 이수하여 사서가 되는 길이 있다. 또 문헌정보학을 전공한 사서가 철학에 관심을 가지고 체계적으로 철학을 공부하는 방법이 있다. 철학은 동서양의 고전과 직접 연결되고, 고전을 읽지 않으면 철학을 공부할 수 없기 때문에 도서관은 동서양 고전을 읽을 수 있는 다양한 독서 지도 프로그램들을 체계적으로 마련해야 할 것이다.

## 4.7 대학의 철학과 커리큘럼(서울대학교 철학과)

### 한국철학사
### History of Korean Philosophy

한국의 역사 문화와 학문으로서의 철학을 한데 엮는 방법론을 모색한다. 우선 한국철학의 출발점의 문제 및 원시사상의 근본가정을 살펴본 다음 불교, 유교, 기독교 등 종교사상을 근간으로 하는 외래사조가 한국적으로 소화, 흡수되어 변용 및 재구성되는 과정을 역사적으로 조감한다.

### 기호논리학
### Symbolic Logic

현대 기호논리학의 제(諸)영역인 명제논리, 양화논리, 관계논리 및 집합론 등을 다루며, 일상 언어와 인공 언어인 기호논리와의 관계를 고찰한다. 또한 기호논리체계가 적합한 인공언어체계인지 등의 여부를 따지는 메타논리학을 소개함으로써 학문의 토대를 이루는 이론구성의 한 모형을 제시한다.

### 철학교육을 위한 논리학
### Logic for Teaching Philosophy

본 과목에서는 중등학교 철학교육에서 형식 논리학과 비형식 논리학을 효과적으로 활용하는 법을 배운다. 먼저 과목 전반부에서는 형식 논리학과 비형식 논리학의 기본적 내용을 개괄한다. 과목 후반부에서는 중등학교 철학 교과서 및 관련 문헌들의 내용을 실제로 분석하고 평가하는데 있어 논리학적 지식을 어떻게 활용할 수 있는지 검토한다.

## 철학교육론
### Theories of Teaching Philosophy

철학교육의 목표는 피교육자로 하여금 자율적인 사고, 비판적인 사고, 반성적인 사고 등을 함양토록 함으로써 건전한 상식과 도덕성을 갖춘 민주사회의 창조적 역군이 되도록 하는 데에 있다. 이 목표를 위해서 철학교육의 내용은 어떠해야 하며, 또 그 내용을 어떻게 가르치는 것이 효과적일지를 집중적으로 검토, 논의한다.

## 윤리학
### Ethics

19세기 이전의 서양 윤리학에서 제기된 주요문제와 이 문제에 대한 여러 학설들 중에서 중요한 것을 유형에 따라 소개함으로써 고전적 윤리학의 기본개념들을 이해하도록 하는데 역점을 둔다. 먼저 윤리학의 기본 문제들을 제시하고 이 문제에 대한 아리스토텔레스, 스피노자, 칸트, 흄, 밀 등의 접근을 소개하면서 그들의 학설에 대해 비판적으로 고찰한다.

## 사회철학
### Social Philosophy

사회현실의 인식문제를 둘러싸고 일어날 방법논쟁에 관한 역사적인 검토를 거쳐서 사회인식의 이론 정립에 있어서의 경험적, 분석적 방법의 타당성과 그 한계를 설명하며 인간의 사회적 존재의 구조를 현대철학의 제 이론을 통해 조명하여 인간의 공존재성의 특징을 규명한다.

## 인식론
## Epistemology

인식론이란 앎의 철학적 근거가 무엇인지를 따져보는 철학분야이다. "앎의 본성은 무엇인가?", "어떤 조건이 갖추어져야 앎이 성립하는가?", "안다는 것과 단순히 믿는다는 것은 어떻게 다른가?" 등이 인식론의 주된 물음들이다. 이 과목은 이러한 물음에 대한 대표적인 철학적 논의들을 살펴볼 것이다.

## 대승불교철학
## Mahayana Buddhist Philosophy

대승불교는 인도와 동아시아에 걸쳐 종교적, 사회적 차원에서 다양하게 전개된 새로운 사상이다. 초기불교의 철학적 기반 위에 대승불교의 이상을 제시하는 새로운 교리 개념과 철학적 논변들이 더해져서 독특한 사상적 정체성과 이론적 체계를 형성하게 되었다. 특히 대승불교는 동아시아의 여러 나라와 한국에 전해졌기 때문에, 동아시아와 한국 불교의 세계관과 인간관을 이해하기 위해 대승불교의 철학적 기초를 이해하는 것은 매우 중요하다. 본 강좌에서는 근대 이후 불교학계에서 나타난 대승불교의 기원과 사상, 발전 등에 대한 여러 연구 성과를 검토하면서 다양한 대승불교의 철학적 주제를 다룰 것이다.

## 동양철학특강
## Topics in Eastern Philosophy

이 과목은 중국을 중심으로 한 한자 문화권에 속한 나라들이 공유하고 있는 유교, 불교, 도교사상을 다룬다. 이외 동양의 전통 사상을 다양한 관점과 방법론에서 접근해보고, 이러한 전통사상이 현대사회에서 어떤 의미를 지닐 수 있는지에 대해서 논의한다.

## 한국불교철학
## Korean Buddhist Philosophy

이 과목은 불교 전반에 대한 기본적 소양을 갖춘 수강생을 대상으로 한국불교의 역사와 철학을 다룬다. 구체적으로 원효(元曉), 지눌(知訥), 의천(義天), 휴정(休靜), 보우(普愚) 등 대표적 고승들의 사상을 학습하고, 한국불교의 대종인 선불교의 철학적 성찰을 시도한다.

## 서양근대철학
## Modern Western Philosophy

서양 근세의 주요 철학활동의 의의를 밝히고 철학사상의 큰 흐름을 따라 선철(先哲)을 체험하며, 서양근세철학 문화가 현대문화에 미친 영향을 분별한다. 또한 서양근세철학이 제기했던 문제를 학생들 스스로 탐구해 봄으로써 이 문제들이 역사적인 것에 그치지 않고 오늘날의 우리에게도 철학적 과제로 다가올 수 있음을 체험하게 한다. 이성론(Descartes, Spinoza, Leibniz), 경험론(Locke, Berkeley, Hume), 비판철학(Kant), 독일이상주의(Fichte, Schelling, Hegel)의 형성배경과 중심내용 및 의미의 천착이 이 과목의 주요 부분을 구성한다.

## 서양고대철학
## Ancient Western Philosophy

서양철학의 토대를 이루는 고대 철학의 여러 문헌들에서 인식론, 존재론, 정치철학, 윤리학 등의 분야들에 대해 역사적으로 접근하며 주요 텍스트를 직접 접하여 논의하는데 이 과목의 목표가 있다. 철학사적으로 볼 때 최초로 도입되는 철학적 개념들과 이론들의 연관과 이들의 철학사적 영향을 점검하는 것은 서양철학의 성격을 분명히 밝히는 데 반드시 필요한 작업이다.

## 서양 중세철학
### Medieval Western Philosophy

서양 기독교철학의 형성과 전개과정을 교부철학, 스콜라철학의 주요문헌들을 통해 개관하여 서양철학의 중세적 전통을 이해시키는 것이 이 교과의 목표이다. 희랍철학과의 만남을 통해 서양에 유입된 기독교가 어떤 새로운 문제에 부딪치며 이 문제들을 어떤 개념들을 통해 체계화해 가는지를 검토함으로써 서양철학의 중세적 토대를 이해하게 하고 아울러 서양 근대철학의 형성에 미친 중세의 영향을 이해하도록 한다.

## 서양근대경험주의
### Modern Western Empiricism

서양근대철학의 본성을 영국의 경험주의에 초점을 맞추어 알아보는 것이 이 강좌의 기본 목표이다. 경험주의에서 중요하게 다루어졌던 기본 문제들에 대한 면밀한 검토가 본 교과의 주요내용이 될 것이다. 베이컨, 홉스, 로크, 버클리, 흄의 철학에서 핵심적으로 논의되었던 문제들을 현재의 시각에서 재조명해볼 것이다. 특히 지식과 믿음, 과학적 방법, 관념과 실재, 실체와 인과, 자아와 인격, 자유와 결정론 등의 문제에 초점을 맞출 것이다.

## 서양근대이성주의
### Modern Western Rationalism

데카르트(1596~1650)로부터 발단하여 스피노자·라이프니츠를 통해 전개된 서양 근대 초의 합리주의, 칸트의 비판철학 그리고 피히테·셸링을 지나 헤겔(1770~1831)에서 정점에 이른 독일이상주의 사상의 대강을 고찰한다. 근대 이성주의가 갖는 문화사적 의미를 새기고, 당대 경험주의와의 핵심사상 비교, 19세기 후반 이후의 반이성주의 및 20세기 후반의 이른바 '포스트모더니즘'과의 연관 관계를 살핀다.

## 언어철학
## Philosophy of Language

언어와 세계의 관계, 언어와 사유와의 관계 및 언어와 문화와의 관계가 제기하는 철학적 문제를 형식언어, 변형언어, 해석학 및 구조주의적 입장에서 비교, 검토한다.


## 중국고대철학
## Ancient Chinese Philosophy of Language

전한시대 이전에 활발하게 전개된 유가, 도가, 법가, 묵가 등 제자백가들의 다양한 철학적 논의를 당대 사회의 변화·발전과 연관시켜 비교 연구한다. 또한 동중서의 사상 등 전한시대 철학에 대해서도 다룬다.


## 중국근현대철학
## Modern and Contemporary Chinese Philosophy

청대 고증학과 그 이후 중국 현대 신유학에 이르기까지, 서양사상의 충격과 영향 하에서 중국철학의 문제를 19세기 이후 어떻게 주체적으로 형성하고, 전통철학의 정당성을 어떻게 발전시켜 왔는지를 살핀다. 특히 5.4운동 이후 문화보수주의 학자들의 전통사상 긍정론 주장에 주목하며, 중국 근대 철학의 강점과 현실성을 파악한다.


## 송명대신유학
## Neo-Confucianism in Song and Ming Dynasties

이 과목은 주희가 성리학을 종합한 과정을 검토하기 위해 주희 이전의 주돈이, 소옹, 장재, 정호, 정이 등의 사상을 검토하고, 주희 사상의 형성과 그 체계를 전체적으로 조망한다. 또한 주희 사상과 큰 차이를 보이는 명대 왕양명의 철학을 다룬다.

### 서양고대철학특강
#### Topics in Ancient Western Philosophy

서양 철학의 여명기에 어떤 문제들이 어떤 방식으로 제기되고, 제기된 문제들의 해결을 위해 도입된 개념과 논변들이 어떤 것인지를 당시 전적의 강독을 통해 검토한다. 희랍자연철학, 플라톤, 아리스토텔레스의 문헌이 일차적인 선택 범위에 들며 고전어 원전을 사용하지 않더라도 철학적 분석과 문헌학적 역사적 접근방법을 통해 과거의 철학적 문헌을 학적으로 접근하는 방식이 어떤 것인지를 이해하도록 한다.

### 서양현대철학특강
#### Topics in Contemporary Western Philosophy

현대 서양의 주요한 철학사조들을 대표하는 고전적인 저작들에 대해서 강독한다. 이를 통해 현대 서양철학에 대한 이해를 심화하는 한편 철학서를 치밀하게 읽고 소화하는 능력을 함양한다.

### 과학철학
#### Philosophy of Science

과학과 관련된 주된 철학적 주제들을 선택하여, 현대의 대표적 견해들을 소개하고 비판적으로 검토하는 방식으로 다룰 것이다. 선택 가능한 주제들로는 과학의 목표와 방법, 과학이론의 구성과 역할, 과학적 설명, 실재론 / 반실재론 논쟁, 이론간 환원, 과학의 합리성 및 객관성, 과학과 사이비 과학의 구분, 자연 법칙 등을 다룬다.

### 심리철학
#### Philosophy of Mind

'마음의 본성은 무엇인가'라는 것은 古代로부터 이어지는 중요한 철학적 문제 중의 하나이다. 이 과목에서는 '마음과 신체의 관계는 무엇인가'라는 존재론적인 문제와, '심리용어의 의미는 어떤 근거에서 가능한가'라는 의미론적인 문제, '자신의 마음과 他人의 마음은 어떻게 인식될 수 있는가'하는 인식론적인 문제 등을 다룬다.

### 사회철학특강
### Topics in Social Philosophy

이 과목은 인간이 독립된 개체가 아니라 사회적 존재라는 전체를 바탕으로 인간의 자기 인식, 인간과 인간 간의 바람직한 관계, 그리고 인간과 사회 변화과정의 상관관계를 탐구하는 것을 과제로 한다. 이러한 탐구를 위해 올바른 방법론을 모색하고 더 나아가서 인간 존재의 근본 양식에 대해 철학적으로 규명해 본다.

### 형이상학
### Metaphysics

이 과목은 세계 전체의 구조와 구조원리, 세계 내에서의 인간의 지위와 인생의 의미, 세계의 존재근거와 신의 존재여부, 세계와 신 그리고 인간의 상호관계와 같은 근본적인 문제들을 고찰한다.

### 실천윤리학
### Practical Ethics

실천윤리학은 규범 윤리학의 이론을 현실에서 만나는 다양한 실천적 문제들에 적용하는 윤리학을 의미한다. 응용 혹은 실천윤리학의 방법론을 위시해서, 생명 - 의료, 정보 - 사이버, 생태 - 환경, 그리고 기업, 공직, 언론, 성, 직업, 법, 경영, 군대 등 갖가지 분야에서 제기되는 윤리적 문제들에 대한 이해와 논변, 합리적 선택을 배운다.

## 존재론
## Ontology

우리는 개개의 사물들에 대한 경험적인 관찰들을 귀납적으로 종합하여 존재 전체에 대한 이해에 도달하는 것이 아니라 항상 존재 전체에 대한 이해에 입각해서 개개의 사물들을 이해한다. 고대와 중세, 그리고 근대의 인간들은 각자 존재 전체에 대한 상이한 이해 안에서 사물들을 이해하고 그 것들과 관계해 왔다. 이 과목은 이렇게 우리의 삶과 인식의 제일의 전제가 되는 존재 이해가 어떻게 형성되고 어떻게 변화하며 사물들의 본질을 있는 그 자체로서 드러내는 존재 이해는 어떻게 확보될 수 있는지에 대해서 탐구할 것이다. 이러한 탐구는 특히 데카르트에서 하이데거에 이르는 근대 이후의 존재론의 역사와 고전적인 텍스트들을 살펴보는 방식으로 진행될 것이다.

## 동양철학 커리큘럼(성균관대학교 유학 · 동양학과)

### 중국철학사상사

동양사상의 중심이 되는 중국철학을 공자와 제자백가에서부터 송(宋) · 명(明)을 거쳐 현대에 이르기까지 종합적으로 정리하여 동양사상의 흐름을 이해하도록 한다. 중국의 시대별 철학 특징과 한국철학, 서양철학과의 비교분석을 통하여 앞으로의 중국철학의 전망과 중국사회를 이해하는 바탕을 이루도록 한다.

### 한국철학사상사

고대부터 고려시대까지의 한국철학사상사를 학습한다. 단군조선시대에 보이는 한국철학의 뿌리와 원효를 중심으로 하는 대승불교, 최치원에서 시작된 한국유학의 전통 및 도교사상 등 한국철학의 흐름을 전반적으로 고찰한다.

## 논어(論語)

현대사회는 과학·기술 문명에 대한 맹신과 물질만능 가치관이 지배하고 있는 비인간화 사회로 요약된다. 현대 사회의 이러한 제 모순을 극복하기 위해 『논어』에 나타난 인간 중심적 가치관을 제시하고, 이를 통해 동양적 사유가 인간과 우주와의 조화를 꾀하는 철학체계임을 탐구한다.

## 맹자(孟子)

공자사상을 계승하여 학문적·이론적으로 보완·발전시킨 사상가가 맹자이므로 맹자는 유학의 이론과 학문체계를 이해하는데 필수적인 교과서이다. 『맹자』 원문을 세밀하게 읽고 검토하여 그 속에 들어 있는 발전된 유학이론을 체계적으로 분석하여 이해하는데 중점을 둔다.

## 대학(大學)

『대학』은 유교사상에 관한 가장 중요한 경전 중의 하나로서 유교사상의 정수를 꿰뚫고 있으며, 유교의 이론을 체계적으로 서술하여 정치사상에도 지대한 영향을 미쳤다. 『대학』의 성립배경과 구조를 체계적으로 분석하여 유학의 규모를 이론적으로 탐구하고, 원전강독과 암송을 통해 한문 독해력을 제고하며 경전에 대한 이해를 높인다.

## 중용(中庸)

『중용』은 유학사상을 공부하는 데 가장 중요한 이론서인 사서 중 하나이다. 이 『중용』을 강독함으로써 원전에 대한 독해력과 이해력을 높이고, 『중용』의 내용을 철학적, 종교적으로 분석함으로써 유학이론의 기반을 정립한다.

## 주역(周易)과 인간경영

주역은 여러 경전 중의 으뜸으로 읽혀져 왔다. 주역을 최고로 삼는 이유는 내용의 심오함뿐만 아니라 변화하는 현실에 능동적으로 대처하는 방법을 제시해주기 때문이다. 주역의 원리는 시시각각 변화하는 현실과 그 현실에 맞춰 살아가는 인간에게 올바른 방향을 설정해 줄 수 있다. 리더십 및 인간경영에 초점이 맞춰지고 있는 현대에 주역을 통해 인간경영의 방향을 고찰한다.

## 노자(老子) · 장자(莊子)

동양의 3대 사상 가운데 하나가 도가사상이다. 무위와 자연을 강조하는 도가사상은 노장사상이라고도 불린다. 이는 노자와 장자의 사상이라는 뜻을 나타낸다. 노자는 『노자』를 지었고, 장자는 『장자』를 지었다. 노장사상의 핵심인 『노자』와 『장자』를 주 텍스트로 하여 중요한 부분을 발췌하여 읽는다.

## 노장철학과 선진제자담론

도가 철학의 사유 형태를 『도덕경』과 『장자』를 중심으로 하여, 선진시대 여러 학파의 담론들을 노자 · 장자의 사유 특징을 그 시대의 문화적 역사적 배경 아래에서 분석하고, 순자 · 한비자 · 묵가 등에 대하여 고찰해 본다.

## 양명학의 세계

주자학에서 복잡하게 전개한 이기론의 중요성과 한계성을 살펴보고 이에 반발하여 출현한 양명학의 배경을 고찰한다. 그리고 양명학의 근본내용을 심즉리, 치양지, 지행합일 등을 중심으로 이해하고 양명학이 지닐 수 있는 사상적 한계성도 짚어본다.

## 청대실학과 근대사상

서구 열강의 압력과 중국 내부의 변화에 대한 욕구를 해결하는 방안으로 제시된 청대 실학사상을 이해하고, 중국의 근대 사상과 실학이 갖는 연관성과 차이점을 학습한다. 중국의 근대 사상에 대한 이해를 바탕으로 현대사회에서 동양사상이 해야 할 역할이 무엇인지 고찰해 본다.

## 한국실학사상

우리나라에서 실학은 조선 후기의 침체된 사회분위기와 성리학 일변도의 사변적 학문풍토에 활력을 불어넣는 역할을 하였다. 이에 본 강좌에서는 조선 후기에 성리학의 뒤를 이어 일어나는 실학사상의 철학적 성격을 종합적으로 검토함과 동시에 정치, 경제, 사회 등의 문제에 따라 논의를 달리한 인물이나 학파의 구체적 특징을 세분화하여 조명한다.

## 한국양명학강의

양명학은 주자학과 함께 중국 근대 유학의 양대 조류를 형성하고 있으며, 조선조에 있어서도 임진왜란이후 탈주자학적 학풍을 주도한 사상이다. 심즉리를 기본 명제로 하여 인간의 인식구조가 곧 세계의 질서라고 하는 철학적 특성을 보여준다. 한국양명학은 실학으로 발전되고 또한 서학의 수용과도 연관되어 있어서 조선 중기 이후 사상연구에 필수적이다.

## 한국유학사

한국유학의 형성과 수용과정에 관하여 살펴보고 삼국 · 고려시대 유학의 사회적 지위와 조선조 유학의 발전 양상을 역사적으로 고찰한다.

## 한국윤리사상

한국의 고유한 윤리사상을 이해한다. 단군 조선시대부터 내려오는 한국인의 고유한 윤리사상과 조선시대 이후 나타나는 윤리와 정치의식의 상관성을 이해하여 한국철학에 대한 심도 있는 이해를 도모한다.

## 논쟁으로 보는 한국성리학

여말선초 이후 성리학은 조선 사상계의 주도적인 역할을 담당한다. 이러한 성리학을 분석하여 퇴계와 율곡을 정점으로 하는 한국 성리학의 특징을 살핀다.

## 동아시아의 논리와 사유방식

동아시아 문명권은 한자문명권, 유교문명권, 중국문명권 등으로 불리기도 한다. 이 문명권은 세계 어느 문명권에 뒤지지 않은 사유의 전통을 가지고 있다. 유학, 도교, 불교 등의 사유체계를 중심으로 동아시아인들이 역사적으로 긴 시간을 통해서 만들어 낸 논리구조와 사유방식을 살펴본다.

## 동아시아의 역사철학

유가철학 역사관의 단초를 파악할 수 있는 『서경』과 『춘추』를 역사철학적 관점에서 이해함으로써 동아시아의 역사철학을 파악해본다. 요임금으로부터 진나라 목공에 이르기까지의 군신간의 대화를 주로 기록한 역사서인 『서경』을 강독함으로써 공자를 비롯한 유가의 역사관을 이해하고 고대의 사회제도 및 문화에 대한 이해의 폭을 넓힌다. 춘추를 강독함으로써 춘추의 리와 필법으로 대표되는 공자의 역사관을 고찰한다.

## 동아시아의 현대철학

동아시아의 철학사상은 고대, 중세, 근대만이 아니라 풍부한 현대 사상을 지니고 있다. 중국 근대철학까지 학습을 마쳤거나, 동아시아의 현대철학에 관심 있는 수강생이 들을 수 있다. 이 강좌에서는 현대 신유가를 비롯하여 현대사회의 문제에 대한 유학적 발언 등을 다룬다.

## 일본사상사

현대 일본인의 정신을 규제하는 일본 사상을 연구한다. 특히 일본 고유의 불교사상과 고학, 국학 등 일본 사상의 사유 체계의 특징을 탐구하고, 이를 중심으로 일본의 역사와 문화에 대한 이해를 도모한다.

## 중국사상 원어강의

공자와 맹자, 제자백가의 사상에서부터 송대와 명대, 현대 중국에 이르기까지 중국의 사상을 중국어 원어로 공부한다. 이 강좌는 중국 사상에 대한 개괄적 이해와 중국어 능력의 함양을 목적을 한다.

## 유교사상 문화의 이해

유교사상의 기원과 역사적 전개과정을 살펴본다. 나아가 유교적 세계관, 인간관, 가치관, 생활문화 등이 동아시아문화에 어떻게 영향을 미쳤는가를 분석하고, 현대사회에서의 유교문화의 의미를 검토한다. 중국과 한국의 유교사상을 비롯하여 유교에서의 예의 기능과 한계 및 그 역사적 의미 등에 주목한다.

## 동양의 심학

동양학의 핵심은 심학이다. 학문분야로 보면 유가의 심학, 불가의 심학, 도가의 심학으로 분류할 수 있고, 지역적으로는 한국인의 심학, 중국인의 심학, 일본인의 심학, 인도인의 심학 등으로 분류 할 수 있다. 특히 이 중에서 심학이 가장 발달한 것은 한국의 심학이고 퇴계이황의 심학은 특히 유명하다. 현대인들의 마음을 다스리는데 매우 유익한 강좌가 될 것이다.

## 시 · 서 · 화의 미학세계

동아시아 예술의 중요한 소재인 시 · 서 · 화의 바탕에 있는 미학적 세계관과 가치관을 분석한다. 특히 동아시아 미학의 개념과 역사적 흐름 및 그 철학적 특징 등의 분석에 주목한다. 이를 위해 글씨, 그림, 시 등에 내재해 있는 동아시아 예술철학을 검토하고 이들 작품에 대한 새로운 접근 안목을 배양한다.

## 한국의 종교와 문화

유교 · 불교 · 도교가 우리나라에서 어떻게 수용되고 발전되었으며 그 특색과 의미는 무엇인지 살펴본다. 아울러 우리나라의 유교 · 불교 · 도교 및 민간신앙이 우리 문화에 어떤 모습으로 투영되고 있는지를 문헌과 유물, 풍습 등에 대한 다각적 고찰을 통해 이해한다.

## 한국의 민속과 예절문화

한국은 여러 문화를 흡수하면서 역사적으로 성장해왔다. 삼국의 유교, 불교, 도교 및 근대의 서구문명을 흡수하였으나, 한국에 들어온 모든 문화와 사상은 한국적으로 토착화하였다. 각 문화의 한국적 토착화를 전제로 하여 타국과는 구별되는 한국의 민속과 예절문화를 탐구한다.

## 한국의 도교사상과 문화

한국도교의 원류와 그 흐름을 탐구하고 현대적 의미를 검토한다. 나아가 신선사상, 도가철학, 민간도교, 양생수련 등 도교문화의 다양한 전개양상을 개괄적으로 섭렵한다. 나아가 도교와 전통과학의 관계, 한의학에 끼친 도교사상의 영향, 민간신앙과 민속에 끼친 도덕적 자취 등에 주목하고 한국고유 사상과의 연계성을 해명한다.

## 유교윤리학

유학의 윤리적 특징과 내용을 예, 오륜 등을 중심으로 항목별로 검토하고, 그것이 철학적, 종교적 성격으로 심화되는 과정과 사회질서를 확립하는 역할을 양면적으로 탐색한다. 아울러 서양의 윤리학과 비교, 검토하여 서양 윤리학에서 문제점으로 등장하는 문제들을 극복할 수 있는 가능성을 모색해본다.

## 동서비교윤리학

동양에서는 윤리적 근거를 천의 개념으로부터 마련해갔다. 따라서 경천사상은 중국문화의 시원을 이루고 있으며, 정치 · 도덕 · 종교의 근거로 일관되어 왔다. 이와 관련하여 서양의 윤리사상(특히 기독교적 윤리)과 비교 고찰함으로써 동양윤리의 특징을 도출해 낸다.

## 유가정치사상

오늘날 일반화 되어 있는 정치제도는 민주주의이다. 그러나 민주주의 제도에도 많은 문제점이 노출되고 있다. 그러므로 우선 민주주의의 내용을 잘 파악하고 그 문제점과 보완 및 극복방안을 찾아내는 것 또한 중요하다. 이를 위해서 동양의 정치사상을 공부하는 것은 매우 의미 있는 일일 것이다.

동양정치사상에서는 주로 유가 정치사상을 다룰 것이다. 유가정치사상이 오늘날의 민주주의를 보완할 수 있는 것이 무엇인지 찾아보는 것은 중요한 일이 될 것이다.

# □ 철학 정보원

## 안내서

『교양인의 삶 : 과학과 철학의 소통』(이정일. 이담books, 2012)

『나를 찾아 떠나는 여행 : 죽음에서 생명으로』(김봉규. 사곰 한양대학교출
　　판부), 2014.

『당연하고 사소한 것들의 철학』(마르틴 부르크하르트 지음, 김희상 옮김.
　　문학동네, 2011)

『독일 철학사 : 독일 정신은 존재하는가』(비토리오 회슬레 지음, 이신철 옮김.
　　에코리브르, 2015)

『동양철학의 지혜와 한국인의 삶 : 철학과 술수의 만남』(박태옥 외 공저.
　　심산, 2013.

『동양학 총론』(이공원 지음. 에듀존, 2012)

『마음의 인문학 : 동서양의 마음 이해』(김낙필 외. 공동체, 2013)

『미의 기원과 본성 : 철학적 연구』(드니 디드로 지음, 이충훈 옮김. (도서출
　　판)b, 2012)

『미학이란 무엇인가. 2판』(하르트만 지음, 김성윤 옮김. 동서문화사, 2012)

『분석 철학의 야심: 철학 입문』(윌리엄 찰턴 지음, 한상기 옮김. 서광사,
　　2011)

『불혹, 세상에 혹하지 아니하리라 : 마흔에 다시 읽는 동양고전 에세이』(신
　　정근 지음. 21세기북스, 2013)

『사랑수업 : 아리스토텔레스부터 괴테까지, 2천년 지혜의 숲에서 건져 낸
　　260가지 사랑법』(박홍규 지음. 추수밭, 2014)

『사유의 윤리 : 현대 프랑스 철학에 대한 헌사』(알랭 바디우 지음, 이은정
　　옮김. 길, 2013)

『삶의 기술 사전 : 삶을 예술로 만드는 일상의 철학』(안드레아스 브레너 ·
　　외르크 치르파스 지음, 김희상 옮김. 문학동네, 2015)
『삶의 미학 : 예술의 종언 이후 미학적 대안』(리처드 슈스터만 지음, 허정
　　선 · 김진엽 옮김. 이학사, 2012)
『생각 박물관 : 동서양 철학자 100인의 생각 세계』(박영규. BM책문, 2011)
『서양근대미학』(서양근대철학회 엮음. 창비, 2012)
『서양인이 사랑한 공자, 동양인이 흠모한 공자』(서지문. 양서원, 2012)
『서양철학사』(버트런드 러셀 지음, 서상복 옮김. 을유문화사, 2012)
『세계 존재의 이해 : 존재에 대한 다양한 이론』(손동현 외. 이학사, 2013)
『세기의 철학자들은 무엇을 묻고 어떻게 답했는가 : 그들의 물음을 통해 다
　　시 쓰는 철학사』(박남희 지음. 세계사, 2014)
『세상은 왜 존재하는가 : 역사를 관통하고 지식의 근원을 통찰하는 궁극의
　　수수께끼』(짐 홀트 지음, 우진하 옮김. 21세기북스, 2013)
『세상을 바꾼 철학자들 : 고대부터 현대까지 핵심개념으로 읽는 철학사』
　　(희망철학연구소 지음. 동녘, 2015)
『實學思想 : 조선 사회의 사상적 패러다임을 바꾼 철학』(기세춘 지음. 바이
　　북스, 2012)
『악이란 무엇인가? : 토마스 아퀴나스 철학에서 악의 문제에 대한 연구』(박
　　주영 지음. 누멘, 2012)
『예술과 지식』(제임스 영 지음, 오종환 옮김. 서울대학교출판문화원, 2013)
『오류의 인문학 : 실수투성이 인간에 관한 유쾌한 고찰』(캐서린 슐츠 지음,
　　안은주 옮김. 지식의날개, 2014)
『이토록 철학적인 순간 : 내 인생의 20가지 통과의례: 자전거타기에서 첫 키
　　스까지, 학교에서 이사까지』(로버트 롤런드 스미스 지음, 남경태 옮김.
　　웅진지식하우스, 2014)
『자유를 말하다 : 무엇이 나를 인간답게 만드는가』(라르스 스벤젠 지음, 박

**160** 인문과학 정보원

세연 옮김. 엘도라도, 2015)

『자유와 인권. 제2판』(모리스 크랜스턴 지음, 황문수 옮김. 문예출판사, 2014)

『중국 현대 미학사 : 중국 근현대 사상가 11인의 심미적 사유』(장치췬 지음, 신정근 책임번역·안인환·송인재 함께 옮김. 성균관대학교 출판부, 2013)

『지금은 철학자를 만나야 할 시간 : 철학자의 생활에서 진정한 삶을 엿보다』(서정욱 지음. 팬덤북스, 2013)

『진중권의 철학 매뉴얼』(진중권. 씨네21북스, 2011)

『책으로 만나는 사상가들 : 우리 시대 지성인 218인의 생각 사전』(최성일. 한국출판마케팅연구소, 2011)

『철학, 인간을 답하다 : 나를 비추는 10개의 거울』(신승환 지음. 21세기북스, 2014)

『철학개설』(박종홍. 박영사, 1980)

『철학의 이해』(이정호 외 2인. 한국방송통신대학출판부, 2006)

『철학의 흔적들 : 둥지의 철학으로 세계 철학사 다시 읽기』(박이문. 소나무, 2012)

『철학자의 노트 30 : 당신이 꼭 알아야 할 동서양 철학사상가 30인』(김환승 지음. 엔트리, 2013)

『품격으로 이야기하다』(윌 듀런트 지음, 정영목 옮김. 봄날의책, 2013)

『품위 있는 마무리 : 삶과 죽음의 질 향상을 위한 싸나토로지』(전세일·김근하·임병식 지음. 가리온, 2014)

『프랑스 철학의 위대한 시절 : 현상학의 흐름으로 보는 현대 프랑스 사상』(최재식 외 공저. 반비, 2014)

『한국 유학의 연원과 전개 : The history and practice of Korean Youhak』(림관헌 지음. 성균관대학교 출판부, 2013)

『현상학적 마음 : 심리철학과 인지과학 입문』 (숀 갤러거, 단 자하비 지음, 박인성 옮김. (도서출판) b, 2013)

『An aesthetic education in the era of globalization』 (Gayatri Chakravorty Spivak. Harvard University Press, 2012)
『Causality in a social world : moderation, meditation and spill - over』 (Guanglei Hong. Wiley, 2015)
『Epistemology: a guide』 (John Turri. Wiley Blackwell, 2014)
『Forms of truth and the unity of knowledge』 (edited by Vittorio Hosle. University of Notre Dame Press, 2014)
『Mind, meaning, and knowledge: themes from the philosophy of Crispin Wright』 (edited by Annalisa Coliva. Oxford University Press, 2012)
『Religious faith and intellectual virtue』 (edited by Laura Frances Callahan and Timothy O'Connor. Oxford University Press, 2014)
『The epistemology of disagreement: new essays』 (edited by David Christensen and Jennifer Lackey. Oxford University Press, 2013)
『The philosophy of free wil l: essential readings from the contemporary debates』 (edited by Paul Russell and Oisin Deery. Oxford University Press, 2013)
『The twenty - five years of philosophy: a systematic reconstruction』 (Eckart Forster ; translated by Brady Bowman. Harvard University Press, 2012)
『Thinking animals: why animal studies now?』 (Kari Weil. Columbia University Press, 2012)

## 사전 · 핸드북
『100인의 철학자 사전』 (필립 스톡스 지음, 이승희 옮김. 말글빛냄, 2010)

『철학 개념어 사전』(채석용 지음. 소울메이트, 2010)

『철학개념용례사전』(박해용 · 심옥숙 지음. 한국학술정보, 2012)

『철학사전. 개정증보 4판』(철학사전편찬위원회 지음. 중원문화, 2012)

『철학사전: 개념의 근원』(정영도. 이경, 2012)

『철학용어사전』(오가와 히토시 지음, 이용택 옮김. 미래의창, 2013)

『한국 칸트철학 소사전 : Kant Handbuch : Leben und Werke』(백종현. 아카넷, 2015)

『한국철학사전 : 용어편 · 인물편 · 저술편』(한국철학사편찬위원회. 동방의 빛, 2011)

『현상학사전』(기다 겐 외 엮음, 이신철 옮김. (도서출판)b, 2011)

『The Oxford handbook of Aristotle』(edited by Christopher Shields. Oxford University Press, 2012)

『The Oxford handbook of Nietzsche』(edited by Ken Gemes and John Richardson. Oxford University Press, 2013)

『The Oxford handbook of the history of analytic philosophy』(edited by Michael Beaney. Oxford University Press, 2013)


## 연속간행물

『과학철학』(한국과학철학회, 1998~. 반년간)

『괴테연구』(한국괴테학회, 1983~. 연간)

『교육철학』(교육철학회, 1977~. 년 2~4회 발간)

『교육철학연구』(한국교육철학학회, 1997~. 연간)

『논리연구』(한국논리학회, 1997~. 반년간)

『대동철학』(대동철학회, 1998~. 계간)

『동서철학연구』(한국동서철학연구회, 1984~. 계간)

『동양철학』(한국동양철학회, 1990~. 연간)

『시대와 철학』 (한국철학사상연구회, 1990~. 반년간)

『중세철학』 (한국중세철학회, 1995~. 반년간)

『哲學』 (한국철학회, 1955~. 계간)

『철학논총』 (새한철학회, 1984~. 연간)

『哲學研究』 (대한철학회. 1964~. 반년간)

『철학적 분석』 (한국분석철학회, 2000~. 반년간)

『한국여성철학』 (한국여성철학회, 2001~. 반년간)

『한국철학논집』 (한국철학사연구회, 1991~. 연간)

『환경철학』 (한국환경철학회, 2002~. 연간)

『Analysys』 (Basil Backwell, 1933~. Q.)

『Archive fur Geschichte der Philosophie』 (Carl Heymanns, 1931~. 3 / yr.)

『Ethics: an international journal of social, political, and legal philosophy』 (University of Chicago Press, 1938~. Q.)

『European Journal of Philosophy』 (Blackwell Publishers, 1993~. 3/yr.)

『Journal of Philosophy』 (Journal of Philosophy Inc., 1904~. M.)

『Journal of the History of Philosophy』 (University of California Press, 1963~. Q.)

『Mind』 (Oxford University Press, 1876~. Q.)

『Philosophical Quarterly』 (Blackwell Publishing, 1950~. Q.)

『Philosophy East and West』 (University of Hawaii Press, 1951~. Q.)

『Philosophy of science』 (University of Chicago Press, 1934~. BM.)

『Philosophy: The Journal of the Royal Institute of Philosophy』 (Cambridge University Press, 1931~. Q.)

『Studies in History and Philosophy of Science』 (Pergamum Press, 1970~. Q.)

『The Southern journal of philosophy』 (Memphis State University Dept. of

Philosophy, 1963~. Q.)

## 웹 정보원

대동철학회 〈http://www.ddpa98.org/〉

대한철학회 〈www.sophia.or.kr/〉

새한철학회 〈http://www.saehanphilosophy.or.kr/〉

철학사상연구소 〈http://philinst.snu.ac.kr/〉

철학연구회 〈www.philosophers.or.kr/〉

철학의 눈 〈http://www.eyeofphilosophy.net/〉

철학의 숲 〈http://navercast.naver.com/〉

한국분석철학회 〈http://analyticphilosophy.kr/〉

한국철학사상연구회 〈http://hanphil.or.kr/〉

한국철학회 〈www.hanchul.org/〉

American Philosophical Association 〈http://www.apaonline.org/〉

International Federation of Philosophical Societies 〈http://www.fisp.org/〉

Internet Encyclopedia of Philosophy(IEP) 〈www.iep.utm.edu/〉

Meta Encyclopedia of Philosophy. ditext.

　〈http://www.ditext.com/encyc/master.html/〉

Philosophy around the Web

　〈http://users.ox.ac.uk/~worc0337/philosophers.html/〉

Philosophy Documentation Center 〈http://www.pdcnet.org/wp〉

PhilPapers. 〈http://philpapers.org/〉

Routledge Encyclopedia of Philosophy Online. Routledge Taylor & Francis

　group. 〈http://www.rep.routledge.com/〉

Society for Asian and Comparative Philosophy

　〈http://www.sacpweb.org/〉

Stanford Encyclopedia of Philosophy. 〈http://philinst.snu.ac.kr/〉

The Association of British Theological and Philosophical Libraries
〈http://www.newman.ac.uk/abtapl/index.html/〉

The Internet encyclopedia of philosophy. University of Tennessee at Martin
〈http://www.iep.utm.edu/〉

The Mind Association 〈http://www.mindassociation.org/〉

The Royal Institute of Philosophy. 〈http://royalinstitutephilosophy.org/〉

The Window: Philosophy on the web.
〈http://www.trincoll.edu/depts/phil/philo/〉

# 제5장 종교학 주제정보 접근법

# 제5장 종교학 주제정보 접근법

## 5.1 종교학의 개념

종교학(宗敎學 science of religion)은 종교 현상을 객관적·비판적으로 연구하고, 특정 종교가 아닌 종교 일반의 본질을 밝히는 데 목적을 두는 학문이다. 즉 종교학은 어떤 특정한 종교를 대상으로 그 종교를 변증하고 옹호하기 위한 것이 아니라 종교의 본질을 자료와 논리에 의해 이성적으로 구명하는 인문학의 한 분과이다. 종교는 인류의 역사에서 매우 중요한 하나의 사회현상으로서 인간의 가장 깊숙한 내면의 삶을 드러낼 뿐 아니라 개인과 공동체의 삶에 매우 강력한 영향을 미치는 요인이 된다. 따라서 종교에 대한 학문적 관심은 오늘에 와서 보다 폭넓게 확대되고 있다. 일반적으로 종교에 대한 학문적 관심은 종교현상의 문화적·역사적 자료의 수집과 정리, 종교현상의 의미에 대한 탐구로 분류할 수 있다. 전자를 위해서는 역사학을 비롯한 고고학·민족학·언어학·문헌학 등이 활용되고 있고, 후자를 위해서는 종교경험의 구조·본성·역동성 등을 이해하기 위해 심리학·사회학 등이 동원되고 있다.

## 5.2 종교학의 역사

### 서양의 종교학

종교학의 역사는 각 종교문화권에 따라 다양하게 전개되어왔다. 종교에 대한 학문적 관심을 종교에 관한 비규범적, 객관적 탐구라고 볼 때, 그 원형은 그리스·로마시대부터 시작된다. 그리스의 시인 헤시오도스(BC 800경)

는 『신통기(神統記) Theogony』에서 신의 출현을 계보에 따라 서술하였고, 탈레스(BC 600경)는 물과 불을 제일원리로, 헤라클레이토스(BC 500경)는 로고스를 세계를 조정하는 세력이라고 보았다. 또 크세노파네스(BC 600~500경)는 전통적인 신화를 비도덕적이라고 비판하였고 헤로도토스(BC 500경)는 그리스 신과 이집트 신의 종합을 시도하였다. 더욱 비판적인 종교에 관한 논의는 종교에 대한 회의론자들에 의해 전개되었다. 소피스트이나 플라톤 등은 종교를 '각기 사람들에게 경각심을 불러일으키기 위한 것', '고상한 거짓', '신격화된 인간에 대한 이야기' 등으로 설명하고 있다.

로마시대에는 전통적인 의례와 이교(異教)의 접합을 시도했는데, 그 맥락에서 자연주의적·합리주의적 종교관이 대두되었다. 중세 때에는 그리스도교가 지배적이었지만 이슬람교나 기타 종교들과 접촉하면서 인간의 본성이 종교적이라는 이해를 근거로 자연주의적 종교관이 종교적 논의의 주류가 되었다. 르네상스시대에는 인간 이성에 기초한 합리적 인문학이 부활하였기 때문에 종교에 대한 관심은 인간에 대한 관심과 결부되었으며, 특정 종교의 경계를 중요시하지 않게 되었다. 보카치오(1313~1375)와 에라스무스(1466경~1536) 등이 그 대표적인 예이다.

그러나 지리상의 발견으로 비 서양 문화권의 종교와 접촉하면서 유럽의 종교론은 한계를 드러내게 되었고, 전 인류의 종교에 대한 관심으로 확대됨으로써 종교학의 근대화가 촉진되었다. 17세기말에서부터 18세기 중엽의 비코(1668~1774)나 데이비드 흄(1711~1776) 등의 종교 발전의 역사에 대한 서술 등이 그 구체적인 사례이다. 흄은 종교사를 소박한 신인동형동성설(神人同形同性說)의 전개라는 입장에서 기술하고 있다. 칸트(1724~1804)의 범주론적 당위로서의 종교관과, 모든 종교는 각기 한정된 진리를 지니고 있다는 헤겔(1770~1831)의 상대주의적 종교관 등도 간과할 수 없는 당대의 서술적 종교관이라 할 수 있다.

19세기 초 사회학의 창시자인 오귀스트 콩트(1798~1857)는 인류의 역사

발전이 신학적 · 형이상학적 · 실증적 단계의 점진적 발달이라고 주장하면서 종교에 대한 새로운 서술을 시도했고 스펜서(1820~1903)는 종교를 인간이 알 수 없는 것에 대하여 관심을 갖는 것이라고 정의하였고, 포이어바흐 (1804~72)는 종교를 인간 열망이 투사된 것이라고 규정했다. 이와 같은 종교에 대한 관심의 전개는 20세기 초에 이르러 사학 · 고고학 · 인류학 · 사회학 · 심리학 등과 제휴하고, 변화하는 세계의 정황이 제기하는 물음에 동조하면서 점차 하나의 학문, 즉 종교학으로 정착하게 되었다. 이처럼 종교학은 철학적, 사회학적인 관점에서 그 객관화를 시도하고 있다.

## 한국의 종교학

종교학이 우리나라에 소개된 것은 일제강점기의 경성제국대학에 종교학과가 설치되면서부터였다. 이때의 종교학은 뮐러의 자연신화학과 타일러의 애니미즘과 같은 초기 인류학과 민속학적 종교이론이 중심이었다. 일제강점기에 나타난 한국문화의 연구 업적에는 고전적 종교학 이론들의 영향을 받은 흔적이 많이 나타난다. 최남선(崔南善)의 사상은 뮐러의 자연신화학 이론에 의존했고, 손진태(孫晉泰) 등이 중심이 된 고대 및 민속학 연구는 당시의 민속학적 이론을 거의 그대로 받아들여 적용시켰다. 또한 조선총독부에서 대대적으로 실시한 각종 실태 조사들은 식민지 사관에 바탕을 두고 초기 인류학 이론을 적용하였다. 따라서 일제강점기의 종교학은 종교학 고유의 영역이라기보다는 민속학 · 역사학 등 인접 학문의 단편적 이론을 적용한 것이라 할 수 있다.

우리나라에서 종교학이 독립된 학문 분야로 정착된 것은 서울대학교 문리과대학에 종교학과가 개설되면서부터였다. 1950년대 말부터 장병길(張秉吉) 교수가 종교학개론, 종교학설사, 종교학방법론 등의 강의를 정착시키면서 종교학은 그 뿌리를 내리기 시작하였다. 그러나 이 시기의 종교학은 자체의 학문 업적보다는 다음 세대의 종교학자를 양성하기 위한 기틀을 마련하는 데 더 큰 의의를 두었다.

1960년대의 종교학은 고전이론을 체계적으로 소개하고 수용한 시기였다. 1970년대에 들어오면서 신세대 종교학자들은 종교현상의 독자성과 자율성을 주장하였다. 1980년대에는 서강대학교에 종교학과가 신설되고 한국종교학회를 비롯한 학회활동이 활발하게 전개되었으며, 해외에서 연구 업적을 쌓은 신진학자들이 귀국함으로써 새로운 학문적 자극을 주게 되었다. 또한 종교문제에 대한 한국사회 각계의 관심이 높아짐에 따라 종교학연구의 방향이 다원화되었고, 그 내용도 더욱 풍부해졌다. 따라서 현상학적 관심뿐만 아니라 한국문화 안에서의 구체적인 종교현상들이 가지는 역사적 특수성을 강조하는 연구가 활발하게 이루어지게 되었다.

1980년대 이후 한국의 종교학은 다양화되었다. 첫째는 일반 종교학 이론의 수용과 발전이고, 둘째는 신흥종교, 인간의 죽음과 같은 종교의 특수현상에 대한 연구이며, 셋째는 한국종교 연구사에 대한 정리, 넷째는 한국종교 자체에 대한 연구이다. 이론 분야에는 20세기를 주도해온 현상학적 연구와 이를 극복하려는 경향이 나타났다. 현상학적 연구에는 정진홍의 『종교문화의 인식과 해석』(서울대출판부, 1996)이 있다.

20세기 말에 이르러 종교학 이론의 연구는 두 가지 과제를 안고 있다. 하나는 종교 연구에 사회과학적 방법론을 적용해 현상학적 문제를 극복하려는 경향이다. 이러한 방법론적 각성은 김종서(金鍾瑞)의 『해방후 50년의 한국종교사회학 연구사』, 『한국종교연구사』에 나타나며, 종교공동체의 정치, 경제, 법 그리고 사회계층 및 교육, 환경문제 등과 연관된 문제들이 중요하게 다루어졌다.

또 다른 하나는 지금까지 서양 지성사의 교구주의에 빠진 종교학의 이론과 시각을 벗어나 진정으로 보편적인 종교학 방법론을 추구하는 경향이다. 이에는 윤이흠(尹以欽)의 『종교학의 경험적 범주에 대한 재평가』가 있다.

특수 종교 현상의 연구는 다양한 분야에서 연구가 진행되고 있다. 한국의 신흥종교 연구에는 김홍철의 『한국신종교사상의 연구』(집문당, 1989)와 노길명(盧吉明)의 『한국신흥종교연구』(경세원, 1996)가 있다. 한국종교학회가 죽음, 의례 등의 주제에 대한 연구를 묶어 출판했으며, 그 외에 종교 전통의 개별 현상에 대한 종교학적 방법론에 입각한 연구가 다양한 형태로 활발하게 진행되고 있다.

종교 연구사 분야는 한국종교학회에서 주관한 이능화(李能和) 연구를 비롯해 김종서의 「한말, 일제하 한국종교 연구의 전개」(『한국사상사대계 6』, 한국정신문화연구원, 1993)가 좋은 예들이다.

현재 한국사회에는 유교·불교·기독교와 같은 세계종교는 물론 19세기 말 이후에 태어난 수많은 신흥 민족종교, 그리고 동북아시아의 선사시대부터 이어져 내려오는 무속과 민간신앙이 모두 함께 공존하고 있다. 종교학자들은 한국의 이러한 상황 속에서 한편으로 연구의 훌륭한 '실험실'을 발견하게 되고, 다른 한편으로는 한국사회의 가치복합 내지는 가치혼돈을 극복할 수 있는 방법론적 대안 제시에 시대적 책임감을 가지게 되었다.

이러한 각성은 먼저 다양한 한국 종교문화를 총체적으로 접근할 수 있는 시각을 찾기 위해 한국종교 연구사에 관심을 돌리게 하였다. 여기에는 기독교·유교·불교·도교·무속·민족종교와 같은 종교전통의 연구와 민간신앙·고대종교와 지역문화로서의 한국종교를 연구하는 두 가지 유형이 있다.

한국종교는 유교·불교·기독교·민족종교, 그리고 무속과 같은 종교 전통에 대한 개별에 연구를 한데 모았을 때 이루어지는 것만은 아니다. 예컨대 불교의 본질은 한국인이 수용했다고 변하는 것이 아니다. 그러므로 한국의 종교란 개념은 한국인의 종교관 또는 정서에 담겨진 개별 종교 전통을 말한다. 이런 맥락에서 한국종교 자체의 연구는 필연적으로 한국인의 종교관과 정서가 개별 종교 전통을 수용하고 변화시키는 과정에 대한 통일된 안목을 요청한다. 이러한 방법론적 각성에 근거해 1990년부터 서울대학교

종교문제연구소가 『한국인의 종교관』이라는 5차에 걸친 연구보고서를 냈다. 종교는 인간 문화현상 가운데 가장 복합적인 현상이다. 그러므로 종교 연구는 자연히 인문사회과학의 모든 분야와 학제 간 연구가 가능하다.


## 5.3 종교학의 연구방법

### 종교학의 사회학적 연구

인류학의 총체적 관심과는 달리 종교사회학은 기능 및 구조에 대한 관심을 중심으로 종교 문화에 대한 서술을 시도하였다. 즉 종교학을 사회의 구조 기능적 관점에서 연구하는 것이다. 뒤르켐(1858~1917)은 토테미즘을 근거로 하여 종교의 사회통합기능에 대해 주목하고 있다. 말리노프스키(1884~1942)는 신화와 제사의식을 연계하여 그 기능적 효용을 탐색함으로써 사회구조에서 종교의 매개기능에 대해 최초로 관심을 가졌다.

이밖에도 사회학적인 탐구는 지역별·시대별·영역별 종교특성에 대한 분석적 연구를 포괄하고 있다. 계급투쟁의 이론에 기초하여 종교에 대한 사회학적인 해석을 시도한 마르크스(1818~83)와 그의 추종자들은 종교를 세계이해의 대중적 형식으로 전제하면서, 비과학적 세계관의 전형으로 간주하고, 그것이 의식적이든 무의식적이든 사회의 착취구조에 기여하며 결국 계급 없는 사회에서는 더 이상 지속될 수 없는 현상으로 설명하고 있다. 그러나 이와 같은 부정적 견해와는 달리 막스 베버(1864~1920)는 종교가 사회적 기능의 강화와 유지를 위해 긍정적으로 기여한다고 주장하면서 종교문화권의 상이성에 따라 사회구조가 다름을 비교·분석하고 있다. 최근의 종교사회학은 기존의 이론들을 종합적으로 수렴하면서 종교의 기능과 구조, 역사와 현실을 유기적으로 조망하려고 노력하고 있다.

## 종교학의 신학적인 연구

그리스도교 신학에 대한 논의는 그리스도교에 대한 역사 비평적 연구, 비신화화 경향, 다른 종교와의 관계 연구 등으로 변화되고 있다. 신약성서에 있는 신화적 요소의 탐색을 통해 예수의 생애(Life of Jesus)를 재구성하고 역사적 예수와 관련하여 교의를 재해석하는 경향이 있다. 또 그리스도교의 말씀과 여타 종교를 확연하게 구분하여 전자를 신의 자기 계시로, 후자를 문화의 소산으로 단정하는 경향이 있다. 크레머(1888~1965)는 이러한 입장을 구체화하여 그리스도교와 타종교와의 접점은 불가능한 것이라고 주장한다. 불트만(1884~1976)은 신약성서에 나타나 있는 초기교회의 사유양식과 현대인의 사유양식이 같을 수 없다는 사실을 강조하면서, 신약성서의 신화적 요소들에 대한 실존적 해석을 강조한다.

이러한 경향은 제2차 세계대전 이후 문화적 경계가 급격히 무너지자 비그리스도교적 종교들과의 만남을 수용 또는 극복하려는 움직임이 일어났다. 단순한 타종교 이해로부터 상호간의 대화, 그리고 다른 종교들을 포함한 종교일반의 자리에서 그리스도교 신학의 정당화에 이르기까지 이러한 관심은 다양하게 전개되고 있다.

## 종교학의 심리학적 연구

종교학의 심리학적 연구는 종교현상을 객관적 · 비판적으로 연구하고, 특정 종교가 아닌 종교 일반의 본질을 밝히는 것을 궁극적 목적으로 한다.

종교의 심리학적 연구는 종교가 실존적인 개인의 경험을 바탕으로 한 의식의 현상임을 전제한다. 윌리엄 제임스(1842~1910)는 『종교체험의 다양성 The Varieties of Religious Experience』에서 여러 개인의 개종 경험을 중심으로 다양한 문화 속에 있는 종교제도의 다양성과 종교상징과의 연관성을 연구하였다. 루바(1868~1946)는 인류의 종교체험에서 보편적인 신비체험을 대상으로 하여 종교심성을 밝히려고 했다.

　그러나 본격적인 심리학적 종교탐구를 수행한 사람은 프로이트(1856~1939)와 융(1875~1961)이라 할 수 있다. 자아(自我)가 초자아(超自我)를 제거하는 심리적 기제를 근거로, 종교의식은 죄의식으로부터 탈피하려는 환상적 지향이라고 설명한 프로이트는 종교를 유아기적인 강박관념으로 간주한다. 이러한 그의 종교이해가 무신론적인 성향을 지니고 있음에도 불구하고 이 이론은 개인의 종교체험이 지니는 의식(意識)의 기제를 설명하는 이론으로 수용되고 있다. 이에 반하여 융은 종교에 대하여 보다 긍정적·호의적이다. 그는 종교체험이 지니는 종교의식의 현실성을 실제적인 것으로 전제하고, 비록 신의 존재를 심리학적으로 실증할 수는 없으나 신을 경험하는 의식의 현상은 실증될 수 있다고 주장한다. 더 나아가 그는 인류의 문화 자체가 지니는 집단무의식을 지적하고, 집단무의식에 내재한 원형을 종교체험의 토대로 상정한다. 그는 종교를 근원적인 인간 의식의 구조라고 주장한다. 이와 같은 논의로 인해 점차 종교 자체의 특성과 종교인의 경험적 요인들을 보다 구체적으로 연결시켜 실증적으로 검증하려고 노력하고 있다.

## 5.4 세계의 종교

### 힌두교(Hinduism)

　인도에서 발생한 종교로 Hinduism은 '힌두'와 '이즘(ism)'의 합성어이다. '힌두'란 산스크리트어 신두(Sindhu : 大河, 인더스강)의 페르시아 발음으로서, 인디아나 힌두스탄과 같이 인도를 가리키는 말이다. 그러므로 힌두교는 문자 그대로 '인도의 종교'를 뜻하며, 인도에서 기원된 모든 종교, 즉 바라문교·자이나교·불교 등을 포함하는 말이 될 수도 있다. 그러나 일반적으로는 베다의 권위를 인정하지 않는 불교와 자이나교를 배제한 좁은 의미의 인도종교를 의미한다.

　세계에서 가장 오랜 종교의 하나인 힌두교는 특정한 교조나 교리, 중앙집
권적 권위나 위계적 종교조직이 없으며 오랜 시간에 걸쳐 다양한 신앙형태
가 융합된 종교이다. 힌두교 안에는 원시적인 물신숭배·애니미즘·정령숭
배로부터 주술·제식·다신교·일신교·고행주의·신비주의 그리고 고도로
발달된 사변적 체계에 이르기까지 거의 모든 형태의 종교가 포함되어 있다.
그러므로 힌두교는 다른 종교에 대해 매우 관용적이다. 힌두교는 하나의 종
교일 뿐 아니라 인도의 사회·관습·전통 등 모든 것을 포괄하는, 즉 힌두
의 생활방식, 힌두 문화의 총체라 할 수 있다. 힌두교에 대한 이해 없이 인
도인을 이해하는 것은 불가능하다. 힌두교의 경전은 리그베다, 우파니샤드,
바가바드기타 등으로 이어진다.

## 불교(佛敎, Buddhism)

　BC 560년경 인도의 석가모니(釋迦牟尼, BC 624~BC 544 추정)가 창시한
종교이다. 석가모니는 35세에 보리수 아래에서 달마(達磨, dharma : 진리)를
깨침으로써 불타(佛陀, Buddha : 깨친 사람)가 된 뒤, 80세에 입적할 때까지
거의 반세기 동안 여러 지방을 다니면서 여러 계층의 사람들을 교화하기
위하여 설법하였다.

　불타의 입멸(BC 544)이후 현재까지 2,500여년 동안[1] 불교는 원시불교(原
始佛敎), 부파불교(部派佛敎), 소승불교(小乘佛敎), 대승불교(大乘佛敎) 등으
로 아시아 여러 나라에 전파되어 발전하여 왔다. 따라서 교리나 의식도 지
역에 따라 다양하게 나타난다. 이것은 다른 종교에서는 찾아볼 수 없는 불
교의 특성이라 할 수 있다.

---

1) 불교의 기원년도는 석가모니가 열반한 BC 544년을 기준으로 한다. 이를 불멸기원, 즉
　불기라고 하며, 불기는 서기에 544년을 더하여 계산한다. 따라서 서기 2015년은 불기
　로 2559년이 된다.

석가모니는 브라만(Brahman)의 정통 교리사상이 흔들리던 기원전 5세기 (BC 624)에 크샤트리아(Kshatriya : 무사·왕족의 계급)계층의 집안에서 태어났다. 그가 출생한 시기는 브라만 전통사상에 대한 회의 속에서 새로운 사상을 표출하고자 노력했던 비 브라만적인 신흥사상가들이 많이 출현했던 시기이다. 브라만 전통교리를 신봉하는 승려들과 구분하여 이들 신흥사상가들을 사문(沙門)이라고 불렀으며 불교도 이 같은 비 브라만적 신흥사상에 속한다.

불교는 이 세상은 끝이 있는가, 없는가, 시간은 유한한가, 무한한가, 내세는 있는 것인가, 없는 것인가 등에는 답변을 보류하였다. 부처는 어떤 전제나 선입관을 근거로 하는 추론을 피하고 모든 것을 현실의 있는 그대로 보고 깨닫는 입장을 지향하였다. 따라서 아트만(atman : 眞我)이나 브라만(梵神) 같은 형이상학적 문제보다는 우리 인간이 지금 이 자리에 어떻게 존재하고 있는가라는 실존적 물음에 초점을 맞추었다.

그러므로 부처가 깨달은 진리는 형이상학의 차원에 있는 것이 아니라 모든 것이 존재하는 구체적 양식, 즉 연기(緣起)로 설명된다. 이 세계는 신이나 브라만에 의하여 창조된 것이 아니라 서로의 의존관계 속에서 인연에 따라 생멸(生滅)한다는 것이다. 따라서 인간생활의 실제문제와 부딪쳤을 때 그 문제의 해결에 주력하는 것이 부처의 가르침이다. 불교의 교리나 이론은 자연히 인생문제의 해결이라는 실제적 목적이 앞서기 때문에 이론을 위한 이론이나 형이상학적 이론은 배제되었다.

석가가 29세에 부인인 야쇼다라(Yasodhara, 耶輸陀羅)와 아들 라후라(Rahula, 羅睺羅)를 버리고 출가하여 택한 수행방법은 당시에 크게 유행하고 있던 선정(禪定)과 고행(苦行)이었다. 6년의 고행 끝에 고행이 최상의 방법이 아님을 깨닫고 그 동안 행했던 모든 수행법과 이론을 떨쳐버렸다. 그리고 부다가야(Buddhagaya)의 보리수 아래에서 다시 7일 동안 명상한 끝에 마침내 완전한 깨달음을 얻었다고 한다.

부처가 깨달은 진리를 법(法)이라 하며, 그는 이 법을 전파하기 위해 녹야원(鹿野苑)으로 가서 그곳에 있던 다섯 수행자에게 최초로 설법하고, 그들을 제자로 삼았다. 이로써 불교는 교조·교리·교단을 갖춘 하나의 종교가 되었다. 이때부터 부파불교 이전까지를 원시불교시대라 부른다. 원시불교의 중심교리는 중도(中道)·십이연기(十二緣起)·사성제(四聖諦)·팔정도(八正道)이다. 출가수행 당시의 극단적 고행도 태자시절에 누렸던 쾌락과 진리를 깨닫는 길에는 그다지 큰 도움이 되지 못함을 인식한 석가는 두 극단을 지양하는 길에서 진리를 깨달았다. 이 두 극단을 지양한 길을 원시불교에서는 '중도'라고 불렀다. 이 중도의 구체적인 실천항목을 여덟 가지 올바른 길이라 하여 '팔정도'라고 하였다. 팔정도는 바른 견해[正見], 바른 생각[正思惟], 바른 말[正言], 바른 행위[正業], 바른 생활[正命], 바른 노력[正精進], 바른 신념[正念], 바른 명상[正定] 등이다. 팔정도의 이론적·교리적 근거로는 네 가지 성스러운 진리, 즉 사성제(四聖諦)가 있다. 네 가지 진리는 고집멸도(苦集滅道), 즉 고통[苦], 고통의 원인[苦集], 고통에서 벗어남[苦滅], 고통에서 벗어나는 방법[苦滅道]을 제시하였다.

또한 불교의 실천요목을 삼학(三學), 즉 계(戒)·정(定)·혜(慧)의 체계로 설명한다. 계는 불교가 가르치는 이상인 열반(涅槃)을 실현하기 위하여 수행자가 날마다 실천하여야 할 생활규범인 계율이다. 계율은 생활규범이므로 출가수행자와 재가수행자, 남자와 여자 사이에는 상당한 차이가 있다. 그러나 근본 5계인 살생하지 말라, 훔치지 말라, 음란하지 말라, 거짓말하지 말라, 술 마시지 말라 등은 누구나 지켜야 하는 규범이다. 그렇다고 계율만 엄격히 지키는 일은 윤리적 행위에 지나지 않는다. 계율에 근거하여 보다 거룩한 종교적 체험을 얻기 위해서는 종교적 수련이 있어야 한다. 이를 명상, 정신적 통일, 지관(止觀) 등의 의미를 포함하여 선정(禪定)이라고 한다.

그러나 계율과 선정 그 자체가 최종목적이 될 수는 없다. 그것은 해탈에 이르는 지혜를 터득하기 위한 방법, 즉 도(道)에 지나지 않는다. 윤리적 계율에 의하여 마음과 몸이 청정해진 사람이 선정에 의하여 이르는 최고의 경지가 지혜이다. 이와 같은 지혜를 반야지(般若智)라고 하여 다른 유형의 지혜와 구별한다.

## 유교(儒敎, Confucianism)

중국 춘추시대 말기에 공자(BC 551경~479경)가 창시한 사상을 말한다. 공자가 창시하여 맹자·순자로 계승되어온 유교는 한(漢) 무제(武帝)와 동중서(董仲舒)에 의해 국가적인 이데올로기로 자리 잡아 BC 136년 국교로 선포되었다. 남북조시대에 신(新)도교가 융성하고 불교가 전파되면서 유교는 크게 쇠퇴했다. 그러나 이것이 유교전통의 소멸을 가져온 것은 아니다. 유교는 당의 한유(韓愈)에 의해 부흥되어 송나라 때 호원·범중엄·왕안석·구양수·사마광 등의 사대부에 의해 본격적으로 부활되었다. 원대에는 쿠빌라이 칸이 등용한 허형(許衡)이 국가제도를 세우는 데 유교를 바탕으로 했다. 유교는 명대의 유학자 주희·왕양명을 거쳐 청대에 이르러 절정에 달했다. 19세기 이후 서양사상이 유입되고 중화인민공화국이 수립되면서 유교는 쇠퇴했지만 유교의 사상과 전통은 현대에 이르기까지 동양사상의 근간을 이루고 있다.

## 한국의 유교

한국유교의 시원에 관한 견해는 대체로 3가지로 요약할 수 있다. 첫째, BC 12세기경 은(殷)나라가 망하자 기자(箕子)가 고조선으로 와서 홍범구주(洪範九疇)의 원리에 따라 범금팔조(犯禁八條)로 우리 사회를 교화했다는 이른바 기자동래설(箕子東來說)이다. 이는 역사적 사실성에 의문이 남아 있다. 둘째, 고조선과 인접한 전국시대 연(燕)나라를 통해 한자와 문물이 전래되면서 유교사상이 전래되었다는 견해이다. 셋째, 삼국의 발생을 전후하여 한

사군(漢四郡 : BC 108~AD 313)이 설치되면서 중국 문물의 유입과 더불어 유교사상이 도입되었다는 견해이다.

삼국시대 초기 고대국가가 성립되면서 유교문화의 수용이 더욱 확산되었던 것은 역사적으로 분명해 보인다. 서기 372년(소수림왕 2)에 고구려에서 유교경전을 가르치는 태학(太學)을 세운 사실은 한국 유교의 역사에 획기적인 의미가 있다. 백제에서도 일찍이 유교사상이 수용되어 오경박사를 두고 일본에까지 한자와 유교사상을 전파했다. 고구려 광개토대왕비와 신라 진흥왕의 순수비(巡狩碑)는 유교적 통치원리를 간직하고 있으며, 신라의 임신서기석(壬申誓記石) 역시 당시 청년들의 경전연구와 유교정신의 실천 자세를 보여준다. 이처럼 삼국의 유교문화는 경전교육에 기초한 실천적 성격을 띠며, 사회제도의 정비에 바탕이 되었다.

고려시대의 전반기에는 과거제도를 비롯하여 국가의례제도 등 유교문화의 제도적 정비가 확산되었다. 최승로(崔承老)의 상소문에 내재된 사회문제에 대한 비판 의식을 통해 당시 유학자들의 이념적 각성이 뚜렷이 드러나며, 김부식의 『삼국사기』에 보이는 유교적 역사의식도 이 시대 유교사상의 심화양상을 보여준다. 고려 후반기 충렬왕 때 안향이 원나라로부터 주자학을 들여와서 새로운 학풍을 형성하여 활기를 띠었다. 이색, 정몽주 등의 학자들은 이 학풍의 영향력을 확산시키고, 정도전, 권근은 조선왕조의 개국에 이념적 뒷받침을 함으로써 유교적 사회제도를 구축하는 데 결정적 역할을 수행했다.

조선시대에는 유교의 철학적 이론으로 무장된 도학(道學)을 국가이념으로 받아들이고, 불교에 대한 억압정책을 실행했다. 조선 초기의 역대 임금들은 유교이념에 입각하여 사회제도를 전면적으로 정비했다. 세종 때에는 유교적 국가의례와 제도를 정비했으며, 유교적 교화체계를 구축하여 유교사회의 기틀을 확립했다. 조선 초기의 유학자들 중에서 공신과 관료의 기존세력인 훈구파(勳舊派)와 도학정신의 실천에 진력하던 신진세력인 사림파(士林派) 사이에 대립을 보여 여러 차례 사림파의 선비들이 희생당하는 사화(士禍)가 일어났다. 조선 중기인 16세기에는 도학의 이상정치가 조광조(趙光祖) 등 사림파에 의해 추구되다가 실패했지만, 결국 이들이 정치의 담당자가 되는 사림정치시대를 열었다. 사림들이 정치의 주체가 되자 이들 사이에 분열이 일어나 당파가 만들어졌는데, 이는 조선 후기 사회에 많은 영향을 주었다. 이 시기부터 소수서원(紹修書院)을 비롯하여 서원 설립이 활발하여 향촌의 유림활동이 확산되었고, 지역사회에서 향약(鄕約)을 시행하면서 향촌 질서의 유교적 교화가 심화되었다. 이 시대에 성리학의 이론적 논쟁이 인간의 심성 문제를 중심으로 활발히 전개되면서 성리학 발전되었다. 이황(李滉), 이이 (李珥)에 의한 사단칠정(四端七情) 논쟁은 당시의 대표적인 성리학의 업적으로 평가된다. 조선 후기에는 가정의례를 중심으로 예학(禮學)이 발전하고 성리학적 논쟁의 확대 및 청나라를 배척하는 의리론의 강화되면서 정통도 학도 강력한 영향력을 발휘했다. 그러나 성리학의 사변적 공허성과 의리론의 비실리적 명분주의를 비판하고 사회제도의 개혁과 실용성을 중시하는 새로운 학풍으로서 실학이 대두되었다.

19세기말 외세의 침략위협이 높아지면서 도학자들은 강경한 저항논리로 위정척사론(衛正斥邪論)을 제기하여 쇄국정책(鎖國政策)을 뒷받침했다. 한말 도학자들은 침략자에 대한 배척이론의 강화와 의병운동의 전개 사이에서 다양하고 열렬하게 활동했다. 그러나 조선 정부는 무력의 위협 앞에 마침내 개항했으며, 프랑스와의 통상조약에 의해 신교(信敎)의 자유를 허용하게 되었다. 1896년 민비시해사건 이후 유학자들은 전국적으로 의병운동을 전개하여 일제의 침략에 대항했다. 1910년 조선 왕조의 멸망과 더불어 국가종교로서의 유교체계는 와해되었다.

그러나 도학파의 선비들은 의리론적 신념에 의해 의병운동을 일으켜 항거하거나, 단발령, 창씨개명, 일본어 사용 등 일제의 동화정책에 비타협적 저항을 전개함으로써 전통수호의 보수적 태도를 지켜갔다. 소수의 유학자들은 새로운 사조를 수용하고 유교개혁을 추구하여 1910년경 박은식(朴殷植), 장지연(張志淵) 등은 대동교(大同敎)를 조직했고, 1920년경 이병헌(李炳憲)은 공자의 가르침을 전파하려고 노력했다. 그러나 이들은 보수적 유학자들과 서민대중의 호응을 받지 못하여 실패하고 말았다. 8.15해방 후 1946년 성균관(成均館) 유도회(儒道會)의 조직이 유림독립운동가의 대표적 인물인 김창숙(金昌淑)에 의해 재조직되었다. 그 뒤에도 유림분규를 수습하여 조직을 재건하고, 도덕운동을 중심으로 사회교화에 노력했다.

## 유대교

유대인의 민족종교로 현존하는 종교 중에서는 가장 오래된 유일신 종교이다. 기본적으로는 셈족 종교, 즉 셈족에서 갈라져 나온 종족들이 만든 종교 중의 하나로 유대교→기독교(크리스트교)→이슬람교의 순서로 만들어졌고 교리와 세계관도 이에 영향을 받았다. 일례로 이슬람교에서 유대교와 기독교인들을 '성서의 백성들'이라고 인정하고, 성모의 처녀 수태와 예수의 존재를 인정하며, 예수를 하느님의 예언자로 다룬다. 쿠란과 성경에서 대천사 가브리엘이 나오는 것 또한 그 예시다. 따라서 유대교는 아브라함 계통의 종교의 시원이다. 성경의 일부인 구약은 원래 유대교 경전에서 가져온 것이고, 꾸란 역시 구약을 차용하고 있다.

유대교의 '랍비'는 선생이라는 뜻이다. 유대교의 모든 제사는 예루살렘 성전에 바쳐야 하는데 서기 80년경에 예루살렘 성전이 파괴되면서 더 이상 제사를 드릴 수 없게 되었다. 이처럼 제사를 드릴 수 없는 상태에서 토라(구약성서의 첫 다섯 편으로, 곧 창세기 · 탈출기 · 레위기 · 민수기 · 신명기를 말한다. 모세오경이나 모세율법이라고도 하며 유대교에서 가장 중요한 문서로 히브리어로 '가르침' 혹은 '법'을 뜻한다) 공부가 제사를 대신한다고 믿어 토라 공부가 성행했다. 이를 이전의 성전 의식 중심의 유대교와 구분하여

'랍비 유대교'라 부른다.

복잡한 역사적 이유로 유대인들에게 유대교는 종교라기보다는 전통이고 생활이 되었다. 실제 유대교 특유의 교리에는 유대인의 민족전통에 따른 생활과 직접적으로 관련된 것이 많다. 유대인의 민족 특성 때문에 유대인 외에는 신자가 거의 없다. 그러나 세계 4대 종교 중 기독교와 이슬람교가 유대교에서 나온 점에서 세계적인 영향력이 크다. 2천년 동안 나라 없는 민족으로서 여러 나라에 흩어져 있고 박해받으며 떠돌아다녔는데도, 유대인들이 사라지지 않고 계속 정체성을 가질 수 있었던 것은 유대교의 저력이라 할 수 있다.

## 기독교(基督敎, Christianity)

기독교는 성서를 경전으로 삼고 유일신인 하느님(야훼)과 그의 아들 예수, 성령을 믿는 종교이다. 따라서 기독교는 성경과 예수그리스도의 가르침을 따른다고 주장하는 모든 종교들을 총칭하여 일컫는 보편적 용어이다.

기독교는 유대교 구약성경에 나오는 계시의 전통과 역사성을 계승하였다. 이런 까닭으로 비교종교학에서는 이슬람교와 더불어 이 세 종교를 아브라함계 종교라고 부른다. 역사적으로 팔레스타인 지방에서 시작된 야훼 숭배는 중동과 지중해 연안으로 확대되었다. 기독교는 이렇게 형성된 유대교의 역사적 배경 위에 기원 1세기 예수의 가르침과 종교적 실천을 근간으로 하여 형성 되었다. 기독교는 초기 발생기에는 로마 제국의 탄압을 받았지만 313년에 밀라노 칙령을 통해 로마제국의 공식적인 승인을 받은 이후 로마 가톨릭교회로 발전하였다. 4세기 무렵부터는 로마를 포함한 여러 나라의 국교가 되기도 하였고, 유럽과 아프리카, 아시아 지역으로 전파되면서 세계적인 종교로 성장하게 되었다.

기독교의 '기독(基督)'은 그리스어 "그리스도"의 중국어 음역인 '기리사독'

(基利斯督)의 줄임말이다. 기리사독(基利斯督)은 현대 북경어 발음으로는 '지리쓰두'이지만, 구개음화하기 전의 옛 발음은 "기리스도"에 가깝다. 청나라 때에 '기'가 '지'로 전반적으로 구개음화하는 변화가 있었는데, 만주족 발음의 영향 때문이라는 설이 있다.

기독교(Christianity)라는 말은 한국에서 개신교(Protestant)만을 일컫는 말로 잘못 사용되는 경우가 있는데, 기독교는 주요 분파인 로마 가톨릭교회, 성공회, 동방정교회, 개신교회 등 야훼 하느님을 믿고 예수를 그리스도로 모시는 모든 교회들을 뜻한다.

한편 가톨릭(catholic)은 '보편적'이란 뜻의 그리스어 katholikos에서 나온 말로서 2세기 이래로 교회의 저술가들이 이단종파와 분파로부터 그리스도교 교회 전체를 구별하기 위해 사용한 용어이다. 그리스도교의 발전 과정에서 이 용어가 어떻게 사용되었는가를 잘 설명하고 있는 책이 예루살렘의 성 키릴루스가 348년에 쓴 『교리문답 Catecheses』인데, 이 책에서 그는 교회를 가톨릭이라고 부른 이유를 교회의 세계적 보편성, 교리의 완전성, 모든 다양한 사람들의 필요에 부합되는 교회의 적응성, 도덕적이고 영적인 완전성 때문이라고 설명하고 있다. 따라서 가톨릭이라는 용어는 정통적(orthodox)이라는 의미로 통용되었다.

한국에 전래된 기독교는 처음에 '야소교(耶蘇敎)', 즉 예수교라고 불렸다. 이는 연암 박지원의 열하일기에서 당시 청나라에 와 있던 로마 가톨릭교회의 가장 큰 국제 수도회 조직 가운데 하나인 예수회(the Society of Jesus)를 '야소교'로 표기한 데서 연유한다.

한국에 기독교가 처음으로 전파된 시기는 천주교가 조선에 전파되었던 시기(1784년)로 본다. 한국의 천주교는 이승훈이 북경에서 로마 가톨릭교회 세례를 받은 이후 자발적으로 전파되었다. 1885년 개신교회인 감리교회와 장로교회 선교사가 선교하기 시작하여 20세기 초에 걸쳐 침례교, 구세군, 제7일 안식일 예수 재림교회, 성공회, 정교회가 전래되었으며 여호와의 증

인도 선교사들에 의해 전래되었다.

## 이슬람교

이슬람교는 무함마드(570~632)가 창시한 종교로서 유일신인 하나님(알라)을 숭배한다. 이슬람교는 유대교와 기독교의 교리에 영향을 받았으며 우상숭배와 다신교를 부정하고 유일신인 알라 앞에 모든 사람은 평등하다고 가르친다. 이슬람교의 기원은 무함마드가 포교의 중심지를 메카에서 메디나로 옮긴 해인 서기 622년으로 잡는다. 무함마드는 메디나에서 포교에 성공하면서 이슬람국가를 건설하고 정치와 종교의 주도권을 장악하였다. 그는 전쟁으로 630년까지 아라비아반도를 통일하였다. 그 이후 무함마드의 후계자들은 정복전쟁을 통하여 동으로는 바그다드, 메리(Mery), 다마스카스, 서쪽으로는 스페인의 코르도바, 톨레도, 세빌리아, 그리고 아프리카의 카이로, 알제리 등 중동과 아프리카 북부 및 서유럽에 이르는 대 제국을 건설하였다.

이슬람교는 6신(알라, 천사, 경전, 예언자, 최후심판, 정명)과 5주(신앙고백, 기도, 단식, 자선, 메카성지순례)를 교도들의 신앙 및 실천의무로 삼았다.

이슬람이란 '신에 대한 순종'이란 뜻이다. 신자는 '무슬림'이라고 한다. 이슬람 세계에서는 종교가 곧 정치이며 교리가 곧 법이다. 이슬람교의 경전은 쿠란(코란)이며, 이는 예언자 무함마드가 대천사 가브리엘로부터 받은 하나님의 계시를 기록한 것이라고 한다. 이슬람의 대표적인 종파로는 사우디아라비아가 대표하는 '수니파'와 이란이 대표하는 '시아파'가 있으나, 시아파를 따르는 무슬림은 전체 무슬림 인구의 약 10%를 차지하는 소수이며, 나머지 무슬림은 정통 이슬람인 수니파이다. 이슬람 안에서 무슬림 모두는 형제이며 종파 간에도 서로를 무슬림이라고 인정한다. 이슬람의 신도나 국가는 금요일이 휴일이다.

- 무슬림 : 이슬람에의 복종자, 곧 이슬람을 믿는 사람을 가리킨다.
- 쿠란 : 이슬람의 경전 이름이다. '읽다(아랍어로 까라아)'의 동명사이다.
- 라쏠룰라 : '성사(聖使)'라는 뜻으로 주로 무함마드(마호메트)를 가리킨다. 라쏠룰라는 현재 네 사람으로, 아브라함, 모세, 예수, 그리고 무함 마드이다.
- 이만 : 이슬람 교리에서 말하는 '여섯 믿음'을 가리킨다.
- 이바다 : 이슬람 교리에서 말하는 '다섯 의무'를 가리킨다. 이것을 '아르 칸'이라 하여 '다섯 기둥'이라고 부르기도 한다.

이슬람 교리는 매우 단순하게 여겨질 만큼 명료하다. 이슬람 교리는 이 만(6가지 종교적 신앙)과 이바다(5가지 종교적 의무)를 기본으로 하며, 6신 (信) 5행(行)이라 부르기도 한다. 또한 5행을 무슬림의 신앙생활을 받치는 다섯 기둥으로 보아 아르카(기둥들)라 부르기도 한다. 이만(6신)이란 알라, 천사, 경전, 예언자, 최후심판, 정명에 대한 여섯 가지 믿음이다. 수니파 무 슬림에게 5주 즉 다섯 기둥은 샤리아(이슬람법)에 근거하며 무슬림에게 가 장 중요한 의무이다. 시아에는 '종교의 뿌리'로 알려진 다섯 가지 믿음과 '종교의 가지'로 알려진 열 가지 의례가 있는데, 이 열 가지는 수니파의 이 슬람의 기둥과 유사하다.

- 신앙고백(샤하다) : 하나님(알라) 이외에 다른 신은 없으며 무함마드는 하나님의 예언자라는 선언
- 기도(쌀라) : 매일 5회 기도
- 단식(사움) : 이슬람력 9월(라마단) 한 달 동안 일출부터 일몰까지 음식 및 음료의 섭취와 성행위를 금한다.
- 자선(자카) : 일반적으로 상공업에 종사하는 부자들의 재산의 2.5%나 농 민들의 연생산의 10~20%정도이며, 이 돈이나 생산물은 가난한 사람

들에게 나누어준다.

- 메카순례(하즈) : 이슬람력 12월에 이루어지며 경제적 신체적으로 능력
  이 있는 모든 무슬림이 일생에 한 번 메카를 순례해야 한다.

다른 종교와는 달리 이슬람의 교조는 유일신 알라이다. 흔히 교조 무함마드'라고 부르는 호칭은 다른 종교인들의 이해를 돕기 위한 관용 표현이라 한다. 또한 이슬람의 경전인 쿠란에는 오로지 유일신 알라에게서 받은 계시만을 기록하고 있다. 다른 종교의 경전에서 기록하는 '인간의 논설'은 전혀 들어 있지 않다.


## 5.5 한국의 신흥종교

### 천도교(天道敎)

1905년 12월 1일 손병희(孫秉熙)가 동학(東學)을 바탕으로 발전시킨 종교이다. 동학농민운동이 외세에 의해 진압된 뒤, 제2대 교주인 최시형(崔時亨)이 처형되자 도통은 손병희(孫秉熙)에게 전수되었다. 손병희는 초기에 정치와 종교 간의 불가분리적 관계를 강조하면서 여러 가지 개혁적인 시도를 감행했으나 실패하고, 도리어 일제에 의해 역이용될 수 있음을 깨닫게 되면서 정교분리의 원칙을 내걸고 1905년 교명을 천도교로 개칭, 새로운 교리와 체제를 확립하였다.

1910년부터 포교활동과 더불어 출판교육 등의 문화운동을 전개하여 교세가 비약적으로 발전하였다. 또 사범강습소(師範講習所)를 두어 교리와 서양의 학술을 가르치고 『천도교월보(天道敎月報)』를 발간하여 국민들의 사회교육을 통한 민족정신 함양에 노력한 결과 천도교는 1919년의 3.1운동 때 중추적인 역할을 담당할 수 있었다.

3.1독립운동에 적극적으로 참여함으로써 손병희를 비롯한 많은 교도들이 옥고를 치르고 일제의 탄압을 받았으나, 일제의 정책이 문화정치로 바뀌는 것을 이용하여 1919년 9월 천도교 청년교리강연부를 설립하였고, 1920년 3월에는 이를 천도교청년회로 개편하여 전국 지부를 결성하였다. 그 해 6월부터는 『개벽(開闢)』이라는 종합잡지를 발행하고, 이어 『신여성』·『학생』·『어린이』 등의 월간잡지도 간행하였다. 『개벽』은 일제의 탄압으로 1926년 8월 통권 72호를 끝으로 폐간되기까지 천도교 교리를 전파하여 민중의 주체적 자각과 근대 문물을 섭취하는 데 많은 공헌을 하였다.

1934년에는 조선독립만세운동을 기도했다는 혐의로 천도교오심당사건이 일어나 230명이 검거되었고, 1937년에는 천도교 청우당이 해체당하는 등 일제의 계속적인 탄압을 받았다.

광복 후에는 남북 간의 왕래가 불편하게 되어 32만 5000호에 달하는 북한지역 교도들과의 연락이 끊기고, 반공운동을 했다는 혐의로 많은 북한 교도들이 검거되었다. 1961년에는 최시형과 손병희의 법설(法說)이 포함된 『천도교경전』을 간행하였다. 현재의 수운회관(水雲會館)은 1972년 준공된 것으로, 천도교의 중심 역할을 하고 있다.

## 동학천진교

1913년 김연국(金演局, 호 龜庵)에 의해 서울에서 창립된 동학계통의 신종교이다. 김연국은 1857년 2월 13일 강원도에서 출생, 일찍이 동학에 입도하여 손병희(孫秉熙), 손천민(孫天民) 등과 함께 해월(海月 : 崔時亨)의 3대제자가 되었다. 1898년 해월이 교수형을 당하자 그 역시 체포되어 4년간 옥살이를 했다. 그 후 손병희와 손잡고 1905년 동학을 천도교로 개칭, 대도주가 되었으나 손병희와 뜻이 맞지 않아 1908년 이용구(李容九)의 시천교(侍天敎)로 들어가 대례사(大禮師)가 되었다.

1926년 계룡산 신도안에 이전하여 교명을 '상제교(上帝敎)'로 바꾸었다. 그는 교육사업과 자선사업을 하며 일제의 탄압 속에서도 꾸준하게 교단을 이끌어 오다가 1944년 사망했다. 아들 김덕경(金德卿)이 종통을 이어 1960년 에는 교명을 '천진교'로 바꾸었다.

1983년 충남 '6.20사업(1983년 8월부터 1984년 6월 30일까지 계룡대를 이전했던 사업)'으로 여러 곳으로 옮겨 다니다가 1996년 충남 논산시 연산면 송정리로 이전하였다.

현재 약 6천 명의 신도가 있으며 신앙의 대상은 한울님(上帝, 天主)이다. 교리는 사인여천(事人如天), 포덕천하(布德天下), 광제창생(廣濟蒼生), 보국안민(輔國安民) 등이며 경전은 『동경대전 東經大全』이다.

## 원불교

1916년 박중빈(朴重彬. 1891~1945, 호: 소태산(少太山))이 창시한 신흥 종교이다. 원불교의 교명에서 원(圓)은 정신적으로나 물질적으로나 만법의 근원이며 만법의 실재이다. 불(佛)은 곧 깨닫는다는 것으로 '원의 진리'가 아무리 원만하여 만법을 다 포함한다 해도 이를 깨닫는 마음이 없으면 공허한 이론에 불과하다고 본다. 따라서 원불(圓佛)은 각자 마음에서 근본적 진리를 깨친 바탕 위에서 나타나는 것이라 한다.

원불교는 그 연원을 불교에 두고 있으나 외면상으로 신앙 대상의 상징이 다르며, 불교와의 역사적 관계는 전혀 없다. 교단의 운영방식과 제도면에서도 종래의 불교 사찰과는 다르며, 종교의식이나 의복 절차 등도 불교와는 완연히 다르다. 다시 말해 근본적 진리는 서로 통하지만 교단은 기존 불교의 분파가 아닌 전혀 새로운 종교라고 할 수 있다.

원불교는 한국에서 1900년 이후에 시작된 새로운 종교로서 기존의 종교와는 다른 특징을 지니고 있다. 첫째, 한국에서 발생한 종교라는 점을 들 수 있다. 그러나 한국에서 나왔다 하더라도, 그 지역적 한계를 넘어서 세계화를 지향하는 개방성을 지니고 있다. 원불교는 발생지역으로부터 변화를 시도하면서 인간의 의식구조를 전환시킴으로써 세계 인류에게 개명된 생활을 전개하도록 개혁하는 자세로 나가고 있다.

둘째, 자타력병진(自他力竝進)의 신앙을 제창한 점이다. 창시자 박중빈(호: 소태산)은 우주 자연의 이치를 깨닫고, 그 깨달음을 문자나 언어를 빌리기 전에 일원상(一圓相)으로 표현하였다. 그리고 이 'ㅇ'으로 상징된 진리를 자타력 병진신앙체계로 형성하였다. 즉 자력신앙이나 타력신앙의 어느 한 면에 기울어짐이 없이 원만한 신앙으로 조화롭게 추진시키도록 한 것이다.

셋째, 불법(佛法)으로 교리체계를 세우고 이를 주축으로 불교뿐만 아니라 모든 종교들을 시대에 맞게 생활화, 대중화하려고 노력하였다. 교조 소태산은 20여 년의 구도 끝에 대각을 이루었다고 한다. 이는 불타의 깨달음과 유사한 면이 있다. 그러나 불교의 개혁만을 시도한 것이 아니라 종교혁명을 시도하였던 것으로 보인다. 그렇기에 그는 새로운 교단을 세움에 있어 종교가 그 시대, 그 생활, 그리고 모든 대중을 선도하는데 적합한 종교라야 한다는 점을 강조했다.

넷째, 종교윤리(宗敎倫理)를 제기한 점이다. 종교윤리란 명일심통만법(明一心通萬法)의 정신이다. 현대처럼 지역과 공간이 좁혀진 상황에서 모든 종교가 횡적으로 서로 넘나들고, 하나 되는 일부터 해야 한다고 본 것이다. 자기 종교의 교리에 국한하지 않고 타종교 및 타종교의 지도자들과 화해의 문호를 열어 놓는 윤리를 말한다.

원불교의 경전은 9종 교서 및 그 밖의 교서로 나누어져 있다. 9종 교서는 『정전(正典)』·『대종경(大宗經)』·『불조요경(佛祖要經)』·『원불교예전(圓佛敎禮典)』·『성가(聖歌)』·『정산종사법어(鼎山宗師法語)』·『세전(世典)』·『원불교교사』·『원불교교헌』을 말한다. 이 중 『정전』과 『대종경』은 원불교의 기본경전으로 『정전』은 소태산이 원불교 교리의 강령을 밝힌 원경(元經)이며, 제일경전(第一經典)이라고도 한다. 『대종경』은 소태산 일대의 언행록인 통경(通經)으로 총 15품 547장으로 되어 있다. 『불조요경』은 원불교의 보조 경전으로서 원불교 사상과 관련이 깊은 불경과 조사(祖師)의 글을 선택·수록한 경으로, 『금강경』·『반야심경』·『사십이장경』·『현자오복덕경(賢者五福德經)』·『업보차별경(業報差別經)』·『수심결(修心訣)』·『목우십도송(牧牛十圖頌)』·『휴휴암좌선문(休休庵坐禪文)』등이 수록되어 있다.

『원불교예전』은 개인·가정·교단에서 필요한 각종 예의규범을 수록하였다. 『성가』는 찬송·축원·전도의 성가집으로서 처음에 126장이 수록되었는데 계속하여 추가하고 있다. 『정산종사법어』는 정산종사(鼎山宗師, 宋奎)의 일대 언행록이며, 『세전』은 태교(胎敎)로부터 천도(遷度)에 이르기까지의 인생 일세의 도리 강령이다. 『원불교교사』는 원불교 창립 당시부터 지금까지 교단의 역사를 기록한 책으로 계속 추가하고 있다. 『원불교교헌』은 원불교 교단의 기본 헌장으로 전문 10장 90조로 되어 있으며, 교단 운영의 기본방침과 제도에 대하여 규정되어 있는데, 이 또한 시의에 맞게 개편되고 있다.

## 대종교(大倧敎)

1909년 1월 15일 나철(羅喆)이 창시한 한국의 신흥종교이다. 나철은 1863년 전라남도 보성 출신으로 29세 때 문과에 장원급제하여 승정원가주서(承政院假注書)·승문원권지부정자(承文院權知副正字)를 거쳤다. 33세 때 징세서장(徵稅署長)의 발령을 받았으나 사퇴하고 구국운동에 뛰어들어 1904년 호남출신 우국지사들과 유신회(維新會)를 조직하였다. 기울어지는 국권을 일으켜 세우기 위하여 오기호(吳基鎬) 등과 일본으로 건너가 "동양평화를 위해 한·일·청 삼국은 상호친선동맹을 맺고 한국에 대해서는 선린의 교의로써 부조하라!"는 의견서를 일본 정계에 전달하고 일본궁성 앞에서 사흘간 단식항쟁을 했다.

그러던 중 을사늑약이 체결됐다는 소식을 듣고 귀국하여 조약체결에 협조한 매국노들을 살해하려 하였다. 이 사건으로 10년 유형을 선고받고 전라남도 무안군의 지도(智島)로 유배되었다. 곧 고종의 특사로 석방되어 다시 일본으로 건너가 외교적인 노력을 통하여 구국운동을 전개하였으나 역시 효과를 얻지 못하였다.

정치적 구국운동에 좌절을 느낄 때마다 민족종교운동을 전개한 나철은 마침내 1909년 1월 15일 단군대황조신위(檀君大皇祖神位)를 모시고 제천의식을 거행한 뒤 단군교를 선포하였다. 이 날이 바로 중광절(重光節)로, 중광이라 함은 새로이 창교한 것이 아니라 기존에 존재하고 있었던 교단을 중흥하였다는 의미이다.

교주인 도사교(都司教)로 추대된 나철은 밀계(密誡)와 오대종지(五大宗旨)를 발표하여 교리를 정비하고 교단조직을 개편함으로써 교세확장에 주력하여 1910년 6월 서울에 2,748명, 지방에 1만 8,791명의 교인을 확보하였다. 그러나 당시 서울 북부지사교(北部支司教)를 맡고 있었던 정훈모의 친일행위로 인한 내분과 일제의 탄압을 예상하여 1910년 8월 단군교라는 교명을 대종교로 바꾸었다. '종(倧)'이란 상고신인(上古神人), 혹은 한배님이란 뜻으로 '한인'·'한웅'·'한검'이 혼연일체가 되어 있는 존재를 말한다.

그 뒤 일제의 종교탄압이 점점 심해지자 나철은 국외포교로써 교단을 유지하고자 만주 북간도 삼도구(三道溝)에 지사를 설치하는 한편, 교리의 체계화에도 힘을 기울여 『신리대전(神理大全)』을 1911년 1월에 간행하였다. 1914년 5월 백두산 북쪽 산 밑에 있는 청파호(靑坡湖) 근방으로 총본사를 이전하고 만주를 무대로 교세확장에 주력하여 30만 명의 교인을 확보하였다. 그러나 대종교를 비롯한 민족종교의 교세확장에 위협을 느낀 일제는 1915년 10월 「종교통제안(宗教統制案)」을 공포하여 탄압을 노골화하였다. 교단의 존폐위기에 봉착하게 된 나철은 1916년 8월 15일 분함을 참지 못하고 환인, 환웅, 단군의 삼신을 모신 구월산 삼성사(三聖祠)에서 자결하였다.

나철에 이어 제2대 교주가 된 무원종사(茂園宗師) 김교헌(金敎獻)은 총본사를 동만주 화룡현(和龍縣)으로 옮긴 뒤 제2회 교의회(敎議會)를 소집하여 홍범규칙(弘範規則)을 공포하는 한편, 군관학교를 설립하여 항일투사 양성에 힘썼다. 1918년 신도 및 독립운동지도자 39인이 서명한 「무오독립선언서(戊午獨立宣言書)」를 작성해 발표하였고, 비밀결사단체인 중광단(重光團)을 조직하여 북로군정서(北路軍政署)로 발전시킴으로써 무장독립운동을 적극적으로 전개시켰다.

1920년 10월, 대부분의 대종교인으로 조직된 독립군은 백포종사(白圃宗師) 서일(徐一)의 지휘 아래 김좌진(金佐鎭), 나중소(羅仲昭), 이범석(李範奭) 등의 통솔을 받아 화룡현의 청산리전투(靑山里戰鬪)에서 큰 전과를 올렸다. 일제는 이에 대한 보복으로 1921년 경신대토벌작전을 전개하여 수많은 교도들을 무차별 학살했고 이때 서일도 순교하였다. 김교헌은 통분 끝에 병이 나서 1923년 단애종사(檀崖宗師) 윤세복(尹世復)에게 교통을 전수하고 사망하였다.

김교헌은 대종교를 제도적으로 정립하고 대종교의 역사를 고증하여 확립하였다. 『신단민사(神檀民史)』·『단조사고(檀祖事攷)』·『홍암신형조천기(弘巖神兄朝天記)』 등은 그러한 과정 속에서 산출된 그의 저술들이다. 그는 1919년 서일에게 교통을 전수하려 하였으나 서일이 일제와의 무력항쟁에 전념하기 위하여 뒤로 미루고 대한독립군단을 조직하여 총재로 활동하다가 사망하였다. 그 뒤 제3대 교주가 된 윤세복은 1945년 광복과 더불어 귀국할 때까지 수많은 고난을 겪었다.

1945년 8월 광복을 맞게 되자 총본사가 부활되었고, 1946년 2월 환국하여 서울에 총본사가 설치되었다. 미군정 때 대종교는 유교, 불교, 천도교, 기독교 등과 함께 5대 종단의 일원으로 등록되었으며, 대한민국 정부가 수립된 뒤에는 초대 문교부(현재의 교육부)장관인 안호상의 노력으로 천주교를 포함한 6대 종교 가운데 제1호 종단으로 등록되었고, 개천절을 국경일로

제정 받았다.

1965년 대종고등공민학교가 설립되어 대종학원이 부활되었으며, 1968년 종경종사편수위원회가 조직되어 종경 1만 3,000부가 간행되었다. 당시 홍제동에 있던 총본사는 1982년에 홍은동으로 옮겨 오늘에 이르고 있다. 대종교의 경전은 『삼일신고(三一神誥)』·『천부경(天符經)』·『팔리훈(八理訓)』·『신사기(神事記)』가 있으며 그중에서도 제일 근원이 되는 경전은 『삼일신고 三一誥』이다.


## 5.6 종교학 및 종교와 도서관

종교학은 종교를 학문적으로 연구하는 분야이지만 도서관은 종교학 문헌만을 다루는 게 아니라 종교학을 포함한 여러 종교의 문헌도 포괄적으로 수집하고 제공한다. 도서관에서 종교문헌과 관련하여 유의할 사항으로는 도서관의 종류에 따라 차이가 있으나 특정 종교를 표방하지 않는 국립도서관이나 공공도서관 및 학교도서관에서는 매우 신중하고도 객관적인 입장을 견지해야 한다는 것이다. 특히 자료의 선택과 수서에 있어서는 종교 간 공평한 입장에서 자료가 특정 종교에 편중되지 않도록 주의해야 한다. 또 특정 종교인의 요구에 의해 자료의 수집과 제적에 영향을 받지 않도록 사전에 정해진 장서개발 원칙에 따라 철저히 관리해야 한다. 간혹 도서관장이나 직원 가운데는 특정 종교의 신자가 있을 수 있고, 이 경우 자기 종교에 편중된 자료와 서비스를 강화하려는 경향이 있을 수 있으므로 사전에 직원교육을 철저히 하여 이와 같은 종교적 편파성이 도서관의 장서와 프로그램에 영향을 주지 않도록 미리 방지해야 한다.

한편 특정 종교단체나 학교에 소속된 도서관은 그들의 종교문헌을 중점 수집하여 제공할 수 있다. 예를 들면 신학대학도서관, 교회도서관, 불교대학도서관, 사찰도서관 등은 그들의 학생과 신도를 위한 해당 종교문헌을 중점적으로 수집 제공하는 것은 그들 도서관의 목적에 부합된다.

## 5.7 대학의 종교학과 커리큘럼(서울대학교 종교학과)

### 중국종교
### Religions in China

중국역사를 관통하고 있는 천(天)에 대한 신앙은 중국인의 종교현상 안에서 중심적인 위치를 차지한다. 제천의례는 황제가 주체가 되어 천과 제에 대해 거행하는 대표적인 국가의례의 하나로서 천과 인간이 직접 현실 속에서 만나고 교통하는 상징적인 종교행위이다. 본 과목은 제천의례의 역사적 변천과정의 고찰을 통해 드러나는 천인관계구조의 여러 양태들을 살펴봄으로써 중국 종교의 특성과 구조를 이해한다. 이와 더불어 한국 전통사회에서 진행되었던 제천의례의 변천과정과 의미도 알아본다.

### 인도종교
### Religions in India

인류문화의 한 유산인 인도의 종교사상을 역사적으로 살펴본다. 구체적으로 인도종교의 기원, 베다시대의 종교, 우파니샤드의 종교, 불교 및 기타종교의 출현, 자이나교, 힌두교의 출현, 바가바드기타의 등장, 힌두교의 종파, 이슬람의 영향과 시크교, 새로운 종교사상의 출현, 현대 인도의 종교적 상황 등을 살펴본다.

### 유교개론
Introduction to Confucianism

유교의 기본사상 및 역사적 전개에 관한 개괄적 이해를 통하여 유교의 전체적 규모와 성격의 인식을 도모한다. 유교사상의 원천을 이루는 경전의 구성 체계와 사상적 특성을 이해함으로서 유교이해의 기초를 마련한다. 나아가 유교의 사상적 기본문제를 이루는 천론(天論), 심성론, 천인론, 학인수양론(學人修養論), 경학론, 귀신론, 의례론, 교화론(敎化論) 등의 문제를 종교적 관점에서 인식한다. 유교사상의 발생에서부터 공자에서 맹자에 의한 체계화와 한대의 훈고학과 송원시대의 이학(理學), 청대의 고증학·기학(氣學) 및 현대의 변혁양상에 이르기까지 유교사의 맥락을 이해하게 한다.

### 이슬람교개론
Introduction to Islam

이슬람교의 발생배경을 이해하며 이슬람교의 형성과정과 전개과정을 해명하고, 현대에서의 이슬람이 지닌 위치와 성격을 이해한다. 이슬람교의 신관, 인간관, 구원관의 문제와 이슬람 의례의 체계와 특성, 아랍사회에서의 이슬람의 위치, 기독교와의 관련성 등을 체계적으로 살핀다.

### 도교개론
Introduction to Taoism

도교의 발생과 시대적 변천양상을 이해하며, 도교사상의 기본영역에 따른 문제의 성격을 개괄적으로 파악하고자 한다. 후한말엽 도교의 발생과정을 이해하는 데는 그 사회적 및 사상적 배경을 해명한다. 특히 민간신앙과 도교의 연관성 내지 도가사상과 도교의 상관과계를 확인한다. 당대이후 중국 및 한국에서 도교의 시대적 전개양상을 파악하며 국가의 제도적 도교와 민간의 도교를 구분하는데 유의한다. 또한 도교의 경전체계를 개관하며, 도교적 천론(天論), 양생법, 단학, 의례 등에 관해 체계적으로 이해하게 한다.

## 종교학의 역사
### History of Religious Studies

종교학의 태동에서부터 현재까지의 연구사를 검토하여, 종교학의 연구 주제들이 어떠한 것들이 있었는지를 고찰할 뿐만 아니라, 그러한 주제들이 어떠한 방법론에 입각하여 연구되어왔는지를 이해한다. 종교학의 연구 주제와 방법에 대한 역사적인 성찰은 종교학 연구자로서 기본적인 소양을 쌓는 필수적이고 유용한 작업이다.

## 종교현상학
### Phenomenology of Religion

종교현상학은 종교문화를 인식하고 해석하기 위한 하나의 방법론적 전통을 일컫는다. 본 교과는 그러한 전통의 출현과 전개를 소개하고 기본적인 개념들을 익히며 그러한 전통의 가능성과 한계를 비판적으로 검토하는 것을 내용으로 한다. 따라서 본 과목을 학습하기 위해서는 종교학개론 및 종교학사를 먼저 이수하는 것이 도움이 된다. 종교현상학에서는 개별 종교전통에 대한 역사적 접근과는 달리 신화, 제의, 상징 등에 대한 해석학적인 접근이 중요한 주제들이 되고 있는 까닭을 밝히고, 그러한 방법이 가지는 효용과 문제도 아울러 이해한다.

## 종교철학
### Philosophy of Religion

종교철학의 기초적인 문제를 다루는 개론적인 과목이다. 서구형의 종교철학을 중심으로 종교철학에 대한 정의를 내리고, 신의 존재증명, 악의 문제에 대한 신정론, 종교다원주의의 철학적인 문제를 검토한다.

### 종교인류학
### Anthropology of Religion

종교에 대한 인류학적 연구의 흐름을 개관하고 대표적인 연구 성과를 선택하여 정리한다. 이를 통해 종교에 대한 인류학적 연구의 성과를 비판적으로 검토하고 종교연구에 대한 나름의 관점을 가질 수 있도록 한다.

### 종교사회학
### Sociology of Religion

공동체로서의 종교의 의미를 고전적 이론들과 현대적 재해석들을 중심으로 체계적으로 연구 검토한다. 종교사회학적 기본 관점들과 의미 및 연구방법, 종교측정론, 종교조직론, 종교전문인론, 종교변동론, 종교주변공동체론 등에 초점을 두어 사회적 맥락의 종교이해를 시도한다.

### 한국민속종교
### Korean Folk-Religion

민간에 전승되어 온 한국 민속종교의 다양한 양상 및 특징을 기존의 연구 성과를 통해 살펴보고 현장조사 및 시청각 자료를 통해 살아있는 모습을 관찰함으로써 한국 민속종교의 종교적 성격 및 한국문화 속에서의 위상을 올바르게 이해하고자 한다. 한국 민속종교의 중심적인 위치를 차지하고 있고 현재에도 활발하게 행해지고 있는 한국의 무속을 중심으로 연구한다.

### 종교심리학
### Psychology of Religion

본 교과는 종교심리학의 일반적인 개괄을 이론적인 측면에서 살피는데 목적을 둔다. 특히 종교심리 또는 종교경험을 주로 연구한 사상가들의 이론들을 주제별로 접근한다. 그리고 종교심리학 이론들이 종교학 이론을 발전시켜 나가는 데에 어떤 도움을 줄 수 있는지에 대해서도 고찰한다. 구체적인 학습내용은 첫째 종교심리학의 태동에 관한 역사적이고 지역적인 연구, 둘째 생물학적인 관점에서 접근한 종교심리 이론, 셋째 행동주의적인 관점에서 접근한 종교심리 이론, 넷째 실험심리학적인 관점에서 접근한 종교심리 이론, 다섯째 프로이드의 종교이론, 여섯째 포스트 프로이드 학자들의 종교심리 이론, 일곱째 융의 종교이론, 여덟 째 제임스의 종교경험이론, 아홉째 현상학적이고 해석학적인 종교심리 이론, 열째 인간주의적인 종교심리 이론, 열한 번째 실존주의적 종교심리 이론 등이다.

### 신화학
### Mythology

인식범주로서의 신화가 삶의 의미의 차원에서 상호 연계됨을 여러 문화권의 자료를 통해 살펴보고, 각 신화의 내용들과 비평들을 연구하여 인간문화에 대한 새로운 안목을 갖는다.

### 한국기독교
### Christianity in Korea

한국 전체인구의 1/4이 된다는 기독교가 한국에 어떻게 전래, 수용되었으며, 기독교와 한국 전통문화와의 만남, 일제 강점기 교회의 항일민족운동 그리고 해방 후 교회의 변화와 현재의 상황 등을 고찰함으로써 기독교에 대해 바른 이해를 갖게 하며, 종교다원주의 사회에서 기독교의 위치를 점검한다. 구체적인 학습내용은 세계 교회 역사 개관, 천주교의 시작, 천주교의 특성, 천주교의 신학, 개신교의 시작, 초기 개신교의 특성, 초기 개신교와 근대화, 기독교와 민족주의, 기독교와 사회주의, 일제 말기의 기독교, 해방 후의 기독교, 민중신학, 통일신학 등이다.

## 한국유교
## Confucianism in Korea

한국고유사상과 유교사상의 관계를 탐색하고, 중국유교사상과 한국유교사상의 차이점을 토대로 한국유교사상의 특징을 파악하며, 한국유교의 전개과정을 통하여 한국사상의 특징을 추출해 본다. 학습내용은 단군신화의 철학적 해석과 유학의 원형, 유학의 형성원리와 한국유학의 특징, 삼국시대의 유학, 고려시대의 유학, 여말선초의 성리학과 한국적 전개, 수양철학의 전개, 정치적 실천철학의 전개, 퇴계학과 수양철학의 완성, 율곡학과 정치실천철학의 완성, 원융회통철학의 전개, 한국 성리학의 순기능, 한국 성리학의 역기능과 그에 대한 도전 등이다.

## 비교종교학
## Comparative Study of Religions

종교학은 근대학문으로서 타문화와 타종교와의 만남을 통해 이를 인식하기 시작함으로써 태동하였다. 따라서 종교학의 기본적 학문적 태도는 언제나 비교종교학이었다. 본 강좌는 비교적 연구의 이러한 취지를 살려 다양한 종교전통들의 교리, 제도, 의례 등을 비교하고, 이를 통해 각 종교들의 공통점과 차이점을 이해하는 것을 목적으로 한다.

## 한국종교
## Religions in Korea

한국종교사의 전체 흐름을 통일된 안목으로 파악하고, 그 개별 전통의 문제들과 각 세대의 특수 종교현상들을 한국종교사의 전체적 흐름의 맥락에 근거하여 보다 균형 있는 이해를 도모한다.

## 종교교육론
## Theories of Religious Education

중·고등학교에서의 종교교육의 목표는 다양한 전통 종교 및 종교 현상에 대해 종교적 지식을 전달하고 종교적인 정서를 함양하게 함으로써 다인종 다종교 사회에서 사회적 소통이 가능한 인재를 양성함에 있다. 이 목표를 위해서 종교교육의 내용은 어떠해야 하며, 또 그 내용을 어떻게 가르치는 것이 효과적일지를 집중적으로 검토, 논의한다.

## 한국불교
## Buddhism in Korea

불교가 한반도에 전래된 후 삼국, 고려, 조선을 거쳐 어떻게 변용되고 수용되었는가를 살핀다. 또한 한국불교의 대표적인 인물인 원효와 지눌의 글을 읽고, 그 인물들을 축으로 하여 지금까지 한국의 불교가 전개되어온 양상을 살핀다.

## 종교의례
## Religious Rituals

본 교과는 인간의 몸을 통해 표현되는 종교경험을 다룬다. 인간의 종교적 삶과 문화를 이해하는 데 있어, 관념적인 측면이나 사회조직 및 제도적인 측면에 못지않게 행위적인 측면이 중요하다. 의례는 현실을 반영하는 모델인 동시에 이상을 지향하는 모델이기도 하다. 따라서 의례연구를 통해 우리는 의례에 반영된 사회와 문화의 구조와 방식을 이해하게 되며, 동시에 의례를 통해 지향하고 있는 인간과 사회의 가치와 이상을 확인하게 된다. 종교의례는 복합적인 실천체계로서, 종합적인 접근이 요망된다. 따라서 본 과목은 각종 의례문화를 성찰할 수 있는 이론과 연구방법론을 종합적으로 이해하고, 나아가 개별 종교의례의 상징, 구조, 기능, 의미 등을 통찰한다.

아울러 종교의례의 변동과 혼합, 그리고 새로운 창출에 주목함으로써 의례문화의 역동성을 이해한다.

### 일본종교
### Religions in Japan

고대에서 현대에 이르는 일본종교의 다양한 흐름을 탐구한다. 그 과정에서 일본적인 신앙(예를 들어 천황숭배)의 발전을 알아보고, 어떻게 이런 믿음이 구체적인 역사적 맥락 속에서 퍼져 나갔으며 수세기 동안 재확인될 수 있었는지 살펴본다. 마찬가지로 6세기 불교의 전래와 정착에 대해서도 연구한다. 신도와 불교는 일본의 주요 종교이므로 이들이 수세기 동안 공존하면서 맺어왔던 상호보완적인 관계에 대해서도 연구한다.

### 종교교재연구 및 지도법
### Materials and Methods in Religious Education

중·고등학교 종교교육의 현장에서 다룰 수 있는 종교교육 교재를 분류, 분석하여 이의 활용방안 및 지도방안을 중점적으로 다룬다. 세부적으로는 교재의 선정방법, 참고교재 활용법, 교수법, 학생 평가방법을 구체적으로 다루며, 상황에 따라 각 방법의 적용례를 비교분석함으로써 다양한 상황에서의 효율적 종교 교재 연구 및 지도에 대해 다룬다.

### 종교교육 논리 및 논술교육
### Logic and Essay Writing in Religious Education

'종교교육론', '종교 교재 연구 및 지도법' 등의 교과목을 바탕으로 하여 종교교육에서의 중요문제인 목표설정, 교육과정 구성, 지도방법 및 평가 등의 주제에 관하여 논리적으로 접근하고, 최근 이론과 연구결과를 분석하면서 한국 종교교육의 당면문제와 그 해결방법을 모색한다.

## 신비주의
## Mysticism

인간의 신비주의적 성향과 그 내면적 정신경험으로서의 신비경험에 대한 종합적 이해를 통하여 인간정신의 비밀을 들여다본다. 이를 위하여 신비주의의 고전적 연구들과 동서양의 신비주의 전통들을 소개하고 가능한 한 현재 우리 사회의 신비주의자들과의 직접 접촉을 통하여 신비수행의 현장 감각을 갖도록 한다. 본 교과는 학생들로 하여금 신비주의의 구조적 이해를 통하여 인간의 내면적 정신 경험의 구조와 이 경험의 외적 표현인 가치추구 행위, 문화가치관 전통과 정신경험의 관계, 그리고 현대문화의 정신사적 문제들을 종합적으로 이해할 수 있도록 한다.


## 경전과 고전
## Canons and Classics

인간의 존재와 세계에 대한 물음이나 죽음, 고통, 선, 자유와 같은 근본적인 문제를 이해하고자 하는 욕망과 같은 것은 종교를 정의하는 데 있어 중요한 부분이다. 이 과목은 텍스트를 통해 이런 물음에 대한 응답을 찾고 종교와 세계관을 이해하고자 한다. 구체적으로 각 개별종교의 경전을 비롯하여 종교와 세계관에 대해 배울 수 있는 제 분야의 고전을 읽고, 이를 통해 학생과 교수 모두 종교학 연구에 있어서 유용한 자료를 찾아내도록 한다.


## 현대종교
## Contemporary Religions

현대 종교상황의 이해에 있어서 중심주제들인 세속화, 종교해방 운동, 종교다원주의와 신종교들을 기초 자료를 토대로 체계적으로 검토한다.

## 고대종교
## Ancient Religions

이 과목은 메소포타미아의 수메르, 바빌로니아 종교, 고대 이집트 종교, 가나안 바알 종교, 고대 페르시아의 조로아스터교, 고대 후기 그리스-로마 종교들의 내용을 그들의 신화와 경전을 통해 총체적으로 살피고, 후대 유일신종교와의 연결고리를 탐색한다. 특히 유일신 종교의 기본 교리인 유일신 사상은 다신교 고대 이집트에서 유일신 아톤신을 섬길 것을 요구했던 아케나톤과 구약성서에서 야훼신앙을 구축했던 모세와의 연관 속에서 추적하고자 한다. 후대 유대교를 거쳐 그리스도교의 기본교리가 되었던 종말론이나 이원론은 페르시아 제국의 조로아스터교의 종말론, 이원론, 천사론에서 추적하고자 한다.


## 원시종교
## Primitive Religions

본 교과는 아시아, 아프리카, 오세아니아, 아메리카, 남태평양 지역에서 확인되는 종교문화의 원초적 형태뿐만 아니라 토착의 종교 문화와 외래 현대문화의 만남을 통해 새롭게 분출된 다양한 종교문화운동의 실상과 특성을 이해하고자 한다. 따라서 애니미즘, 주술, 샤머니즘, 조상숭배, 토테미즘, 희생의례 등의 원시종교론의 주제 및 현대적으로 변용된 천년왕국운동, 고스트 댄스, 카고 컬트, 네오샤머니즘 등의 종교문화를 동시에 이해할 것이다.

## □ 종교학 및 종교 정보원

### 안내서

『매달린 절벽에서 손을 뗄 수 있는가? : 무문관, 나와 마주 서는 48개의 질문』
　　(강신주 지음. 동녘, 2014)

『문화신학 : 문화의 본질에 대한 신학적 정의』(이정석. 국제신학대학원대
　　학교, 2012)

『사람들이 신을 믿는 50가지 이유 : 유·무신론자 모두가 알아야 할 신에
　　대한 논쟁』(가이 해리슨 지음, 윤미성 옮김. 다산북스, 2012)

『선과 악의 얼굴 : 인문학과 과학의 눈을 통해 보는 선과 악의 진실』(스티
　　븐 배철러 지음, 박용철 옮김. 소담출판사, 2012)

『세계종교 둘러보기』(오강남, 현암사, 2013)

『소아시아 터키에서 종교 개혁지 유럽까지 : 기독교의 역사적, 지리적 배경
　　과 안내서』(이영규 지음. Essay, 2011)

『왜 종교는 과학이 되려 하는가 : 창조론이 과학이 될 수 없는 16가지 이유』
　　(리처드 도킨스 외 공저, 존 브록만 엮음, 김명주 옮김. 바다출판사,
　　2012)

『우리 인간의 종교들 : 비교의 눈으로 본 세계 종교 개론서』(아르빈드 샤르
　　마 외지음, 이명권 외 옮김. 소나무, 2013)

『종교란 무엇인가: 신의 실체에서 종교 전쟁까지』(오강남 지음. 김영사,
　　2012)

『종교란 무엇인가』(박이문, 도서출판 아름나무, 2008)

『종교문화의 인식과 해석』(정진홍, 서울대학교출판부, 1996)

『종교와 과학 : 러셀이 풀어쓴 종교와 과학의 400년 논쟁사』(버트런드 러셀
　　지음, 김이선 옮김, 동녘, 2011)

『종교이론과 한국종교』(강돈구. 박문사, 2011)

『종교학개론(宗敎學槪論)』(장병길. 박영사, 1975)

『종교학이란 무엇인가』(한스 - 유르겐 그레샤트 지음, 안병로 옮김. 북코리아, 2011)

『한국 신종교사상의 연구』(김홍철. 집문당, 1989)

『한국종교연구(韓國宗敎硏究) 1~6』(윤이흠. 집문당, 1988~2004)

『한국종교연구사』(한국종교학회 편. 도서출판 창, 1997)

『고려 후기의 불교 : 사원의 불교사적 고찰』(윤기엽 지음. 일조각, 2012)

『空 : 空을 깨닫는 27가지 길』(용타 지음. 민족사, 2014)

『단군-그 이해와 자료』(서울대학교 종교문제연구소, 1995)

『동학 · 천도교의 어제와 오늘』(윤석산 지음. 한양대학교출판부, 2013)

『명화로 읽는 성인전 : 알고 싶고 닮고 싶은 가톨릭성인 63인』(고종희 지음. 한길사, 2013)

『목조불: 2013 중요동산문화재 기록화사업 = 2013 important movable cultural assets(wooden Buddha image) documentation project report』(문화재청 유형문화재과 편. 문화재청, 2013)

『부처님을 만나다 : 빠알리 성전을 통해 본 부처님 일대기』(일창 지음. 이솔, 2012)

『불교와 과학, 진리를 논하다 : 생물학자와 불교학자의 7가지 대론』(사이토 나루야 · 사사키 시즈카 지음, 이성동 · 박정원 공역. 운주사, 2012)

『사찰의 비밀 : 일주문에서 대웅전 뒤편 산신각까지 구석구석 숨겨진』(자현 지음. 담앤북스, 2014)

『상식으로 꼭 알아야 할 이슬람』(야히야 에머릭 지음, 한상연 옮김. 삼양미디어, 2012)

『선문답의 세계와 깨달음(悟道) : 화두, 모름에 대하여 분석하다』(자명. 민족사, 2014)

『손에 잡히는 구약 개론』(트렘퍼 롱맨 3세 지음, 김동혁 옮김. IVP, 2015)

『손에 잡히는 신약 개론』(D.A. 카슨·더글러스 무·앤드류 나셀리 편집, 안세광 옮김. IVP, 2015)

『예수께 인문을 묻다 : 기독교에 대한 궁금증 80문 80답』(송광택 지음. 강 같은평화, 2012)

『우리가 모르고 쓰는 생활속 불교용어』(방경일 글 : 김광일 삽화. 운주사, 2012)

『유교사상과 종교문화』(금장태. 서울대학교출판부, 1994)

『융 심리학과 티베트불교의 진수 : 마음에 이르는 서양과 동양의 길』(Radmila Moacanin 지음, 김수현 옮김. 학지사, 2012)

『인도 그리고 불교 : 사건과 인물로 풀어쓴 인도불교의 흥망성쇠』(김치온 지음. 올리브그린, 2015)

『한 권으로 보는 세계불교사』(대한불교조계종 교육원 불학연구소 편. 불광출판사, 2012)

『韓國의 寺址: 현황조사 보고서』(불교문화재연구소 편집. 문화재청, 2014)

『한스 큉의 이슬람 : 역사·현재·미래』(한스 큉 지음, 손성현 옮김. 시와 진실, 2012)

『형제의 나라 터키 이슬람 들여다보기: 터키 이슬람 탐구』(김성운 지음. 글 마당, 2013)

『A critical introduction to the study of religion』(Craig Martin. Routledge, 2014)

『Buddhism and iconoclasm in East Asia: a history』(Fabio Rambelli and Eric Reinders. Bloomsbury, 2012)

『Buddhist thought: a complete introduction to the Indian tradition』(2nd ed. Paul Williams, Anthony Tribe and Alexander Wynne. Routledge, 2012)

『Introducing cultural anthropology : a Christian perspective』(Brian M.

Howell & Jenell Williams Paris. Baker Academic, 2011)

『Judaism in Christian eyes: ethnographic descriptions of Jews and Judaism
　　　in early modern Europe』 (by Yaacov Deutsch ; translated from
　　　Hebrew by Avi Aronsky. Oxford University Press, 2012)

『Temple stay guidebook: 20 selected temples for foreigners』 (Kang Jiyoen.
　　　Cultural Corps of Korean Buddhism, 2014)

『The Cambridge companion to religious studies』 (edited by Robert A. Orsi.
　　　Cambridge University Press, 2012)

『The New Testament: a historical introduction to the early Christian writings』
　　　(5th ed. Bart D. Ehrman. xford University Press, 2012)

『The Oxford handbook of the economics of religion』 (edited by Rachel M.
　　　McCleary. Oxford University Press, 2011)


## 사전류

『Everyday 신학 사전 : 일상의 그리스도인을 위한 신학 사전』 (브루스 데머
　　　레스트·키스 매슈스 책임편집, 김성중 옮김. 죠이선교회, 2013)

『동학천도교 인명사전』 (이동초 편. 모시는사람들, 2015)

『普覺國師 一然 : 문헌자료집』 (김상영·황인규·승원 편저. 군위군, 2012)

『선원청규자료집 : 전자자료』 (대한불교조계종 전국선원수좌회 선원청규편
　　　찬위원회 편. 대한불교조계종 전국선원수좌회, 2012)

『세계 종교 사전 : 우리가 꼭 알아야 할 세계의 모든 문제 : 라루스 세계지
　　　식사전 22』 (드니 지라, 장뤽 푸티에 지음, 윤인숙 옮김. 현실문화,
　　　2012)

『원불교대사전』 (원광대학교 원불교사상연구원 편. 원불교 100년기념 성업
　　　회, 2013)

『이것이 참불교다 : 佛宗大意』 (대한불교관음종 현대불교문화학술원 편. 佛紀

2556, 2012)

『천부경 하나부터 열까지 : 신지전자(녹도문)해독』 (이현숙 지음. 지식공감, 2015)

『한국의 사찰문화재 : 전국사찰문화재일제조사 9권~12권』 (불교문화재연구소 편집. 문화재청, 2011~2014)

『한국의 사찰문화재 : 전국사찰문화재일제조사 : 종합색인자료집』 (문화재청, 佛敎文化財硏究所 편. 문화재청, 2014)

『한국종교대화총람 : 1965~2012』 (개정판. 한국종교인평화회의, 2014)

『현대 한영 불교용어사전 = Morden Korean - Chinese-Sanskrit-English Buddhist dictionary』 (박종매 지음. 푸른향기, 2012)

『The Oxford dictionary of the Jewish religion』 (Adele Berlin. Oxford University Press, 2011)

## 종교단체의 역사

『50년의 발자취 : 서울대교구 가톨릭여성연합회: 1963~2013』 (오덕주 지음. 서울대교구가톨릭여성연합회, 2013)

『꽃재에 내린 빛 : 하양성당의 어제 · 오늘 : 1928~2011』 (하양성당 본당지편찬위원회 편집. 천주교 하양성당, 2011)

『사랑을 선택하다 : 떼제의 로제 수사 1915~2005』 (떼제공동체 엮음, 신한열 옮김. 신앙과지성사, 2014)

『서울대교구사』 (한국교회사연구소 지음. 천주교 서울대교구, 2011)

『청주교구 50년사 : 1958~2008』 (청주교구 50년사 편찬위원회 양업교회사연구소 엮음. 천주교 청주교구, 2013)

『감사로 돌아보고 기대로 바라본다 : 대한예수교장로회 평북노회 100년사』 (서정민, 이용민, 홍승표 집필. 대한예수교장로회 평북노회, 2014)

『떠나온 평양 다가온 평화통일 : 대한예수교장로회 평양노회 100년사』 (임

희국, 이치만 집필. 한국장로교출판사, 2013)

『서울YMCA 2012 사업백서 = 2012 Annual report』 (서울YMCA 기획정책실
  편. 서울 YMCA, 2013)

『서울YMCA 2013 사업백서 = 2013 Annual report』 (서울YMCA 기획정책실
  편. 서울 YMCA, 2014)

『세계기독교직장선교연합회 20년사 = The twenty years' World Christian
  Work Mission Council: 1993~2013』 (세계기독교직장선교연합회 편. 세
  계기독교직장선교연합회, 2014)

『정동제일교회 125년사 = Chungdong First Methodist Church』 (오영교 집필.
  기독 교대한감리회 정동제일교회, 2011)

『직장선교 30년사 = 30 years' history of Korea christian work mission :
  1981~2011』 (한국기독교직장선교연합회 편. 한국기독교직장선교연합
  회, 2012)

『한국교회사연구소 50년사 : 1964~2014』 (한국교회사연구소 엮음 한국교회
  사연구소, 2014)

『빛으로 새긴 이야기: 사진으로 보는 불광 40년 : 1974~2014』 (불광연구원
  편저. 불광출판사, 2014)

『진리의 벗 얼 빛 : 사진으로 보는 대불련 50년사』 (한국대학생불교연합회
  50주년 기념 사업회 편. 한국대학생불교연합회 50주년 기념 사업회,
  2013)

『유린 : 유린원광종합사회복지관 20년사』 (유린원광종합사회복지관 20년사
  편찬위원회 편. 원불교출판사, 2012)

『The Australian Presbyterian mission in Korea 1889~1941』 (Writtten by
  Edith A. Kerr, George Anderson ; edited by In Su Hahn. Seoul :
  Pietas, 2015)

『Enlightened Monks : the German Benedictines, 1740~1803』 (Ulrich L.

Lehner. Oxford Univiversity Press, 2011)

## 종교문화재 조사보고서

『공주 대통사지(大通寺址)와 백제』(박대재 외 공저. 고려대학교 아세아문
　제연구소 아연출판부, 2012)

『공주 마곡사 대웅보전·대광보전 : 정밀실측조사보고서』(태창건축사사무소
　실측조사. : 문화재청, 2012)

『기장 장안사 대웅전 : 정밀실측조사보고서』(은하건축사사무소 실측조사.
　문화재청, 2014)

『大邱 北地藏寺 大雄殿: 實測·解體修理報告書』(서흥기술건축사사무소 조
　사·편찬. 대구광역시 동구, 2012

『부산 범어사 조계문 : 정밀실측조사보고서』(예건축사사무소 실측조사. 문
　화재청, 2012)

『부안 내소사 대웅보전 : 정밀실측조사보고서』(디딤건축사사무소 실측조
　사. 문화재청, 2012)

『四天王寺 : 발굴조사보고서』(최장미 외 집필·편집. 국립경주문화재연구
　소, 2012)

『양산 신흥사 대광전 : 정밀실측조사보고서』(옛터건축사사무소 실측조사.
　문화재청, 2012)

『양산 통도사 대광명전 : 정밀실측조사보고서』(건축사사무소 천지원 실측
　조사. 문화재청, 2014)

『양산 통도사 영산전 : 정밀실측조사보고서』(신라엔지니어링건축사사무소
　실측조사. 문화재청, 2014)

『완주 위봉사 보광명전 : 정밀실측조사보고서』(예건축사사무소 실측조사.
　문화재청, 2012)

『울진 불영사 응진전 : 정밀실측조사보고서』(문화재청. 문화재청, 2012)

『진관사 발굴조사 보고서』(서울역사박물관 편. 서울역사박물관, 2012)

『청도 대비사 대웅전 : 정밀실측조사보고서』(옛터건축사사무소 실측조사.
　　문화재청, 2012)

『청원 안심사 대웅전 : 정밀실측조사보고서』(아리사건축사사무소 실측조
　　사. 문화재청, 2012)


## 연속간행물

『敎會史硏究』(한국교회사연구소. 1977~. 반년간)

『불교문화연구』(동국대학교 불교사회문화연구원. 2000~. 연간)

『불교학연구』(불교학연구회. 2000~. 반년간)

『사람과 종교』(사람과 종교. 2014~. 월간)

『종교문화비평』(한국종교문화연구소. 2001~. 반년간)

『종교문화연구』(한신대학교 종교와문화연구소. 1999~. 연간)

『宗敎硏究』(한국종교학회. 1985~. 계간)

『종교와 문화』(서울대학교 종교문제연구소. 1995~. 연간)

『종교와 진리』(기독교이단문제연구소, 2012~. 월간)

『종교저널』(대한언론문화사, 1995~. 월간)

『中國의 文化와 宗敎』(칼빈대학교 출판부, 2001~. 연간)

『한국불교학』(한국불교학회, 1979~. 반년간)

『한국종교』(원광대학교 종교문제연구소, 1971~. 연간)

『현대종교』(현대종교사, 1982~. 월간)

『History of Religious』(Univ. of Chicago Press, 1961~. Q.)

『Journal for the Scientific Study of Religion』(Society for the Scientific Study
　　of Religion, 1961~. Q.)

『Journal of Theological Studies』(Macmillan. 1900~. SA.)

『Religion』(Academic Press, 1971~. Q.)

『Religious Studies』 (Cambridge Univ. Press, 1965~. Q.)

『Review of Religious Research』 (Religious Research Association, 1959~. Q.)

『Studies in Comparative Religion』 (Perennial Book Ltd. 1967~. Q.)

『The Journal of Religion』 (Univ. of Chicago Press, 1921~. Q.)


## 웹 정보원

국제불교문화사상사학회 〈www.iabtc.org/〉

기독교대한감리회 〈www.kmc.or.kr/〉

기독교대한성결교회 〈www.kehc.org/〉

기독교평화센터 〈www.peaceyeast.org/〉

대순진리회 여주본부도장 〈www.idaesoon.or.kr/〉

대종교 〈www.daejonggyo.co.kr/〉

대한불교 조계종 〈www.buddhism.or.kr/〉

대한불교진흥원 〈www.kbpf.org/〉

대한예수교장로회 〈www.rpcka.com/〉

불교닷컴 〈www.bulkyo21.com/〉

불교문화재연구소 〈www.buddhaculture.co.kr/〉

불교저널 〈http://www.buddhismjournal.com/〉

사찰 넷(불교포털사이트) 〈www.sachal.net/〉

세계인터넷선교학회 〈www.swim.org/〉

세계평화통일가정연합(통일교) 〈www.tongilgyo.org/〉

양화진외국인선교사묘원 〈www.yanghwajin.net/〉

원불교 〈www.won.or.kr/〉

전남대학교 종교문화연구소 〈www.rdialog.com〉

정토회 〈www.jungto.org/〉

천도교 〈www.chondogyo.or.kr/〉

천도교 성지 〈www.chondo.or.kr/〉

천주교 서울대교구 〈aos.catholic.or.kr/〉

한국구약학회 〈www.kots.or.kr/〉

한국기독교교회협의회 〈www.kncc.or.kr/〉

한국기독교연구소 〈www.historicaljesus.co.kr/〉

한국기독교총연합회 〈www.cck.or.kr/〉

한국기독교학회 〈www.kacs.or.kr/〉

한국도교문화학회 〈www.koreantaoism.com/〉

한국도교학회 〈www.daoism.kr/〉

한국무속학회 〈www.koreanshamanism.org/〉

한국불교 태고종
  〈http://www.taego.kr/new_bbs/board.php?board=taegohome&
  command=skin_insert&exe=insert_iboard1_home〉

한국불교종단협의회 〈http://www.kboa.or.kr/〉

한국불교학회 〈http://www.ikabs.org/〉

한국신약학회 〈http://www.ntsk.org/〉

한국신종교학회 〈http://www.newreligions.org/〉

한국이슬람교중앙회 〈http://www.koreaislam.org/〉

한국종교교육학회 〈http://www.kasre.or.kr/〉

한국종교문화연구소 〈http://www.kirc.or.kr/〉

한국종교사회학회 〈www.kasr.kr/〉

한국종교인평화회의 〈http://www.kcrp.or.kr/sub1_1.php/〉

한국종교학회 〈www.kahr21.org〉

AAR: American Academy of Religion 〈www.aarweb.org〉

Heart of Hinduism 〈http://hinduism.iskcon.org/tradition/1200.htm〉

IAHR: International Association for the History of Religions

⟨http://www.iahr.dk/⟩

ISSR : International Society for the Sociology of Religion
⟨http://www.sisr-issr.org/English/⟩

Religion : Hinduism ⟨www.bbc.co.uk/religion/religions/hinduism/⟩

SSSR : Society for the Scientific Study of Religion ⟨http://www.sssrweb.org/⟩

WCC : World Council of Churches ⟨www.oikoumene.org⟩

# 제6장 언어학 주제정보 접근법

# 제6장 언어학 주제정보 접근법

## 6.1 언어의 기원

고대부터 현대에 이르기까지 문명의 발전은 언어의 기록을 통하여 지속되어 왔다. 언어와 문자는 인간을 문명화의 단계로 이끌어주는 가장 핵심적인 기능을 수행에 왔다. 그렇다면 이러한 언어는 어떻게 발생하게 되었을까? 여기에 대해서는 대체로 3가지 가설로 설명되고 있다.[1]

첫째는 신수설이다. 언어는 전지전능한 신이 내려주신 것이라는 종교적 믿음으로서 인간은 하느님의 피조물이며 언어도 역시 하느님이 인간에게 점지하신 선물이라는 것이다. 이는 성경의 요한복음 제1장 1절에 '태초에 말씀이 계시니라 이 말씀이 하나님과 함께 계셨으니 이 말씀은 곧 하나님이 시니라'는 문구에서도 나타나듯이 하느님이 인간에게 말씀을 내려주신 것이라는 의미로 받아들여진다.

둘째는 인간발명설이다. 언어는 인간이 의사를 소통하기 위하여 의도적으로 만들었다는 것이다. 개인이 혼자서 만들기는 어렵지만 능력 있는 사람이 중심이 되어 언어를 만들어 냈다는 주장이다. 이 가설은 문자언어에서 인정될 수 있는 측면이 있다. 한글은 세종대왕과 집현전학자들을 중심으로 인간이 문자를 창제한 훌륭한 사례라고 할 수 있다. 또한 에스페란토어, 화학, 수학 기호 등 인공언어는 인간에 의해서 창안된 것이다.

셋째, 자연발생설이다. 언어는 사람들이 의사소통을 하는 과정에서 자연스럽게 형성된 것으로 보는 것이다. 소리, 손짓, 몸짓, 발짓, 그림 등으로 의사소통을 하다가 일정한 의미를 전달하는 소리와 몸짓과 그림과 문자가 자연

---

[1]고려대학교 문과대학 대학국어편찬실. 1994. 『대학인을 위한 언어와 표현』. 고려대학 출판부. 3-8쪽.

스럽게 형성되었다는 가설이다. 이는 언어의 사회성을 잘 설명해준다. 언어는 사회적 약속으로서 지역사회의 자연발생적 산물이라는 뜻으로 해석된다. 지역마다 말이 다르고 문자가 다른 것은 언어의 사회성 때문이다. 신이 언어를 내리셨다면 세계의 언어가 다 동일하여야 할 것인데 영국, 프랑스, 한국이 다르고, 한국 가운데서도 경기도, 충청도, 경상도, 전라도, 강원도, 평안도의 말이 조금씩 다르니 언어는 자연발생적인 사회적 산물임을 부인하기 어렵다.

현재 지구상에는 약 6000여종의 언어가 있다고 한다. 그러나 문명을 주도하는 언어는 한정적이다. 초기에는 수메르, 페니키아, 이집트, 히브리, 그리스, 인도산스크리트, 중국어 등이 있었고, 오늘날에 와서는 영어, 독일어, 프랑스어, 스페인어, 중국어, 한국어, 일본어 등으로 압축되고 있다. 그러나 문명의 전파와 더불어 각국은 다른 나라 언어를 수용하면서도 자국 언어의 보호와 유지 발전에 노력하고 있다.

## 세계 언어사용자 순위

| 순위 | 언어 | 사용 국가수 | 사용자수 (백만명) | 순위 | 언어 | 사용 국가수 | 사용자수 (백만명) |
|---|---|---|---|---|---|---|---|
| 1 | 중국어 Chinese | 33 | 1197 | 9 | 일본어 Japanese | 3 | 122 |
| 2 | 스페인어 Spanish | 31 | 414 | 10 | 자바어 Javanese | 3 | 84 |
| 3 | 영어 English | 99 | 335 | 11 | 란다어 Lahnda | 6 | 82 |
| 4 | 힌디어 Hindi | 4 | 260 | 12 | 독일어 German | 18 | 78 |
| 5 | 아랍어 Arabic | 60 | 237 | 13 | 한국어 Korean | 5 | 77 |
| 6 | 포르투갈어 Portuguese | 12 | 203 | 14 | 프랑스어 French | 51 | 75 |
| 7 | 뱅골어 Bengali | 4 | 193 | 15 | 텔루구어 Telugu | 2 | 74 |
| 8 | 러시아어 Russian | 16 | 167 | | | | |

〈자료 : 국립한글박물관 2014년 전시자료〉

도서관에서 수집하는 장서의 언어는 나라마다, 도서관마다 차이가 있다. 미국의 경우에는 영어중심이나 소수민족이 많은 관계로 그들의 언어자료도 포함되고 있다. 미 의회도서관은 450여개 언어로 된 자료를 수집하고 있다고 한다. 우리나라 도서관장서는 한국어 자료가 중심이나 국립중앙도서관이나 국회도서관, 대학도서관이나 전문도서관에서는 영어, 독일어, 프랑스어, 일본어, 중국어 등 각 학문분야의 연구와 관련된 외국자료들을 수집 제공하고 있다.

## 6.2 언어의 본질

### 언어의 기호성(記號性)

언어는 구체적인 사물을 지칭하든 추상적인 의미를 나타내든 하나의 기호체계를 형성한다. 소리를 기호화하여 나타낸 것이 곧 문자이다. 한자(漢字)는 처음에는 사물을 그림으로 형상화하다가 추상적인 의미문자로 확대해 나갔고, 알파벳 역시 상형문자에서 표음문자 기호로 발전한 것이다. 우리 한글도 소리를 문자로 표시하기 위하여 천(天), 지(地), 인(人)을 나타내는 모음 기호와 입의 외부 및 내부의 발음기관을 본 뜬 자음기호로 구성된 것이다. 언어학은 이러한 기호를 기반으로 하여 음운론, 형태론, 문법론, 의미론 등으로 전개된다.

### 언어의 자의성(恣意性)

언어는 음성과 문자기호를 수단으로 의미를 나타내는 의사전달의 도구라고 할 수 있다. 인간이 언어를 창조하면서 어떤 물체를 소리와 기호로 나타낸 데에는 어떤 분명한 원칙과 기준이 미리 정해져 있어서 그 원칙에 입각하여 단어를 만들었다고 보기는 어렵다. 예를 들어 나무는 우연히 '나무'라고 부르게 되었고 밥은 우연히 '밥'이라고 부르게 되었다는 것이다. 만약 옛 사람들이 나무를 '나모'로, 밥을 '법'으로 불렀다면 또 그렇게 통용되었을 것이다.

## 언어의 사회성(社會性)

이는 언어의 자의성과도 연관되는 것으로 언어는 여러 사람들이 공통의 의미로 사용해야만 성립될 수 있다. 어떤 사람이 혼자서 산을 '바다'라고 부르기로 했다고 해서 산이 '바다'라는 단어로 통용될 수 있는 것은 아니다. 일정한 지역이나 국가에서 사람들이 산은 '산'이요, 물은 '물'로 표현하자고 공통의 약속을 했을 때 그 단어가 공통의 언어로 사용될 수 있다. 최근에 어린이들 사이에서 '헐'이라는 말이 처음 사용되었을 때 어른들은 그 말이 무슨 의미인지 알 수가 없었지만 자꾸 들으면서 그 말이 '어이가 없다'는 뜻이라는 것 알고부터 이제는 어른들도 그 말을 쓰게 된 것은 일종의 언어의 사회화 과정을 잘 말해준다. 또한 한국어, 중국어, 영어 등은 그 언어권의 사회에서 형성 발전되었고, 한국어 안에서도 경상도, 전라도, 충청도, 평안도 등 지역에 따라 방언이 형성된 것 역시 언어의 사회성 때문이라 할 수 있다.

## 언어의 역사성(歷史性)

한번 정해진 말이라도 시간이 흐름에 따라 자연스럽게 의미 변화가 일어난다. 사람들은 계속 새로운 말을 만들며 오래된 말들은 사용하지 않는 경향이 있다. 우리말도 고려시대의 말과 조선시대의 말이, 그리고 조선시대의 말과 오늘날의 말이 많은 부분 현저한 차이를 드러내는 것은 언어의 역사성에서 기인한다. 그래서 우리는 현대 언어를 공부하면서도 고어와 고전을 별도로 연구하지 않으면 안 된다. 이는 어떤 언어에서든 동일하다.

## 언어의 창조성(創造性)

우리가 언어를 사용할 때 누구나 동일한 단어나 문장으로 말하거나 쓰는 것이 아니라 상황에 따라 또는 사람에 따라 다양하게 말과 문장을 구사한다. 책의 저자나 작가들은 새로운 문장과 표현으로 새로운 저술이나 문학작품을 창조해 낸다. 사람들은 말을 하면서 또는 글을 쓰면서 새로운 생각과 아이디어를 창출하기도 한다. 인류문화의 발달은 이러한 말과 글의 창조적 과정을 통해서 형성되어 왔다고 해도 과언이 아니다. 이는 특히 문자언어를 모르는 사람들은 아무런 작품을 남길 수 없다는 사실에서도 잘 드러난다.

## 언어의 분절성(分節性)

언어는 연속적으로 이루어져 있는 세계를 잘라서 표현하는 성질, 즉 분절성을 지닌다. 엄밀한 의미에서 실제의 세계에서는 나누어져 있지 않지만 언어의 표현에서는 의미가 분절된다. 예를 들면 자연에서 강과 바다는 연결되어 있지만 강과 바다로 분리하여 표현하며 산과 들도 연속되어 있으나 언어에서는 별도의 단어로 표현한다. 그래서 말에는 언제나 마디가 있다.

## 언어의 추상성(抽象性)

언어는 눈에 보이지 않는 것도 개념을 추상화해서 표현한다. 예를 들면 마음이나 정신 등은 눈에 보이지 않지만 추상화의 과정을 통해 형성된 단어이다.

## 언어의 개방성(開放性)

문장은 와, 야, 멋있다 등과 같이 한마디로 형성될 수도 있고, 주어와 서술어만으로 간단히 구성될 수도 있지만 이론적으로는 무한히 긴 문장으로 이어갈 수 있다. 예를 들면 우리나라 법원의 판결문처럼 한 페이지가 거의 한 문장으로 이루어지는 경우도 있다. 그러나 너무 긴 문장은 의미의 전달에 있어 혼란을 줄 수 있다.

## 6.3 언어학(言語學, linguistics)의 개념

언어학이라는 용어는 19세기 중엽 서양에서 새롭게 발달하고 있던 언어 연구의 방법과 종래의 전통적인 문헌학이라는 연구방법의 차이를 강조하기 위해 처음 사용되었다. 문헌학은 문헌자료와 문화의 맥락 속에 나타나는 언어들의 역사적 발달에 관심을 갖는 데 반해 언어학은 말로 된 언어와 주어진 시점에서 작용하는 언어의 분석 문제를 다룬다. 언어학이 학문분야로 정립되면서 그 방법의 정밀성으로 인해 유럽에서 여러 인문, 사회, 과학 분야에 엄밀한 방법론을 제시했고, 미국에서는 1950년대부터 생성언어학의 영향으로 언어학은 현대 학문들 가운데 영향력이 큰 분야로 자리를 잡게 되었다.

언어학은 공시언어학과 통시언어학, 이론언어학과 응용언어학, 미시언어학과 거시언어학으로 나누어진다. 공시언어학은 일정한 시기의 언어구조를 기술하며, 통시언어학은 언어의 역사적 발달 및 구조적 변화를 기술한다. 이론언어학은 언어구조의 일반이론이나 언어들의 기술을 위한 이론적 틀을 구성하고자 하며, 응용언어학은 언어학의 발견과 과학적 분석방법을 실제적인 과제들, 특히 언어교육의 개선 방안 및 언어정책에 응용하고자 한다. 미시언어학은 언어 자체의 분석에만 치중하며, 언어의 사회적 기능, 말의 산출과 이해의 기초를 이루는 심리적 기능 또는 언어의 미적 · 의사소통적 기능 등에 별로 관여하지 않는다. 이에 반해 거시언어학(또는 분야 간 언어학)은 언어의 이러한 측면을 모두 포용한다. 여기에는 심리언어학, 사회언어학, 인류언어학, 전산 및 수리언어학, 방언학, 문체론 등이 포함되어 있다. 언어학의 중심 분야는 무엇보다도 이론·공시·미시 언어학으로서 이를 줄여서 이론언어학이라고 부른다.

## 6.4 언어학의 역사

### 19세기의 언어학

19세기의 언어학은 음성체계, 문법구조, 어휘들에 대한 체계적 비교 등을 통하여 이들 언어가 계통적으로 관련되어 있음을 나타내는 일련의 원리들로 구성되었다. 프랑스어·이탈리아어·포르투갈어·루마니아어·스페인어, 그 밖의 로망스어가 라틴어에서 나온 것처럼 라틴어·그리스어·산스크리트·켈트어·게르만어·슬라브어 및 그 밖의 유럽과 아시아의 여러 언어가 그 이전의 어떤 한 언어, 즉 인도유럽 조어(祖語)에서 나왔다는 것이 19세기 비교문헌학자들에 의해 밝혀졌다. 영국의 윌리엄 존스 경, 덴마크의 라스무스 라스크, 독일의 그림(동화 채집가로 유명한 그림형제는 언어학자였다.) 등의 공로가 크다. 그 후 신문법학자들은 한 언어의 음성체계는 모두 통시적 규칙에 따르는 음성변화 법칙의 적용을 받는다는 설을 내놓았다. 이들의 영향으로 음성학과 방언학이 발달하게 되었다. 프로이센의 학자이자 정치가인 빌헬름 폰 훔볼트는 민족의 언어와 민족의 성격 사이의 관계를 주목했다. 그의 독창적인 생각은 언어의 내적 형태와 외적형태에 관한 설이라고 할 수 있다. 언어의 외적 형태는 원자료로서 이를 바탕으로 서로 다른 언어들의 모양이 빚어진다. 또 내적 형태는 이 원자료에 적용되어 언어들을 서로 다르게 만드는 문법과 의미의 구조이다. 이러한 언어의 구조 개념이 이후 커다란 영향을 미치게 되었다. 또한 언어는 동태적인 행위이고, 발화를 산출하게 하는 무한한 기저의 원리라고 본 훔볼트의 생각은 심리학자 빌헬름 분트에게 영향을 주었다. 내적·외적 형태의 구분은 소쉬르의 생각에도 그 영향을 미쳤으나, 촘스키가 20세기 중엽에 이것을 재강조함으로써 더욱 빛을 보게 되었다.

## 20세기의 언어학

유럽의 구조주의 언어학은 페르디낭 드 소쉬르의 사후에 출간된 『일반언어학 강의 Cours de Linguistique Générale』가 나온 1916년에 시작된 것으로 인정된다. 소쉬르의 구조주의는 2가지 용어의 대립으로 집약될 수 있다. 첫째로는 랑그(langue)와 파롤(parole)로서, 랑그는 한 언어의 발화들의 기저를 이루는 형성규칙들과 패턴들의 총체이며, 파롤은 실제적인 발화들 자체를 말한다. 둘째로는 형식과 실체인데 어떤 곡이 다른 기회에 다른 오케스트라에 의해 연주되어도 같은 곡으로 인정되듯이 두 발화는 같은 형식이 다른 실체로 실현된 것으로 간주된다.

## 생성(변형)문법

언어 이론과 연구에 있어 가장 의의 있는 발전은 생성(변형-생성)문법의 탄생이다. 이 이론은 인간 의식의 내면에 숨겨진 무한한 언어생성의 능력에 주목한다. 언어학은 언어 기술들을 평가할 기준을 마련하는 좀 더 겸손하고 현실적인 목표를 세워야 한다고 주장한 촘스키는 언어학이 실제적인 발화의 밑바탕을 이루는 설명적 원리에 관심을 가져야 한다는 의미에서 정신주의적 언어 이론을 채택했다. 『통사론적 구조 Syntactic Structures』(1957)라는 책을 낸 이후 그의 생성문법은 지금까지 언어학 분야에서 큰 영향을 미치고 있다.

## 6.5 언어학의 분야

### 심리언어학

심리언어학은 '언어심리학'이라는 용어로 더 많이 알려진 분야로서 언어의 산출과 이해의 밑바탕이 되는 정신과정과 기능 및 이 기능의 습득에 관해 연구하는 분야이다.

발달 심리언어학은 언어습득을 연구하는 분야이다. 1960년대부터 변형생성문법의 영향을 크게 받아 변형문법의 단위와 변형 등의 과정을 심리적 실재로 뒷받침하는 실험이 성행했으나 최근에는 이들 과정의 연구에 좀 더 조심성 있게 접근하는 태도를 보이고 있다. 한편 언어에 관한 뇌의 기능과 언어장애에 관해 연구하는 신경언어학 분야는 언어학과 뇌신경학·신경과학이 겹치는 분야이다.

### 사회언어학

이 분야는 언어학과 사회학이 협동하는 분야이다. 심리언어학과는 관심분야와 연구결과에서 차이가 나는듯하나 습득과정에도 사회화의 과정이 들어 있고, 언어능력의 범위에 관한 논의가 있듯이 두 분야는 또한 서로 협동해야 할 분야들이다. 사회언어학에서는 언어학적 관점이 두드러지고, 언어사회학에서는 사회학적 관점이 주가 된다. 또한 사회언어학은 인류언어학과 많은 부분이 겹친다.

언어는 인간의 사회와 문화에서 가장 뚜렷한 사회화의 도구로서 신화·법률·관습·신념의 전수에 필수적이며, 아이들이 사회의 구조와 그 사회 내에서의 자신의 위치를 알게 되는 것도 언어를 통해서이다. 언어는 사회적 세력으로서 같은 사회집단 내의 성원들 사이의 유대를 강화시키기도 하고, 집단과 집단을 차별하기도 한다. 많은 나라에 지역 방언과 더불어 사회방언이 생겨 개인의 말을 듣고 그가 어느 계층에 속하는가를 알 수 있다. 여러 맥락에서의 자료를 모아 변이를 통계적으로 연구하는 계량 사회언어학은 변이의 연구로 시대적인 변화를 포착하며 역사언어학에도 기여하게 된다.

## 수리언어학

20세기 후반에 수학의 방법론적 절차를 받아들여 추상적 개념을 도입하여 정확·간결하게 기술하고자 발달한 언어학의 한 유형이다. 수리언어학은 2가지로 나누어지는데, 먼저 생성문법의 형식적 모형과 밀접하게 관련된 추상적 자동장치에 관한 연구로서 집합론, 불 대수(代數), 기호논리 등이 그 기초가 된다. 여기에서는 주로 관계, 함수, 순서, 연산, 무한집합, 귀환적 정의 등과 자연언어의 구성성분의 구조 수형도(樹型圖) 및 열(列 string), 형식언어의 문법 등이 다루어진다. 다른 하나는 수학 가운데 산술적·통계적 방법과 밀접히 관련된 분야로서, 이러한 하나의 의미의 수학과 언어학의 상호협동은 20세기 초의 수학자들에게서 일어났다.

## 전산언어학

초창기에는 문학 언어의 통계적 연구에 컴퓨터를 이용하는 작업을 지칭하기도 했으나 지금은 주로 자연언어 처리를 일컫는다. 이것은 물론 기계적인 자동처리를 말하며, 1940년대에 기계번역을 위해 시작되어 1950년대에 러시아어를 영어로 번역하는 작업이 선을 보였으며, 이후에는 정보검색과 연관을 맺어 인공지능의 가능성에 주목하게 되었다. 1960년대 후반까지는 번역을 사전에서의 단어 대 단어 처리의 자동조회로 보기 시작했으나 통사적 중의성의 해소문제, 원거리 의존관계, 어순 문제, 문장 전체구조의 성격 규정의 필요성 등으로 자립적 문장문법과 분해기의 개발로 들어가고, 통사론에 초점이 주어졌다. 촘스키의 문법계층이론이 형식언어이론의 기초가 되었고, 프로그램 언어의 고급화로 발전이 촉진되었다. 그 뒤 1970년대 후반에 이르기까지 인공지능의 발달이 진행된다. 1980년대 후반에 대화체 기계통역연구가 시작되고, 기계번역이 부활되었다. 이 분야는 미국과 일본이 특히 앞서가고 있는 가운데 유럽·타이완·한국 등 전 세계에 확산되고 있다. 한국에서도 영한·한영·일한·한일 번역이 연구되었다. 이 분야는 수리언어학의 자동장치이론 부분의 기초를 필요로 한다.

## 역사언어학

언어의 변화를 연구하는 분야로서 소리·문법·의미변화 및 차용에 관해 연구하며, 비교방법을 사용해 조상언어나 한 언어의 선행단계를 재구한다. 또한 여러 언어를 계통적으로, 또는 유형적으로 분류하는 작업도 한다. 이 역사언어학 분야는 언어학이 과학적 성격을 띠면서 퇴조하다가 최근 새 이론들을 검증하는 역사적 자료로 사용하기 위해 개별언어의 역사를 재조명하기도 한다.

## 방언학

지역 방언을 주로 연구하며, 방언사전·방언문법을 기술하고 방언지도를 작성한다. 사회언어학의 발달과 함께 사회방언의 연구가 많은 관심을 끌었다.

## 문자론

언어의 문자 체계에 대한 연구를 한다. 기호론·문헌학과도 관계된다. 하나의 음소·소리 등을 나타내는 글자 단위를 자소라 하며 이 기본단위가 음소와 잘 대응하는 문자체계가 이상적이지만, 보수적인 문자 체계에 반해 언어는 빠르게 변하기 때문에 서로 맞지 않는 것이 상례이다. 자소와 음소가 가장 잘 맞는 문자 체계는 16세기에 창제된 한글과 근대 핀란드어 등이다.

### 사전편찬론

사전편찬의 원리를 연구하는 것이다. 전산언어학의 발달에 따라 중요해지기 시작한 분야로서, 다른 모든 하위분야들의 노력이 사전에 종합·정리된다고 볼 수 있다. 어휘의 선별, 각 어휘의 음운론적·통사론적·의미론적·화용론적 정보의 기입기준 등을 연구하여 각기 다른 목적을 갖는 사전의 실제 편찬에 적용할 수 있게 한다.

### 자료체 언어학

컴퓨터의 발달과 전산언어학의 발달로 새롭게 각광받는 분야이다. 기계가 읽을 수 있는 방대한 양의 언어자료를 수집하여 여러 가지 언어와 관련된 연구 목적에 쓰일 수 있게 하는 분야이다. 이 분야의 발달로 자료·글의 자동 문법분석(품사표시 프로그램과 구조분해기)이 개발되고, 소리·말의 분석과 생성의 자동 프로그램 개발도 시도되고 있다.

## 6.6 대학의 언어학과 커리큘럼(서울대학교 언어학과)

### 음운론
Phonology

음성학에 대한 지식을 기초로 하여 음소, 변이음 등 음운론의 기본 단위 및 개념을 습득하며, 나아가서 실제 자료를 다룸에 있어 음소 설정 및 음운 체계를 분석할 수 있는 토대를 마련해 주는 데 그 목적이 있다. 이 과목은 주로 초기 생성음운론(generative phonology)의 규칙기반이론을 바탕으로 개념의 정의와 자료 분석을 논의한다.

## 만주어
## Manchu

이 과목의 목표는 문어 만주어를 독해할 수 있는 기초적인 능력이 있는 수강자들이 문어 만주어의 독해 능력을 심화시키고, 만주어의 특징을 이해할 수 있도록 하는데 있다. 이를 위하여, 청나라시기에 편찬된 만주어 문헌을 독해하고, 국내외에서 이루어진 만주어 및 퉁구스어학, 더 나아가 알타이어학의 연구결과를 개괄한다.

## 언어학사
## History of Linguistics

이 과목은 언어학의 전체적 흐름을 파악하여 언어학에 대한 거시적 안목을 갖게 하는 것을 목표로 한다. 언어학이란 그 기원을 거슬러 올라가 보면 이미 희랍시대부터 연구가 행해져 왔던 학문이므로, 언어학의 초기단계였던 희랍시대부터 언어학이 독자적인 학문으로서의 위치를 차지하게 되는 19세기의 독일 문법 학파의 이론 및 현대의 기능구조주의 학파와 생성문법에 이르기까지 그 이론적 배경과 각 학파의 특색을 살펴본다.

## 형태론
## Morphology

이 과목은 한 언어에 있어서 단어들이 실현되는 여러 형태들에 대한 연구를 목표로 한다. 형태론이란 단어의 구조를 연구하는 분야이므로, 형태론의 기본 단위인 형태소의 개념에서 출발하여, 이 형태소들이 결합하여 새로운 단어를 만드는 합성법과 파생법, 단어들의 어형이 변화하여 문법적 의미를 나타내는 곡용과 활용의 개념을 습득하고, 또한 이러한 현상들이 실제

자연언어에서 어떻게 나타나는가를 살펴본다. 또한 형태론이 음운론이나 통사론과 맺는 관련성도 함께 살펴본다.

## 의미론
### Semantics

언어의미를 과학적으로 분석하기 위한 기초적인 훈련을 쌓는다. 의미론에서 다루어지는 주요 주제들 가운데는 (1)의미론의 전통, 영역, 방법론에 관한 서론과 어휘의미론, (2)인간의 언어능력과 의미 지식, (3)언어표현이 갖는 의미 유형들을 밝히고, 의미 유형들이 결합하는 방식에 관한 형식적 설명, (4)의미와 인지, (5)수리적 해석과 논리 구조에 의한 추론 패턴, (6)시제, 상, 양상 등이 이다. 이 교과는 '언어와 언어학', '통사론'을 기초로 하고 있다.

## 역사비교언어학
### Historical Comparative Linguistics

19세기부터 발전하기 시작한 역사비교언어학의 기본 개념을 살피며 언어변화의 여러 유형들을 설명하고 역사비교언어학에서의 문제점들을 제시한다. 이 교과는 4학년 과정에 개설되어 있는 알타이어학과 인구어학의 이수를 위한 기초 과목이다. 따라서 이들 분야에 적용할 수 있는 초보적 방법론에 중점을 둔다. 또한 국어에 관련된 자료들을 직접 다루어 봄으로써 앞으로의 연구를 위한 기초를 다진다.

## 통사론
### Syntax

단어들의 결합에 의한 문장이나 구, 절의 기능 및 구조를 분석하는 것을 목표로 한다. 이 강좌는 Chomsky를 중심으로 발전하고 있는 변형생성문법의 여러 이론들을 소개하고, 또한 여러 이론의 변화 배경 및 과정을 검토 비판한다. 최근에 와서는 통사론을 중심으로 문법을 기술하려는 주장이 강해지고 있는데, 이러한 여러 이론들의 특징과 장단점을 포괄적으로 살펴본다. 또한 종래의 형태론에서 다루어 온 문제들을 통사론에서 어떻게 다루는지, 그리고 의미론과의 관계는 어떠한지를 함께 탐구한다.

### 사회언어학
### Sociolinguistics

사회언어학은 언어의 사회적 문화적 기능과 관련된 언어구조 및 언어사용의 모든 면을 포함하는 분야로써 사회와 관련된 언어의 연구라고 정의할 수 있다. 따라서 이 교과는 먼저 사회언어학의 성립 배경과 그 언어학적 의의를 살펴보고, 지금까지 연구된 기존의 사회언어학적 연구 결과를 개괄적으로 다룬다. 나아가 언어구조 및 언어사용이 화자 또한 그가 속해 있는 집단의 사회적 위치와 어떤 관계가 있으며, 그러한 관계를 어떻게 체계화시킬 수 있는가를 연구한다.

### 언어조사 및 분석
### Field Linguistics

실제 발화 현장에 나가 언어자료를 수집하고 분석함으로써 이론을 통해 습득한 언어 원리를 적용해보는 과목이다. 이를 토대로 방언학적, 역사·비교 언어학적 이론의 실재(實在)를 경험하게 된다.

### 심리언어학
### Psycholinguistics

이 교과의 목적은 인간이 언어체계를 어떻게 사용하느냐, 언어를 사용하는 것을 어떻게 배우느냐를 연구하는데 있다. 따라서 이 강좌는 언어습득 및 현대 언어학 이론에서 제기된 언어능력이 실제적 토대를 가지고 있는가의 여부가 그 주된 내용이 되며, 발화의 산출과 지각에 있어서의 인간의 행동방법, 기억과 지능의 언어 수행에의 기여 여부, 언어와 사고과정과의 상호관련방법 등도 다루게 된다.

### 특수언어특강
### Topics in Individual Languages

어문계열의 언어학 분야 전공자들에게 역사언어학 및 공시언어학의 관점에서 학술적으로 상당한 가치를 지닌 다양한 특수외국어들을 습득할 기회를 제공한다. 몽골어와 터키어는 한국어와 여러 가지 문법적 혹은 형태적 유사성을 지닌 알타이어 계통의 언어를 연구하는데 있어서 중요한 자료가 된다. 본 교과는 알타이어인 몽골어와 터키어를 비롯한 기타 특수 외국어의 구조, 형태, 음운적 특성에 포괄적으로 접근할 기회를 제공한다.

### 알타이어학
### Altaic Linguistics

알타이어학은 한국어의 계통론과 관련하여 중요한 분야이다. 이 과목은 역사비교언어학의 기초 지식을 전제로 하며 만주퉁구스어, 몽골어, 터키어 등 각 알타이어의 개요, 이들의 비교 연구, 알타이 가설에 대한 고찰, 한국어와 알타이제어의 비교 등을 다루며, 인구어 비교언어학에서 얻어진 방법론의 알타이제어에 대한 적용 가능성 및 타당성 여부도 중요한 문제로 다루어진다.

### 인구어학
### Indo-European Linguistics

인구어학(印歐語學)은 고도의 개연성을 지닌 가설로서 직관보다는 구체적인 언어 자료를 토대로 하여 F. Bopp에서 비롯되어 A. Schleicher에 의해서 체계화 되었고 젊은이 문법학파 시대에 절정을 이루었다. 인구어학의 주요 과제는 비교의 토대가 되는 제3의 기준을 통하여 둘 또는 다수의 언어를 체계적으로 비교하는 작업인데 그 목적은 언어의 모든 체계를 비교하여 기술하는 데 있지만 실제로는 부분적인 영역만을 비교하게 된다. 인구어학(역사·비교언어학)의 가장 큰 특징은 언어를 역사적 창조물로 보고 언어의 동적인 면 즉 언어변화에 관한 연구에 역점을 둔다는 데 있다. 그 결과 주요 연구 대상으로 초기에는 공통조어의 재구(再構: 여러 자료를 바탕으로 다시 구성)와 친족관계의 규명이었으나 후기에는 음성학과 형태론 등 언어의 형식적인 면이 부각되었으며 이러한 연구는 현상에 관한 관찰, 연구와 설명을 목적으로 하는 사회과학의 연구방법론에 의해 수행된다.

## 컴퓨터언어학
### Computational Linguistics

언어학과 컴퓨터과학이 밀접한 관련을 맺으면서 확립되기 시작한 컴퓨터언어학의 기초적 지식을 소개하고, 그러한 컴퓨터과학의 관점에서 언어가 어떻게 연구될 수 있는가 하는 점이 모색한다. 따라서 이 과목 내용에는 단어 빈도 계산, 색인 작성, 기계 번역, 언어 인지, 언어 합성을 위한 언어 처리의 방법론 등이 포함된다. 컴퓨터언어학의 수강을 위해서는 최근의 통사이론 및 의미이론에 대한 전반적인 지식이 먼저 요구된다.

## 응용음성학
### Applied Phonetics

음성학적 지식이 어떤 분야에서 응용될 수 있는지 연구한다. 최근 들어 활발하게 논의되고 있는 한국어와 영어 표준발음 교육과 관련된 언어교수법, 언어활동의 장애(예를 들어 실어증과 같은)요인과 그 치료를 연구하는 언어 치료 방법론 모색이 주요 내용이 되며, 이밖에도 언어정책이나 음성정보처리 분야에서 음성학적 지식을 어떻게 응용할 수 있는지 모색한다.

### 일본어의 구조
### Structure of Japanese Language

일반 언어학의 다양한 시각에서 일본어의 구조에 대한 연구를 소개하고, 실제 일본어 자료를 분석한다. 이는 언어학의 여러 분야 (음성학, 음운론, 형태론, 통사론, 의미론 등)의 이해를 심화시키고, 한국어 및 여러 언어와의 비교 대조를 통해 언어유형론적인 이해를 넓힌다. 또한 고급수준 일본어 학습을 위한 유용한 기초가 될 것이다.

### 언어와 정보처리
### Language and Information Processing

언어학의 정보처리 분야 응용에 대해서 인간과 컴퓨터 사이의 가장 자연스러운 의사소통 수단인 음성대화 인터페이스를 중심으로 배운다. 구체적으로는 음성학과 음운론, 형태론, 통사론, 의미론 등의 언어학 세부 분야의 기초이론과 음성 대화시스템과의 관련성을 살펴보며, 음성인식과 음성합성, 음성언어 이해의 기본 개념과 언어처리 계산모델 및 소프트웨어 구현 방법을 소개한다.

### 언어장애 및 치료
### Language Pathology

언어병리학을 개관한다. 이를 위하여 우선 언어를 중심으로 한 정상적인 의사소통과, 장애가 있는 의사소통을 비교한다. 이러한 장애는 크게 두 가지로 분류할 수 있는데, 하나는 감각기관이나 발화기관과 같은 신체 외부상의 장애로 인한 경우와, 언어정보처리과정의 중심에 있는 뇌의 손상에 의한 경우가 그것이다. 이렇게 원인에 따라 다양하게 나타나는 증상과 함께 이에 대한 치료방법을 살펴보고, 언어학과 언어병리학의 상관관계에 대해서도 생각해 본다.

## 화용론
### Pragmatics

언어와 그 사용 맥락의 상관성을 탐구한다. 의미론이 문장의 의미를 진리조건으로 다루는데 비해, 화용론은 문장의 의미와 맥락의 상호 작용을 설명한다. 담화 맥락은 (1)담화상에 드러난 언어적 맥락, (2)시공간의 물리적 맥락, 그리고 (3)일반 지식 및 사회적 맥락을 포괄한다. 전제와 함축에 의한 추론의 설명, 발화 행위의 역학적 적정조건, 지시 표현의 맥락 해석, 대화 및 담화 구조, 언어표현에 나타난 사회문화 구조적 해석, 대중매체의 담화 해석 등이 화용론의 주요 주제들이다.

# □ 언어학 정보원

## 안내서

『B급 언어 : 비속어, 세상에 딴지 걸다』 (권희린 지음. 네시간, 2013)

『구술문화와 문자문화』 (월터 옹 지음, 이기우 · 임명진 올김. 문예출판사, 2006)

『대학인을 위한 언어와 표현』 (고려대학교 대학국어편찬실. 고려대학교 출판부, 1984)

『북한의 언어와 문학』 (박종갑 외 8인. 영남대학교 출판부, 2007)

『사회언어학 : 언어와 사회, 그리고 문화』 (강현석 외 공저. 글로벌콘텐츠, 2014)

『사회언어학의 질적 연구방법』 (바버라 존스톤 지음, 엄철주 옮김. 전남대학교출판부, 2014)

『세계 언어의 이모저모』 (권재일 지음. 박이정, 2013)

『아무도 모르는 사이에 죽다 : 사라지는 언어에 대한 가슴 아픈 탐사 보고서』 (니컬러스 에번스 지음, 김기혁 · 호정은 공역. 글항아리, 2012)

『언어, 컴퓨터, 코퍼스언어학. 개정판』 (강범모 지음. 고려대학교출판부, 2011)

『언어와 교육 : 국어 교육과 한국어 교육의 쟁점과 과제』 (金鎰炳 편. 박이정, 2012)

『언어와 마음: 심성어휘집의 모든 것』 (Jean Aitchison 저, 홍우평 역. 진샘미디어, 2015)

『언어와 민족문화 : 슬라브 신화론과 민족언어학 개관』 (니키타 일리치 톨스토이 지음, 김민수 옮김. 한국문화사, 2014)

『언어와 언어학 이론』 (김선미. 한국문화사, 2003)

『언어와 언어학』 (이철수 · 문무영 · 박덕유 · 공저. 역락, 2004)

『언어학 개론』 (이건수. 신아사, 2000)

『언어학 기초이론』 (송완용. 신아사, 1999)

『언어학 용어 해설』 (한재영 외 공저. 신구문화사, 2011)

『언어학』 (風間喜代三 외 공저, 진남택, 손재현 공역. 제이앤씨, 2013)

『언어학에 대한 65가지 궁금증』 (E. M. 릭커슨, 배리 힐튼 공역, 류미림 옮
     김. 경문사, 2013)

『언어학에서 인문언어학으로』 (연세대학교 언어정보연구원 엮음. 박이정,
     2015)

『언어학의 이해』 (김방한. 민음사, 2001)

『언어학의 이해』 (김진호. 역락, 2004)

『언어학자를 위한 통계 분석 입문: 언어학 연구방법론』 (세비스천 레이싱어
     지음, 박명관, 김선웅, 김유희 공역. 한국문화사, 2011)

『영어교육과 응용언어학 연구를 위한 SPSS의 활용』 (백승현 저. 전남대학교
     출판부, 2012)

『응용언어학개론』 (김칠관, 윤병천 공저. 양서원, 2011)

『이제는 '다중언어'다!(0세~11세까지): 자녀를 3개 언어 구사자로 인도하기
     위한 부모 · 교사 지침서』 (샤오 레이 왕 지음, 한정호 옮김. 예영커뮤
     니케이션, 2013)

『이중언어발달과 언어장애 : 이중언어와 제2언어습득에 관한 안내서』 (Johanne
     Paradis, Fred Genesee, Martha B. Crago 공편, 황상심 옮김. 박학사, 2012)

『인문언어학의 전망과 과제: 언어 · 문화의 다면적 접근』 (연세대학교 언어
     정보연구원 엮음. 박이정, 2011)

『인지언어학 옥스퍼드 핸드북』 (D. Geeraerts, H. Cuyckens 공저, 김동환 옮
     김. 로고스라임, 2011)

『일반언어학 강의』 (레르디낭 드 소쉬르 지음, 최승언 옮김. 민음사, 2007)

『제2언어 학습론 : 우리는 외국어를 어떻게 배우는가』 (로저먼드 미첼·플로렌스 마일스 공저, 박윤주·최선희 공역. 에피스테메, 2013)

『중한사전의 사전학적 연구』 (김현철 외 공저. 지식과교양, 2012)

『코퍼스 언어학 : 입문』 (권혁승, 정채관 공저. 한국문화사, 2012)

『텍스트 언어학의 이론과 실제』 (이석규. 박이정, 2001)

『풀어쓴 언어학 개론, 언어』 (강범모. 한국문화사, 2007)

『한국 언어학연구와 한국어 교육』 (강은국 외 공저. 하우, 2015)

『한국어교육을 위한 응용언어학 개론』 (이승연 지음. 태학사, 2012)

『한국학 사전 편찬의 현황』 (강병수 외 공저. 지식과교양, 2013)

『한글의 탄생 - 문자라는 기적』 (노마 히데키 지음, 김진아 외 옮김. 돌베개, 2012)

『현대 언어학의 흐름』 (황규홍 외 공저. 동인, 2013)


『Doing applied linguistics: a guide for students』 (Nicholas Groom and Jeannette Littlemore. Routledge, 2011)

『Essential statistics for applied linguistics』 (Wander Lowie and Bregtje Seton. Palgrave Macmillan, 2013)

『Handbook of research in second language teaching and learning. Volume 2』 (edited by Eli Hinkel. Routledge, 2011)

『How languages work: an introduction to language and linguistics』 (editor, Carol Genetti ; assistant editor, Allison Adelman ; contributors, Alexandra Y. Aikhenvald ··· [et al.]. Cambridge University Press, 2013)

『Language files: materials for an introduction to language and linguistics. 11th ed』 (editors, Vedrana Mihaliček, Christin Wilson. Ohio State University Press, 2011)

『Language testing: theories and practices』 (edited by Barry O'Sullivan.

Palgrave Macmillan, 2011)

『Linguistics for everyone : an introduction. 2nd ed』 (Krisitn Denham, Anne Lobeck. Wadsworth Cengage Learning, 2013)

『Research methods in linguistics』 (edited by Robert J. Podesva and Devyani Sharma. Cambridge University Press, 2013)

『The Cambridge handbook of second language acquisition』 (edited by Julia Herschensohn, Martha Young-Scholten. Cambridge University Press, 2013)

『The handbook of bilingualism and multilingualism. 2nd ed』 (edited by Tej K. Bhatia and William C. Ritchie. Wiley-Blackwell, 2013)

『The handbook of classroom discourse and interaction』 (edited by Numa Markee. Wiley-Blackwell, 2015)

『The handbook of Korean linguistics』 (edited by Lucien Brown and Jaehoon Yeon. Wiley Blackwell, 2015)

『The handbook of Spanish second language acquisition』 (edited by Kimberly L. Geeslin. John Wiley & Sons, Inc., 2014)

『The Oxford handbook of grammaticalization』 (edited by Heiko Narrogk and Bernd Heine. Oxford University Press, 2011)

『The Oxford handbook of language evolution』 (edited by Maggie Tallerman, Kathleen Gibson. Oxford University Press, 2013)

『The oxford handbook of linguistic minimalism』 (edited by Prof Cedric Boeckx. Oxford Univeristy Press, 2011)

『The Oxford handbook of linguistic typology』 (edited by Jae Jung Song. Oxford University Press, 2013)

『The Oxford handbook of the history of English』 (edited by Terttu Nevalainen and Elizabeth Closs Traugott. Oxford University Press,

2012)

『The Oxford handbook of translation studies』 (edited by Kirsten Malmkjær and Kevin Windle. Oxford University Press, 2011)

『The Routledge handbook of applied linguistics』 (edited by James Simpson. Routledge, 2011)

『The Routledge handbook of discourse analysis』 (edited by James Paul Gee and Michael Handford. Routledge, 2012)

『The Routledge handbook of interpreting』 (edited by Holly Mikkelson and Renée Jourdenais. Routledge, 2015)

『The Routledge handbook of language and intercultural communication』 (edited by Jane Jackson. Routledge, 2012)

『The Routledge handbook of translation studies』 (edited by Carmen Millán and Francesca Bartrina. Routledge, 2013)

『Translation: a multidisciplinary approach』 (edited by Juliane House. Palgrave Macmillan, 2014)


## 사전류

『사회언어학 사전』 (한국사회언어학회 지음. 소통, 2012)


## 연속간행물

『국어교육연구』 (국어교육연구회, 1969~. 반년간)

『국어교육연구』 (서울대학교 사범대학 국어교육연구소, 1994~. 반년간)

『국어국문학』 (국어국문학회, 1952~. 계간)

『노어노문학』 (한국노어노문학회, 1988~. 계간)

『독어교육』 (한국독어독문학교육학회, 1983~. 연3회)

『독일언어문학』 (한국독일언어문학회, 1993~. 계간)

『사회언어학』 (한국사회언어학회, 1993~. 반년간)

『새국어생활』 (국립국어연구원, 1991~. 계간)

『세계한국어문학』 (세계한국어문학회, 2009~. 반년간)

『스페인어문학』 (한국스페인어문학회, 1987~. 계간)

『슬라브어 연구』 (한국슬라브어학회, 1996~. 반년간)

『어문학』 (한국어문학회, 1956~. 계간)

『어문학교육』 (한국어문교육학회사, 1978~. 반년간)

『어학연구』 (서울대학교 어학연구소, 1965~. 계간)

『언어』 (한국언어학회, 1976~. 계간)

『언어연구』 (한국현대언어학회, 1984~. 계간)

『言語와 言語學』 (한국외국어대학 언어연구소, 1973~. 연3회)

『言語治療研究』 (한국언어치료학회, 1991~. 반년간)

『언어학』 (한국언어학회, 1976~. 연3회)

『언어학연구』 (한국중원언어학회, 1997~. 반년간)

『영어영문학』 (한국영어영문학회, 1955~. 계간)

『영어학』 (한국영어학회, 2001~. 계간)

『영어학 연구』 (이화영어학회, 1996~. 연간)

『응용언어학』 (한국응용언어학회, 1983~. 반년간)

『이중언어학』 (이중언어학회, 1983~. 연3회)

『이탈리아어문학』 (한국이탈리아어문학회, 1994~. 연3회)

『일본어문학』 (일본어문학회, 1995~. 계간)

『일본어학연구』 (한국일본어학회, 1999~. 계간)

『日本學報』 (韓國日本學會, 1973~. 계간)

『日語日文學』 (大韓日語日文學會, 1994~. 계간)

『日語 日文學研究』 (韓國日語日文學會, 1979~. 간행빈도 다양)

『주시경학보』 (주시경연구소, 1987~. 반년간)

『中國文學硏究』 (한국중문학회, 1983~. 연간)

『中國語文學論集』 (중국어문학연구회, 1995~. 격월간)

『中國語文論叢』 (고려대학교 中國語文硏究會, 1988~. 연간)

『중국언어연구』 (한국중국언어학회 편. 學古房, 1991~. 격월간)

『텍스트언어학』 (한국텍스트언어학회, 1993~. 연간)

『프랑스학연구』 (프랑스학회, 1992~. 계간)

『한국어 의미학』 (한국어의미학회, 1997~. 계간)

『한국어문학연구』 (한국어문학연구학회, 2002~. 반년간)

『한국어학』 (한국어학회. 박이정, 1994~. 반년간)

『韓國言語文學』 (한국언어문학회, 1963~. 계간)

『한국언어문화』 (한국언어문화학회, 2000~. 반년간)

『韓中言語文化硏究』 (韓國現代中國硏究會, 2000~. 연3회)

『현대영어영문학』 (한국현대영어영문학회, 1968~. 격월간)


『Annual review of applied linguistics/Annual review of applied linguistics』
    (Newbury House, 1980~. A.)

『Anthropological linguistics』 (Anthropology Department, Indiana University,
    1959~. Q.)

『Applied linguistics』 (Oxford University Press, 1980~. Q.)

『Colloquia Germanica』 (Francke Verlag, 1967~. Q.)

『Forum Italicum』 (Dept. of Modern Languages. Florida State University, 1967~.
    SA.)

『International journal of American linguistics native American texts series』
    (University of Chicago Press, 1976~. Q.)

『IRAL, International review of applied linguistics in language teaching』 (J.

Groos, 1963~. Q.)

『Journal of Chinese Linguistics』 (Project on Linguistic Analysis, 1973~. SA.)

『Journal of linguistics/Linguistic Association of Great Britain』 (Cambridge University Press, 1965~. 3/yr.)

『Language teaching』 (Cambridge University Press, 1982~ . Q.)

『Linguistics and philosophy』 (D. Reidel, 1977~. 3/yr.)

『Linguistics』 (Mouton, 1963~. Frequency varies)

『LSA bulletin』 (Linguistic Society of America, 1970~. Q.)

『Russian Linguistics』 (Kluwer Academic Publishers, 1974~. 3/yr.)

『Theoretical linguistics』 (W. de Gruyter, 1974~. SA.)


## 웹 정보원

국립국어원 〈http://www.korean.go.kr/〉

국립국제교육원 〈www.niied.go.kr〉

국어국문학회 〈http://www.korlanlit.or.kr/〉

국어학회 〈http://www.skl.or.kr/〉

국제언어학회 〈http://linguistlist.org〉

국제한국어교육학회 〈www.iakle.com〉

누리세종학당 〈www.sejonghakdang.org/〉

대한언어학회 〈http://www.korbiling.or.kr/〉

독일문화원 〈http://www.goethe.de/seoul/〉

러시아문화원 〈http://www.russiacenter.or.kr/〉

민족어문학회 〈http://sokoll.or.kr/〉

배달말학회 〈http://badalmal.scholarweb.kr/〉

신영어영문학회 〈http://www.naell.org/〉

알리앙스 프랑세즈 〈http://www.afcoree.co.kr/〉

영상영어교육학회 〈http://www.stemedia.co.kr〉

우리말교육현장학회 〈http://www.urimal-so.or.kr〉

우리말배움터 〈http://urimal.cs.pusan.ac.kr/〉

이중언어학회 〈http://www.korbiling.org/〉

일본언어문화학회 〈http://kojap.org/main/〉

중국학관련학회 〈http://www.sinology.or.kr/〉

중국학센터 〈http://www.sinology.org/〉

중국학연구회 〈http://www.chinastudy.co.kr/sobis/cstudy.jsp/〉

프랑스문화예술학회 〈http://www.cfaf.or.kr/〉

한국노어노문학회 〈http://www.karll.or.kr/〉

한국독어독문학교육학회 〈http://dugerman.or.kr/〉

한국독어독문학회 〈http://kggerman.or.kr/〉

한국독어학회 〈http://www.kds.german.or.kr/〉

한국독일어교육학회 〈http://daf.german.or.kr/〉

한국독일어문학회 〈http://www.kgd.or.kr/〉

한국독일언어문학회 〈http://kdsl.or.kr/〉

한국러시아문학회 〈http://www.russian.or.kr/〉

한국불어불문학회 〈http://www.french.or.kr/〉

한국스페인어문학회 〈http://www.spanishkorea.com/〉

한국슬라브학회 〈http://www.slavist.or.kr/〉

한국어문학회 〈http://www.eomunhak.or.kr/〉

한국어의미학회 〈http://www.semantics.or.kr/〉

한국어학회 〈http://www.koling.org/〉

한국언어문학회 〈http://www.koreall.or.kr/〉

한국언어학회(사) 〈http://society.kisti.re.kr/liok/〉

한국언어문화교육학회 〈http://www.klaces.or.kr/〉

한국언어학회 〈http://www.linguistics.or.kr/

한국언어학회 (http://www.linguistics.or.kr/)

한국영어교육학회 〈http://www.kate.or.kr/〉

한국영어영문학회 〈http://www.ellak.or.kr/〉

한국응용언어학회 〈www.alak.or.kr〉

한국일본어교육학회 〈http://www.jpedu.or.kr/〉

한국일본어학회 〈http://cafe.daum.net/jlak〉

한국일본학회 〈http://www.kaja.or.kr/〉

한국일어일문학회 〈http://www.hanilhak.or.kr/〉

한국중국어문학회 〈http://xuehui.scholarweb.kr/〉

한국프랑스문화학회 〈http://www.acfco.or.kr/〉

한국프랑스학회 〈http://www.acef.or.kr/〉

한국현대언어학회 〈www.mlsk.or.kr〉

한국현대언어학회 〈http://www.mlsk.or.kr/〉

한글문화연대 〈http://www.urimal.org/〉

한글사랑 서울사랑 〈http://hangeul.seoul.go.kr/〉

한글학회 〈http://www.hangeul.or.kr〉

현대문법학회 〈http://www.grammars.org/〉

Congresos Internacionales de la Lengua Española
     〈http://congresosdelalengua.es/〉

Dictionary.com 〈http://www.dictionary.com/〉

Dmoz 〈http://dmoz.org/〉

DOAJ 〈http://doaj.org/〉

Freemorn 〈http://www.freemorn.com/〉

The Fundamental Digital Library of Russian Literature And Folklore.
     〈http://www.feb-web.ru/〉

Instituto Cervantes 〈http://seul.cervantes.es/es/default.shtm〉

Kyoto Japanese Language School(KJLS) 〈http://kjls.or.jp/〉

Linguistlist 〈http://linguistlist.org/〉

Moden Humanities Research Association 〈http://www.mhra.org.uk〉

Transparent Language Online 〈http://library.transparent.com/aflis〉

YourDictionary 〈http://www.yourdictionary.com/〉

# 제7장 문학 주제정보 접근법

# 제7장 문학 주제정보 접근법

## 7.1 문학의 정의와 본질

### 문학의 정의

문학은 사상이나 감정을 언어로 표현하는 언어예술이다. 따라서 우리들이 일상생활에서 의지나 감정을 전달하는 수단인 언어가 그대로 문학에 이용된다. 문학은 미술이나 음악이 표현할 수 있는 범위를 훨씬 넘어선다. 감상의 표현만이 아니라 지식과 사상을 전달하며 교훈을 줄 수도 있다. 그러나 이들 일상어가 그대로 문학의 언어가 되는 것은 아니며 그렇다고 문학을 위한 언어가 따로 존재하는 것도 아니다. 누구나가 사용하는 일상어를 정교하게 다듬고 창조적인 생명력을 불어넣어 새롭게 조직할 때 비로소 문학언어가 된다. 훌륭한 작가는 언어라는 소재를 마음대로 조작해 자기의 사상이나 감정을 완전하게 표현할 수 있어야 한다. 문학이란 작가의 체험을 통해 얻은 진실을 언어를 통해 표현하는 언어예술로서 삶을 탐구하고 표현하는 창조의 세계라 할 수 있다. 이를 요약하면 다음과 같다.

- 문학은 언어예술이다.
- 문학은 개인의 체험을 함축적으로 표현한다.
- 문학이 추구하는 세계는 허구와 개연성의 세계이다.
- 문학작품은 여러 요소들이 유기적으로 결합된 구조물로서 일정한 짜임새를 지닌다.

## 문학의 기원(起源)

문학의 기원은 인류의 역사와 때를 같이 한 것으로 알려져 있다. 예를 들어 메소포타미아의 길가메시, 고대 그리스의 일리아스, 오디세이아, 고대 중국의 시경, 서경, 인도의 리그베다 등은 각기 그 문명권에서 문학이었다고 말할 수 있다. 문학의 기원에 대한 가설로는 첫째, 심리학적(心理學的起源說) 기원설이 있다.

- 모방본능설(模倣本能說) : 인간은 모방(模倣) 본능을 가지고 있고, 이 때문에 문학이 생겼다는 설로 아리스토텔레스(Aristoteles)가 '시학'에서 주장하였다.
- 유희본능설(游戲本能說) : 인간에게는 다른 동물이 갖고 있지 않은 유희 본능이 있고, 여기서 문학이 발생하였다는 설로 칸트(I. Kant), 스펜서 (H. Spencer)등이 주장하였다.
- 흡인본능설(吸引本能說) : 인간이나 동물은 남의 관심을 끌고 싶은 흡인 본능이 있고, 예술은 이 관심을 끌고자 하는 본능 때문에 발생하였다는 설로 다윈(C. Darwin) 등 진화론자들이 주장하였다.
- 자기표현본능설(自己表現本能說) : 인간은 자기를 표현하고 싶어 하는 본능이 있고, 여기서 문학이 발생하였다는 설로 허드슨(W. H. Hudson)이 주장하였다.

둘째, 발생학적 기원설(發生學的起源說)로 문학은 인간 삶의 실용적인 목적에서 발생했다는 것이다. 히른(Yrjo Hirn), 그로세(E. Grosse) 등 고고인류학자들은 고대 인류의 유물이나 유적을 통하여 원시민족의 생활모습을 관찰하고 연구하는 가운데 문학은 인간의 감상적 심미성에서보다는 사냥이나 노동 등의 실용적 목적에서 발생했다고 주장하였다. 예를 들면 농가월령가나 노동요와 같이 실제적인 필요에서 문학이 발생했다는 것이다.

셋째, 문학은 춤에서부터 나왔다는 발라드댄스설(balladdance)이 있다. 즉 문학(文學)은 원시종합예술(原始綜合藝術)에서 분화되어 나왔다는 설로 몰톤(R.G.Moulton)이 주장하였다. 어느 국가나 그들의 고대사에는 제천의식 등 음악과 춤이 어우러진 행사가 있었으며, 이는 단순히 실용적인 목적만이 아닌 인간의 감정적 심미성도 함께 혼합된 예술이라고 보는 것이다. 현재는 이 '발라드댄스설'이 가장 설득력 있게 받아들여지고 있다

## 문학의 본질

첫째, 문학은 언어예술이다. 문학은 언어를 표현 매개로 하며 동시에 그것을 예술적으로 가다듬은 것이다. 이는 문학을 다른 예술과 구분하는 본질적 요소로서 구비문학(口碑文學)과 기록문학이 모두 문학에 포함된다. 둘째, 문학은 개인 체험의 표현이다. 문학은 개인의 특수한 체험임과 동시에 인류의 보편적 삶과 합일하는 체험이어야 한다. 셋째, 문학은 사상과 정서의 표현이다. 미적으로 정화되고 정서적으로 심화된 사상의 표현만이 문학이 될 수 있다. 넷째, 문학은 상상의 세계를 표현한다. 문학은 작가의 상상에 의해 허구화된 세계를 표현하는 것으로 삶의 양상을 분석적으로 해명하기보다는 총체적으로 재현해 내는 데 주력한다. 다섯째, 문학은 통합된 구조를 가진다. 모든 요소들이 유기적으로 결합되어 하나의 작품이 이루어진다.

# 7.2 문학의 기능과 요건

## 문학의 기능

첫째, 문학은 교시적(敎示的) 기능을 수행한다. 문학은 독자들에게 교훈을

주고 인생의 진실을 보여 주어 삶의 의미를 깨닫게 한다. 둘째, 문학은 쾌락적(快樂的) 기능을 수행한다. 문학은 독자에게 고차원적인 정신적 즐거움이나 미적 쾌감을 준다. 셋째, 문학에는 종합적(綜合的) 기능이 있다. 문학은 교시적 기능과 쾌락적 기능의 어느 하나에 치우치지 않은 종합적인 기능을 가지며 이는 문학의 참다운 기능이라고 여겨지고 있다. 문학은 독자에게 차원 높은 정신적 즐거움을 주는 동시에 인생이 무엇이며, 어떻게 살아야 하는지를 가르치는 기능도 함께 수행한다.

## 문학의 요건

문학의 요건이란 어떤 문학 작품을 좋은 작품이 되게 하는 일련의 속성을 말한다. 문학의 요건에는 다음과 같은 것들이 있다.

- 감동성 : 작가의 사상, 감정의 요소가 독자에게 감동을 줄 수 있어야 한다. 감동을 주지 못하는 글은 문학작품이 아니다.
- 평이성 : 일부 지식인 계층에 국한된 내용이 아니라 일반 독자에게도 통할 수 있어야 한다. 이는 문학의 대중성을 의미하는 것으로 문학의 언어는 일상의 언어로 표현하면서도 작품 속에서 보편적 인간의 삶과 진리를 담아내야 한다는 의미이다.
- 쾌락성 : 독자에게 예술적, 미적 감동 및 즐거움을 주는 것이어야 한다. 작품은 재미가 있어야 한다. 재미가 없는 작품은 독자의 외면을 받고 곧 사장된다.
- 언어성 : 문학은 언어가 지니는 미적 요소에 주목 한다. 문학의 언어는 작품 속에서 새로운 생명력을 발휘한다. 상투적인 표현이 필요한 경우도 있을 수 있지만 문학의 언어는 상황에 따라 유효 적절한 생명력을 지녀야 한다.

- 개연성 : 문학작품은 있었던 사실의 나열이 아니라, 있음직한 사건을 언어적으로 형상화한 것이어야 한다. 작품은 있었던 사실을 소재로 하면서도 작가의 상상력을 통해 재구성된다.

## 7.3 문학의 요소 및 문학의 언어

### 미적 정서

문학은 미적 정서, 상상과 창조, 사상, 형식 등의 네 요소가 작품 속에서 긴밀하게 결합되고 유기적으로 통일됨으로써 이루어진다. 미적 정서란 희로애락(喜怒愛樂) 애오욕(愛惡慾)과 같은 인간의 본능적 감정을 말한다. 그러나 이러한 감정이 여과 없이 표출된 것을 모두 미적 정서라고 하지는 않는다. 문학에서 다루는 것은 다듬어지고 정화된 것이다. 미적 정서는 어떤 대상을 접했을 때, 마음에서 일어나는 본능적인 감정을 절제하고 걸러 냄으로써 생겨나는 정서를 의미한다.

### 상상과 창조

상상은 문학을 창조하는 힘의 원천으로 문학에 독창성을 부여해 준다. 그러나 상상은 무(無)에서 유를 창조하는 것이 아니라 과거의 체험을 바탕으로 새로운 작품세계를 만드는 것이라고 할 수 있다. 작가는 경험과 상상에 의하여 작품을 쓴다. 직접 경험이든 간접 경험이든 경험을 바탕으로 작품을 구상할 수 있고, 이러한 경험에 독특한 상상력을 동원하여 인간의 삶을 새롭게 '창조'한다.

## 사상성

문학의 사상은 작가의 인생관이나 세계관의 반영으로 작품 속에 숨겨진 의미 내용이다. 이런 점에서 문학은 철학과 상통한다. 철학자는 문학작품을 쓰기가 쉽지 않지만 작가는 여러 철학 사조를 넘나들 수 있다. 문학 비평에서 여러 철학적 사조(예로는 낭만주의, 모더니즘 등)들이 동원되는 것은 이 때문이다. 다른 분과 학문에는 모두 그 분야의 철학교과목이 존재하지만 문학에는 '문학철학'이 별도로 없는 것은 문학 자체가 사상성을 지니기 때문이다. 문학작품의 사상성이 뛰어나고 독창적이면 그 작품은 좋은 작품이 된다. 사상성은 문학의 위대성을 결정해 주는 요소이다.

## 문학의 언어

일상의 언어와 과학의 언어가 의사전달 기능에 치중하는 것이라면, 문학의 언어는 함축적 기능에 치중한다. 문학에서의 언어는 그 활용의 폭이 넓다. 물론 문학의 언어도 일상의 언어처럼 객관적, 지시적 의미와 함축적, 정서적 의미를 모두 가지고 있다. 그러나 문학의 언어는 일상 언어의 용법 중 함축적 측면에 더 치중한다.

## 문학과 현실

문학 작품 속에 반영된 현실은 실제의 현실을 반영하되 작가에 의해 취사, 선택되고 상상력에 의해 재구성, 창조된 현실이다. 문학의 세계는 언어로 표현된 허구다. 문학은 작가가 현실에서 문제점을 발견하고 현실이 우리 삶에 전해 주는 중대한 의미를 찾아내어 그것을 작가의 미적 태도로 그려내고 더욱 의미 있는 것으로 부각시켜 예술적으로 형상화한다. 그러나 현실의 세계는 그야말로 '엄연한' 현실로서 있는 그대로 평범하고, 산만하며, 괴롭고, 복잡하다.


## 7.4 문학의 장르-시(詩)

### 시의 요소

시란 인간의 사상이나 감정을 운율 있는 언어로 압축하여 표현한 글이라고 할 수 있다. 시는 음악적 요소, 회화적 요소, 의미적 요소를 포함한다. 이를 시의 3대요소라고 부른다.


- 음악적 요소 : 시에 깃들어 있는 소리에 나타나는 요소. 운율.
- 회화적 요소 : 시의 형상에 나타나는 요소. 심상.
- 의미적 요소 : 시에 담겨 있는 뜻에 나타나는 요소. 정서와 사상.


한편 시의 형식적 요소로는 시어, 시행, 연, 운율 등이 있다. 시어는 시에 쓰인 말로서 시의 언어는 운율, 심상, 함축적 의미를 지닌다. 시행이란 시의 한 줄 한 줄을 말하며, 연이란 시의 문단을 말한다. 운율은 시어들의 소리가 만들어 내는 가락이다.

시의 내용적 요소로는 주제, 소재, 심상이 있다. 주제란 시에 담긴 시인의 느낌이나 중심 생각이며 주로 암시적으로 표현된다. 소재는 주제를 나타내기 위하여 사용한 글감이며, 심상(image)은 여러 감각을 자극하여 마음에 느꼈던 것을 다시 기억, 재생시켜주는 이미지의 표현이라 할 수 있다.

시의 운율이란 시에서 음악성을 나타내는 것으로 자음과 모음을 규칙적으로 반복하는 운(韻)과 소리의 고저장단, 강약을 주기적으로 반복하는 율(律)로 나뉜다. 운율은 동음 반복(특정한 음운을 반복하여 사용), 수 반복(일정한 음절수를 반복하여 사용), 의성어, 의태어 사용 (감각적 반응을 일으킴), 통사적 구조 활용(같거나 비슷한 문장의 짜임을 반복하여 사용) 등이 있다.

- 외형률 : 시어의 일정한 규칙에 따라 생기는 운율로 시의 겉모습에 드러난다. 정형시에서 흔히 볼 수 있다.
- 음수율 : 시어의 글자 수나 행의 수가 일정한 규칙을 가지는 데에서 오는 운율.
- 음위율 : 시의 일정한 위치에 일정한 음을 규칙적으로 배치하여 만드는 운율로서 일정한 음이 시행의 앞부분에 있는 것을 두운, 가운데 있는 것을 요운, 끝 부분에 있는 것을 각운이라고 한다.
- 음성률 : 음의 길고 짧음이나 높고 낮음, 또는 강하고 약함 등을 규칙적으로 배치하여 만드는 운율
- 음보(音步) : 우리나라의 전통 시에서 발음 시간의 길이가 같은 말의 단위가 반복됨으로써 생기는 음의 질서. 보통 띄어 읽는 단위가 된다.
- 내재율 : 일정한 규칙이 없이 각각의 시에 따라 자유롭게 생기는 운율로 시의 내면에 흐르므로 겉으로는 드러나지 않는다. 자유시에서 흔히 볼 수 있다.

## 시의 갈래

시는 형식상 정형시(형식이 일정하게 굳어진 시), 자유시(특정한 형식에 얽매이지 않고 자유롭게 지은 시), 산문시(행의 구분이 없이 산문처럼 쓴 시. 운율을 가지고 있다는 점에서 산문과 구분)로 구분된다.

또한 내용상으로는 서정시(개인적 정서를 읊은 시), 서경시(자연 풍경을 주로 읊은 시로 서정시의 일종), 서사시(신화나 역사, 영웅들의 이야기를 길게 읊은 시), 극시(사건의 전개를 대화 형식으로 쓴 시). 운문으로 된 희곡

으로 구분할 수 있고, 성격상으로는 순수시(개인의 순수한 서정을 중시한 시), 참여시(사회시라고도 하며 사회의 현실에 참여하여 자신의 의견을 나타낸 시)로 나눌 수 있다.


## 7.5 문학의 장르-소설(小說)

### 소설의 특징

소설은 문자 그대로 '작은 이야기'이다. 소설은 작가의 상상력에 의하여 구상하거나 꾸며낸 이야기로서 산문 문학의 대표적 형태이다. 소설의 특징은 다음과 같다.


- 산문성 : 대표적 산문 문학이다.
- 허구성 : 작가의 상상력에 의해 있을 수 있는 사실을 꾸며낸 이야기 (fiction)이다.
- 예술성 : 형식미와 예술성이 있어야 한다.
- 진실성 : 꾸며낸 이야기라도 인생의 진리를 표현해야 한다.
- 서사성 : 소설은 이야기의 문학이다.


소설의 3요소는 주제, 구성, 문체이다. 주제(theme)란 작가가 작품을 통하여 나타내고자 하는 인생관이나 사상을 말하고, 구성(plot)은 이야기 줄거리의 짜임새, 그리고 문체(style)는 작품에 구체적으로 나타나는 개성적 언어의 특징을 말한다.

소설은 인간의 이야기이므로 반드시 등장인물(character) 있다. 동물도 의인화되므로 소설에서는 등장인물이 된다. 실제의 인물에도 개성이 있는 것처럼 소설속의 인물도 개성이 있다. 그래서 character다. 소설 속 인물의 유형에는 다음과 같은 것들이 있다.

- 평면적 인물 : 작품 속에서 처음부터 끝까지 성격이 변화하지 않고 주
  위의 어떠한 변화에도 영향을 받지 않는 인물로 정적 인물(static
  character)이라고도 한다. 예를 들면 흥부전의 흥부는 처음부터 끝
  까지 계속 착하기만 하다.
- 입체적 인물 : 한 작품 속에서 성격이 발전하고 변화하는 인물로 원형
  적 인물, 또는 발전적 인물(developing character)이라고도 한다.
- 전형적 인물 : 어떤 집단이나 계층을 대표하는 인물로 성격이 해당 시
  대의 보편성을 띤다. 예를 들어 아첨꾼이나 사기꾼은 과잉친절하다.
- 개성적 인물 : 성격의 독자성을 보이는 인물로서 주동인물은 작품의 주인
  공이 되고 반동인물은 작품 속에서 주인공과 대립하는 인물이 된다.

일반적으로 소설은 등장인물이 어떠한 배경 속에서 맞이하는 사건으로
전개되며 이를 구성(plot)의 3요소라 부른다. 이들이 어떤 연속적인 줄거리
를 이어가게 되는데 그 시퀀스는 대략 다음과 같이 5단계의 과정으로 이루
어진다.

- 발단(exposition) : 소설의 첫머리로 인물과 배경이 소개되고 사건의 실
  마리가 설정된다.
- 전개(complication) : 사건이 점차 진전되어 복잡하게 얽히고 갈등이 표
  면화 됨.
- 위기(crisis) : 극적인 발전을 가져오는 단계로서, 새로운 사태가 발생하
  기도 하며 위기감이 고조되어 절정을 유발하는 부분이다.
- 절정(climax) : 인물의 성격, 행동, 갈등 등이 최고조에 이르러 주제가
  선명하게 드러난다.

• 결말(conclusion) : 작품의 대단원에 해당되는 부분이다.

이 과정에서 사건의 비약이나 극적인 전환을 위하여 때때로 어떤 소재나 원인이 되는 행동을 미리 제시하는 경우가 있는데 이를 복선(伏線)이라 한다. 소설은 기본적으로 갈등(conflict)과 해결(resolution)의 과정이다. 여기서 갈등의 유형을 나누어 보면 한 개인 내면에서의 갈등, 인간과 인간 사이의 갈등, 개인과 사회와의 갈등, 인간과 자연 사이의 갈등, 인간과 운명 사이의 갈등 등이 있다.

## 소설의 시점(point of view)

소설을 전개하는 과정에서 누구의 입장에서 이야기를 기술해 가느냐에 따라 구별되는 관점의 차이를 말한다.

• 1인칭 주인공 시점 : 주인공이 자기 자신의 이야기를 진행한다.
• 1인칭 관찰자 시점 : 소설에 등장하는 부수적 인물이 주인공의 이야기를 서술한다.
• 작가 관찰자 시점 : 작가가 관찰자의 입장에서 이야기를 서술한다.
• 전지적 작가 시점 : 작가가 인물의 행동이나 대화 뿐 아니라 내면 심리까지 모든 것을 서술한다.

소설의 표현 방법에는 서사, 묘사, 대화, 설명 등이 있다. 서사란 사건의 차례를 따라 이야기를 기술하는 것이며, 묘사는 작가가 감각을 통해 사물의 모습이나 상황을 그리듯이 표현하는 방법이다, 또 대화는 인물들이 주고받는 말을 통해서 사건이 전개되며, 설명이란 작가가 사실을 직접 해설하는 것을 말한다.

작가가 주제를 제시하는 방법에도 여러 가지가 있다. 작가의 서술을 통해 직접적으로 제시하는 방법, 작중 인물의 대화를 통해 직접적으로 제시하는 방법, 갈등 구조와 그 해소를 통해 간접적으로 제시하는 방법, 심상과 싱징에 의해 암시적으로 제시하는 방법 등이 있다.

## 소설의 갈래

소설은 길이, 시대, 내용, 예술성을 기준으로 구분한다. 먼저 길이에 따라 나누면

- 장편 소설 : 복합적 구성과 다양한 인물의 등장으로 사회의 총체적 모습을 그린다. 예를 들면 박경리의 『토지』는 장편소설이면서 대하소설(大河小說)이다.
- 중편 소설 : 장편과 단편의 특징을 절충한 것으로 구성은 장편 소설과 유사하다.
- 단편 소설 : 단일한 구성으로 인생의 단면을 그린 것으로 압축의 기교를 필요로 한다.
- 꽁트(Conte) : 장편 소설(掌篇小說)이라고도 하며 구성이 극도로 압축된 가장 짧은 소설이다.

우리나라 소설을 시대에 따라 구분하면 고대소설, 신소설, 근대소설로 구분할 수 있다

- 고대 소설 : 갑오경장(1894년) 이전의 소설로서 김시습의 『금오신화』(현재까지 밝혀진 최초의 소설), 허 균의 『홍길동전』(현재까지 밝혀진 최초의 한글 소설)을 들 수 있다.
- 신소설 : 갑오경장 직후부터 이광수의 『무정』이 발표(1917년)되기 직전

까지의 소설로 언문일치에 가까운 문장을 쓰며 개화사상을 강조한
소설이다. 이인직의 『혈의 누』(최초의 본격적인 신소설)이 이에 해
당된다.

- 근대 소설 : 이광수의 『무정』이후 지금까지 발표된 소설들로서 현대소
설이라고도 한다.

소설을 다루는 내용에 따라 구분하면 다음과 같다.

- 역사소설 : 역사적 사건이나 인물을 제재로 한 소설
- 탐정소설 : 범죄와 그에 따른 수사 활동을 제재로 한 소설
- 애정소설(연애소설, 염정소설) : 남녀 간의 사랑을 제재로 한 소설
- 해양소설 : 바다에서 벌어지는 일을 제재로 한 소설
- 계몽소설 : 독자가 모르는 것을 깨우쳐 주기 위한 소설
- 전쟁소설 : 전쟁을 제재로 한 소설

이밖에도 공상소설, 정치소설, 경제소설, 영웅소설 등이 있다.

## 7.6 문학의 장르-희곡(戲曲)

### 희곡의 특징

희곡이란 무대 위에서 배우들이 말과 행동을 통해 직접적으로 관객에게
보여 주기 위해 꾸며 낸 이야기이다. 따라서 희곡은 무대 상연을 전제로
하므로 극적 관습과 무대로 인한 제약을 받는다. 또한 희곡은 인간의 행동
을 모방한 것일 뿐만 아니라 궁극적으로 등장인물의 행동을 통해 삶의 형
상화한 행동의 문학이다. 따라서 희곡은 지문을 통한 작자의 설명이나 묘사

가 불가능하며 행동을 위한 대사만으로 표출되며 사건도 줄거리도 대사를 통하여 전달되므로 대사의 문학이다. 또 희곡은 인물의 성격과 의지가 빚어내는 극적 대립과 갈등, 분규를 주된 내용으로 하므로 분규와 갈등의 문학이다. 마지막으로 모든 사건을 무대 위에서 배우의 행동을 통해 바로 눈앞에 일어나는 사건으로 현재화하여 표현하므로 현재 진행형의 문학이다.

희곡의 구성 요소에는 형식요소와 내용요소가 있다. 형식요소로는

- 해설 : 전문이라 할 수 있는 부분으로, 막이 오르기 전후에 필요한 무대장치, 인물, 배경 등을 설명한다.
- 대사 : 등장인물이 하는 말이다. 사건의 전개는 대사를 바탕으로 이루어진다. 희곡의 대화는 인물의 성격과 사건을 드러내야 하므로 자연스러워야 하며, 또한 집중적이고 농축적이어야 한다.
- 독백 : 상대자 없이 한 사람이 혼자 하는 말로, 자기 반성적, 설명적 성격을 가진다.
- 방백 : 관객에게는 들리나 무대 위의 상대방에게는 들리지 않는 것으로 약속하고 하는 대사이다.
- 지문 : 배경, 효과, 등장인물의 행동(동작이나 표정)을 지시하고 설명하는 글이며, 전치 지문에서는 희곡의 등장인물, 때, 곳, 무대를 설명하고 중간 중간의 삽입 지문에서는 인물의 동작, 조명, 효과음 등을 지시한다.

내용 요소로는

- 인물 : 대화와 구성을 통해 인물을 설정하는데, 희곡 속의 인물은 의지적, 개성적, 전형적이어야 한다.

- 사건 : 희곡 속의 사건은 주제를 향해서 갈등과 긴장을 일으키고, 압축
  되고 집중되며 통일된 것이어야 한다.
- 배경 : 사건이 일어나는 때와 장소를 말한다.

희곡의 구성은 대사가 모여서 장(場, scene)을 이루고, 장이 모여서 막
(幕, act)을 이룬다. 단막극도 있으나 보통 3막 또는 5막으로 구성된다. 막
은 휘장을 올리고 내리는 데서 유래하며 극의 길이와 행위를 구분한다. 장
(場, scene)은 배경이 바뀌면서, 등장인물의 입장과 퇴장으로 구분되는 단위
이다. 희곡의 구성 역시 소설과 비슷하다.

- 발단 : 시간적, 공간적 배경과 인물이 나타나고 이야기의 실마리가 드
  러난다.
- 전개 : 주동 인물과 반동 인물 사이의 갈등과 대결이 점차 노골화되고
  격렬해지며, 중심 사건과 부수적 사건이 교차되어 흥분과 긴장이
  고조된다. '상승'이라고도 한다.
- 절정 : 심리적 갈등이나 주동 세력과 반동 세력 간의 대결이 최고조에
  이르러, 극적 장면이 나타나는 부분이다. 주제가 드러난다.
- 반전 : 서로 대결하던 두 세력 중 뜻하지 않은 쪽으로 대세가 기울어
  지는 단계로 결말을 향하여 급속히 치닫는 부분이다. '하강'이라고
  도 한다.
- 대단원 : 갈등이 해소되고 모든 사건이 종결에 이르는 부분으로 긴장과
  흥분이 해결된다. '파국'이라고도 한다.

## 희곡의 갈래

결말의 좋고 나쁨에 따라 희극, 비극, 희비극으로 나뉜다.

- 희극 : 명랑하고 경쾌한 분위기 속에 인간성의 결점이나 사회적 병폐를 드러내어 주인공의 행복이나 성공을 주요 내용으로 삼는 희곡으로, 대개 결말을 예상할 수 없는 사건이나 비극적 사건으로 시작하지만 원만하게 사건이 매듭 된다. 이런 결과를 해피엔드라고 한다.
- 비극 : 주인공의 죽음이나 패배를 주요 내용으로 하는 애련과 공포를 통하여 감정의 정화를 행하는 희곡으로, 처음부터 비극을 예감하게 하는 비극적 성격의 소유자를 주인공으로 하여 사업의 실패, 사랑의 파탄, 주인공의 죽음 등으로 끝을 맺는다.
- 희비극 : 비극과 희극이 혼합되고, 웃음과 눈물이 교차하는 극. 대체로 처음에는 주인공이 부당하게 불행을 겪으나 작품의 전환점에 이르러 다시 희극적인 상태로 회복되어 행복을 찾게 되는 것을 말한다.

희곡을 제재나 주제에 따라 나누면 심리극, 운명극, 사회극, 영웅극, 계몽극, 종교극, 사극 등이 있다. 또 형식상 단막극과 장막극으로도 나눌 수 있다.

## 소설과 희곡의 차이

- 전달 방식이 다르다. 소설은 읽히기 위한 것으로 언어에 의해 간접적으로 전달된다. 희곡은 읽을 수 있는 측면도 있으나 주로 배우의 말과 동작으로 보여준다.
- 등장인물에 있어서도 소설은 많은 인물을 제약 없이 등장 시킬 수 있으나 희곡은 수적으로 제약을 받으며, 주역과 상대역으로 나뉘어져 대립과 갈등을 보이는 뚜렷한 성격의 인물이 등장한다.
- 시간 공간 면에서도 소설은 제약을 받지 않으나 희곡은 많은 제약을 받는다. 과거의 사건이라도 언제나 현재로 표현된다.
- 표현에 있어서도 소설은 묘사와 서술로 이루어지나 희곡은 주요 대사

와 지시문으로 이루어진다.


## 7.7 문학의 장르-시나리오

### 시나리오의 특징

시나리오란 영화로 상영할 것을 목적으로 작가가 상상한 이야기를 장면의 차례, 배우의 대사, 동작, 배경, 카메라의 작동, 화면 연결 등을 지시하는 형식으로 쓴 영화의 대본이다. 시나리오는 시간 예술, 시각 예술, 기계 예술이라는 점이 특징이다.

시나리오의 3요소는 대사, 지문(음향 효과, 음악의 지정, 카메라 위치 등), 장면 표시(장면 번호 S # 1, S # 2 등)이다.

시나리오에는 창작 시나리오(작가의 상상에 의해 새로 지은 시나리오), 각색 시나리오(소설, 희곡, 수기, 실화 등을 시나리오 형식으로 고친 것), 레제 시나리오(Lesedrama 상연보다는 문학적으로 읽히는 것을 목적으로 쓰인 희곡) 등이 있다. 시나리오에는 촬영 기술상 많은 특수 용어들이 등장한다.


### 시나리오의 용어

S #(scene) : 장면.

title : 자막.

shot : 하나하나의 짧은 장면으로 카메라의 회전을 중단하지 않고 촬영한 이어진 필름.

M.(music) : 효과음악.

E.(effect) : 효과음.

O.L.(over lap) : 두 가지의 화면이 겹쳐지는 것.

F.I.(fade in) : 어두운 화면이 점점 밝아지는 것.

F.O.(fade out) : 밝은 화면이 점점 어두워지는 것.
C.U.(close up) : 어떤 인물이나 장면을 크게 확대하여 찍는 것.
conti(continuity) : 시나리오를 기초로 하여 영화감독이 만든 촬영 대본. 장면
　　　　　　　　 마다 카메라의 위치, 각도, 거리, 배우의 연기, 효과 등을
　　　　　　　　 제시.
PAN(panning) : 카메라를 상하 좌우로 이동하는 것.
W.O.(Wipe Out) : 한 화면의 일부가 닦아내는 듯이 없어지면서 다른 화면이
　　　　　　　　 나타남.

# 7.8 문학의 장르-수필(隨筆)

## 수필의 특징

수필이란 인생이나 자연의 모든 사물에서 보고 듣고 느낀 것이나 경험한
것을 형식상의 제한이나 내용상의 제한을 받지 않고 붓 가는 대로 쓴 글이
다. 수필은 다음과 같은 특징이 있다.

- 개성적인 문학이다 : 작가의 심적 상태, 개성, 취미, 지식, 인생관 등이
　개성 있는 문체로 드러나 보이는 글이다.
- 무형식의 문학이다 : 짜임에 제약이 없고, 문장 형식을 자유로이 이용
　할 수 있다.

## 수필의 역사

서양에서는 기원전 4, 5세기경 플라톤의 '대화편'으로부터 시작되어, 1세
기경 세네카의 '서간집', 마르크스 아우렐리우스의 '명상록'으로 발전했다. 그
러나 진정한 의미의 수필은 16세기 프랑스의 철학자 몽테뉴가 '수상록'을 내
면서 시작되었다고 보며 17세기 영국의 베이컨을 거쳐 19세기 찰스 램 등

으로 이어진다.

우리나라의 수필은 초기의 한문 수필과 훈민정음 창제 이후의 국문 수필, 그리고 신문학 이후의 근대 수필로 나눌 수 있다. 한문 수필은 한문으로 쓴 수필, 국문 수필은 국문으로 쓴 수필이며, 근대 수필은 1885년 유길준의 〈서유견문〉 이후의 수필을 말한다. 근·현대 수필가로는 이광수, 최남선, 김진섭, 이양하, 피천득, 안병욱, 김형석, 법정스님, 이해인 수녀 등이 유명하다.

## 수필의 종류

- 경수필(miscellany) : 우리가 보는 보통의 수필처럼 정서적인 경향을 띠는 수필. 개성적이고 체험적이며 예술성을 내포한 예술적인 글이다.
- 중수필(essay) : 가벼운 논문처럼 지적이며 논리적이고 객관적인 경향을 띠는 수필이다.

## 7.9 문학의 장르-기행문

여행하는 도중에 보고, 듣고, 느낀 바를 여행 경로에 따라 적은 글로서 여행의 체험을 기본 조건으로 한다. 이는 쓰는 이에게는 여행의 기념이 되고, 읽는 이에게는 여행의 안내가 된다. 기행문에는 언제, 어디서, 어디를 거쳐 여행했다는 내용, 즉 생생한 여정이 기록된다. 또한 여행지에서 보고, 듣고, 경험한 내용 등 견문(見聞)을 흥미 있게 기술한다. 나아가 보고, 듣고, 경험한 사실에 대한 글쓴이의 생각과 느낌, 즉 감상(感想)을 표현한다.

기행문도 어떤 스타일로 쓰느냐에 따라 다음과 같이 구분된다.

- 수필체 기행문 : 산문 문장으로 수필처럼 쓴 기행문이다.

- 일기체 기행문 : 일기처럼 하루를 단위로 날짜를 밝혀 쓴 기행문이다.
- 서간체 기행문 : 누군가에게 보내는 편지형식으로 쓴 기행문이다.
- 보고문체 기행문 : 견학 여행을 할 경우 보고문 형식으로 쓴 기행문으로 에로는 수학여행 보고서를 들 수 있다.


## 7.10 문학의 장르-보고문

보고문이란 어떤 일의 형편이나 과정, 결과를 분석하고 종합하여 일정한 대상에게 체계적으로 알리는 글이다. 보고문은 객관성과 정확성을 생명으로 한다. 따라서 기관 단체에서 업무의 계획 및 결과 기록의 목적으로 작성하는 경우가 많다. 따라서 문학성은 거의 없다고 볼 수 있다. 보고문에는 다음과 같은 것들이 있다.

- 답사 보고서 : 현지답사를 하고 그 결과를 보고하는 글
- 관찰 보고서 : 어떤 대상을 관찰하고 그 결과를 요약, 보고하는 글
- 조사 보고서 : 문화 유적을 발굴 조사하고 그 결과를 보고하는 글
- 여행 보고서 : 여행 결과에 대해 보고하는 글, 예 : 출장 보고서
- 행사 보고서 : 행사를 치른 뒤, 그 결과를 보고하는 글
- 행정 보고서 : 일반 사무에 사용되는 여러 가지 사항을 보고하는 글

보고문은 대체로 동기나 목적, 계획, 방법과 준비, 경과와 내용, 결과와 반성의 순으로 객관적으로 기술해야 한다. 따라서 보고문은 순서에 따라 체계적으로 쓰되, 간결하고 요점이 분명하게, 6하 원칙에 따라 쓰는 것이 좋다. 가능하면 도표나 사진 등을 곁들여 이해를 쉽게 하도록 한다. 6하 원칙 (5W1H)이란 누가(who), 언제(when), 어디서(where), 무엇을(what), 왜(why),

어떻게(how)로 이 원칙에 맞춰 쓰면 좋은 보고문이 될 수 있다. 특히 신문 기사를 쓸 때에는 반드시 이 원칙에 맞게 써야 한다.(구인환·구창환. 2003. 『문학개론』. 삼영사 / 김영구 외 6인 공저. 2007. 『문학의 이해』. 한국방송통신대학출판부. 참조)

## 7.11 대학의 어문학 커리큘럼(서울대학교 인문대학)

### 국어국문학과

#### 한국어음운론
#### Korean Phonology

이 과목은 음운론에 관한 일반적인 이론의 흐름을 개관하고 그것이 한국어에 어떻게 적용될 수 있는지 알아본다. 먼저 음소 설정 방법을 통해 한국어의 음소에는 어떤 것이 있는지 알아보고 그 음소들은 어떤 체계를 구성하고 있는지 알아본다. 나아가 음운규칙을 설정하고 어떤 음운과정이 있는지 살핀다. 이러한 공시음운론 외에 음운의 역사적 변화를 다루는 통시음운론도 여기서 다루어진다.

#### 한국고전시가강독
#### Readings in Classical Korean Poetry

고대가요에서부터 향가, 고려가요, 시조, 가사 등 고전시가 작품에 대한 전반적인 이해를 도모하고 문학작품으로의 이해와 해석의 방법을 체득할 수 있도록 한다. 어법, 운율, 표현방법 등에 유의하여 고전 시가 작품을 강독하면서 작품을 읽고 작품을 분석하고 그 의미를 해석하는 방법을 익힌다.

### 한국현대희곡론
Modern Korean Drama

개화기 시기부터 최근의 희곡작품을 일차자료로 삼아 작품을 분석하는 능력을 배양하고 한국 현대 희곡의 흐름을 조망함으로써 희곡 연구의 기초를 닦는다. 구체적인 작품에 대한 평가와 그 작품의 공연과 관련된 사회사적 맥락을 아울러 살펴봄으로써 공연예술로서의 연극에 대한 미학적 이해를 아울러 시도한다.

### 한국고전문학사
History of Classical Korean Literature

고대에서부터 구한말에 이르기까지 한국문학의 존재 양상과 한국문학이 생성, 성장, 소멸한 다양한 갈래의 존재 양상을 역사적으로 고찰함으로써 한국고전문학사의 전개의 양상과 원리를 찾아본다. 이를 위하여 첫째, 한국 고전문학의 시대 구분, 갈래 체계, 작품에 대한 분석과 해석의 방법 등에 대한 기존의 연구와 학설을 점검하고, 둘째, 시대에 따른 작품의 실상을 살펴본다.

### 한국현대문학사
History of Modern Korean Literature

개화기부터 1960년대까지 각 시기마다 문학사적으로 중심이 되는 비평, 소설, 시, 희곡 작품들을 대상으로 하여 현대한국문학사의 전개과정을 살핀다. 개화기의 신소설과 시가문학을 비롯, 이광수, 최남선, 김동인, 염상섭 등에 의한 초기 신문학과 1920년대의 프로 문학, 1930년대의 사실주의와 모더니즘 문학, 해방 공간의 문학과 전후 문학 등을 거치는 한국현대문학사의 시각 속에서 작품들의 구체적인 위상을 파악한다.

## 한국고전산문강독
## Readings in Classical Korean Prose

말과 문자로 이루어진 산문문학을 연구하기 위해서는 작품의 수집과 분류, 감상과 이해, 해석과 분석에 이르는 과정을 이해할 수 있어야 한다. 이 가운데 작품을 읽고 해석할 수 있는 능력은 그 기초가 되는 것으로, 고전산문이 갖는 독특한 독법을 체득하여 작품의 생생한 미감을 파악하도록 함으로써, 강독한 작품들에 대한 실제적인 분석을 시도하게 한다.

## 한국어의 역사
## History of Korean Language

이 과목은 한국어가 고대에서부터 현대까지 변화해온 모습을 개관하는 데 목적을 둔다. 먼저 한국어의 계통과 형성에 대해 알아보고 한국어 역사의 시대구분 방법에 대해 논의한다. 이러한 시대구분에 따라 표기법, 음운, 문법, 어휘체계 등으로 나누어 시대별 특징을 살펴본다. 그리고 그 특징을 비교함으로써 국어의 변화된 모습을 파악할 수 있도록 한다.

## 한국어문법론
## Studies in Korean Grammar

한국어 문법론은 한국어 음운론과 함께 우리말의 구조를 다루는 한 분야이다. 음운론이 자음, 모음, 음절, 악센트 등 언어의 소리 쪽을 다룬다면 문법론은 형태소, 단어, 구, 문장 등 그 자체가 어떤 의미를 동반하고 있는 단위, 곧 문법 단위들을 다룬다. 이 과목은 현대국어를 대상으로 우리말의 다양한 문법 현상과 그 바탕에 깔려 있는 규칙들을 발견하고 이해해 나가는 데 그 목적이 있다.

## 한국고전소설론
Classical Korean Novel

고전소설 작품에 대한 전반적인 이해를 바탕으로, 고전소설의 미학적 특징과 그에 표현된 한국인의 생활 감정과 사상을 이해하고 작품을 분석하고 해석하는 연구의 방법을 체득하도록 한다. 이를 위하여 첫째, 작품 및 갈래 등에 대한 지금까지의 연구 성과를 점검하고, 둘째, 구체적인 작품이나 갈래를 대상으로 그 작품을 분석하고 해석하거나 갈래의 미학적 특징을 규명하는 방법을 실습한다.

## 한국현대시론
Korean Modern Poetry

한국 현대시의 효과적인 이해를 위해서 시의 개별 요소에 대한 이론들을 살펴보고 이론과 실제 창작 사이의 거리를 살펴본다. 아울러 그들이 한국시에 어떻게 적용·이해될 수 있는가를 설명, 이해시키고자 한다. 한국 현대시의 기능적 이해를 위한 이론을 익히고, 실제 작품을 분석, 검토한다. 주요 내용은 시의 언어적 속성, 비유론, 상징론, 심상론, 운율, 형태론, 역설, 아이러니 등이다.

## 한국현대시인론
Modern Korean Poets

개화기 이후 1950년대까지의 한국 근대 시사(詩史)에서 중요하다고 판단되는 시인을 선정하여 각 시인들의 연구사를 검토하고, 그 시인들에 부합되는 방법론을 채택하여 새로운 연구방법을 제시한다.

## 한국현대소설론
## Korean Modern Novel

소설의 구조를 분석할 수 있는 일반이론을 소개하고 이론 자체의 계보적 특징을 습득한다. 그리하여 한국현대소설에 대한 엄정한 평가를 가능케 하는 이론적 기반을 마련하고, 내용과 형식의 연관을 통해 총체적으로 의미체를 파악하고 실증적으로 평가하는 태도를 기른다. 현대한국소설의 구조와 그 이론적 체계를 살펴보고, 현대소설의 전개과정에서 찾을 수 있는 문제점을 연구, 강독하는 강좌로서 현대한국소설이 지닌 특성과 서술기법, 구성의 조직, 작가의 작품 분석 방법론을 중심대상으로 한다.

## 한국현대작가론
## Modern Korean Authors

작가론의 방법에 대한 이해를 토대로 하여 한국 현대 작가의 전반적 특징을 파악한 후 특정 작가의 작품세계를 파악하는 것을 목표로 한다. 현대 한국 작가를 대상으로 작가에 대한 연구사 검토와 작품 분석을 중심내용으로 하는 연구 성과를 검토함으로써 한국소설사에 대한 지식과 인식을 향상시키도록 한다.

## 한국한문학론
## Studies in Sino-Korean Literature

한국한문학에 대한 전반적인 이해를 바탕으로 한문학의 미학적 특징과 그에 표현된 한국인의 생활 감정과 사상을 이해하고 작품을 분석하고 해석하는 연구의 방법을 체득하도록 한다. 이를 위하여 첫째, 작품 및 갈래 등에 대한 지금까지의 연구성과를 점검하고, 둘째, 구체적인 작품이나 갈래를 대상으로 그 작품을 분석하고 해석하거나 갈래의 미학적 특징을 규명하는 방법을 실습한다.

## 한국고전시가론
### Classical Korean Poetry

고대가요에서부터 향가, 고려가요, 시조, 가사 등 고전시가 작품에 대한 전반적인 이해를 바탕으로 고전시가의 미학적 특질과 그에 표현된 한국인의 생활 감정과 사상을 이해하고 작품을 분석하고 해석하는 연구의 방법을 체득하도록 한다. 이를 위하여 첫째, 작품 및 갈래 등에 대한 지금까지의 연구성과를 점검하고, 둘째, 구체적인 작품이나 갈래를 대상으로 그 작품을 분석하고 해석하거나 갈래의 미학적 특징을 규명하는 방법을 실습한다.

## 한국어정보의 전산처리
### Computational Treatment of Korean Language Information

본 과목의 목표는 학생들로 하여금 컴퓨터를 이용하여 한국어 관련 정보 (또는 자료)를 적절히 추출하고 처리할 수 있는 기초적인 능력을 기르게 하는 것이다. 정보 관련 기술과 산업이 발전함에 따라 많은 학문분야의 연구 내용과 방법론도 달라지고 있는데 이러한 변화에 부응하기 위해서 개설된 과목이 본 과목이다. 본 과목을 통하여 말뭉치의 구축, 말뭉치 가공, 가공된 말뭉치로부터의 언어정보 추출, 추출된 언어정보의 통계적 분석, 언어정보의 데이터베이스화, 데이터베이스의 운용 및 유지 등에 관한 기초적인 방법론을 익히게 될 것이며, 한국어문학 나아가서는 인문학을 위한 컴퓨터 활용 능력을 키우게 될 것이다.

## 한국어방언학
### Korean Dialectology

이 과목은 한국어 방언의 체계적인 연구를 위한 방법의 습득에 그 목적을 둔다. 우선 방언학과 관련한 여러 이론들을 소개한다. 주로 지리방언을 위주로 살펴보며 구체적으로 방언자료집을 통해 각 방언간의 음운·문법·

어휘적 특징을 알아본다. 그리고 방언 차이에 의해 방언구획 작업을 하고 나아가 방언지도geographical dialectology를 작성해 본다. 물론 이런 방언비교 뿐만 아니라 어느 한 방언을 택하여 공시론적인 연구를 할 수도 있다.

## 한국어학사
### History of Korean Linguistics

이 과목은 한국어에 대한 연구가 어떤 것들이 있었으며 그 경향의 변화 방향은 어떤지를 알아보는 것을 목적으로 한다. 먼저 한국어학사의 시대구분에 대해 알아본다. 그리고 각 시대별로 중요하다고 생각되는 학자들을 택하여 그 연구 성과가 어떠했는지 알아본다.

## 한국어의미론
### Studies in Korean Semantics

언어를 음성과 의미의 결합이라고 볼 수 있는 점에서 의미는 언어에서 빼놓을 수 없는 중요한 요소이다. 의미론은 이러한 말의 의미를 다루는 분야이다. 이 과목은 한국어를 대상으로 의미의 의미, 단어 간의 의미 관계, 단어장과 성분분석, 의미의 변화 등을 살피고, 나아가 문장의 의미, 담화의 의미 등에까지 관심을 넓힘으로써 한국어에 대한 이해의 폭을 넓힌다.

## 한국구비문학론
### Korean Oral Literature

설화, 민요, 전통극 등 구비문학에 대한 전반적인 이해를 바탕으로 구비문학의 문학적 특징과 그에 표현된 한국인의 생활 감정과 사상을 이해하고 작품을 분석하고 해석하는 연구의 방법을 체득하도록 한다. 이를 위하여 첫째, 작품 및 갈래 등에 대한 지금까지의 연구 성과를 점검하고, 둘째, 구체적인 작품이나 갈래를 대상으로 그 작품을 분석하고 해석하거나 갈래의 미학적 특징을 규명하는 방법을 실습한다.

### 한국현대소설강독
### Readings in Modern Korean Novel

개화기에서 1970년대까지 발표된 소설 작품들 가운데서 문제작을 선정하여 올바로 읽고, 분석하고, 평가하도록 한다.

### 한국한문고전강독
### Readings in Classical Sino-Korean Literature

한국한문학을 연구하기 위해서는 기본적으로 작품을 읽을 수 있는 능력을 갖추어야 한다. 이 과목은 한국한문학 작품의 독법을 익힘으로써 그러한 기초 능력을 갖출 수 있도록 하는 데에 그 목적을 두고 있다. 이를 위하여 시, 사, 문 등 다양하게 존재해 온 한문학의 전통 갈래에 해당하는 작품들을 골고루 선정하여 강독하고, 강독한 작품에 대한 실제적인 분석과 해석한다.

### 한국현대문학비평
### Modern Korean Literary Criticism

문학비평의 유형들과 개별 방법론을 검토하고 한국현대문학 연구에 어떻게 적용할 수 있는가를 실제 연구논문을 작성하면서 확인한다. 이와 함께 개화기 이후 진행된 실제비평을 통해 이론의 정합성과 적용가능성 및 한계 등을 검증해 본다. 문학작품에 대한 가치 평가의 행위인 비평작업을 통해 문학작품의 의미와 존재의의를 확인하는 비평문학에 대한 이론적 탐색을 통해 한국문학연구의 이론적 토대를 마련한다.

## 한국현대시강독
## Readings in Modern Korean Poetry

개화기의 여러 시가부터 최근의 시까지 1차 자료를 대상으로 하여 시 분석의 기초적인 능력을 배양한다. 발표 당시의 원문표기를 살린 자료를 대상으로 연구능력을 배양하는 훈련을 하며 동시에 시 분석을 위한 이론들을 재검토한다.

## 한국어어휘론
## Korean Lexicology

본 교과는 한국어의 어휘항목들(단어, 연어, 관용표현 등)이 이루는 어휘구조에 대한 이론적 이해를 목적으로 한다. 단어의 내부 구조와 단어형성, 단어의 차용, 어휘의미와 그 변화, 단어간 관계, 어휘 체계, 어휘 분류, 어휘의 계량, 단어의 다양한 변종들, 사전 편찬 등을 다룬다. 어휘에 대한 이론적 이해가 어휘력 증진, 문학 작품에 대한 이해, 한국의 문화와 한국인의 사고방식에 대한 측면적 이해 등으로 확대될 수 있도록 유의한다.

## 한국고전문학과 문헌학
## Classic Korean Literature and Philology

한국 고전문학에 대한 문헌학적 연구를 목표로 하여, 한국 고전문학 연구에 필수적인 고서를 통시적으로 개관하고, 고서의 형태서지적 성격 및 내용서지적 특성을 이해하며, 원전자료의 해제 및 주석 등의 기초적 연구 방법을 익힌다.

## 한국어학자료읽기
## Readings in Korean Linguistics

한국어 자료를 표기, 문자, 음운, 문법, 어휘의 면에서 자세히 읽고 분석함으로써 한국어의 실상에 대한 이해의 폭을 넓힌다. 또 한국어 자료에 대한 서지, 문헌학적 접근을 통해 역사적 자료를 다루는 방법과 절차를 익힌다.

## 중어중문학과

### 한문강독 1, 2
### Readings in Classical Chinese

한문 자료의 해독 능력은 중국문학 전공자들에게 필수적으로 요구되는 과제이다. 고등학교 과정과 교양과정에서 배운 한문 지식을 보다 체계화하고 직접 한문 자료를 다룰 수 있는 수준으로 고양시키는 동시에 좋은 문장을 보다 풍부하게 접할 기회를 제공하는 것이 이 교과의 목표이다. 이 교과에서는 한문 학습 효과를 극대화시킬 수 있는, 좋은 문장의 전범으로 '맹자'를 선택하여 강독한다. '맹자'강독을 통해 전공자들은 한문에 관한 체계적인 지식을 쌓아가는 동시에 한문 자료를 다루는 방법을 배울 수 있다.

### 중국역대시가강독 1, 2
### Readings in Traditional Chinese Poetry

중국문학 내부의 여러 가지 전공 분야 가운데에서도 시는 특별한 중요성을 갖는 분야이다. 이 과목은 중국의 시가 작품들 가운데서 명편을 뽑아 심층적으로 감상, 분석함으로써 중국 시가에 대한 이해의 지평을 넓히는 것을 목표로 한다.

### 중국어학개론
### Introduction to Chinese Linguistics

대학에서의 중국어 교육은 대개 언어학적 측면에서의 접근보다는 해당

언어로 된 자료를 해독할 수 있는 능력이나 현지인과의 의사소통에 필요한 언어 능력을 배양하는데 중점을 둔다. 이 과목은 중국어에 대한 언어학적 측면에서의 이해를 도모하기 위해 개설되었다. 성운학·문자학·통사론·의미론 등 중국어를 다양한 언어학적 견지에서 분석적으로 이해하는 기회를 가질 것이며, 이를 통해 고차원의 중국어 회화·작문·독해 능력을 구비하게 될 것이다.

### 중국어발음연습
Practicum in Chinese Pronunciation

외국어를 학습할 때 발음의 좋고 나쁨은 그 언어에 대한 관심여부를 나타내는 중요한 요소이다. 다른 외국어와는 달리 중국어는 성조언어라는 특성으로 인해 발음 습득에 많은 어려움을 겪고 있는 것이 사실이다. 이 과목에서는 중국어 발음의 이론 및 실습을 함께 공부할 것이다. 초보적인 중국어 발음의 원리에 관한 이론적인 바탕을 갖추고, 이를 기초로 다양한 방식을 통해 꾸준히 실습을 진행함으로써 발음 오류를 정확히 파악하고 이를 개선할 수 있게 한다.

### 중국어강독
Readings in Chinese

현대사회에서 중국어는 단순히 의사소통의 수단을 넘어 서면으로 이루어진 문장을 통한 중국 고대와 현대의 사회 및 문화에 대한 이해에도 필수적이다. 서면으로 이루어진 중국어 문장은 일상 회화에서 사용되는 그것과는 다른 모습으로 나타나는데, 이에 대한 전면적인 이해를 위해서는 중국어 문장 읽기에 대한 훈련이 필요하다. 이 교과목은 서면으로 이루어진 현대 중국어 문장을 읽고 해독하는 훈련을 통해 중국어 실력의 향상을 꾀하며 아울러 중국의 내면에 대한 깊은 이해를 돕게 될 것이다.

## 한문문법
## Classical Chinese Grammar

한문문법의 학습은 교양과정과 전공과정의 한문 교육을 통해 어느 정도 이루어지고 있지만, 종합적이고 체계적인 학습에는 한계가 있다. 본 교과는 한문 문장을 언어학적인 관점에서 문법적인 분석을 시도하며 고급수준의 한문 문장 해독 능력을 배양한다.

## 현대중국소설
## Contemporary Chinese Fiction

현대중국은 개혁개방 30년을 거치는 동안 대단히 역동적인 변화를 보여주고 있다. 인류 역사상 유례를 찾기 어려울 정도의 이같은 변화의 양상은 문학에도 깊은 영향을 미치고 있다. 본 과목은 중국현대소설 작품들에 대한 깊이 있는 독해를 통해 현대중국이 겪고 있는 사회문화적 변모양상에 대한 보다 폭넓은 이해에 도달하는 것을 목적으로 한다.

## 중국소설과 문화
## Chinese Novels and Culture

중국의 소설은 근대 이전 명청(明淸) 시기에 이미 확고한 작자-독자의 시장 체계와 독서 환경의 중심에 있었을 뿐만 아니라, 소위 '사대기서(四大奇書)'혹은 '육대기서(六大奇書)'라 불리는 작품들을 통해 당시의 문화 및 문학적 역량의 총결 혹은 정점으로서의 획기적인 성과를 보여주었다. 이러한 성과로 인해 이 시기 대표적 작품들은 근대의 변혁을 거쳐 현대에 이르기까지 중국 소설의 고전으로서 확고부동한 지위를 얻게 되었을 뿐만 아니라, 오늘날 영화와 드라마, 애니메이션과 같은 각종 매체의 유력한 콘텐츠로서 끊임없이 재창작·재해석되는 대상이 되었다. 이 과목은 이러한 명청 시기 소설 작품들을 통해 당시 사회의 모습과 문화를 이해하고, 전통시기에서 현재에 이르는 중국 문화의 연속성과 근원적 특성을 탐색한다.

## 현대중국의 문학과 사회
### Literature and Society of Modern China

이 과목은 20세기에 쓰여진 중국현대문학 작품들 가운데 중요한 작품들을 뽑아 번역서를 통해 충실한 이해와 감상 능력을 계발하고, 문학과 사회의 관계에 대해 깊이 있게 고찰한다. 주로 20세기의 산문·소설·시를 다루게 된다.

## 중국현대문학강독
### Readings in Modern Chinese Literature

가 과목은 20세기 중국현대문학 작품들 가운데 중요한 작품들을 뽑아 원어로 강독함으로써 작품에 대한 충실한 이해와 감상 능력의 계발을 도모한다. 주로 20세기의 산문·소설·시를 다룬다.

## 고급중국어
### Advanced Chinese

고급 수준의 문법과 작문, 독해 능력을 기르는 것이 이 과목의 목표이다. 또한 다양한 자료의 독해를 통해 중국문화의 심층을 이해함과 동시에 언어 사용에 내재된 중국인들의 사고 패턴을 이해함으로써 자연스런 회화 구사 능력을 배양한다.

## 중국사회문화론특강
### Topics in Socio-cultural Aspects of China

이 교과에서는 중국의 중요한 사회문화적 주제를 선별하여 강독하고, 이를 통해 문학과 언어에서 나타나는 모습의 배경을 추론하도록 유도한다. 주제는 문화인류학, 사회경제학, 정치학 등의 다양한 분야에서 선택되며, 사회과학적인 관점의 서적을 중심으로 독해한다.

## 중국문학사 1, 2
### History of Chinese Literature

본 교과는 중국문학에 대한 수강생들의 기초적인 이해를 전제로, 중국문학 전반을 심도 있게 소개하는 것을 목적으로 한다. 중국 문학사는 질과 양 두 측면에서 세계적으로 그 유례를 찾아볼 수 없는 방대한 자료를 축적하고 있다. 본 교과를 통해 문학 작품에 대한 심도 있는 분석과 함께 중국 문학사에 대한 안목을 넓힐 수 있을 것이다.

## 중국역대산문강독 1, 2
### Readings in Traditional Chinese Prose

중국문학의 전개 과정에 있어 산문은 시와 더불어 가장 중심적인 위치를 점하여 왔다. 이 과목은 『서경』에서 비롯한 중국의 산문이 제자서와 사전문 등을 거쳐 당송의 고문과 변려문으로 발전해가는 과정을 이해하고 중국 산문의 특징과 고유의 미학적 구조를 해명하는 데 그 목적이 있다.

## 중국전통문화의 의미와 현대 중국
### Implication of Chinese Traditional Culture and The Contemporary China

중국의 전통 문화에 보이는 여러 특징적인 양상을 살펴본 뒤, 그것이 갖는 의미가 무엇인지를 논제로 살펴본다. 그리고 그 의미가 현대사회에 나타난 발현을 통하여 중국 전통문화와 현대 사회가 어떠한 상관성이 있는지에 대해 연구한다. 중국의 전통 문화를 살펴보기 위하여 문학, 역사, 철학 등과 관련된 텍스트를 검토할 뿐만 아니라, 고고학과 인류학 방면의 기존 성과도 참고하게 될 것이다.

## 중국어문법
## Chinese Grammar

중국어문법은 교양 과정과 전공 기초 과정의 중국어 교육을 통해 어느 정도 이루어지고 있으나 단편적이라는 한계를 지닌다. 본 교과는 중국어문법을 종합적, 체계적으로 고찰하고 엄밀한 언어학적 관점에서 중국어문법을 분석적으로 이해함으로써 고급 수준의 중국어 회화·작문 및 독해 능력 구비에 기초를 제공하는 데에 그 목적이 있다.

## 중국어번역연습
## Practicum in Chinese Translation

본 교과에서는 중국어로 된 다양한 문장을 번역하는 연습이 이루어진다. 중국어의 중요성이 날로 증대되는 요즘, 소설, 동화, 만화 등처럼 문헌으로 이루어진 텍스트 외에 영화나 방송 등 각종 미디어를 통해 중국어를 접할 기회 또한 늘어나고 있다. 본 교과의 목적은 중국어로 된 각종 매체의 번역 연습을 통해 중국과 중국어에 대한 이해의 폭을 넓히고 보다 전문적인 중국어 실력을 배양하는 데 있다.

## 중국현대문학론
## Studies in Modern Chinese Literature

1919년 5.4운동 이후의 중국현대문학은 백화문학운동을 필두로 민족형식논쟁·문예대중화논쟁·국방문학논쟁 등 수많은 논쟁을 거치는 한편 현실주의, 낭만주의, 현대주의 등의 다기한 문예사조가 교차되면서 전개돼 나간다. 이러한 논쟁과 다양한 문예사조에 대해 문인들의 검토가 진행되면서 중국현대문학은 풍부한 문학논의로 채워지게 된다. 이 과목은 논쟁사와 사조사의 관점에서 중국현대문학의 다양한 면모를 고찰하는 데 그 목표가 있다.

## 중국역대소설강독
## Readings in the Traditional Chinese Novel

신화·지괴·전기에서 화본소설·장회소설로 이어지는 중국고전소설의 변화 및 발전 과정은 시문 중심의 문학사와는 다른 각도에서 중국문학에 대한 이해의 기회를 가질 수 있을 것이다. 화본소설 이전의 신화·지괴·전기 등이 명대 이후에 보다 완정한 소설적 형태를 갖추게 되는 과정과 화본소설에서 장회소설로의 변모과정 등을 작품 강독을 통해 체계적으로 이해하는 것이 이 교과의 목표이다.

## 중국사곡(詞曲)강독
## Readings in Chinese Ci Poetry

중국시가문학에 있어 사와 곡은 정통 장르로 분류되는 시에 비해 그 문학사적 의의가 충분히 인정되지 못하였으며 그에 대한 연구도 충분히 이루어지지 않은 편이다. 이 과목은 사와 산곡의 텍스트를 충실히 읽고 그 고유의 미학적 구조와 시가발전사상의 의의를 이해하는 데 그 목적이 있다.

## 중국공연예술
## Performing Arts of China

중국의 고대에서부터 발전하여 현재까지 창작과 공연이 지속되는 희곡(戱曲, opera)과 강창(講唱, oral performance arts)의 역사와 내용을 고찰한다. 대본 강독과 무대 상연 고찰을 병행하여 그 문학성과 예술성을 이해 분석한다. 잡극(雜劇), 전기(傳奇), 곤곡(崑曲), 경극(京劇), 탄사(彈詞), 고사(鼓詞), 설서(說書) 등의 대표 작가와 작품을 섭렵하면서 그 사회적·문화적 함의를 탐구한다.

## 시경 · 초사
Readings in Shijing and ChuCi

시경은 중국문학사에 있어 가장 오래된 텍스트이며 후대의 문학발전에 가장 큰 영향을 끼친 텍스트이다. 초사 역시 중국문학의 기원을 살펴볼 수 있는 중요한 문헌이다. 따라서 시경과 초사의 연구는 중국문학의 성격과 발전방향을 이해하는 데 필수적이다. 본 교과는 이러한 요구에 부응하기 위해 시경과 초사의 원문을 충실히 강독하고 문학적 특징과 의의, 후대의 영향 그리고 서로간의 연계성을 살펴보는 데 그 목적이 있다.


## 영어영문학과

### 고급영문법
Advanced English Grammar

영문법 구조에 관한 지식을 실제 언어가 사용되는 다양한 상황이나 맥락 속에서 파악하고 영문법을 제대로 활용하는 방법을 익힐 수 있도록 한다. 코퍼스 자료, 신문기사, 뉴스, 영화, 시트콤, 광고, 스포츠 중계 등 다양한 자료를 활용하여, formality, register, genre 등에 따라 영문법 구조가 어떤 변이형들을 취하는지를 살펴봄으로써 영문법을 보다 폭넓게 이해를 할 수 있도록 한다.


### 근대영국문학개관
English Literature from Restoration to Reform Bills

왕정복고(1660)부터 제2차 선거법 개정(1867)까지 약 200년간의 기간을 배경으로 왕정복고시대 문학, 오거스탄 시대 문학, 감성의 시대, 낭만기 문학, 빅토리아 시대 문학의 시대 구분에 유의하면서 전체적인 흐름을 파악할 수 있도록 한다. 드라이든에서 브라우닝까지 주요 시인의 작품을 선별하여 읽고 소설을 포함하여 이 시기의 산문도 접하도록 한다.

### 중세 · 르네상스영문학개관
### English Literature up to Milton

앵글로색슨 시대부터 17세기 중엽까지의 영문학을 조망하는 과목이다. 다양한 장르와 전통을 대표하는 작품을 선별해서 읽으며, 중세에서 근세로의 이행에 특히 주목한다. 개별 텍스트의 의미를 사회문화적 맥락, 시대적 감수성과 연계하여 이해한다.

### 19세기 미국소설
### 19th–Century American Novel

19세기 미국소설을 주요 작가의 대표작을 통하여 집중적으로 연구한다. 저명한 비평서와 개별 장편들에 대한 비평을 읽어 주제와 문체, 기교 등을 분석하는데 참고한다. 내용과 형식면에서 미국소설의 전통과 특징을 파악하는 것은 작품 자체를 읽음으로써만 가능하므로 비평서는 2차적인 중요성을 갖게 될 것이다. 미국소설에 대한 심미적인 접근도 시도한다.

### 영어통사론
### English Syntax

영어의 문장구조와 관련된 여러 통사 현상들을 살펴보고 이를 체계적으로 설명하는데 필요한 기본 개념 및 분석 방법들을 알아본다. 영어에서 단어들이 구나 문장을 형성하는 원리와 다양한 구문들에 대한 합리적 분석 방법을 모색하는 것을 주된 목표로 하며, 나아가 영어 통사구조의 이해가 의미 해석이나 응용영어학 측면에 어떻게 연결될 수 있는지도 살펴본다.

## 영작문
## English Writing

영어글쓰기 능력을 집중적으로 배양한다. 쓰기 논리와 문체에 대해서는 물론 어법과 기술적인 면에 대해서도 체계적으로 연구하며, 적절한 길이와 난이도의 영미문학 및 문화 텍스트를 분석대상으로 활용하여 읽기와 쓰기를 연결시킨다. 영어 글쓰기 능력에 있어 중·상급 이상의 학생을 대상으로 하는 교과목으로 수준 높은 문장 구사력과 논리적인 논지 전개능력을 기르는데 주력한다.

## 현대영국문학개관
## 20th-Century English Literature

영국이 대제국으로 세계를 제패한 빅토리아시대 후반부터 모더니즘 문학을 거쳐 작품성을 인정받은 최근 문학까지 다룬다. 현대 영국의 사회와 문화에 대해서도 살펴볼 수 있는 기회를 제공 한다.

## 영어음성학
## English Phonetics

이 교과는 영어화자들이 사용하는 언어음의 조음적 특징을 살펴보고 이해하는 것을 주목적으로 한다. 언어음이 발화될 때 어떠한 조음기관이 사용되고 그 기관이 어떠한 모습을 보이는지를 알아보는 것이 조음적 특징을 이해하는 것이다. 영어의 변별적 음의 조음적 특징을 이해한 후, 다수의 음이 연쇄적으로 발화될 때 음들 상호간에 어떠한 현상이 나타나고 그것이 왜 발생하는지를 이해하게 한다.

## 영어와 사회
## English and Society

이 과목에서는 영어를 사회언어학적 관점으로 관찰하는 데 필요한 기본 용어 및 개념들을 알아보고 국가별 표준어, 지역방언, 사회적 방언, 레지스터 등을 포함하는 다양한 형태의 영어 변이형들을 탐구해 본다. 아울러 지구화 시대에 영어를 제2 언어 혹은 외국어로 배우고 사용하는 국가들의 사회, 문화, 언어에 대하여 영어가 끼치는 영향을 살펴본다.

## 영어담화분석
## English Discourse Analysis

응용언어학의 한 분야인 담화분석에 대해 소개하고 대화분석, 상호작용적 사회언어학, 비판적 담화분석 등 담화분석의 제반 이론 및 분석방법론을 살펴본다. 아울러 이들 방법론을 이용하여 다양한 장르의 영어 담화를 분석해 봄으로써 구체적 상황 맥락에서의 영어의 사용에 대한 이해를 돕고 언어의 기능을 분석하는 능력을 기른다.

## 낭만주의 영시
## English Romantic Poetry

낭만시대의 시를 프랑스혁명과 산업혁명의 맥락에서 선별적으로 읽는다. 블레이크, 워즈워스, 코울리지, 바이런, 셸리, 키이츠와 같은 시인들을 다루며, 테니슨, 브라우닝, 아놀드와 같은 빅토리아시대의 시인들도 함께 다룰 수 있다.

## 근대미국문학개관
## American Literature up to 1900

식민지 시대 초기부터 19세기 말까지의 미국문학을 개관하는 과목으로,

여러 장르에 걸쳐 주요 작가들이 미국문학 전통에 어떻게 기여했는지 살펴본다. 프랭클린, 호손, 에머슨, 멜빌, 휘트먼, 포우와 트웨인 등과 그동안 중요하게 취급되지 않은 작가들을 대비함으로써 미국 문학사에 대한 이해를 넓힌다.

## 영어발달사
### History of English Language

영어의 변천 과정을 인구어에서부터 시작하여 고대영어, 중세영어, 근대영어에 이르는 시기를 대상으로 영어의 내적 역사 - 음운구조, 철자체계, 굴절체계, 통사구조, 의미 - 의 관점에서 다룬다. 언어변화는 필연적으로 외적 변화와 연결되어 있으므로 영어에서의 변화를 다루는 과정에서도 해당시기에 일어난 역사적인 사건들과 언어변화의 상관관계를 살핀다. 또한 시기별로 일어난 변화에 대한 이해와 더불어 변화의 원인, 양상, 방향에 대해서도 논의한다.

## 셰익스피어
### Shakespeare

셰익스피어의 희곡을 집중적으로 강독한다. 오늘의 영어와 상이한 어법, 단어와 어귀의 의미를 정확하게 파악하고, 극적 아이러니와 심상 등 여러 가지 시적 요소와 플롯, 주제, 성격 등 여러 가지 극적 요소들의 분석을 통해서 셰익스피어의 극예술을 올바르게 이해하고 감상하도록 유의한다.

## 18 · 19세기 영국소설
### 18th—and 19th—Century English Novel

디포에서부터 제인 오스틴에 이르는 18세기 영국소설을 주요작가의 대표적인 작품을 읽음으로써 살펴본다. 또한 스콧에서 하디에 걸친 영국소설의 발전과정을 개관하며 주요 작가들의 작품중 몇 편을 중점적으로 분석함으로써 구체적인 논의가 진행되도록 한다. 또한 보다 총체적인 이해를 위해서는 작품뿐만 아니라 그 작가의 시대적 배경과 전기적 사실 등 작품 외적인 자료들도 취급할 수 있다.

### 20세기 영국소설
### 20th-Century English Novel

20세기 이후 현대 영국소설의 주요 작품을 선별하여 읽는다. 20세기 전반 모더니즘 문학의 전체적 흐름을 파악하는 동시에 제2차 세계대전 이후 영국소설의 변화된 문학적 감수성과 형식, 주제, 문화적 맥락을 이해하도록 한다. 최근 영미 외의 영어권에서 축적된 소설적 성과 또한 점검한다.

### 20세기 미국소설
### 20th-Century American Novel

20세기 이후 현대 미국소설의 주요 작품을 선별하여 읽는다. 20세기 전반 모더니즘 문학의 전체적 흐름을 파악하는 동시에 제2차 세계대전 이후 미국소설의 변화된 문학적 감수성과 형식, 주제, 문화적 맥락을 이해한다. 흑인문학을 비롯한 소수민족문학의 소설적 성과 또한 점검한다.

### 현대영미희곡
### Modern English and American Drama

19세기 말 이후 오늘에 이르기까지 영국과 미국의 희곡문학을 조망한다. 특히 입센 이후 현대희곡의 주요 경향 및 형식 실험에 주목한다. 시대별로 주요작품을 선별하여 정독함으로써 현대희곡의 큰 흐름을 파악하는 동시에 개별 작품에 대한 깊이 있는 이해를 도모한다.

## 현대미국문학개관
## 20th–Century American Literature

20세기에서 현재까지 미국문학을 개관하는 과목으로 이 시기의 역사적, 사회적, 문화적 문맥에서 대표적인 문학 작품을 자세히 읽는 것을 목표로 한다. 포크너, 피제랄드, 윌리엄즈, 프로스트 등 정전(the great classical texts)에 속해 있는 작가들은 물론 모리슨이나 이창래(Chang - rae Lee)처럼 최근에 문학적 명성을 얻은 작가들의 작품도 읽도록 한다.

---

※ **이창래 (李昌來, Chang - Rae Lee, 1965년 7월 29일~ )**

한국계 미국인(교포 1.5세) 작가이다. 이창래는 1965년 서울에서 태어나 3살 때 가족과 함께 미국으로 이민 갔다. 예일대학교 영문과 학부를 졸업하고 오레곤대학교에서 문예창작 석사학위(MFA)를 받았다.

첫 소설 'Native Speaker'('영원한 이방인'으로 번역)는 첩보활동에 연루된 한국계 미국인의 아웃사이더 같은 삶을 다루고 있다. 이 작품으로 그는 PEN/헤밍웨이 상, 아메리칸 북 상 등 미국 문단의 6개 주요 상을 수상했다. 1999년에는 두 번째 소설 'A Gesture Life'('척하는 삶'으로 번역)를 출간하였는데, 제2차 세계 대전 당시 일본군으로 복무하면서 한국인 일본군 위안부들을 관리했던 경험을 갖고 있는 연로한 의사 하타의 이야기를 통해 정체성과 융화의 문제들을 다루고 있다. 현재 이창래는 프린스턴 대학교에서 교편을 잡고 있다(위키백과).

---

## 영어의미론
## English Semantics

영어표현의 의미와 실제 상황에서의 용법을 살펴보면서 영어의미론과 화용론의 주요 개념과 연구방법들을 소개한다. 어휘의미, 의미합성, 의미역할, 비유, 지시, 추론, 전제, 정보구조 등과 관련되는 다양한 영어자료를 분석해 봄으로써 영어의 의미 해석과 인간의 인지에 대한 깊이 있는 이해에 도달하는 것을 목표로 한다.

## 코퍼스 영어학
### English Corpus Linguistics

이 과목에서는 전산 코퍼스에 기반한 영어 연구 이론, 연구 방법, 응용 기술 등을 습득한다. 코퍼스를 활용한 언어 분석의 기초를 익히고, 영어학 연구 제 분야에서 필요로 하는 영어 자료 관찰 및 분석 기술을 습득하고, 코퍼스 자료를 활용한 영어학 및 영어교육 관련 논문을 읽는다. 컴퓨터로 영어 코퍼스를 언어학적으로 분석하고 연구하는 능력을 함양하여 궁극적으로 학부 졸업 논문수준의 연구 논문을 완성하는 것을 목표로 한다.

## 중세영문학
### Medieval English Literature

앵글로색슨 시대에서 15세기 말까지의 중세영문학과 유럽문학 고전들을 선별해서 읽는다. 중세 텍스트, 장르, 주제, 기법 등이 현대문학과 대중매체에서 번안되고 변용되는 양상 또한 살펴볼 수 있다.

## 르네상스 희곡
### English Renaissance Drama

셰익스피어를 제외한 16 · 17세기 영국 희곡의 고전들을 선별해서 읽는다. 중세 말기와 왕정복고기의 희곡을 포함할 수도 있다. 개별 작가 · 작품과 사회문화적인 맥락에 대한 균형 잡힌 이해를 도모한다.

## 르네상스 영시
### English Renaissance Poetry

16세기 초에서 17세기 중반까지의 영국시 고전들을 선별해서 읽는다. 중세 말기의 작품 또한 포함할 수 있다. 와이엇, 스펜서, 시드니, 셰익스피어, 던, 존슨, 허버트, 마블, 밀턴 등의 시인들을 다룰 수 있다.

## 17 · 18세기 영시
## 17th- and 18th-Century English Poetry

17세기 중반부터 18세기말까지의 영국시를 선별하여 읽는다. 밀턴 이후 영국시 전통이 어떻게 발달하였는지 정치, 사회문화적 맥락과 연결해서 고찰하면서 서사시, 영웅시, 풍자시, 발라드, 풍경시 등의 장르가 이 시기에 어떻게 발달하였는지에 대한 문학사적 이해를 도모한다. 아울러 18세기 영국시 전통이 초기 낭만주의와 어떻게 연결되었는지를 다룬다. 밀턴, 드라이든, 포우프, 스위프트, 게이, 존슨, 그레이 등의 작품을 선별하여 읽을 수 있다.

## 현대영미시
## Modern English and American Poetry

19세기 후반에 등장한 현대시의 선구자들을 비롯하여 20세기의 주요 영미시인들, 특히 모더니스트 시인들을 중점적으로 읽는다. 20세기 중반의 시인들과 20세기 후반의 다양한 유파의 시인들을 다룰 수도 있다.

## 응용영어학연습
## Topics in Applied English Linguistics

이 과목은 응용영어학 분야 중 특정분야를 선택하여 집중적으로 다룬다. 선정된 분야의 기본적인 개념, 분석방법 및 핵심이슈에 대해 배우고 이를 토대로 영어와 관련된 다양한 현상을 분석한다.

## 미국시
## American Poetry

17세기 식민지 시대로부터 현대에 이르기까지의 주요 시인들의 작품을 광범하게 읽고 미국시의 특성과 그 전통을 포괄적으로 이해한다. 동시대의 주요 영국시와의 비교연구, 그리고 미국시와 미국적 현실과의 관련 연구 역시 이 과목의 중요한 한 부분을 이룰 것이다. 브라이언트, 포우, 에머슨, 휘트먼, 디킨슨, 로빈슨, 프로스트, 샌드벅, 크레인, 윌리엄스, 스티븐스, 파운드, 휴즈 등을 주로 다룬다.

## 영미문학비평
## English and American Literary Criticism

영미비평 전반에 대한 이해를 목표로 한다. 대표적인 비평문들을 선택해 읽음으로써 시드니 이후 현대에 이르기까지 영국비평의 중요한 흐름들을 개관하고 문화사의 문맥에 놓는다. 미국비평은 포우에서 시작하여 신비평에 이르는 과정과 신비평 이후의 경향까지를 살핀다. 영국 미국 모두 사회의 변천과의 비교 속에서 비평의 구조를 탐색한다.

## 영미작가연구
## Studies in English and American Authors

중요한 작가를 집중적으로 연구하며, 경우에 따라서는 유사하거나 대조적인 경향의 작가들을 함께 묶어 연구한다. 연구대상이 되는 작가의 주요 작품들을 숙독하여 작품들을 통해 제시된 의미를 파악하며 이를 통해 그 작가에 대한 전반적인 이해를 도모한다. 또한 구체적이며 동시에 총체적인 이해를 돕기 위해서 작가의 시대적 배경과 전기적 사실 등 작품 외적인 자료들도 함께 취급할 수 있다.

## 최근 영어권 소설
## Contemporary Novels of the English-Speaking World

20세기 중반 이후 출판된 영어권 소설을 읽는다. 아체베, 앳우드, 쿳시, 파울즈, 이시구로, 레싱, 나보코프, 루시디, 스미스 등 영미 및 캐나다, 인도, 아프리카 출신 작가들의 작품을 선별하여 읽으며 해당 작품의 역사적, 문화적 맥락을 살펴본다.


## 소설의 이론과 서사 전통
## Theories of the Novel and Narrative Tradition

소설을 중심으로 서사 전통과 서사형식에 대한 역사적, 비평적 이해를 도모하는 과목이다. 18세기 영국소설 발생기의 서사전통 및 작품과 미국의 로맨스장르와 같은 특정한 전통에 대한 논의를 포함할 수도 있다. 아울러 소설과 인접한 산문 장르의 서사 전통도 함께 다룰 수 있다.


## 여성문학의 전통
## Women Writers and Literary Tradition

여성작가들의 문학적 성취를 공부함으로써 영문학 전통의 의미를 확장하는 것이 이 교과의 목표이다. 영미권 여성작가의 시, 소설, 드라마, 에세이, 비평 등 장르와 시대를 아울러 다양한 작품을 골고루 읽으면서 여성과 문학이라는 주제를 탐구한다.

# □ 문학 정보원

## 안내서

『(정여울의) 문학 멘토링 : 문학의 비밀을 푸는 20개의 놀라운 열쇠. 개정증
　　보판』(정여울 지음. 메멘토, 2013)

『(지구별 여행자를 위한) 여행작가 가이드북』(루이자 피트 오닐 지음, 정연
　　희 옮김. 소수, 2013)

『17 · 18세기 한문학 비평 자료집』(송재소, 이철희 외 편. 성균관대학교 출
　　판부, 2013)

『1960년대 문학 지평 탐구』(이화비평연구모임. 역락, 2011)

『고바야시 다키지 문학의 서지적 연구』(황봉모 著. 어문학사, 2011)

『글쓰기를 두려워 말라』(박동규. 문학사상사, 1997)

『낭만적 거짓과 소설적 진실』(르네 지라르 지음, 김치수 · 송의경 옮김. 한
　　길사, 2011)

『논술지도방법론』(김혜영. 경남대학교출판부, 2006)

『독서지도방법론』(김혜영. 경남대학교출판부, 2006)

『독일문학과 영화의 만남: 1890년~2010년』(송희영 외 공저. 형설출판사,
　　2012)

『문학, 무엇을 할 것인가: 우리 시대 지성 10인이 전하는 살아 있는 인+문학
　　강의』(한국작가회의 자유실천위원회 엮음. 동녘, 2011)

『문학개론』(구인환 · 구창환 공저. 삼영사, 2003)

『문학연구 입문의 실제』(이주열 지음. 한국학술정보, 2012)

『문학제도 및 민족어의 형성과 한국 근대문학(1890~1945): 제도, 언어, 양식
　　의 지형도 연구』(김영민 지음. 소명출판, 2012)

『북한 생활문화 연구목록』(건국대학교 통일인문학연구단 지음. 선인, 2011)

『영문학 연구의 최근 동향 = Recent English literary studies』 (새한영어영문
학회, 부산대인문학연구소 공편. 동인, 2013)

『재일 동포문학의 연구 입문』 (전북대학교 재일 동포 연구소 편. 제이앤씨,
2011)

『제국시대 잡지『國民文鶴』과 한일 작가들: 식민지말기 잡지『國民文鶴』에
나타난 한일 작가 비교연구』 (사희영 지음. 문, 2011)

『조선후기 명·청 문학 관련 자료집』 (안대회, 이철희, 이현일 외 편. 성균
관대학교 출판부, 2013)

『초기 희랍의 문학과 철학: 기원전 5세기 중반까지 희랍 서사시, 서정시와
산문의 역사』 (헤르만 프랭켈 지음, 김남우·홍사현 공역. 아카넷,
2011)

『코리언 디아스포라 연구목록』 (건국대학교 통일인문학연구단 저. 선인,
2013)

『키워드로 읽는 2000년대 문학』 (작가와비평 편집동인 엮음. 작가와비평,
2011)

『한국 여성작가 작품목록: 해방 이후부터 1960년대까지』 (구명숙, 김진희,
송경란 편저. 역락, 2013)

『한국여성수필선집: 1945~1953』 (구명숙 외 편. 역락, 2012)

『한국전쟁기 여성문학 자료집. 전3권』 (구명숙 외 편. 역락, 2012)

『해방기 여성 단편소설 전2권』 (구명숙 외 편. 역락, 2011)

『현대 문학비평의 계보와 서사의 지형학』 (이도연 지음. 한국학술정보,
2011)


『The Anglo-Saxon literature handbook』 (Mark C. Amodio. Wiley-Blackwell,
2014)

『The Cambridge companion to gay and lesbian literature』 (edited by Hugh

Stevens. Cambridge University Press, 2011)

『Children's literature in action: a librarian's guide. 2nd ed』 (Sylvia M. Vardell. ABC‑CLIO, 2014)

『Exploring communication disorders: a 21st century introduction through literature and media. 2nd ed』 (Dennis C. Tanner. Pearson Learning Solutions, 2012)

『A handbook of critical approaches to literature. 6th ed』 (Wilfred L. Guerin [et al.]. Oxford University Press, 2011)

『Holocaust literature a history and guide』 (David G. Roskies and Naomi Diamant. Brandeis University Press, 2012)

『How to read literature like a professor: a lively and entertaining guide to reading between the lines. Rev. ed』 (Thomas C. Foster. Harper Perennial, 2014)

『Korean literature, art, and film from 1910 to 1945』 ([EIH, CEAS]. Council on East Asian Studies at Yale Universityt, 2014)

『Literature and film in Cold War South Korea: freedom's frontier』 (Theodore Hughes. Columbia University Press, 2012)

『Modern American literature』 (Catherine Morley. Edinburgh University Press, 2012)

『The Oxford handbook of children's literature』 (edited by Julia L. Mickenberg and Lynne Vallone. Oxford University Press, 2013)

『The Oxford handbook of English prose, 1500~1640』 (edited by Andrew Hadfield. Oxford University Press, 2013)

『The Oxford handbook of literature and the English Revolution』 (edited by Laura Lunger Knoppers. Oxford University Press, 2012)

『The Oxford handbook of nineteenth-century American literature』 (edited by Russ Castronovo. Oxford University Press, c2012)

『The Oxford handbook of Tudor literature, 1485~1603』 (edited by Mike Pincombe and Cathy Shrank. Oxford University Press, 2011)

『The seventeenth - century literature handbook』 (Marshall Grossman. Wiley - Blackwell, 2011)

『Slavery in American children's literature, 1790~2010』 (Paula T. Connolly. University of Iowa Press, 2013)

『Treacherous texts: U.S. suffrage literature, 1846~1946』 (edited by Mary Chapman, Angela Mills. Rutgers University Press, 2011)

『The twentieth-century American fiction handbook』 (Christopher MacGowan. Wiley - Blackwell, 2011)

『Young adult literature in action: a librarian's guide. 2nd ed』 (Rosemary Chance. Libraries Unlimited, 2014)


## 사전류

『중국문학 비평용어사전』 (임종욱 편. 이회문화사, 2011)

『한국민속문학사전. 설화』 (국립민속박물관 편. 국립민속박물관, 2012)

『The Encyclopedia of English renaissance literature』 (general editors, Garrett A. Sullivan and Alan Stewart. Wiley - Blackwell, 2012)

『Encyclopedia of Korean folk beliefs』 ([English translation Jung Ha - yun]. National Folk Museum of Korea, 2013)

『Encyclopedia of Korean folk literature = 한국민속문학사전』 ([executive editor, Chung Myung - sub ; compiled and edited by the Encyclopedia Planning Team, Kim Tae-woo, Ahn Hye - kyeong, Cho Hyun-sook ; English translation, Jung Ha - yun]. The National Folk Museum of Korea, 2014)

『Encyclopedia of Korean seasonal customs = 한국세시풍속사전』(executive
　　　editing, Jingi Cheon. The National Folk Museum of Korea, 2010)
『The Encyclopedia of romantic literature』(general editor, Frederick Burwick ;
　　　associate editors, Nancy Moore Goslee and Diane Long Hoeveler.
　　　Wiley - Blackwell, 2012)
『The Encyclopedia of twentieth-century fiction』(general editor, Brian W.
　　　Shaffer. Wiley - Blackwell, 2011)
『A Handbook to literature. 12th ed』(William Harmon. Longman, 2012)
『Historical dictionary of French literature』(John Flower. Scarecrow Press,
　　　2013)
『Yearbook 2012/2013: family and kinship in the Deuterocanonical and
　　　cognate literature』(edited by Angelo Passaro. De Gruyter, 2013)


## 연속간행물

『19세기영어권문학』(19세기영어권문학회, 1998~. 반년간)
『古典文學硏究』(韓國古典文學硏究會, 1971~. 반년간)
『국어국문학』(국어국문학회, 1952~. 계간)
『노어노문학』(한국노어노문학회, 1988~. 계간)
『독일문학』(한국독어독문학회, 1959~. 계간)
『독일언어문학』(한국독일언어문학회, 1993~. 계간)
『東南亞硏究』(한국외국어대학교 동남아연구소, 1991~. 반년간)
『러시아어문학연구논집』(한국러시아문학회, 1995~. 연3회)
『문예운동』(문예운동사, 1998~. 계간)
『문학과사회』(문학과지성사, 1988~. 계간)
『문학사상』(文學思想社, 1972~. 월간)
『문학춘추』(文學春秋社, 1964~. 월간)

『민족문학사연구』(민족문학사연구소, 1991~. 반년간)

『불어불문학연구』(韓國佛語佛文學會, 1966~1993. 간행빈도 다양)

『세계의 문학』(민음사. 1976~. 계간)

『스페인어문학』(한국스페인어문학회, 1987~. 계간)

『시인세계』(문학세계사, 2002~. 계간)

『실천문학』(실천문학사, 1980~. 계간)

『영어영문학』(한국영어영문학회, 1955~. 계간)

『외국문학연구』(한국외국어대학교 외국문학연구소, 1996~. 계간)

『이탈리아어문학』(한국이탈리아어문학회, 1994~. 연3회)

『日本學報』(韓國日本學會, 1973~. 계간)

『日本語文學』(韓國日本語文學會, 1995~. 연간)

『日語日文學』(大韓日語日文學會, 1994~ . 계간)

『日語 日文學硏究』(韓國日語日文學會, 1979~. 간행빈도 다양)

『中國文學硏究』(한국중문학회, 1983~. 연간)

『中國語文學論集』(중국어문학연구회, 1995~. 격월간)

『中國文學』(韓國中國語文學會, 1973~. 계간)

『中國語文論叢』(고려대 中國語文硏究會, 1988~. 연간)

『중국문학이론』(한국중국문학이론학회, 2002~. 연간)

『創作과 批評』(창작과비평사, 1966~. 계간)

『프랑스 고전문학 연구』(한국프랑스고전문학회, 1998~. 연간)

『한국문학이론과 비평』(한국문학이론과 비평학회, 1997~. 계간)

『한국프랑스학논집』(한국프랑스학회, 1995~. 계간)

『한국현대문학연구』(한국현대문학회, 1991~. 반년간)

『한문학논집』(단국대 한문학회, 1983~. 간행빈도 다양)

『헤세연구』(한국헤세학회, 1998~. 반년간)

『현대소설연구』(한국현대소설학회, 1994~. 반년간)

『현대영미소설』 (한국현대영미소설학회, 1994~. 연3회)

『현대중국문학』 (현대중국문학연구회, 1987~. 간행빈도 다양)

『American literature: a journal of literary history, criticism and bibliography』 (Duke University Press, 1929~. Q.)

『Children's Literature Association quarterly』 (The Association, 1979~. Q.)

『Comparative critical studies』 (British Comparative Literature Association, 2004~. 3/yr.)

『Comparative literature』 (Modern Language Association of America, 1949~. Q.)

『Comparative literature studies』 (University of Illinois Press, 1964~. Q.)

『Critique: Studies in Contemporary Fiction』 (Bolingbroke Society, 1956~. Q.)

『Essays in criticism』 (Blackwell, 1951~. Q.)

『Europe: revue litteraire mensuelle』 (Europe/Messidor, 1923~. M.)

『Modern drama』 (University of Toronto. Graduate Centre for Study of Drama, 1958~. Q.)

『Modern fiction studies』 (Dept. of English, Purdue University, 1955~. Q.)

『Montaigne studies』 (Hestia Press, 1989~. A.)

『Nineteenth-century literature』 (University of California Press, 1986~. Q.)

『Rhetoric review』 (Rhetoric Review, 1982~. Q.)

『Shakespeare quarterly』 (Folger Shakespeare Library, 1950~. 5/yr.)

『Spiegel der letteren: tijdschrift voor Nederlandse, literatuurgeschiedenis en voor literatuurwetenschap』 (Peeters, 1956~. Q.)

『Studies in English literature, 1500~1900』 (Johns Hopkins University press, 1961~ . Q.)

『Studies in the novel』 (North Texas State University, 1969~. Q.)

『Twentieth century literature』 (Hofstra University Press, 1955~. Q.)

『World literature today』 (University of Oklahoma Press, 1977~. Q.)


## 웹 정보원

국제비교문학협회 〈http://www.ailc-icla.org/〉

국학망(중국문학정보) 〈http://www.guoxue.com/〉

기욤 뮈소 〈http://www.guillaumemusso.com/〉

라틴아메리카 문학 21 〈http://www.latin21.com/〉

러시아문화원 〈http://www.russiacenter.or.kr/〉

러시아연구소 〈http://www.rus.or.kr/〉

마리오 바르가스 요사 〈http://www.mvargasllosa.com/〉

미국 소설학회 〈http://www.americanfiction.or.kr/〉

민족문학사연구 〈http://www.minmun.org/〉

불어교육관련 불어서적, 잡지 사이트 〈http://www.didierfle.com/〉

사이버 문학광장 문장 〈http://munjang.or.kr/〉

세계문학박물관 〈http://www.worldmuseum.co.kr/〉

일본근대문학관 〈http://www.bungakukan.or.jp〉

일본문학연구소 〈http:/www.nijl.ac.jp〉

일본에서 안내되는 한국문학 〈http://www.k-bungaku.com/〉

중국학@센터 〈http://www.sinology.org/〉

중국사회과학원 〈http://www.cass.cn〉

지구적세계문학연구소 〈http://www.globalliterature.org/〉

터키어로 된 한국문학 안내 〈Korea-Fans.com〉

　　〈http://www.korea-fans.com/forum/forum-k-literature-54620-
　　44397-47928-54617-kore-edebiyati.html〉

톨스토이 연구저널 〈http://www.utoronto.ca/tolstoy/〉

프랑스문화원 〈http://www.institutfrancais-seoul.com/〉

프랑스어로 된 한국문학 관련 사이트 〈http://www.keulmadang.com/〉

한국고소설학회 〈http://www.hanguksoseol.org/〉

한국고전문학연구회 〈http://www.hangomun.org/〉

한국고전여성문학회 〈http://www.kcwoman.or.kr/〉

한국괴테학회 〈http://goethe.or.kr/〉

한국근대문학 전자도서관. e글.net 〈http://www.egeul.net/index.php〉

한국노어노문학회 〈http://www.karll.or.kr/〉

한국독어독문학교육학회 〈http://www.dugerman.or.kr/〉

한국독어독문학회 〈http://kggerman.or.kr/〉

한국독일언어문학회 〈http://www.kdsl.or.kr/〉

한국러시아문학회 〈http://www.russian.or.kr/〉

한국문인협회 〈http://www.ikwa.org/〉

한국문학번역원 〈http://www.klti.or.kr/〉

한국문학연구소 〈http://www.koli.dongguk.edu/〉

한국문학이론과 비평학회 〈http://www.korliter.com/〉

한국문학회 〈http://www.korlit-so.org/〉

한국불어불문학회 〈http://www.french.or.kr〉

한국뷔히너학회 〈http://buechner.or.kr/〉

한국비교문학회 〈http://www.kcla.org/〉

한국세익스피어학회 〈http://www.sakorea.or.kr/〉

한국수필가협회 〈http://www.kessay.or.kr〉

한국스페인어문학회 〈http://www.spanishkorea.com/〉

한국스페인어문학회 〈http://www.spanishkorea.com/〉

한국시문학회 〈http://www.inews.org/familynews21/〉

한국시인협회 〈http://www.koreapoet.org/〉

한국여성문학학회 〈http://www.feministcriticism.or.kr/〉

한국중국문화학회 〈http://www.chinaculture.or.kr/〉

한국카프카학회 〈http://www.kafka-gesellschaft.com/〉

한국프랑스고전문학회 〈http://www.french-classic.kr/〉

한국프랑스문화학회 〈http://www.acfco.or.kr/〉

한국프랑스학회 〈http://www.acef.or.kr/〉

한국헤세학회 〈http://www.hesse.or.kr/〉

한국현대문학회 〈http://www.literature.or.kr/〉

한국현대영미소설학회. 〈http://www.mfiction.or.kr〉

한국현대영어영문학회 〈http://www.mesk.or.kr〉


The Brothers Karamazov
    〈http://www.dartmouth.edu/~karamazov/resources/〉
The Emile Zola Society 〈http://emilezolasociety.org/〉
Folger Shakespeare Library 〈http://www.folger.edu/〉
The Fundamental Digital Library of Russian Literature And Folklore
    〈http://www.feb-web.ru/〉
GBV: Gemeinsamer Bibliotheksverbund (〈http://www.gbv.de/〉
MetaFilter 〈http://www.metafilter.com/〉
The New Chaucer Society 〈http://newchaucersociety.org/〉
The Newberry 〈http://newberry.org/〉
Poetry.org: Resource site for poetry and poets 〈http://www.poetry.org/〉
Sites de FLE - un 〈http://www.un.org/Depts/OHRM/sds/lcp/French/fle.html〉
Spanish literature: Spanish-Books.net 〈http://www.spanish-books.net/〉
Yale University Library, Italian Language & Literature
    〈http://www.library.yale.edu/Internet/italianlanglit.html〉

# 제8장 예술학 주제정보 접근법

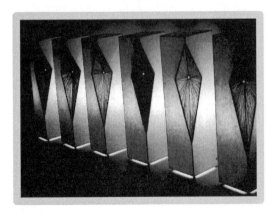

# 제8장 예술학 주제정보 접근법

## 8.1 미학

### 미학의 개념

미학(美學, Aesthetics)은 철학의 한 분야로서 아름다움을 대상으로 연구하는 학문이다. 미(美 beauty)는 진(眞), 선(善)과 함께 인간이 추구하는 중요한 가치 중 하나다. 미는 특히 예술을 통하여 발현된다. 예술의 목적은 미의 완성이라고 할 수 있다. 미학은 미를 추구하는 예술 활동과 그에 관련된 미적 인성교육이라는 고유한 영역을 다루는 철학의 한 분과로서 출발하였다. 그러나 미적 경험은 미적 대상이 예술이든 자연이든 관계없이 경험자의 미적 의식이나 태도에 따라 결정된다.

따라서 미학의 기본 과제는 미적 경험, 즉 어떠한 미적 대상으로부터 어떠한 미적 가치를 가지게 되는지 그 특징적 성격을 해명 또는 분석해 내는 일이다. 그러한 기초 위에서 미적 가치가 의식적으로 추구하는 예술 현상이 무엇인지를 탐구한다. 따라서 미적 경험이 무엇인가를 규정하는 일 자체가 문제이다.

'미학'이라고 번역해서 사용하는 영어의 'aesthetics'는 바움가르텐(Alexander Gottieb Baumgarten, 1714~1762)이 미의 '감성적 인식에 관한 학(scientia cognitionis sensitivae)'을 나타내기 위하여 감성을 뜻하는 고대 그리스어인 'aisthesis'로부터 만들어 낸 'aesthetica'라는 명칭에서 유래한다. 그 후 19세기 독일의 여러 형이상학적 입장의 예술철학(philosophy of art)과 영국의 '취미론'의 경험주의적 방법을 확대 적용시킨 예술과학(science of art)이 발전해 왔다.

현대 미학은 체계적인 예술철학, 예술과학, 그리고 분석적인 비평 철학의 세 경향이 상호 견제, 보완하면서 발전해 가는 공존의 장을 이루고 있다고 할 수 있다.

## 미학의 도입과 발전

서구의 미학이 우리나라에 들어오게 된 것은 1920년대 일제강점기 경성제국대학 법문학부에 미학 및 고고미술사 연구실이 개설되고, 미학 강좌가 개설되면서부터였다.

이 당시 대학에서 이루어진 미학의 내용은 칸트(Kant, I.), 셸링(Schelling, F. von), 헤겔(Hegel, G. W. F.) 등의 독일 관념론의 미학 이론들에 치우친 것이었다. 따라서 도입 초기의 미학은 하나의 학풍을 형성하지 못하고 신칸트 학파(Neo·Kantianism)의 미학 이론까지를 소개하는 데 그쳤다.

광복 후 경성제대 미학과는 서울대학교 미학과로 이어졌다. 그러나 미학 전문 연구자의 절대 빈곤, 그리고 당시의 미학에 대한 일반인의 그릇된 인식과 평가로 인하여 미학의 교육과 연구에는 많은 어려움이 따랐다. 1960년대 초부터는 미학 교육에 다소의 변화가 나타났다. 즉 철학계에 실존주의와 현상학이 수용되면서 종래의 독일 고전 미학과는 차별화된 참신한 실존주의 예술론이 등장했다. 한편 동양의 미학 사상을 발굴하기 위하여 중국예술 사상 및 시·서·화 이론도 개발되었다. 1960년대 말까지는 독일의 고전미학과 현대미학에 대한 교육이 주류를 이루면서 동양미학 사상의 연구를 위한 기초 교육이 시도되었다.

1968년 9월 한국미학회가 창립되었고, 매년 정기적으로 학술지를 발간함으로써 미학 연구가 촉진되었다. 1970년대 들어서서는 미학 서적의 계획적인 번역이 시도되는 중 미학 전반에 대한 체계적 개론서가 출판되었다(백기수(白琪洙)의『미학개설』, 조요한(趙要翰)의『예술철학』).

1975년에는 홍익대학교에 미학과정이 개설되고 외국에서 미학을 전공한

학자들이 속속 귀국함으로써 국내 미학 연구는 더욱 촉진되었다. 이 시기의 미학 연구의 특징은 어느 정도의 미학 전반에 관한 틀을 보여 주기 시작하였다는 점, 그리고 예술 철학적 경향이 다양화되었다는 점일 것이다.

1975년 이후 1990년경에 이르기까지의 시기는 서양 미학 사상에 대한 체계적 이해의 틀을 잡아가면서 다양한 경향의 이론들에 대한 관심이 계속 증대되었다. 1990년대부터 미학 연구는 새로운 시도를 보이기 시작하였다. 서구로부터 도입되는 미학 사상에 대한 철저한 이해와 반성을 통해 우리나라를 비롯한 동양예술의 미적 문화에 관한 본질 규명과 해석, 이론의 체계적 구성, 동서 미학 사상의 비교 등에 관한 다방면의 연구가 시도되고 있다.

## 대학의 미학과 커리큘럼(서울대학교 인문대학 미학과)

### 음악미학
### Aesthetics of Music

본 교과는 여러 예술현상 가운데에서도 특히 음악이라는 예술현상에서 제기되는 미학적인 문제들을 심도 있게 다룸으로써 음악에 대한 이해를 심화시키고 제반 음악이론을 비교, 검토하여 음악이론에 대한 폭넓은 시각을 제시하고자 한다.

### 조형예술미학
### Aesthetics of Plastic Arts

이 과목은 이른바 '조형예술'이라고 통칭되는 예술현상이 하나의 예술장르로 형성되게 된 역사적·이론적 배경을 살펴보고 조형예술이 지닌 미학적인 문제를 고찰함으로써 조형예술이론에 대한 전반적인 이해를 넓힌다.

### 무용미학

Aesthetics of Dance

무용은 인체의 움직임에 의해서 미적 형상을 창조하는 예술로서 다른 장르의 예술과는 구별되는 무용의 독자적 본질과 예술적 특성이 존재한다. 따라서 본 교과는 무용의 음악적, 문예적, 조형적, 연기적 성질을 발생적, 역사적, 사회적 제 관점에서 살펴보고 의상, 배경, 조명 등의 보조 수단과 관련하여 무용의 정신적, 물리적 구조와 미적 기능, 효과, 철학적 의의 등 여러 문제에 관해서 고찰한다.

## 예술심리학
## Psychology of Art

본 교과는 예술현상을 이해하는 방법으로 심리학적 접근 방법이 도입된 Fechner 이후 예술심리학이 등장하게 된 역사적·철학적 배경을 알아보고, 정신분석학, 형태심리학, 그리고 최근의 심리학적 제이론의 예술심리학적 성과를 고찰함으로써 예술의 문제에 대한 심리학적 접근방법이 지닌 의의와 한계를 고찰한다.

## 예술사회학
## Sociology of Art

본 교과는 예술현상을 이해하는 방법으로 사회학적 접근방법이 도입된 이래, 예술사회학이 등장하게 된 역사적·철학적 배경을 연구한다. 예술현상이 문화의 한 영역으로서 인간의 사회적 삶 속에서 차지하는 위상과 역할이 무엇이며, 예술이 사회에 미치는 영향 또는 사회가 예술현상에 미치는 영향이 무엇인지 살펴봄으로써 예술현상을 사회학 및 사회 철학적 관점에서 이해할 수 있도록 한다.

## 음악사론
## Theory of Music History

예술사는 각종예술의 변천과 발달을 역사적으로 해석, 기술하고, 작품 간의 상호관계와 당대의 다른 문화현상과의 관계를 검토하며, 작가의 생애와 생활을 규명하고 작품의 내용과 형식을 기술하는 학문이다. 한편, '사론'은 객관적으로 주어진 하나의 과정으로서의 예술의 변천과정을 어떠한 시각, 어떠한 방식으로 기술할 것인가를 철학적 반성과 함께 묻는 작업이다. 본 교과는 음악의 역사를 이와 같은 입장에서 살펴본다.

## 미술사론
## Theory of Art History

예술사는 각종 예술의 변천과 발달을 역사적으로 해석, 기술하고, 작품 간의 상호관계와 당대의 다른 문화현상과의 관계를 검토하며, 작가의 생애와 생활을 규명하고 작품의 내용과 형식을 기술하는 학문이다. 한편, '사론'은 객관적으로 주어진 하나의 과정으로서의 예술의 변천과정을 어떠한 시각, 어떠한 방식으로 기술할 것인가를 철학적 반성과 함께 묻는 작업이다. 본 교과는 미술의 역사를 이와 같은 입장에서 살펴본다.

## 동양미학사
## History of Asian Aesthetics

본 과목은 중국을 중심으로 하여 동양인의 미적대상, 미의식, 미적 범주 등의 양태를 역사적으로 구성하여 본다. 상고대의 미학적 관념의 발생, 춘추시대의 인간학적 자각에 따른 미의식의 기초정립, 한대의 예악사상, 그리고 위진 남북조의 화려한 미학이론의 등장, 그에 뒤이어 전개된 회화론과 문학, 명·청대에 발달한 희곡·소설의 미학사상 등을 역사적 관점에서 단계적으로 구명(究明)하며, 아울러 중국에서 고유하게 발전해온 미의식의 본질이 무엇인가를 밝힌다.

## 미와 취미론
## Beauty and the Theory of Taste

미학사에 있어서 18세기 영국 '취미론'은 매우 중요한 의의를 지니고 있다. 고대로부터 미(美)란 대상이 갖고 있는 성질로서 객관적인 것이었는데, 18세기 영국 '취미론'이 대두되면서부터 미의 주관화가 시작되었다. 미를 외부의 대상에 존재하는 것이 아니라, 외부 대상이 촉발하는 어떤 성질에 의해 '취미'라는 마음의 능력이 작동하여 마음 속에서 일어나는 것으로 본 취미론은 미는 주관적인 것이라는 생각으로 전환하게 되는 계기를 마련하였다. 이 교과에서는 18세기 취미론의 이론적 구조와 주요 개념, 그리고 미학사적 의의를 취미론의 핵심적인 사상가인 샤프츠베리, 허취슨, 흄 등의 이론을 통하여 살펴본다.

## 예술과 천재론
## Arts and the Theory of Genius

본 교과에서는 독일 천재론을 다룬다. 근대 유럽에서 천재는 예술창작의 능력으로 간주된다. 어떤 구체적인 법칙도 예술창작에 적용될 수 없기 때문이다. 이런 측면에서 천재에 가장 중요한 요소는 독창성이다. 천재의 창조적 측면은 근대 인본주의의 주요한 특성을 나타내기에 천재론은 근대 미학의 기초를 형성한다.

## 현대미학특강
## Arts and the Theory of Genius

이 과목에서는 현대 미학에서 주요한 사상가들의 저작을 독해함으로써 최신의 쟁점들과 방법론을 이해할 수 있는 기회를 제공할 것이다. 이 과목에서 현대 미학의 주요 쟁점들을 이해함으로써 현대미학의 흐름과 해당 분야에서의 근대 미학 이후의 발전 과정을 이해하여 미학에 대한 심도 있는 관점을 터득하게 한다.

### 현대영미미학
### Contemporary Anglo-American Aesthetics

현대 영미미학의 주요한 논점들을 공부함으로써 영미미학에 대한 이해를 심화하는 것을 목적으로 한다. 특히 근대 영미미학으로부터 발전된 논점들이 어떠한 궤적을 그렸는가를 고찰함으로써 영미미학의 발전에 대한 전반적인 이해와 함께 영미철학과의 긴밀한 관계도 살펴본다.

### 현대독일미학
### Contemporary German Aesthetics

현대 독일미학의 주요한 논점들을 살펴 독일미학에 대한 이해를 심화하는 것을 목적으로 한다. 특히 근대 독일미학으로부터 발전된 논점들이 어떠한 궤적을 그렸는가를 고찰함으로써 독일미학의 발전에 대한 전반적인 이해와 함께 독일철학과의 긴밀한 관계도 살펴본다.

### 영상미학
### Aesthetics of Film

현대의 문화현상에 있어서 영상예술은 광범위한 영향력을 갖게 되었다. 영상예술은 짧은 역사에도 불구하고 현대예술의 한 중요한 경향이 되었기 때문에 그에 대한 학문적인 분석 작업과 이론화가 요구된다. 본 교과는 현대 예술에서 영상예술의 등장과 발전과정에 대한 고찰을 통해 영상예술의 성격에 대한 이해를 도모하고 영상예술에서 제기되는 미학적인 제반 문제를 면밀히 고찰한다.

## 연극미학
### Aesthetics of Theatre

연극은 고대 그리스시대부터 인간의 중요한 예술 행위 중 하나였으며 예술사의 각 단계를 통해 특징적인 변화의 단계를 거쳐 왔다. 본 교과는 연극이 지닌 특수한 미학적인 문제를 고찰함으로써 연극에 대한 보다 체계적인 미학적 관점을 형성시키고자 한다.

## 미술비평론
### Theory of Art Criticism

미술에 있어서 고대로부터 있어온 여러 가지 비평적 논의들과 르네상스 이후 활기를 띠기 시작한 화가, 비평가, 철학자들의 많은 비평론들을 고찰하고, 각 시대에 따라 전개된 각종 미술 사조를 상세히 고찰함으로써 미술비평이 안고 있는 여러 다양한 미학적 의미, 미술비평의 본질, 바람직한 미술비평의 방향 등을 설정해 본다.

## 음악비평론
### Theory of Music Criticism

음악비평이란 음악작품을 이해하는 것이므로, 작품의 탄생에 따르는 제조건에 관한 인식과 판단을 전제로 한다. 판단에는 개념과 연관된 직관이 요구되고 따라서 음악비평론은 음악가와 음악작품에 대한 판단을 중심으로 고찰하게 된다. 구체적으로 그러한 판단의 요인으로서 1) 판단대상이 되는 작품에서 주어진 실제적인 요인, 2) 비평가의 미적 이념의 관념적 요인, 3) 비평가의 개성에 의한 심리적 요인 등을 논의한다.

## 한국예술사상
## Thoughts of Korean Arts

지금까지의 여러 분야에 걸쳐 시도되어온 한국예술사상에 대한 연구 성과를 토대로 하여 그것들을 한 차원 높여 미학적 관점에서 통사적 혹은 분야별로 종합적 고찰을 시도한다.


## 8.2 미술학

### 미술의 개념

넓은 의미에서의 미술(fine arts)은 시각으로 파악할 수 있는 미적표현 일체를 뜻하며, 좁은 의미의 미술, 즉 시각적 미술(visual arts)은 관례상 보통 건축 · 회화 · 조각 · 공예 같은 분야들을 포함한다.

미술이란 작가의 생활경험에서 얻어지는 특정한 감정과 심상(心象)을 평면 또는 입체적으로 표현하여 다른 사람에게 전달하는 예술이라고 말할 수 있다. 따라서 작가의 작업은 형태, 면(面), 선(線), 색(色), 기호(記號) 등 갖가지 요소를 하나의 통일체로 종합하여 자기의 심정을 전달하고 또 미적 쾌감을 주어야 한다.

표현방법에 있어 특정작가나 그 시대의 공식화된 양식에 따라 개별성이나 사실성 없이 형식적으로 처리되는 것을 양식화(stylization) 또는 편화(便化, conventionalization)라고 한다. 또 미술제작에 있어서의 근본태도나 입장을 주의(主義, —ism)라고 말하며 주의는 기본적으로 사실주의(realism)와 이상주의(idealism)로 나눌 수 있다.

사실주의는 객관적인 현상을 실재적인 현실로 받아들이는 태도로서 표현이나 가치기준을 자연 그 자체에 둘 경우에 자연주의(naturalism)라 하고, 반대로 작가의 관념적 이상에 의하여 새로운 형식 · 형태로 표현하려는 입장을 이상주의(idealism), 표현주의(expressionism), 추상주의(abstractism), 초현실주의(surrealism) 등으로 부른다.

미술은 그 분야와 성격에 따라 주미술(主美術, major arts, 또는 fine arts)과 종미술(從美術, minor arts), 또는 응용미술(applied arts)로 나누어진다. 주미술은 건축, 조각, 회화 등 기능면보다 미적 쾌감의 표현이 강조되는 순수미술이고, 종미술 또는 응용미술은 작품의 기능면이 우선되는 도자기, 금속공예, 보석, 가구, 직물 등 소위 공예(crafts)를 말한다. 건축은 내외공간의 구획, 접합에 의해 형성되는 조형미술이며 환경과의 조화도 중요한 미적 요소의 하나이다.

회화는 구상화(具象畵)와 비구상화(非具象畵)로 나누고 전통적인 구상화에서는 원근법(遠近法, perspective), 상형(象形), 광선, 그림자나 음영(陰影), 색 등을 써서 평면 위에 삼차원적 사물을 나타내지만 비구상화에서는 선, 색, 면, 기호 등으로 전혀 새로운 형상·구상·통일체를 나타내거나, 작가의 감정을 표현, 전달하는 한편 때로는 화법상의 개혁을 시도하기도 한다.

조각은 첨가(添加) 또는 제감(除減)의 두 방법으로 삼차원공간을 창작하는 표상미술(表象美術)이며, 표현방법에 따라 구상·추상의 두 가지로 나누어진다. 그러나 형태를 형성하는 선·면·괴체(塊體, mass)뿐 아니라 재료의 질감(texture)과 색, 그리고 광선과 음영의 작용도 조각 작품의 미술적 효과형성에 기여하고 있다.

미술사(美術史)는 미술 전 분야의 역사적 발달을 기술하고 해석하는 학문이며, 그 방법에 있어서는 어느 특정작가 또는 특정시기의 작품이나 미술활동의 사회적·문화적 배경, 작품의 양식과 그 양식적 위치, 다른 양식들과의 관계, 작가의 미술사적 공헌 등을 분석, 검토한다. 우리나라에서는 고고학(考古學)과 미술사가 비슷한 성격의 것으로 혼동되는 경우가 있지만 미술사에서는 미술양식의 상호·선후관계의 연구가 주 임무로 되어 있으며, 고고학과 일부 자료 면에서 겹치게 되는 경우가 있기는 하나 고대 생활방법의 복원과 해석을 주목적으로 하고 있는 고고학과는 엄연히 구별되어야 한다.

## 한국의 미술

한국의 고대 미술에서는 추상주의적 경향과 자연주의적 경향이 공존 또는 서로 교체하고 있다. 추상주의적 경향은 변형(變形, deformation)과 평면적 선화(線畫)에 대한 기호 등으로서 나타나는 북방 민족의 미술 전통이며, 이것은 한국 민족의 고아시아족 및 알타이족이라는 배경에서 유래되는 보다 기층적(基層的)인 조류라고 여겨진다. 따라서 그것은 신석기시대의 빗살무늬토기, 청동기시대에 유행한 토기의 기하학적 무늬, 신라 토기의 줄무늬, 조선시대의 민화(民畫), 석조 조각(石造彫刻) 등에서 엿볼 수 있다.

자연주의 경향은 남쪽 농경 지대 미술의 전통이며 우리나라에서는 청동기시대에 새로 퍼져 들어온 예맥족(濊貊族)이 주로 한강 이남에서 농경민화하면서 생겨난 미술 양식이라 할 수 있다. 이 자연주의는 그 뒤 우리 한민족 미술의 기본 양식으로 되었다.

한국 미술사에서의 시대 구분은 대체로 역사학에서 쓰고 있는 왕조 기준의 시대 구분을 따르고 있다. 그러나 선사시대는 이를 따로 세분하지 않고 신석기시대부터 원삼국시대(原三國時代, 0~300년경)까지를 모두 포함시키고 있다. 삼국시대 이후는 나라별로 구분하고 있는데, 그것이 미술 양식의 변천과 대체로 평행하고 있어 별 문제가 없다. 또 고려는 무신란을 경계로 전기·후기로 나누고 있다. 조선시대는 임진왜란을 경계로 전기·후기로 나누기도 하나, 조선시대의 경우 연구가 진전되면서 전기(14, 15세기)·중기(16, 17세기)·후기(18, 19세기)의 3분법이 보편화되어 가고 있다. 그리고 20세기는 1910년부터 1945년까지의 일제 강점기와 근대·현대로 구분하고 있다.

# 대학의 미술학과 커리큘럼(서울대학교)

### 평면조형 1
### 2-D Fundamentals

평면의 다양한 조형적 접근을 통하여 시 지각적 능력을 키운다. 관찰과 표현, 드로잉, 재료의 특성탐색을 통하여 각자의 창의적 표현과 개념을 학습하게 된다.

### 평면조형 2
### 2-D Fundamentals

'평면조형 1'과 연계하여 이루어지는 기초심화코스. 다양한 표현매체를 다루고 기술적, 개념적 접근 능력을 개발한다. 문자, 기호, 도상 그리고 상징적 이미지의 도출, 그 조형적 특성과 소통에 대하여 학습한다.

### 입체조형 1
### 3-D Fundamentals

입체조형에 관한 기초적이며 전반적인 이해를 위하여 조각적 접근으로 시작된다. 환조, 부조의 기초를 다루고 이어 구조, 공간, 재료에 관한 학습을 통하여 형태, 개념 그리고 방법을 배우게 된다.

### 입체조형 2
### 3-D Fundamentals

'입체조형 1'을 바탕으로 다양한 재료와 구조, 아이디어와 공간을 학습하게 된다. 이 과정에서 심미적, 기능적 차원과 함께 개념과 기술적 접근을 시도한다.

### 매체의 기초 1
### Media Fundamentals

전통적 매체의 이해를 바탕으로 그 특성과 기법, 공간포치와 재료구사에 대한 실습을 하게 된다. 아울러 전각에 대한 접근도 이루어진다.

### 매체의 기초 2
### Media Fundamentals

디지털 매체의 특징과 그 기술적 이해를 바탕으로 표현의 영역을 확장시켜 주는 학습 과정이다. 디지털 매체를 통한 평면, 입체, 동영상과 콘텐츠 제작의 기초를 학습하게 된다.

### 공예사
### History of Crafts

공예미술의 발전과정 및 특질을 시대적 흐름과 기술, 사회, 문화, 경제와의 연관 속에서 이해한다. 특히 동서공예의 비교를 통하여 공예의 지역적 특성을 이해한다.

### 디자인사
### History of Design

기술, 경제, 문화, 사회 등의 요인 등을 바탕으로 각 시대 및 지역의 디자인 특성 및 변천과정을 해석하고 이론적으로 고찰함으로써, 미래 디자인의 가치를 바라보고 예견할 수 있는 통찰력을 키운다.

### 색채학
### Color Studies

색채의 특성을 커뮤니케이션의 중요한 수단으로 독창적으로 활용하기 위해 색채의 차원, 대비, 배색을 중심으로 실험하고, 구체적인 디자인의 과제를 색채언어로 표현하는 능력을 기른다.

### 사진
### Photo Workshop

촬영, 현상, 인화 등 사진 전반에 관한 기초적인 기술과 표현방법을 익힌다. 디자인 대상을 효과적으로 표현하고 커뮤니케이션하는 다양한 사진 기초기술을 함양한다.

### 한국미술과 문화
### History of Korean Art and Culture

이 교과는 인도로부터 중국, 일본, 중앙아시아, 동남아시아에 이르기까지 우리가 흔히 '동양'이라고 부르는 지역의 미술의 큰 틀 안에서 한국 미술의 조형적 특성을 조명한다. 미의 개념, 미술의 기능, 공간, 기법, 양식의 개념, 주제의 상징성 등 전통 동양미학과 미술의 특성에 대해 검토하고, 이러한 전통이 어떻게 현대에까지 이어지는 지에 대한 논의로 이어간다. 또한 건축, 회화, 조각, 공예 등으로 분류되는 여러 장르의 고유한 언어에 대해 익히고 미술이 제작된 시대적 배경에 대한 이해를 통해 문화적 현상으로서 미술을 이해한다.

### 한국근현대회화사
### History of Modern and Contemporary Korean Painting

한국 근현대 회화의 전개양상과 조형의식을 연구한다. 구한말로 부터 근현대까지 한국 현대미술의 흐름과 그 전개과정을 살펴본다. 서구열강의 침략과 일제강점기를 거쳐 해방, 한국전쟁, 일본과 미국, 유럽의 현대미술의 영향과 전통회화의 변모 등 19세기 후반부터 20세기 중반을 가로지르며 복잡하게 변모해온 한국의 근현대미술에 대한 이해와 비평적 지평을 모색하고자 한다.

## 동양미술사
## History of Chinese Art

중국과 일본을 포함하는 동양의 전통미술을 개괄적으로 살펴본다.

## 한국미술사
## History of Korean Art

근대에 이르는 한국 미술의 전개양상과 조형의식을 작가와 작품을 중심으로 연구한다.

## 현대미술의 쟁점
## Current Issues in Contemporary Art

본 과목은 고대부터 20세기 전반까지의 서양의 미술과 한국과 동양의 미술 과목을 수강한 학생들로 하여금 20세기 후반이후 최근까지의 미술 작품과 미술 및 문화 이론을 연구하게 함으로써 자신의 작업에 대한 이론과 실제를 확립하게 한다.

## 서양미술사
## History of Western Art from Ancient to the 18th Century

선사시대, 고대 이집트, 그리스, 로마에서부터 낭만주의 이전까지 서양 미술의 주요 양식, 작가와 작품을 양식에 따라 당대의 정치, 사회, 경제, 문화적 관점과 연결시켜 개괄적으로 살펴본다.

## 사진의 역사와 이론
### History and Theory of Photography

본 교과는 사진의 역사와 이론을 미술, 특히 회화, 그림과의 관계 속에서 연구하여 각 매체의 특성을 올바로 이해하여 사진을 창의적으로 제작하고 활용할 수 있도록 한다.

## 미술교육론
### Teaching of Fine Arts

미술교육의 원리, 내용, 방법, 교재에 관한 이론들을 폭넓게 살피며, 미술교육의 새로운 모델로 제시된 다양한 프로그램과 방법에 관해 분석하고 미술교육에 미치는 영향을 교육현장을 중심으로 토론한다. 교생실습을 위한 미술지도법을 학습한다.

## 미술교재연구 및 지도법
### Materials and Methods in Fine Arts Education

미술학습과 미술교재의 관계를 학교미술교육 현장을 중심으로 연구한다. 미술교육을 위한 아이디어개발, 학습조직, 학습활동, 학습평가의 자료와 방법을 비교분석하며, 새로운 매체(비디오, 컴퓨터)가 미술교육의 실천과 확대에 미치는 영향을 연구한다.

## 디자인 · 공예교재연구 및 지도법
### Materials & Methods in Crafts and Design Education

디자인 · 공예학습과 디자인 · 공예교재의 관계를 학교디자인 · 공예교육 현장을 중심으로 연구한다. 디자인 · 공예교육을 위한 아이디어개발, 학습조직, 학습활동, 학습평가의 자료와 방법을 비교분석하며, 디지털매체가 디자인 · 공예교육의 실천과 확대에 미치는 영향을 토론한다.

## 디자인 · 공예교육론
## Theories of Crafts and Design Education

디자인 · 공예교육의 원리, 내용, 방법, 교재에 관한 이론들을 폭넓게 살피며, 디자인 · 공예교육에 미치는 영향을 교육현장을 중심으로 토론한다.

## 미술교과논리 및 논술에 관한교육
## Taining in Art Education Theory and Essay

본 과목은 미술교육에 관한 비평적 토론과 글쓰기를 통해서 논술과 관련된 미술 교육의 문제들을 연구한다. 전통과 현대 미술, 미술교육에 관한 비평적 글쓰기를 다양한 관점에서 실습한다.

## 공간예술의 이해
## Understanding of Spatial Art

본 과목은 학부 학생들을 대상으로, 조각과 디자인, 건축, 미술관학, 도시계획, 조경과 같은 인접 학문과 예술 분야를 상호 교차시켜 '공간과 예술'을 이해한다. 학제(interdisciplinary) 이론과 사례 연구로 이뤄지는 본 교과 내용을 통해 복합화, 다원화하는 추세 속의 현대미술에 대한 이론과 창작 실기를 올바로 접근할 수 있게 한다.

## 디자인 · 공예논리 및 논술에 관한 교육
## Training in Design · 3Craft Education Theory and Essay

본 과목은 디자인 공예 교육에 관한 비평적 토론과 글쓰기를 통해서 논술과 관련된 디자인 공예 교육의 문제를 연구한다. 디자인 공예에 대한 본질적 이해를 바탕으로 디자인 공예 학습 현장에서 비평적인 시각을 견지할 수 있는 소양을 키우는 한편, 디자인공예 교육에 관한 비평적 글쓰기를 다양한 관점에서 실습한다.

# 동양화과
## Dept. of Oriental Painting

### 전통채색기법 1
### Traditional Painting Techniques

동양화에서 전통적으로 다루어지는 채색재료에 대한 이해를 증진시킨다. 장지기법을 활용하는 수업으로서 전통적인 채색에 대한 이해를 심화 제작한다. 영모화, 원체화, 민화, 탱화 등에 대한 연구를 병행한다. 장지와 함께 사용되는 여러 전통적 안료들을 접해보고, 이들을 바탕으로 구사되는 다양한 기법들을 익힌다.

### 전통채색기법 2
### Traditional Painting Techniques

본 과목에서는 채색화의 역사적 전개과정을 살펴보고, 초상화기법을 통한 견화 제작을 실습한다. 바탕과 안료, 염료, 접착제 등의 재료에 대한 이해 및 표현력을 기른다. 학생들이 전통적인 재료·기법에 대해 처음 접하는 수업으로 전문적인 기법 및 제작과정이 본격적으로 소개된다. 실습을 통해 단계적이고 체계적으로 학습한다.

### 전통수묵기법 1
### Traditional Sumuk Techniques

본 과목에서는 사군자를 통하여 전통조형의 특성과 필묵기법을 익히도록 한다. 아울러 다양한 사물을 통하여 내재적 의미와 취지를 표현하는 문인화의 포괄적인 수련을 병행하도록 한다. 동양회화의 기초적인 수련과정으로서의 사군자 실습뿐만이 아니라 그 의미와 이론적 토대를 살펴보고 독자적인 양식과 기법을 모색한다.

## 전통수묵기법 2
Traditional Sumuk Techniques

본 과목에서는 산수화를 주제로 그 의미를 살펴보고 산수표현에 적용할 수 있는 수묵의 다양한 기법을 연구한다. 산수화의 성립과 전개, 내용적 측면, 원근법 및 시점, 안개와 구름 표현 등을 학습한다. 자연경관을 실제 사생하여 독자적인 표현방법을 모색하고, 자연과 인간, 도시를 주제로 산수화의 개념과 그 의미를 확장하는 작업을 한다.

## 소묘 1
Drawing

인체의 기본구조파악 및 인물표현 연구에 중점을 둔다. 전통적 표현법을 바탕으로 하되 새로운 조형언어를 탐구하고, 개성적 시각으로 다양한 매체를 함께 다룰 수 있다. 모델 수업을 통해 화면에서 인체를 정확하게 재현하는 능력을 기르도록 한다. 1학년의 기초소묘 과정에서 시작한 전통 필묵기법에 대한 훈련을 계속하는 동시에, 추후 학생 개인의 작업에서 활용될 독창적인 표현방식에 대한 실험도 병행한다.

## 소묘 2
Drawing

인체의 구조파악 및 주제와 연관된 인물표현법을 연구하며, 아울러 개성적 시각과 창의적 표현영역의 확장을 시도한다. 평면과 다양한 공간에서의 실험적 방법 등을 함께 모색할 수 있다. 모델수업을 통해 화면에서 인체를 창의적으로 재현하는 능력을 기르도록 한다. 전통 필묵기법에 대한 연구와 훈련을 계속하는 동시에, 추후 학생 개인의 작업에서 활용될 독창적인 표현방식에 대한 실험도 병행하도록 한다.

## 서예와 전각 1
## Calligraphy and Seal Carving

동양 서체 변천과정의 역사와 양식적 특성을 이해하고 다양한 서체의 운필법을 연마하며, 서체 운필에 있어 그림과의 연관성과 함께 현대조형에서의 서예의 활용성을 모색한다. 또한 전통적인 전각기법을 학습하고, 역대 명가들의 전각작품을 감상하고 모각하는 과정에서 동양미술에서의 전각의 의미와 효용성, 조형적 특성 등을 파악하고, 창의적 활용방안을 모색하도록 한다. 본 과목은 서체의 조형적 연구뿐만 아니라 문인화, 사군자까지를 포괄할 수 있는 동양회화 수련의 기초를 제공한다.

## 서예와 전각 2
## Calligraphy and Seal Carving

'서예와 전각 1'의 심화학습과정으로서, 창작을 통해 서예와 전각을 현대미술에서 활용하는 방안을 모색한다. 특히 전서와 예서, 해서, 행서, 초서에 이르는 서체의 조형적 특성을 연구하고, 다양한 서체에 따른 운필의 수련을 통해 서예에 대한 이해를 심화한다. 아울러 한글 서체의 양식적 특성과 현대적 조형으로서의 활용 가능성에 대한 연구와 실험도 겸한다. 전각에 있어서도 시대별 양식과 작가별 조형적 특성을 연구하고 양각과 음각 등의 다양한 조형형식에 따른 창의적 표현기법을 모색한다.

## 한지제작기법
## Paper Making

전통적 한지제작기법과 다양한 종이제작기법들, 장황실습과 화첩 제작법 등을 습득하는 과정이다. 천연염색기법을 함께 활용하도록 한다. 동양화의 재료들로 하여금 특유의 효과를 낼 수 있도록 하는 전통적인 바탕 제작 기법에 대하여 배우는 과정이다. 다양한 천연 재료들을 다루는 기법을 직접 실험·실습을 통해 배운다.

## 회화재료와 기법
## Painting Materials & Techniques

수묵재료의 물성과 기법을 이해하고 실습하는 과정이다. 다양한 필법 및 적묵, 파묵, 발묵 등의 묵법에 대한 이해를 높이고, 수묵재료의 특성을 반영한 실험적 기법들을 모색한다. 문인화를 비롯한 동양 전통 회화의 주된 재료인 수묵의 속성에 대해 본격적으로 배우기 시작하는 수업이다. 물과 먹이 서로 어떻게 작용하고 어떠한 효과를 내는지에 대한 다양한 실습과 함께, 학생의 작품 제작도 병행될 수 있다.

## 신조형 1
## New Concepts in Form

개성적 시각을 바탕으로 다양한 매체를 활용한 실험적이고 창의적인 조형언어를 모색한다. 독창적인 조형적 실험과 표현 가능성을 확장하기 위하여 실기와 이론을 병행한다. 이론에서는 현대 주요 작가들의 작품들을 참고도서 및 비디오, 슬라이드 등의 영상 자료를 통해 공부하고, 이에 대한 분석적 토의와 연구를 통해 현대회화의 개성적 표현 양식에 대한 이해를 심화시킨다. 실기에서는 새로운 방향성을 모색하는 계기를 마련한다.

## 신조형 2
## New Concepts in Form

'신조형 1'의 심화과정으로 다양하고 개성적인 표현방식을 확장한다. 평면을 비롯한 공간에서의 자유로운 연출을 시도해 본다. 독창적인 조형적 실험과 표현 가능성을 확장하기 위하여 실기와 이론을 병행한다. 이론에서는 현대 주요 작가들의 작품들을 참고도서 및 비디오, 슬라이드 등의 영상 자료를 통해 공부하고, 이에 대한 분석적 토의와 연구를 통해 현대회화의 개성적 표현양식에 대한 이해를 심화시킨다. 실기에서는 새로운 방향성을 모색하는 계기를 마련한다.

## 벽화기법 1
### Mural Painting

전통벽화의 다양한 유형과 기법들을 고찰해보고 표현방법들을 익히도록 한다. 벽화의 바탕조성과 안료, 접착제 등에 관하여 연구하며, 특히 보존과학이론과 연계하여 연구하도록 한다. 아시아 및 세계 각국의 벽화와 비교하여 한국의 벽화에서 나타나는 특징에 대하여 연구한다. 지리적 환경과 사회·역사적 배경에 따라 벽화의 재료 및 기법이 달라지는 양상을 공부한다. 아울러 분묘미술로서의 벽화에서 나타나는 도상을 통해 전통적인 세계관과 인간관에 대해 고찰해 보는 기회를 갖는다.

## 벽화기법 2
### Mural Painting

벽화기법의 다양한 표현방법에 대한 종합적이고 심화된 실험과 연구를 바탕으로 개인의 창작과 관련된 전문적인 재료와 기법을 복합적으로 활용하여 표현한다. 전통 회화 및 시각예술의 주된 매체가 현대 회화에서 새롭게 응용되는 방안을 모색한다. 학생들은 지금까지 배운 전통재료 및 기법을 바탕으로, 개인 작업을 통해 전통미술의 현대적 재해석을 시도해본다.

## 조형론
### Theory of Painting

역대 회화이론을 현대적 조형에 적용시키고 새로운 예술정신을 연마한다.

## 작품연구 : 수묵채색화
## Studio Practice : Painting

전통적인 수묵·채색화 재료와 기법에 대한 폭넓은 실험을 토대로 회화의 새로운 표현 가능성을 모색한다. 재료 실험과 표현 방법에 대한 연구를 통하여 수묵과 채색의 조화로운 구사에 대한 연구를 병행한다. 동양화에서 수묵재료와 채색재료가 어떻게 구사되었는지에 대한 이해를 증진시키기 위해 이론과 실기 수업을 함께 진행한다.

## 작품연구 : 수묵화
## Studio Practice : Sumukhua(Korean Ink Painting)

전통적인 수묵화의 기법과 조형정신의 바탕 위에 개인의 작업주제를 선정하여 심도 있게 연구함으로써 다양한 소재와 기법에 따른 수묵 표현의 새로운 가능성을 시도한다. 지필묵을 중심으로 하는 수묵화의 조형정신과 재료적 특성, 필묵양식의 전개과정에 대한 고찰 및 현대미술에 있어서의 철학적 의미를 살펴본다.

## 작품연구 : 창작과정탐구
## Studio Practice : Creative Process Exploring

창작의 과정에서 자신의 개성적인 표현을 이끌어내기 위해 조형작업의 다양한 과정들을 탐구한다. 자신의 조형작업의 근간을 이루는 구성요소들과 설정된 관념들에 대해 느낌과 물음을 갖고, 성찰과 통합적 인지를 통해 연구와 문제해결, 지속적 시도의 과정들을 체험하면서 독자적인 표현방법을 찾아나가게 된다.

## 작품연구 : 창작과 비평
Studio Practice : Creative Work and Analysis

창작의 과정과 주제, 내용에 대해 분석하고 비평하는 전공 실기세미나 과정이다. 개인의 연구 과제를 중심으로 발상과 의도, 양식과 개념, 소재와 기법 등을 발표하고 토론함으로써 작업의 방향을 설정하고 비평적 관점을 기른다. 조형예술의 전반적인 사상과 사조에 대한 폭넓은 이해와 창작의 실제에 대한 문제를 깊이 있게 분석하고 토론한다.

## 통합매체
Mixed Media

전통 칠화기법의 과정들을 익히며 다양한 복합재료를 적용해 보고 현대적 적용 가능성을 모색해 본다. 칠화기법은 전통 공예기법으로서 뿐만 아니라 현대 동양화의 개성적인 기법으로서도 각광받고 있다. 칠화에 사용되는 안료를 다루어 보고, 제작 과정을 단계별로 익혀 봄으로써 칠화가 갖는 특성을 이해한다.

## 통합매체 2
Mixed Media

전통 재료기법 및 복합매체, 입체조형, 영상작업 등 개인의 연구 주제에 따른 매체 사용의 폭을 확장하여 자유로운 조형작업을 시도한다. 학생들은 개인 작업을 계속하면서, 전통회화 및 시각예술의 주된 매체가 현대회화에서 새롭게 응용되는 방안을 모색한다.

## 근 · 현대동양회화사
History of Modern and Contemporary Asian Painting

한국, 중국, 일본의 근 · 현대 회화를 개괄적으로 소개한다. 대표적인 근 ·

현대 작가와 작품을 중심으로 한·중·일 삼국이 근대화 하는 과정에서 전통과 근대를 어떻게 인식했는지 그 공통점과 차이점을 비교분석한다. 회화의 양식사적 특성뿐만 아니라 재료, 기법의 연구, 그리고 정치·외교 교류 관계도 아울러 검토한다. 그리고 삼국의 각 지역적 특색을 동·서양 미술 전체의 시점에서 재해석한다. 한국근현대회화사의 이해에 필수적인 중국, 일본, 및 기타 아시아 지역의 근현대회화사를 비교 검토한다.

### 한국회화사
### History of Korean Painting

한국 회화의 전개양상과 조형의식을 연구한다. 선사시대, 삼국시대, 통일신라, 고려, 조선을 거쳐 일제강점기, 근·현대 시기까지의 한국회화사의 주요 양식, 작가와 작품의 양식사적인 흐름을 당대의 정치, 사회, 경제, 문화적 관점과 연결시켜 살펴본다.

### 창의성과 미술교육
### Creativity and Art Education

21세기 지식 정보화 사회에서 국가경쟁력의 핵심은 우수한 인재양성에 있다. 특히 창의성 교육에서 예술의 역할은 매우 중요하다. 이 과목에서는 창의성교육의 현주소를 사회구조, 교육과정, 교수·학습 측면에서 검토하고 창의성교육에서의 미술의 역할과 기능에 관해 논의한다.

## 서양화과
## Dept. of Painting

### 회화 1
### Painting

회화의 기초과정으로서 회화의 기본적인 재료구사 능력을 개발한다. 인체, 자연물, 인공물 등을 대상으로 회화재료를 통한 묘사능력을 향상시키고 표현의 효과적인 방법을 모색하며 평가를 통하여 작업의 평가능력을 향상시킨다.

### 회화 2
### Painting

기초적인 회화기법의 다양한 양식을 모색하여 표현의 폭을 넓힌다. 인체, 자연물, 인공물을 대상으로 구상능력을 향상시키고 회화재료의 특성을 파악하며 평가를 통하여 다양한 양식과 기법을 비교 검토한다.

### 드로잉 1
### Drawing

소재에 부합되는 드로잉의 방법론을 연구하여 효과적인 표현방법을 모색한다. 구체적인 대상의 반복적 묘사를 통해 개인의 시각적인 특성, 관심에 따른 과장, 생략, 변형 등의 다양한 조형적 실험을 실습하여 주제를 드러내는 소묘의 방법을 계발한다.

### 드로잉 2
### Drawing

드로잉의 본질적 요소를 파악하고 개인의 시각경험, 관찰습관을 특성화시켜 표현하는 방법을 연습한다. 대상에 대한 주관적인 해석을 통해 작업의도에 따르는 효과적인 재료의 선택 및 구체적인 방법론을 연구한다.

### 판화 1
Printmaking

목판화, 고무판화, 스텐실, 실크스크린 등 볼록판과 공판의 원리 및 제판과정을 익히고 이를 바탕으로 작품을 제작한다. 개괄적인 판화사를 검토하고 다양한 표현매체로서의 판화의 기본적 특성 및 장점을 이해하여 현대미술에 있어 그 위상을 검토한다.

### 판화 2
Printmaking

드라이 포인트, 인그레이빙, 에칭, 아쿼틴트, 꼴라그래피 등 오목판의 원리를 이해하고 제판과정을 실습하여 작품을 제작한다. 주로 흑백을 통한 밀도의 표현에 중점을 둔다. 사전에 밑그림을 통해 개인별 주제선정의 적합성을 검토한다. 참고작품 슬라이드 소개, 토론에 의한 평가가 이루어진다.

### 판화 3
Printmaking

에칭(etching), 메조틴트(mezzotint) 등 오목판의 각종기법 및 제판과정을 실습하고 작품을 제작한다. 오목판에 대한 기본적인 이해를 바탕으로 색의 활용방식과 다양한 표현효과를 연구한다. 포토에칭을 통해서는 이미지의 선택과 결합의 효과를 검토한다. 내용의 심화를 위해서 주제선정에 관한 연구를 병행한다.

## 서양근현대미술사 1
History of Modern and Contemporary Western Art

본 과목에서는 낭만주의부터 20세기 전반까지의 서양미술을 사조와 국가별로 소개하면서 각 사조의 특징이 무엇이며 그것의 탄생과 진행이 동시대 사회, 정치, 문화와 어떻게 유기적으로 연결되었는가를 살펴본다. 서양 미술을 각 시대의 정치적, 사회적, 문화사적 맥락에서 다른 학문과 예술과 연결시켜 고찰하고 나아가 동 시대의 미술의 각 나라의 특징들도 비교 설명함으로써 미술이 시대적 유기체라는 사실을 인식시키고 현재의 미술을 보는 시각을 키울 수 있도록 한다.

## 서양근현대미술사 2
History of Modern and Contemporary Western Art

본 과목에서는 제2차 세계 대전 이후 최근까지의 서양미술을 각 시대, 각 나라의 정치, 사회, 문화적 상황과 연결시켜 국가별로 각 시대의 미술사, 문화사적 담론을 바탕으로 각 시대의 독특한 양상을 잘 드러내는 작가를 중심으로 연구한다. 아울러 미술시장의 확장, 문화산업의 팽창과 같은 후기 자본주의 사회의 현상들이 미술에 끼친 영향들을 살펴본다. 이 시기는 우리나라 미술이 서구미술의 직·간접적 영향을 받거나 서양미술과의 관계 속에서 진행되어 왔다. 따라서 본 과목은 수강생들로 하여금 자신들의 미술을 각자가 속해 있는 시·공간과 어떻게 연결시켜 나갈 것인가를 스스로 탐구하게 한다.

## 영상 1
Moving Image

본 과목은 이미지의 시간성과 움직임 등으로 이루어지는 시간성 조형 작업에 대한 기초 수업이다. 드로잉, 영상 촬영과 편집 및 사진 등으로 무빙 이미지와 영상물을 만들고 작업 주제와 개념을 표현하는 실습을 한다. 영상 및 관련된 매체와 도구들을 기초부터 익히고, 영상 예술과 관련된 작품들과 이론들도 전반적으로 살펴본다.

## 영상 2
### Moving Image

본 과목은 영상 1과 마찬가지로 영상과 관련된 기초적인 매체 및 도구들을 지속적으로 익히면서 시간성 매체예술의 특성을 살펴보고 실습하는 수업이다. 영상촬영, 사진 및 드로잉 작업 등을 이용하여 다양한 표현 방식을 실습한다. 현대미술에서 전개되고 있는 영상 필름 및 다양한 영역의 비디오 미디어 예술 작품들을 감상하고, 각자 작업에 필요한 작가 연구 및 주제와 개념 등을 표현하도록 한다.

## 영상 3
### Moving Image

영상촬영 뿐 아니라, 영상 설치, 인터랙티브(interactive)영상 등 미디어 아트의 확장된 영역도 탐구하고 이와 관련된 작업을 실습한다. 영상 이미지의 시간성, 공간성 등을 보다 깊게 탐구하여 자신의 작업 개념과 주제들을 명료히 하고, 다양한 표현방식을 자유롭게 실험한다. 이를 위해 영상매체예술과 관련된 디지털 매체들의 도구들을 익히고, 현대 미술의 조류에서 전개되고 있는 미디어 아트의 작품들도 살펴본다.

## 영상 4
### Moving Image

시간성 매체의 표현 방식과 영역을 확장하여 실습한다. 싱글채널비디오, 영상 설치 및 인터랙티브(interactive) 영상 등 다양하게 확장된 영상매체의

영역과 그 가능성을 실습하고 현대 미술에서 차지하고 있는 미디어 아트의
이론 작업들을 살펴본다. 자신이 표현하고자 하는 주제와 개념을 개진하고
관련된 영상 매체들을 자유롭게 실험한다.


### 작가와 작품론 1
Theories in Contemporary Artists and Artworks

서양의 중요한 현대 미술가들의 작품이 어떻게 제작되었고 해석되었는가
를 심도 있게 연구하여 자신의 작업에 반영할 수 있게 한다. 서양 미술사
에 발자취를 남긴 미술가들을 그들이 속한 미술 경향은 물론 그들이 살았
던 사회의 정치, 사회적 배경과 연결시켜 분석한다.


### 작가와 작품론 2
Theories in Contemporary Artists and Artworks

한국 현대미술사를 연구하고 관심 있는 한국 현대 미술가를 선택하여 그
작가의 작품을 기존 연구자들의 저술을 참고하여 심도 있게 연구, 발표한
다. 세계미술사의 맥락에서 우리나라 미술작가를 연구함으로써 자신이 작업
할 때 자신의 위치를 국내와 세계미술의 흐름과 연결시킬 수 있는 시각과
능력을 배양한다.


### 작품연구 : 형상과 표현
Studio Practice : Figuration and Expression

개인별로 독창적인 주제의 설정과 그에 적합한 표현 방법을 모색한다.
동시대 장르의 모든 질료와 기법, 새로운 시도 전반에 걸쳐 가시적, 추상적
혹은 심상적인 대상을 발상과 의도에 따라 자유롭게 표현한다.

## 작품연구 : 개념과 과정
Studio Practice : Concept and Process in Artistic Practice

현대미술의 창작 과정을 이해하고 작업주제에 부합하는 자신만의 차별화된 작품 생산 방식을 발전시키는 것을 목표로 한다. 개인 및 그룹 크리틱 (critique: 비평, 평론)의 정기적인 진행을 통해 참여자 개개인의 작업 주제나 개념 그리고 창작과정을 심화할 수 있는 기회를 제공한다.

## 작품연구 : 창작의 구조
Studio Practice : Scheme and Proceeding

독창적인 관점, 기획, 접근, 표현의 방법론을 모색하며 내용과 형식의 상호관계 등 작업의 기본 구조를 습득할 수 있도록 한다. 동시대 담론의 이해를 통하여 각자의 예술적 정체성을 향상시키고 감수성의 개발을 도모하며, 자유로운 매체 선택과 개별적 계획아래 진행되는 과정에서 다양한 실험을 동반하는 창작의 현실을 추구(追究)한다.

## 개념의 시각화
Studio Practice : Visualization of Concepts

학생들이 예술가로서의 독창적인 관점과 개념, 그리고 적합한 시각화 방법을 모색하도록 돕는다. 표현하는 방법, 내용 및 형식에 제한이 없으며 참여자의 예술적 정체성 향상에 주목하여 그룹과 개인 비평을 통해 학생들의 발전 과정에 심도 있게 반응하고 학생들 간의 상호작용을 도모한다.

## 작품연구 : 의미와 문맥
Studio Practice : Meaning and Context

자신의 작업을 분석, 종합하여 독자적인 주제의 방향과 표현의 방식을 개진한다. 토론 및 세미나를 통하여 주제의식 및 표현 형식상의 제 문제를 상호 검증하고 비교 토론함으로써 독자적인 작업을 모색하고 확인한다.

## 작품연구 : 매체와 표현
### Studio Practice : Media and Expression

다양한 매체를 사용하여 학생 자신의 개념과 주제를 자유롭게 구현하도록 한다. 평면, 사진, 회화, 설치, 영상, 뉴미디어 등 학생이 원하는 방식과 실험을 통하여 작업을 진행하도록 한다. 작품의 개념, 주제, 담론 및 표현 제작 과정 등, 작업진행과 결과물을 발표하며, 평가·연구하여 작업의 표현력과 완성도를 높이도록 한다.

## 사진 1
### Photography

사진의 기초과정으로서 사진의 기본적인 원리와 성격에 대해 이해한다. 다양한 대상, 장면, 장소 등에 대하여 자신의 시각을 어떻게 사진적인 방법으로 표현할 수 있는지를 실습을 통하여 익힌다.

## 사진 2
### Photography

다양한 판종의 사진을 실습하며 표현방법의 한계를 확장한다. 아울러 디지털 사진제작방법과 사진 제작 툴의 활용을 통해 이미지의 과장, 생략, 변형 등을 익히고 평가를 통해 의도와 표현의 타당성을 확인한다.

## 사진 3
### Photography

사진 자체의 표현성에 주목하여 보다 심화된 작업을 시도하면서 현대미술의 사진에 대한 개념적 수용을 함께 고찰한다. 다양한 사진기법의 습득 및 형식 실험을 통해 사진을 시각예술의 넓은 범주에서 이해하도록 유도한다. 예술어법으로서 사진의 표현 가능성을 작품제작실습을 통해 탐색한다.

## 사진 4
### Photography

사진과 회화, 사진과 영상 등 매체 간 통합적 사고를 발전시키고 개념과 발상의 확장을 이룬다. 개인별로 독창적인 주제의 설정과 그에 적합한 표현 방법을 모색한다. 가시적, 추상적 혹은 심상적인 대상을 발상과 의도에 따라 자유롭게 표현한다.

## 설치 1
### Mixed Media and Installation

다양한 재료와 복합적인 기법을 활용하여 새로운 표현의 가능성을 모색하고 확대한다. 유성과 수성의 이질성, 그리기와 찍기의 복합성, 기성 이미지의 도입 등 매체와 기법의 조합을 통하여 내용과 형식의 복합적 표현방법을 연구한다.

## 설치 2
### Mixed Media and Installation

두 가지 이상의 재료와 기법을 이용하여 이차원과 삼차원의 복합적 공간을 표현한다. 그려진 평면을 입체로 구성하거나 오브제(objet : 예술품, 미술품 : 다다이즘이나 초현실주의에서 자연물이나 일상에서 쓰는 생활용품 등을 원래의 기능 또는 있어야 할 장소에서 분리하여 그대로 독립된 작품으로 제시함으로써 새로운 느낌을 일으키는 상징적 기능의 물체를 이르는 말)의 도입을 통하여 표현상의 사물성을 개념화하며 건축적 공간과의 관계 표현을 모색한다.

### 설치 3
Mixed Media and Installation

다양한 매체를 조합하여 표현의 종합을 시도한다. 언어적 개념이나 사진, 필름, 비디오 등의 영상매체와 오브제(objet : 예술품, 미술품) 등을 설치 공간과의 관계성으로 표현을 극대화하여 창의적 공간으로 발현한다.

### 설치 4
Mixed Media and Installation

미술의 영역을 환경적 개념으로 인식하여 표현의 장을 넓힌다. 건축적 공간으로부터 출발하여 자연 속에서의 표현으로 확대함으로써 예술의 총체성을 모색한다. 장소의 특성을 파악하고 효율적인 재료를 선정하여 표현을 극대화하고 그 결과를 토의하여 학술적 근거를 마련한다.

### 작품론 연구
Critical Study in the Studio

수강생 개개인이 역사, 사회적인 사례연구를 통해 자신의 작업에 대하여 분석적이고 과학적인 틀을 익히고 이론적인 토대를 세운다. 교수와 수강생 간의 일대일 대화와 세미나수업을 병행, 자의적이거나 감상적인 해석 틀에서 벗어나 보다 객관적인 시각을 기르도록 한다.


## 8.3 연극학

### 연극학(演劇學)의 개념

연극학은 연극에 관련된 여러 요소 · 행위 · 현상을 학문적 · 기술적(記述

的)으로 연구하는 학문이다. 연극학은 하나의 학문으로서 체계가 서 있다고
볼 수 없기 때문에 엄밀하게 정의하기가 어렵고, 그 대상법위를 획정(劃定)
하는 데도 여러 가지 문제가 따른다. 예를 들면 희곡(극문학), 공연(연출·
연기·무대), 관객(연극의 사회적 기능), 연극과 인접예술과의 상호관계, 연
극현상의 인문·사회과학적 규명, 역사적(연극사)·지역적(비교연극) 고찰
등이 포함된다.

## 우리나라 연극학의 발전

우리나라 연극에 관한 연구는 1939년에 발간된 김재철(金在喆)의 『조선연
극사(朝鮮演劇史)』가 그 효시이다. 이 책은 가면극·인형극·구극(舊劇)과
신극의 3부로 분류하여 한국연극의 기원에서부터 1930년대 신극에 이르기
까지의 역사적 개관을 시도한 저술이다. 이와 같은 사적(史的) 구성의 틀은
이두현(李杜鉉)이 1973년에 저술한 『한국연극사(韓國演劇史)』에서도 준용되
고 있다. 이 책은 그간의 학문적 연구 성과를 망라하여 시대적 구분(고대·
중세·근세·가면극·인형극·현대연극)을 더욱 세밀하게 나누어 설명하고
있다.

한국연극사 정립에 있어 연극사의 성립자체에 대하여 의문을 제기한 학
자 및 저술로는 송석하(宋錫夏)의 『한국민속고(韓國民俗考)』가 있다. 연극은
민속, 무속(巫俗), 서사문학(敍事文學), 음악, 무용 등과 그 한계를 긋기 어려운
것이 사실이다.

1980년대에는 연극을 보다 포괄적인 시각에서 동태적(動態的)으로 다루려
하는 움직임이 있었고, 1990년대 이후에는 마당극, 연극, 놀이 및 제의(祭
儀)와의 관계, 나아가 총체예술(總體藝術)로서의 연극의 개념 정립 등 의욕
적인 연구가 진행되고 있다. 그러나 전문연구자의 제한, 연구기관의 영세성
으로 인하여 학문적 연구가 활성화되지 못하고 있다. 관련 학회로서는 한국

연극학회가 있으며, 대학의 연극학과 및 국어국문학과 등에서 연극학 정립
의 기틀을 잡는데 기여하고 있다.

## 대학의 연극학과 커리큘럼(동국대학교)

### 가창실기 1, 2, 3, 4
### Vocal Training for Acting

한국 및 서양의 가창을 위한 발성연습, 악보 읽기, 노래연습 등을 집중적
으로 훈련한다. 한국 및 서양의 가창을 위한 발성을 익히고, 악보를 읽고
노래를 부를 수 있도록 훈련함으로써 배우의 소리표현 능력을 확장시킨다.

### 고급연기 1, 2
### Advanced Acting

고대 희랍비극부터 21세기 연극까지 다양한 연기양식과 연기의 다양한
모습을 탐구한다.

### 극장경영
### Theatre Management

연극은 물론 다양한 무대공연들을 위한 극장을 효율적이고 생산적으로
경영하는 능력을 배양한다.

### 극장실습 1, 2, 3, 4
### Theater Practicum

작업안전 수칙을 포함하여 무대, 의상, 조명, 사운드 등 연극제작에 관련
된 운용기술과 필요한 실재적 사항을 학습한다. 연극제작실기 교과목과 연
계하여 진행한다.

## 기초연기 1, 2
## Basic Acting

배우가 연극표현의 최전면에 나서는 매체임을 이해하고 신체훈련 및 발성, 발음의 기초 원리와 그 응용의 기초기술을 학습한다.

## 동양연극
## Oriental Theatre

중국, 인도, 일본, 인도네시아를 비롯한 남방 여러 나라의 전통연극에 대한 내용 및 형식적 특성을 학습한다. 또한, 현대 연극의 흐름과 내용 및 형식적 특성을 공부한다.

## 매체연기 1, 2
## Acting for Camera

영화 및 TV, CF 등 각 매체의 특성을 이해하고 이에 적응하는 훈련을 함으로써 폭넓은 연기기술을 습득하고 자신의 특징이나 매체 적응도에 따라 연기를 선택할 수 있도록 한다.

## 뮤지컬 댄스 1, 2
## Musical Dance

다양한 뮤지컬의 무용 넘버들을 텍스트로 사용하여 뮤지컬 공연에 실제적으로 필요한 다양한 장르의 춤을 소화한다.

## 뮤지컬성악 1, 2
## Musical Voice

다양한 뮤지컬의 음악 넘버들을 텍스트로 사용하여 성악의 발성 및 창법, 곡 해석방법 등 성악의 전문적인 과정을 학습한다.

## 뮤지컬연기 1, 2
## Musical Acting

여러 뮤지컬 작품들 중에서 몇 개의 작품을 선정하고, 그 중에서 특정한 장면을 골라 노래, 춤, 대사 등을 동시에 연습하고 발표하는데 연기의 중점을 둔다.

## 뮤지컬제작실기 1, 2, 3, 4
## Musical Production

학기말 공연을 전제로 하여 뮤지컬제작의 제 분야의 역할들을 학생들의 관심에 따라 담당하게 함으로써 세부전공을 탐색하고 개발할 수 있는 기회를 제공한다.

## 서양연극사
## History of Western Theatre

연극의 발생기원으로부터 르네상스 시대까지의 연극의 변천과정을 작가, 작품, 극장, 배우, 관객 등 연극요소의 특성을 연구함으로써 시대별 연극요소의 참모습을 조명한다.

## 소리훈련 1, 2
## Voice and Speech

호흡과 발성의 기초 원리를 이해하고 신체적으로 습득하게 함으로서 자유로운 소리 및 말하기를 구사할 수 있도록 훈련한다.

## 신체움직임 1, 2
## Physical Movement

무대 위에서 작품이 요구하는 대로 신체를 기능적으로 자유자재로 움직일 수 있도록 여러 가지 기술들을 익힌다. 곡예, 마임, 무술, 격투, 어릿광대짓 등을 다룬다.

## 연극개론
## Introduction to Drama

연극예술의 특성을 이해하고 희곡, 연출, 연기, 미술 및 극장기술 등 연극요소의 특성에 대해 탐구하며, 이것들이 어떻게 결합하여 연극이 만들어지는 지에 대한 원리를 학습한다.

## 연극디자인 1, 2
## Theatrical Design and Production

무대디자인, 조명디자인, 사운드디자인, 의상디자인 및 분장을 포함한 프로덕션의 디자인 및 기술적인 사항들을 이론과 실습을 통해 학습한다.

## 연극연출 1, 2
## Play Directing

이론과 실기를 통해 종합예술 창조의 총체적 지휘자로서 연출 문법을 터득하고 실제 작품 제작에 임할 수 있는 기술을 연마한다.

## 연극제작기초
## Fundamentals of Theatrical Production

연극제작과 관련된 조직 운영의 이론적 사항을 학습한다. 또한 역할에 따른 수행방식과 문서화를 통한 논리적 사고체계를 수립한다.

### 연극제작실기 1, 2, 3, 4
Play Production

학기말 공연을 전제로 하여 연극제작의 제 분야의 역할들을 학생들의 관심에 따라 담당하게 함으로써 연극제작과정의 전 과정을 이론과 실습을 통해 습득한다.

### 오디션테크닉 1, 2
Audition Techniques

현장에서 행해질 오디션에 대비해서 다양한 준비 작업을 실습할 뿐만 아니라 포트폴리오 준비작업도 병행한다.

### 중급연기 1, 2
Intermediate Acting

기초연기를 통해 얻은 심신의 체험을 바탕으로 희곡의 분석 및 인물분석, 인물구축의 이론과 실제에 이르는 과정을 학습한다.

### 한국연극사
History of Korean Theatre

고대 한국 연극의 발생사로부터 삼국 이전, 삼국시대, 고려, 조선시대의 각종 연희와 제의 및 판소리, 가면극, 꼭두각시극, 그리고 광대, 재인들의 놀이 실태 등을 문헌자료를 통해 탐구한다.

### 희곡분석
Theory of Play

그리스 연극으로부터 현대 연극에 이르는 다양한 희곡양식의 특성과 희곡의 구조를 문학적, 연극적 특성에 따라 연구 분석하고 각 시대별로 대표적인 작품의 연구를 병행하며 희곡 창작기법의 여러 가지 이론 및 변천과정을 학습한다.

## 8.4 영화학(映畵學)

### 영화학의 개념

영화가 영화학이라는 학문의 명칭을 갖게 된 것은 1950년대 초 프랑스의 소르본에 '영화학연구소'가 설립되면서부터이다. 이 당시 질베르 코앙세아가 '영화학 filmologie'이라는 용어를 사용하면서 영화를 대상으로 연구하는 영화학이 성립되었다. 그는 영화의 언어는 단어 없는 문장과 같아서 문법을 갖지 않은 언어, 문법 대신 철학을 가진 언어라고 주장하였다.

### 영화학의 발전

1960년대 중반에 이르러 영화학은 미국에서 인문과학으로 인정되기 시작하였고, 영화를 한 시기의 사회적 흐름을 가늠하는 지표로 삼기 시작하였다. 영화학은 미국, 캐나다, 영국, 스칸디나비아, 프랑스, 독일 등에서 대중교육을 통해 인문학의 한 분야로 자리 잡았다.

영화이론에는 주체위치이론(subject position theory)과 문화주의(culturalism)라는 두 가지 흐름이 있다. 이들은 영화에 대한 논의가 사회·역사·언어·정신의 거대한 요소들을 묘사하거나 설명하는 틀을 형성하려한다는 점에서 '거대이론'이라고 부른다.

1970년대는 영화에 근거한 기호학·정신분석학·텍스트분석, 그리고 페미니즘이 등장하였다. 또 1980년대 후반에는 후기 구조주의, 포스트모더니즘, 복합문화주의, 그리고 게이·레즈비언·퀴어 연구와 같은 '정체성의 정치학' 그리고 부수적인 연구들이 전면에 등장하였다. 대부분의 이론가들은 영화의 기술, 서사구조, 발화의 과정, 재현의 분류를 통해서 이 과정이 이데올로기적 목적들을 실행한다고 믿었다.

1990년대에는 문화주의 이론이 등장하였다. 그러나 영화의 문화적 연구가 새로운 것은 아니다. 문화주의는 영화의 의미를 텍스트 안에 두기보다 관객들에게 위치시켜 관객들로 하여금 의미를 읽고 해석하게 한다.

## 대학의 영화학과 커리큘럼(동국대학교)

### 비디오제작기초
### Basic Video Production

비디오로 촬영, 녹음, 편집을 하여 영상작품을 만드는 제반과정의 기초를 익힌다.

### 영화영상미학
### Film and Video Aesthetics

영화예술의 미학과 영상매체를 다양한 각도에서 바라보는 기본 이론들을 공부한다.

### 필름제작기초
### Basic Film Production

필름으로 촬영하여 영화를 만드는 제반과정의 기초를 실습을 통해 익힌다. 후반작업은 가능한 한 전통적인 방법(필름)으로 하도록 한다.

### 단편시나리오실기
### Short Scenario Writing

영화시나리오의 형식과 구성의 기본을 배우고, 단편영화를 위한 시나리오

창작실습을 한다.

## 촬영조명실기
### Cinematography

영화촬영에 필요한 기본적인 개념을 익히고 실습을 통해 필수적인 기술과 지식을 습득한다.

## 사운드실기 1
### Sound Production

영화 음향에 관한 기초적인 이론을 학습하고, 동시녹음의 방법, 필름과 비디오 녹음의 차이, 마이크의 종류와 특성, 녹음기의 사용법, 기초적인 믹싱 등을 실습을 통하여 배운다. 그리고 영화 음향의 미학적인 측면에 대한 연구도 병행한다.

## 세계영화사
### History of Film

한 세기 영화역사의 중요한 사건과 경향을 영화 발명부터 현재에 이르기까지 조망한다. 중요한 작품뿐만 아니라 한 시대의 중요한 사회, 문화, 역사, 기술 등 다양한 층위 속에서 영화사를 연구한다.

## 프로덕션디자인실기
### Production Design

영화영상 작품의 배경과 세트를 아트 디렉터의 개념에서 기획, 설치, 연출하는 종합적인 프로덕션 디자인의 자질을 익힌다.

## 한국영화사
### History of Korean Film

한국영화의 정체성을 알아보는 작업의 일환으로 다양한 측면으로 접근해 본다. 영화사조, 산업, 제도, 사회사, 감독과 작품, 기술의 발달사를 배운다.

## 편집실기 1
### Editing

필름 및 비디오 편집의 기술적 과정 뿐 아니라, 시공의 연속성을 유지하고 부드러운 흐름을 만들어 내는 기초적인 기법과 문법들을 강의와 실습을 통해 익힌다.

## 영화연출론
### Film Directing

미장센 분석 훈련을 통해서, 이지적인 연출을 할 수 있게 하는데 목적이 있다. 언어가 아니라 시각적으로 표현하는 방법을 배운다.

## 시각효과기초실기
### Visual Effects Basics

시각특수효과에 관한 기초과정으로, 아날로그에서 디지털 특수효과까지 시각효과 전반을 학습한다.

## 제작기획론
### Film Producing

영화제작에 참여하는 모든 스탭들의 역할과 상호관계를 총체적으로 이해하고, 예산 편성, 마케팅, 홍보, 배급 등의 과정에 대하여 배운다.

## 영화제작실기 1
## Film / Video Production

몇 명 단위로 팀을 구성하여 한 학기 동안 담당교수의 지도하에 한 편의 영화를 만든다. 다큐멘터리 제작을 권장한다.

## 편집실기 2
## Editing

편집실기 1을 이수한 학생을 대상으로 고급 편집기법과 장비 사용법을 익힌다. 또한, 에드윈 포터와 그리피스로부터 에이젠슈타인으로 대변되는 20년대 러시아 영화를 거쳐 현대에 이르는 영화편집의 변화도 개관한다.

## 시각효과워크샵
## Visual Effects Workshop

시각특수효과의 심화과정으로서 실습 위주로 진행된다.

## 졸업영화실기 1
## Thesis Project

졸업영화제작을 전제로 한 코스로서, 담당교수의 지도 하에 최소한 사전 제작 단계를 끝내는 것을 목표로 한다.

## 서구영화분석
## Film Analysis : Western Cinema

서구영화사에서 주요한 작품들을 감상하고 작가적, 스타일적, 장르적 측면에서 비평, 분석한다.

## 아시아영화분석
### Film Analysis : Asian Cinema

아시아 영화사에서 주요한 작품들을 감상하고 작가적, 스타일적, 장르적 측면에서 비평, 분석한다.

## 영상산업론
### Film Industry

영화의 제작, 판매 그리고 배급 단계에 이르는 영화산업 전반에 대한 이해를 높이고, 궁극적으로 영화산업과 사회, 그리고 한국 영화산업과 국제 정치경제의 맥락을 조망한다.

## 영화제작실기 2
### Film / Video Production

몇 명 단위로 팀을 구성하여 한 학기 동안 담당교수의 지도하에 한 편의 영화를 만든다. 주로 극영화를 제작한다.

## 인턴실기
### Internship

산학 협동과정의 일환으로 영화산업 현장과의 직접적인 연계를 통해 진행된다. 제작 현장에 투입되어 강도 높은 훈련을 받으며 실무를 익힌다.

## 촬영조명실기 2
### Lighting Workshop

시퀀스 촬영을 통해 보다 세밀한 카메라와 조명의 활용을 위한 개념을 발전시킨다.

## 사운드실기 2
### Sound Production

사운드실기 1 과목을 이수한 학생들을 대상으로 고급 녹음기법 및 장비 사용법을 익힌다. 특히, 현재 음악이나 영화음향 전문가들이 많이 사용하고 있는 Pro Tools를 실습한다.

## 장편시나리오실기
### Feature Scenario Writing

장편 극영화를 위해 시나리오 창작 실습을 한다. 한 학기 동안 최소한 하나의 장편시나리오를 완성해야 한다.

## 졸업영화실기 2
### Thesis Project

졸업영화의 완성을 전제로 한 고급 영화제작 코스로서 연출, 촬영, 편집 등 제 과정을 마무리하고 최종 평가한다.

## 한국영화분석
### Film Analysis : Korean Cinema

한국영화사에서 주요한 작품들을 감상하고 작가적, 스타일적, 장르적 측면에서 비평, 분석한다.

## 8.5 음악학(musicology)

### 음악학의 개념

음악을 학문적으로 연구하는 분야로서 musicology는 프랑스어 musicologie
에서 유래한 용어이다. 음악학의 연구 영역은 넓고 다양하며 유럽 음악은
물론 세계 여러 나라의 음악, 모든 민속음악을 포괄한다. 음악학의 범주는
音樂史와 音樂現象 연구의 2분야로 크게 나눌 수 있다. 음악현상에 대한 연
구는 형식과 기보법, 작곡가와 연주가의 삶, 악기의 발전과정, 음악 이론(화
성·리듬·선율·선법·음계 등), 음악미학, 음향학, 소리·귀·손의 생리학
등의 분야로 나뉜다.

### 유럽의 음악

유럽의 음악학은 철학과 음악의 도덕적·미학적 개념에 관심을 가지고
있었던 고대 그리스 이론가들의 작품에서 비롯된다. 그리스 수(數)이론은
후에 아랍과 그리스도교 이론가들을 통해 보존되었으며, 선법(旋法, mode:
으뜸음을 기준으로 한 음정관계에 따른 음계 구성음들의 다양한 배열방식)
분류도 중세 유럽에 전승되었다. 중세 때 아레초(Arezzo : 이탈리아 중북부
도시)의 구이도Guido d'Arezzo(990경~1050)는 헥사코드(hexachord : hexa(6)
단계의 chord(가락)의 사용 및 기보법(記譜法, musical notation : 손으로 직
접 쓰거나 인쇄 또는 다른 수단을 동원해서 음악을 시각화시키는 방법)을
발전시켜 음악 교육에 근본적인 변화를 일으켰다.

이후 음악 이론가들은 기보법의 원리 및 음악이론의 보다 실제적인 요소
들을 연구하고 가르치는데 관심을 가졌다. 르네상스 시대에는 미학, 이론,
음악의 실제를 다룬 많은 저작들이 출판되었다. 악기 구조에 대한 상세한
도면과 설명은 앙리 아르노 드 즈볼(1440경)의 필사본 논문에서 처음 다루어

졌으며, 프랑드로의 음악이론가인 요한네스 팅그토리스(Johannes Tinctoris)는
『음악 용어 Terminorum musicae diffinitorium : 알파벳 순서로 된 총 291
항목』(1495경) 및 기보법을 다룬 『음악의 비례 Proportionale musices』, 작
곡 실제를 다룬 『대위법 기술서 Liber de arte contrapuncti』를 저술하였다.

유럽 음악사는 18세기에 처음으로 나타났는데, G. M. 마르티니의 『음악
사 Storia della musica』(3권, 1757~81)는 고대음악에 대한 독창적인 비판적
연구서이며, 마르틴 게르베르트의 『노래와 종교음악에 대하여 De cantu et
musica sacra』(2권, 1774)는 중세 종교 음악 연구서이다.

19세기에는 새로운 음악학 연구에 기반을 둔 바흐와 헨델 협회 전집이
출판되었다. 20세기로 접어들어 요하네스 볼프를 비롯한 학자들의 연구 결
과 중세 기보법에 대한 연구가 진척되어 중세와 르네상스 대가들의 작품들
이 현대 악보로 옮겨지게 되었다.

심리학, 인류학과 같은 새로운 학문은 음악학에도 영향을 미쳤다. 많은
전기들이 나와 음악에 대한 통찰을 깊게 해주었다. 20세기 들어 음악학은
여러 대학에 개설되었고, 음악 전공자들이 늘어감에 따라 음악관계 잡지와
전문단체들도 늘어났다.

## 중국의 음악

중국의 황허문명은 고대 오리엔트 문명 및 인더스 문명과 더불어 아시아
의 3대 음악문화권으로 볼 수 있다. 중국음악은 5음 음계권인 동아시아에
속하면서도 한국이나 일본과는 다른 양식과 음악관을 가지고 있다. 중국음
악은 고대에 한민족(韓民族)을 비롯한 주변 민족에게 커다란 영향을 끼쳤다.

중국은 신해혁명(1911) 이전까지 2,000년 이상 공자(BC 551~479)의 음악
관, 즉 유교의 예악사상(禮樂思想)을 따르는 경향이 강했다. 중국의 음악은
종묘 제례나 조회(朝會) 때 연주되는 아악(雅樂)과 예교사상에 구속받지 않

는 속악(俗樂)으로 구분할 수 있다. 아악이 관청 중심의 음악이라면 속악은 민간중심의 음악이라 할 수 있다. 중국인은 유교사상의 지배를 받았지만 도교와 불교의 영향도 적지 않아 폭넓은 예술관을 가질 수 있었던 것으로 보인다.

공자는 윤리의 표현으로서 예와 악을 특히 중시했다. 공자는 순(舜)임금 시대의 '소(韶)'를 최고의 음악으로 받드는 한편, 정국(鄭國)과 위국(衛國)의 음악은 음란해서 나라를 망치는 음악이라 하여 멀리했다. 공자의 음악관을 반영한 '예기禮記'와 '악기樂記'는 아성(雅聲)에 의해 사람의 마음을 닦고 집안을 다스리고 나라를 다스릴 수 있으며, 악은 사람의 마음속에서 나오고 예는 사람의 마음을 밖에서 수식한 것이므로 예악과 더불어 천지·군신·장유의 순서가 정해진다고 하였다. 이 사상에 기초하여 한대의 유가들은 군신들을 위한 아악을 제정했다.

## 한국의 음악

한국의 음악은 종래 우리의 전통음악만을 가리키는 용어로 사용되어왔으나 현재는 2가지 의미로 일반화되었다. 하나는 전통사회의 음악을 잇는 전통음악(國樂)을 뜻하며, 다른 하나는 8.15 광복 이후 변화된 환경에서 서양음악을 전공한 사람들이 추구해온 민족적 성격의 음악을 뜻한다. 이러한 2가지 의미의 한국음악은 민족을 염두에 두고 추구하는 음악활동 모두를 포함하는 명칭으로 사용되고 있다. 따라서 한국음악은 우리 민족의 문화적 동질성을 기본적으로 추구하는 한국인의 음악이라고 정의할 수 있을 것이다.

한국 전통음악의 가장 두드러진 특성은 장단(長短)과 결합된 여러 가지 연주기법을 들 수 있다. 같은 음계로 구성된 선율이라도 장단구성에 따라, 그리고 음을 흔들고 당기고 흘러내리며 꺾는 기법 등을 사용함에 따라 연주 표현상의 다양한 변화를 만들어낸다. 이러한 연주기법은 각 지방과 계층의 음악적 특성을 나타내기도 한다. 한국음악의 또 하나의 특징은 작곡자와 연주자가 분리되지 않은 연주전통에서 기인하는 새로운 음악창작방식이다. 새로운 음악은 연주자가 기존의 음악을 변주하는 방식으로 만들어졌다. 그래서 한국의 전통음악에는 많은 파생곡과 변주곡이 있다. 이렇게 파생된 곡들은 정착되어 제자들에게 전해지고, 또 제자들은 스승의 곡을 변주하는 과정을 거쳐 새 음악을 생성시키기도 했다. 오늘날의 한국 음악은 전통 음악을 계승 발전시킨 국악, 서양의 음악을 수입하여 발전시킨 서양음악, 그리고 일반을 위한 실용음악으로 구분된다.

참고로 필자가 수강한 2014년 1학기 서울대 평생교육원 '음악으로 이해하는 인문학의 즐거움' 프로그램(서울대 음대 서양음악연구소 주관)의 강의 실러버스(syllabus)는 다음과 같다.

1주 음악의 역사 : 음악학 개요, 음악 역사의 시대구분과 유래

2주 음악과 표기 : 악보의 변천과정

3주 음악과 문화 : 음악사 다시 읽기

4주 음악과 사회 : 부퐁논쟁과 계몽주의

5주 음악과 마음 : 음악을 들을 때 우리 마음속에는 어떤 현상이 일어나는가?

6주 음악과 뇌 : 우리의 뇌는 음악을 어떻게 지각하는가?

7주 음악과 미술 : 귀로 듣는 미술, 눈으로 보는 음악

8주 음악과 건축 : 세계 공연장 순례

9주 음악과 수학 : 음악과 수학의 관계

10주 음악과 언어 : 언어의 문법을 통한 음악의 구조

11주 음악과 문학 : 음악속의 문학성

12주 음악과 무용 : 음악과 춤의 결합

## 대학의 음악학 커리큘럼(서울대학교 음악대학)

### 국악개론 및 감상
### Introduction to Korean Music

한국음악학의 연구 결과를 바탕으로 한국음악의 개념, 갈래, 악곡, 악기, 나아가 한국음악 문화를 소개하는 과목이다. 음악의 갈래를 궁중음악, 풍류계 음악, 민속음악, 창작국악으로 나누고 개별 갈래의 음악 청취와 분석을 통해 이해를 깊게 한다. 전통음악을 주로 소개하며, 창작음악의 경우 전통음악을 의식적으로 수용한 작품을 소개한다.

### 부전공악기(악기명: 서양악기 및 국악기)
### Minor Instrument

이 강좌는 해당악기를 전공하는 학생을 제외한 일반 학생을 대상으로 한다. 국악기 중 한 악기를 택하여 교수와 학생이 그룹을 지어 3명 내외의 소수로 레슨을 받게 된다. 정악이나, 산조, 신곡을 배울 수 있다.

### 음악소프트웨어연습
### Training for Music Software

컴퓨터 음악의 기본 원리를 학습하고 응용 S/W를 실습하여 음악과 테크놀로지의 접목을 시도한다. 다양한 시퀀스(sequence) 프로그램들을 살펴보고 1~2개의 소프트웨어를 선정하여 실습해 봄으로써 컴퓨터음악에 대한 이해를 높인다.

### 화성법 및 대위법
### Harmony and Counterpoint

음악이론의 가장 기초인 음정, 음계를 토대로 3화음의 성립과 그 종류를 알고 일정한 법칙에 따라서 화음이 어떻게 연결되는지 이론과 실습 그리고 실제 화성분석을 통해서 알아본다. 음정, 음계, 조, 화음과 화성, 주3화음과 주3화음의 전위 중 제1전위에 대해서 공부하게 된다. 더불어 음들 사이의 관계의 취급에 관한 기본적인 대위법적 기술을 훈련한다.

## 건반화성
## Keyboard Harmony

건반화성 수업은 화성이론을 오선지가 아닌 건반에서 화음의 관계를 실제 소리로 들어 익히는 청각적 훈련을 통하여 이루어진다. 과목내용으로는 숫자 붙은 베이스의 실제 반주, 오케스트라 스코어 치기, 가곡반주의 조옮김 등 건반악기 주자들에게 필수적인 요소들을 포함한다.

## 서양음악사
## History of Western Music

서양음악의 시원부터 단성성가의 형성과정과 다성화 과정 그리고 중세말 각 국가별 민족음악의 양식적 특징에 관해 학습한다. 르네상스 시대부터 바로크 시대에 이르기까지 성악, 기악음악 양식의 발전과 변천 과정, 오페라의 출현과 발전과정에 관해 학습한다. 이어 1750년부터 1830년경까지의 음악을 다룬다. 우리가 '서양 고전 음악'이라고 하는 음악 대부분이 이 시기에 속한다. 따라서 하이든, 모차르트, 베토벤과 같은 음악가들의 작품들을 중심으로 이 시기의 시대적 흐름을 개관한다. 이어서 베토벤 이후의 음악 경향들, 19세기 전반의 낭만주의와 후반의 후기 낭만주의, 민족주의뿐만 아니라 20세기의 여러 음악적 혁신들을 개관한다. 역사적 관점에서뿐만 아니라, 음악과 음악재료에 대한 새로운 사고 변화들을 기념비적 작품들을 통해 살펴본다.

## 한국현대음악연주
## Interpretation of Korean Contemporary Music

기악과 학생들이 같은 시대에 작곡된 곡을 연주함으로써 현대 음악에 대한 이해를 넓히고 작곡가와의 대화를 통한 연주기회를 가짐으로써 곡 해석능력을 향상시킨다. 동시대의 작곡가의 작품세계와 음악의 깊이 있는 분석(형식, 화성어법, 특징적 작곡기법 및 스타일, 작곡관)과 연주 위주로 진행되며 이를 통하여 현대음악의 기법과 전반적인 흐름을 이해할 수 있는 기틀을 마련하게 될 것이다.

## 음악분석
## Music Analysis

시대별로 음악을 체계적으로 분석해 봄으로써 각 시대의 음악정신을 이해하고, 실제로 구체적인 음악분석 실습을 통해 음악의 본질적인 실체를 파악함으로써, 기악연주의 깊이와 의미를 찾고 스스로에게 분석능력을 함양하는 것을 목적으로 한다.

## 지휘법
## Conducting

지휘자의 음악적인 의도를 효과적으로 연주자에게 전달하는 방법에 대해 과거부터 내려온 관습적인 표현방법을 체계적으로 익힌다.

## 총보독법
## Score Reading

다양한 형태의 음악총보를 통해서 작곡기법, 형식, 악기론을 배운다. 작곡에서의 필수적인 어법이나 형식을 총보독법을 통하여 공부한다. 음반이나 연주 없이 음악총보만으로 음악을 상상할 수 있도록 연마한다.

## 음향학개론
Introduction to Acoustics of Music

본 과목에서는 음악에 관련된 음향학의 기초를 다루게 된다. 주요 내용은 음파의 발생 및 전달 과정에서 나타나는 각종 현상, 인간의 청감 특성과 관련된 음의 인지, 여러 가지 조율방법, 실내 음향학 등으로 이루어진다.

## 합창 및 합주 지도법
Teaching Methododology of Choir and Ensemble

합창 및 합주 수업에 의하여 심미적 음악교육에 기여할 수 있는 방법을 연구한다. 단순히 기술의 훈련에 그치지 않고 합창 및 합주교육을 통한 개념 학습 및 포괄적 음악성의 함양을 강조하며, 합창 및 합주 지도를 통한 음악적 성장을 극대화시키기 위한 구체적 방법을 연구한다.

## 국악가창지도법
Methods of Korean Traditional Songs

시조, 민요, 판소리 등의 국악가창곡을 지도하는 방법을 배우는 과목이다. 현행 초·중·고등학교 음악교과서에 수록된 국악가창곡들을 효과적으로 지도하는 방법에 대해 다룰 것이며, 예비 교육자로써 실제 교육현장에서 필요한 경험과 교수 체계를 쌓는 과정이다.

## 작곡과 이론전공
Theory Major, Dept. of Composition

### 대위법(이론)
Counterpoint

음악에 있어서 본질적인 측면, 즉 주어진 음과 그 음들 사이의 관계의 취급에 관한 문제가 주로 다루어진다. 16세기 대위법에서 제시하는 체계적인 대위기법 학습방법과 중세에서 16세기에 이르는 다성 음악의 분석을 통해 작곡의 기본적인 기술을 습득하게 된다.

### 화성법(이론)
### Harmony

조성화성에서 사용하는 각 화음들의 기능과 진행에 대해 공부한다. 화성법을 학습하기 위한 기초적인 음악이론을 먼저 학습하며, 진도에 따라 수업시간에 다룬 기법에 관한 소프라노/베이스 문제를 풀고 악곡을 화성적으로 분석한다. 기본 삼화음에서부터 간단한 전조까지 배우게 된다.

### 음악미학
### Musical Aesthetics

음악의 본질과 가치에 대한 사변적 탐구를 목적으로 하는 음악 미학의 기초적 개념들을 습득하고 역사적 고찰을 통해 서양음악에 대한 깊이 있는 시각을 얻는다.

### 음악학개론
### Introduction to Musicology

음악학의 본질, 영역, 방법론, 목적, 역사 등을 소개하며, 학문적 활동을 수행하기 위한 기본적인 소양을 기른다.

### 서양음악사 문헌
### History of Western Music through Listening

서양음악사의 흐름 속에서 중요한 의미를 갖는 음악작품들을 보다 자세하고 깊이 있게 다루어보고, 서양음악사에서 이 작품들이 차지하는 위치를 이해한다. '서양음악사 문헌 1'에서는 서양의 고대로부터 16세기 종교개혁에 이르는 시기까지의 음악작품들을 감상함으로써 음악양식의 변천사를 추이해 본다. '서양음악사 문헌 2'에서 는 16세기 종교개혁 이후부터 바로크 시대, 전고전주의 시대의 음악작품들을 감상함으로써 음악양식의 발전과정을 추이해 본다.

## 음악심리학
## Psychology of Music

음악심리학의 본질, 역사, 연구영역 및 방법, 인접학문과의 관계 등을 두루 점검한 후, 최근 100년간 음악심리학 분야에서 연구된 성과들을 분야별로 살펴본다.

## 음악사회학
## Socialogy of Music

음악사회학은 음악을 사회적 산물로 보고 음악 현상의 사회적 기원과 그 과정 및 구조를 연구한다. 예술가, 예술작품, 예술제도, 청중의 조직과 상호작용이 연구대상이 된다.

## 음악연구방법론
## Studies in Methodology of Reasearch on Music

주제선택, 자료수집, 연구보고서 작성 등 음악학을 공부하는 학생이 갖추어야 할 기본적인 학문적 소양을 기르는 것을 목표로 한다. 학생들은 실제로 소규모의 연구를 수행하면서 구체적인 연구과정을 이해하게 될 것이다.

### 인도음악
### Music of Indian Subcontinent

인도음악에 대한 이론적 배경을 살펴 동양음악에 대한 이해의 폭을 넓힌다. 단순한 지식습득뿐 아니라 간단한 실제 연주를 통해 인도음악의 본질에 접근하고자 한다.

### 영화음악의 이론과 실제
### Theory and Practice of Cinema-Music

영화음악의 이론을 토론을 통하여 영화와 음악이 어떠한 형태로 결합되는가를 논리적으로 파악하여 서로 다른 예술매체간의 연관성을 고찰한다. 나아가 이 이론을 바탕으로 영화음악의 작곡 및 분석을 통하여 이론을 실제에 응용할 수 있는 방법을 배운다.


## 8.6 무용학

### 무용의 개념

무용(舞踊)은 무도(舞蹈) 또는 춤이라고 하며, 음악 또는 리듬에 맞추어 몸을 움직이는 예술행위라 할 수 있다. 또한 사회적 상호작용 또는 표현의 수단으로 이용되기도 하며, 종교적인 의식 또는 공연 등에도 이용된다. 예술의 관점에서는 미적(美的) 정서를 리듬에 맞춰 신체로 표현하는 공연예술이다. 춤은 또한 사람이나 동물 사이(예: 벌의 춤)의 비언어적 의사소통의 방식을 말하는 데에도 쓰이기도 한다.

춤에 해당하는 영어 댄스(dance)는 고대 인도의 산스크리트 원어(原語, Zendic - Sanskrit) Tanha(탄하)이며, Tanha는 '생명의 욕구'를 의미한다고 한다. 실제로 춤은 생활의 경험에서 기쁨을 느끼거나 운동과 활동의 요구 등

생명에의 욕구와 관련이 있다.

춤은 일반적으로 인간의 움직임으로 간주되는데, 표현 형태의 하나로 사용되거나 또는 사회적, 정신적 또는 공연 장치에서 등장한다. 춤은 또한 인간과 동물(꿀벌의 춤), 무생물의 운동(바람 때문에 잎들이 춤추는), 그리고 어떤 음악 형식 또는 음악 장르 사이의 비언어 의사소통(신체 언어)의 방법을 기술하기 위해 사용되기도 한다. 안무는 춤을 만드는 예술이다. 그리고 이를 실행하는 사람을 안무가라고 부른다. 춤은 어떤 사회적, 문화적, 심미적, 미학적 그리고 도덕적 제약에 의존하느냐에 따라 그 정의가 다르며, 기능주의 운동(포크 댄스와 같은)에서부터 발레와 같이 일정한 틀에 따른 기술에 이르기까지 다양하다. 스포츠에서, 체조와 피겨 스케이팅 그리고 싱크로나이즈드 스위밍은 무용에 속하고, 무예 등도 종종 춤에 비유된다.

## 무용의 특징

무용은 리듬에 맞추어 실행되는데, 리듬(rhythm)이란 생명의 규칙적 숨결이며, 영혼의 파동(波動)이라고 할 수 있다. 무용은 인간의 신체를 창조적으로 움직이는 행위이므로 건전한 육체를 소유하지 않으면 좋은 무용가가 될 수 없다. 무용은 신체를 창작의 소재(素材)로 하기 때문에 무용의 예술작품은 무용가 자신이므로 창조자 자신이 자기 예술작품을 감상할 수는 없다. 이것이 바로 다른 부문의 예술과 다른 점이다. 무용은 살아 있는 인간의 신체로 형상화(形象化)하기 때문에, 그리고 무대에서 상연하는 공연물이므로 상연 당시에 감상하지 못하면 영원히 다시 볼 수가 없다(동영상으로 촬영하여 볼 수는 있다). 요컨대, 무용은 리듬을 방법으로 하고 신체를 수단으로 하면서 연령의 제약을 받는 순간적 무대예술이라고 할 수 있다.

## 대학의 무용학과 커리큘럼(국가평생교육진흥원 학점은행)

### 무용개론

무용의 개념과 본질을 고찰함으로써 무용의 예술적 특성과 가치를 이해하고 학문으로서 무용의 연구방법과 연구영역을 확장한다. 무용의 정의, 종류, 특성 등 공연예술로서의 무용전반의 이해를 통해 무용에서 제기되는 각 주제를 구체적으로 살피고 심화한다. 무용의 기원과 특성을 토대로 가치와 표현 그리고 이미지와 커뮤니케이션에 관한 다각적인 조명을 이루며 이러한 기초 지식을 개괄적으로 조망함으로써 무용학의 이해와 연구에 관한 토대를 정립한다.

### 무용미학

예술철학으로서의 미학이론을 토대로 무용예술의 미학적 특질을 연구하여 미의 특질에 대한 이해의 기초를 마련하며 다양한 무용현상에 대한 미적 판단 능력을 발달시키고 춤의 내적 구조와 역할을 탐구한다. 춤의 본질과 더불어 매체와 어법 등을 이론적으로 접근하며 무용의 운동미, 형식미, 구성미, 표현, 감각 묘사, 사상 등을 고찰하여 무용작품 속에서의 다양한 무용미를 탐색한다. 무용미학의 실태와 이론을 무용미의 분류를 통해 살피고 춤의 내적 구조와 역할을 심도 있게 다뤄 무용미의 본질을 깊이 있게 이해하고 무용미를 관조하는 안목을 기른다.

### 무용지도법

무용에 필요한 기초 지식과 실제적인 교수기술을 습득하고 교육적 접근방법을 개발하여 현장에서의 무용지도능력을 배양한다. 무용지도에 관한 원리와 방법 그리고 평가에 관하여 정립하며 학년별 요구되는 무용지도의 실제에 관하여 초등, 중등, 고등, 일반을 대상으로 습득한다. 창조적 예술 교육으로서의 무용교육의 영역과 프로그램을 살펴보고 무용교육의 과제와 전망들을 논의하며 평생교육으로서의 춤 교육에 관하여 전망함으로 무용교육에 관한 적절한 전략과 올바른 기준을 세울 수 있다.

## 발레 1

본 교과목은 클래식 발레가 요구하는 바른 자세와 정확한 기본 테크닉을 익히고 나아가 테크닉의 정확성에 중점을 두어 기술을 개발한다. 이를 위해 발레의 개념과 역사, 기본구조를 이해함으로써 클래식 발레에 대한 이해의 폭을 넓히고, 다리의 기본 포지션, 발의 기본포지션, 머리의 기본 포지션, 몸체의 기본 포지션, 팔의 기본 포지션 등을 자세하게 익혀 바르고 정확한 동작을 습득한다. 따라서 발레에 대한 전반적인 이해는 발레의 기본구조를 익히는데 도움을 주고, 정확한 테크닉의 훈련은 동작에 대한 섬세하고 다양한 표현과 예술적 관찰력을 개발할 수 있는 토대가 된다.

## 서양무용사

발레의 발생시기부터 현재 유럽과 미국에서 행해지고 있는 무용에 이르기까지 무용사의 변천과정을 이해하고 각각의 무용형태를 예술 무용사적인 측면과 사조사적인 측면으로 고찰함으로써 미래 지향적 무용사관을 정립한다. 본 교과목은 원시시대에서부터 오늘날에 이르는 무용사적 측면을 무용교육, 예술, 민속, 오락 등의 관점으로 다루어 폭넓게 연구함으로써 시대적 의미와 표현을 심도 있게 고찰한다. 원시시대에서부터 서양무용을 중심으로 초기발레의 형태와 현대 발레, 20세기 이후 현대무용을 살피며 또한 나라별 주요 무용단과 안무가들을 선별하여 무용사적 배경과 의미를 다룬다. 따라서 무용사적 관점을 숙지함으로 향후 미래 춤에 관한 흐름을 견지하며 사적 소양을 겸비한 무용인으로 성장할 수 있게 한다.

## 한국무용 1

본 교과목은 한국무용의 춤사위와 춤동작의 용어를 바로 알고, 한국무용의 기본원리와 구조를 분석해 바른 자세와 호흡법 및 다양한 춤사위를 수련한다. 이에 따라 기본적인 한국무용 춤사위 용어를 학습하고, 발 디딤세와 팔 동작, 굴신과 호흡, 어르기 등의 기초적인 춤사위와 호흡을 익히고 굿거리장단과 자진모리장단에 춤사위를 연결하여 구성한 작품을 반복적으로 실습한다. 또한 재동작을 통해 연풍대, 돌기, 뛰기 등의 다양한 춤사위를 학습한다. 이러한 반복적인 훈련을 통해 한국무용의 춤사위에 대해 이해하고, 기본적인 움직임의 올바른 틀을 만들 수 있게 한다.

## 한국무용사

본 교과목은 한국전통무용 문화의 학문적 체계와 학술적인 체계를 갖추기 위해 무용사관을 확립하고 세계무용과 비교 연구함으로써 세계 예술로서의 한국무용의 위치를 체계적으로 이해하며 연구한다. 이를 위해 기본적으로 한국무용의 기원과 역사, 시기별 특징과 분류, 분류에 따른 춤의 종류, 주요인물사, 역사적 의의 등을 살펴보고, 우리나라 춤의 현주소 및 앞으로의 발전방향과 개선점은 무엇인지에 대해 토론하고 연구한다. 우리나라 춤에 대한 정체성 및 역사관과 춤 가치관을 확립할 수 있으며, 세계 예술로서의 한국무용의 위치를 이해하고 발전방향을 모색할 수 있게 한다.

## 현대무용 1

현대무용은 움직임을 표현하는 방법으로 창의적 사고와 신체의 지각능력, 긍정적 사고, 자기발견 등의 폭넓은 경험을 통해 표현력을 단계별로 심화하여 다양한 작품을 소화할 수 있는 능력을 기른다. 기초단계인 현대무용Ⅰ은 기본적인 신체단련을 중심으로 호흡과 관련된 긴장과 이완의 연속성에서 비롯한 움직임을 다양하게 경험하고 신체의 중심점에서 발생된 에너지의 사용범위를 축소, 확대함으로써 발생하는 공간의 사용과 지각능력을 기른다. 이에 따라 자신의 움직임에 얽매이지 않고 새롭고 다양한 표현을 통해 움직임 및 창의성이 향상될 수 있다.

### 교육무용

움직임의 요소를 이해하고 무용교육 전반에 걸친 이론과 실제를 체계적으로 익혀 무용을 통한 신체적·정서적·인지적 발달을 꾀하며 실제 교육현장에서 무용을 지도할 수 있는 기술을 연마한다. 무용교육 전반에 걸친 무용교육 이론과 원리, 그리고 그 중요성을 역사적으로 고찰하고, 최근의 무용이론을 기초로 무용교육의 철학, 심리, 사회에 관한 전반적인 기본지식을 습득하고 이를 적용해본다. 무용미에 관해 다각적으로 이해하고 교육무용의 영역과 목표를 알아보며, 무용교육의 실제와 내용에 관해 발레, 현대무용, 한국무용 등 장르별로 나누어 살펴본다.

### 댄스스포츠

댄스스포츠는 단순한 오락이 아니라 현대인에게 부족하기 쉬운 신체의 움직임을 통해 건강을 증진할 수 있는 좋은 유산소 운동이며, 음악에 맞추어 신체로 표현하는 예술의 하나이다. 본 교과목에서는 댄스 스포츠의 기능을 익혀 신체적·정신적·정서적 건강을 증진하고 음악과 신체 표현의 조화를 통해 예술적인 감각을 학습한다. 이를 위해 춤의 역사와 함께 볼룸댄스의 기원 및 댄스스포츠의 발달현황과 종류에 대해 이해하고, 라틴댄스 5종목, 모던댄스 5종목 중 2~3종목의 basic step과 초·중급 Amalgamation을 완전히 습득하여 자유롭게 커플댄스를 출 수 있게 한다. 이에 사회적인 인간으로서 올바른 가치관 배양을 도울 뿐 아니라 지속적인 신체 움직임을 통해 근력, 지구력, 심폐기능 등의 체력향상도 기대한다.

## 동작분석과 기보법

본 교과목은 무용움직임을 연구하고 움직임의 기본요소를 기록할 수 있는 무용 표기법을 연구하여 다양하고 자율적인 표현 능력과 창조력을 기르고 이를 기록한다. 무용움직임 분석에 관한 토대와 연구방법을 살피고 역사 속 노테이션(notation)을 다룸으로 움직임 분석의 가능성을 살핀다. 또한 무용수의 신체와 해부학적 자세를 통해 동작에 필요한 메커니즘을 집중 연구한다. 그리하여 움직임 분석시 활용과 그 가능성에 관해 고찰하고 춤의 구조에 관해 분석 기록할 수 있는 실력을 함양한다.

## 리듬체조

본 교과목은 율동적인 움직임과 음악을 결합해 개성을 풍부하게 표현하는 리듬체조에 대하여 이론적인 이해 및 실기를 통해 기본적인 움직임 형태를 연습, 개발하여 상상력과 창의력을 기를 수 있도록 돕는다. 또한 표현의 한 수단으로 신체를 사용하는 방법을 배우고, 서로간의 협동성 증진을 위해 조별 창작 작품을 만든다. 이와 같이 신체 움직임을 이해하고 활용함으로써 신체상의 결함이나 부족한 점을 바로잡아 조화로운 발달을 도모하여 성취감과 자신감을 길러준다.

## 무용기초법

본 교과목은 무용에 관한 전반적인 이해와 무용의 종류를 조사 연구함으로써 교육, 예술, 치료, 의식, 오락, 여흥으로서의 춤의 의미를 되새겨보고,

춤 현상이 지니는 미적인 측면들을 경험과학적 측면에서 살펴본다. 춤에 관한 정의를 인간의 삶 속에서 다뤄보고 춤 일반에 관한 정의와 역사적·사회적 측면에서의 춤의 변화 및 춤의 구조를 살핀다. 춤 실기를 통하여 기본적 기법과 원리를 함양하며, 몸으로 표현할 수 있는 있는 춤을 역사적 의미에서 다양하게 경험할 수 있는 기회를 제공한다.

## 무용레파토리 연구

국내외 무용작품을 선정하여 작품의 특성과 기법을 분석, 습득함으로써 무용의 다양한 문화, 역사적 성향을 이해하고 경험한다. 서양 춤의 발레 레퍼토리와 한국의 전통무용을 포함한 민속춤과 신무용 등 다양한 춤을 이해하고 사회문화적 배경 속에서 춤을 몸으로 읽어낸다. 한국무용전통 연희 속 궁정 춤의 경우 종목을 선정하여 구성 원리를 습득하고 동작분석을 통해 조상의 얼을 몸으로 되새긴다. 이외에도 무형문화재의 민속춤이나 즉흥 춤 등 다양한 몸의 움직임과 예술적 의미를 살핀다. 본 교과목을 통해 한국 전통춤과 서양 고전발레를 비교 분석함으로써 이들의 스타일과 매력을 몸으로 체감할 수 있다.

## 무용생리학

여러 가지 형태의 무용의 신체반복 및 운동으로 인해 야기되는 신체의 반응과 적응에 대하여 그 원인을 이해하고, 그러한 반응과 적응이 인체의 기능적 측면, 주로 신체운동 수행력과 건강증진에 어떻게 기여하는지 학습한다. 이를 위해 구체적 학습으로 인체의 구조적 단계로서의 운동과 향상성의 관계를 이해하고 에너지의 근원과 개념, 운동 후의 회복, 근육의 효과적인 회복, 운동과 근육 및 신경 등의 기본적인 인체 생리학적인 이론을 학습하고 이해함으로서 무용수의 신체를 효과적으로 활용할 수 있게 한다. 이러한 학습을 통하여 무용수는 일시적 혹은 지속적인 신체의 활용과 학습으로 신체조직과 기관이 어떻게 변화되는가에 대한 이해를 높여 무용수의 훈련과정을 과학적이고 체계적으로 학습한다.

## 무용연기법

무용의 본질과 특성을 살펴보고 무용과 관련된 행동과 사고의 원리를 이해하여 신체동작을 통한 표현기법 및 공간의 이해와 활용, 작품 속의 인물에 대한 심리적, 행동적 요소를 심층적으로 분석하여 이해하고 표현한다. 이를 위해 신체 동작을 통한 표현과 음성동작을 통한 표현, 내면 심리의 탐구, 무용의 기술적 심신의 활용 및 표현 측면을 분석하고 실습한다. 효과적이고 실제적인 학습을 통해 인간의 내면에 관한 관찰과 표현을 위한 다양한 도구 및 방법을 습득함으로써 작품 속의 인물을 좀 더 심층적으로 표현할 수 있게 한다.

## 무용요법

무용요법의 기초적인 이론을 학습하여 정신적, 육체적 결함이 있는 모든 사람들에게 무용요법을 통해 보다 완전한 인간으로서의 접근을 지도하기 위한 방법론을 연구한다. 구체적인 방법론으로 심리치료법을 이용하여 개인의 정신과 감정을 온화하게 하고, 이를 통해 신체자각, 감정 정화, 무의식과 의사소통, 자기 신뢰도 형성, 대인관계 등을 개선함으로써 개인의 사회적 통합을 돕는다. 무용요법의 발달, 종류, 치료 형태 등을 이해하고 무용을 통해 장애를 극복시킬 수 있는 능력을 배양하여, 개인의 사회적 통합을 돕는다.

## 민속무용

본 교과목은 세계 여러 나라의 민속무용의 특성을 이해하고 기본동작을 익혀 민족 간의 문화적 공감대를 넓히고 그 실제 방법을 습득하여 이를 실천할 수 있는 기능을 익힌다. 이를 위해 우선 세계 여러 나라의 문화적 특성에 대해 이론적인 학습의 기초를 다져 문화적인 차이를 이해한 다음 각 나라를 대표하는 민속무용의 기본동작을 실제적인 움직임을 통해 학습한다. 또한 각국 고유의 리듬을 이해하고 습득하여 민속무용의 특성에 대한 이해를 높인다. 본 교과목을 통해 민족 간의 문화적 공감대를 넓힘으로써 예술적 토대와 몸의 움직임에 대한 시야를 넓힐 수 있다.

## 안무원리

안무의 기본창작원리와 무대의 구성을 이해하고 창작 훈련을 통한 동작 분석을 통해 실제 작품을 만들 수 있는 능력을 기른다. 이를 위해 안무의 필요성과 예술성에 대한 이해와 함께 무용의 구성 형식과 동작의 표현, 리듬감을 익히고 안무의 과정으로서 감정의 표현과 전달, 무용의 제작까지 학습한다. 이러한 실제적이고 효과적인 학습을 통해 무용구성의 전반적인 창의적 움직임의 분석과 무대의 구성 및 제작까지 학습하고 실습함으로써 자신의 표현인 안무를 직접 짜고 작품을 만들 수 있는 능력을 갖출 수 있다.

## 에어로빅

즐거움 속에서 음악에 맞춰 자연스럽게 체력을 향상시키는 율동 스포츠인 에어로빅의 기본적인 이론과 기술을 학습한다. 이를 위해 lunge, jumping jack, skip, running의 7가지 기본 스텝을 익혀 근력운동과 유연성을 높이고, squat, hamstring - curl 등을 익힘으로써 보다 복잡한 결합동작을 구성하며, skip-running, swing, step - front 등의 동작을 습득하여 보다 진보된 운동으로 단위 박자 안에 동작의 변화가 빠르며 다양한 스타일을 추가, 조화롭게 사용함으로써 다이내믹한 움직임을 갖도록 한다. 에어로빅에 대한 지식과 스텝, 기본 움직임, 운동방법 등에 대한 내용을 익혀 음의 리듬, 동작의 강도 고저를 적절히 사용하여 효과적으로 움직일 수 있다

## 여가 및 레크리에이션

현대인의 삶의 질 향상과 주 5일제 근무 및 생활수준 향상으로 여가에 대한 중요성이 부각되고 있다. 본 교과목은 여가 및 레크리에이션의 기본 개념, 특성, 종류 등을 이해하고, 여가의 수급 및 정책부문, 여가교육과 청소년, 고령화 사회의 노인여가 부문, 노동과 여가, 성별에 따른 여가, 미래 여가 방향 등을 이해하며, 레크리에이션 영상을 통해 현장에서 리드할 수 있는 자질을 함양한다. 아울러 현대에서의 여가의 개념 및 중요성을 학습하고, 다양한 레크리에이션 영상을 통해 자신의 적성에 맞는 레포츠를 찾아주는 건전한 지도자를 양성한다.

## 전통궁중무용

본 교과목은 우리의 전통문화 유산인 궁중무용을 정재를 중심으로 연구하여 춘앵무, 처용무 등 궁중무용 전반의 이론과 실기를 습득한다. 이를 위해 궁중무용의 개요와 분류, 궁중무용의 종류와 각 춤의 성격, 역사적·시기적인 변화양상과 특징에 대해 이론적으로 학습한 후 현재 전승되는 가장 대표적인 궁중정재인 춘앵무와 처용무를 습득하여 궁중무용에 대한 실제적인 이해를 도모한다. 본 교과목은 이러한 전통궁중무용에 대한 이론적인 학습과 실기학습을 통해 우리나라의 역사적·문화적인 흐름과 특성을 이해하고 우리 춤의 근간(根幹)이 되는 정(靜)·중(中)·동(動)의 미학을 습득할 수 있다.

## 8.7 체육학(體育學)

### 체육학의 개념

체육학은 인간의 운동(human movement) 현상에 관하여 개념·법칙·이론을 구성하고, 그 이론을 통하여 운동의 효과를 기술·설명·예측하는 종합과학이다. 체육학의 독립적인 이론체계를 정립하게 된 것은 거의 20세기에 들어오면서부터였다.

그러나 16세기에 이탈리아의 의학자 메르크리알리스(Mercrialis, H.)는 1569년 『체육론 Artis Gymnasticae』이라는 저서에서 신체운동의 효과에 관한 인문학적 및 의학적 측면의 연구를 발표한 바 있다. 그 뒤 각국에서 체육학에 관한 이론적·과학적 연구가 수행되었지만 이들 대부분은 철학·신학·의학 등에서 이루어졌다.

체육관계 국제학술회의는 1923년에 결성된 국제체육학회(FIEP)와 1928년에 결성된 국제스포츠의학회(FIMS)가 있다. 국제체육학회는 체육교사들이 주축이 되어 심리학, 교육학, 사회학 등을 배경으로, 학교에서의 체육과 교육에 관한 과제를 중심으로 탐구하여왔다. 국제스포츠의학회는 스포츠에 관심을 가진 의사들이 주축이 되어 생리학, 생화학, 위생학, 정형외과학 등을 배경으로, 선수의 경기력 향상과 운동 상해에 관한 과제를 중심으로 탐구해왔다.

1960년 로마올림픽대회 이후 두 단체의 독자적 학술활동은 종래대로 인정하면서, 이들 두 국제학술회의를 통합하는 기구로 국제스포츠체육협의회(ICSPE)가 결성되어 UNESCO(유네스코, 유엔교육과학문화기구) 산하에 편입되었다. 이 협의회 주관의 국제체육학술회의가 올림픽대회 개최지를 순회하여 열리면서 이제까지의 체육에 관한 연구를 체육과학으로 선도하기에 이르렀다.

우리나라의 체육학은 1894년에 설립된 한성사범학교가 후일 경성사범학교로, 그리고 1914년 경성여자고등보통학교의 사범과가 후일 경성여자사범학교로 개편되면서, 이들 학교에서 교사양성을 위한 교육과정에 체육과를 포함시켜 체육교육을 실행하였다. 그 뒤 1946년 국립 서울대학교의 발족과 더불어 이들 두 학교를 통합하여, 사범대학으로 개편하면서 체육과 전문교과교육 프로그램이 개설되었으며, 이를 효시로 경북대학교 사범대학, 공주사범대학 체육과가 설치되어 전문교과교육이 이루어지게 되었다. 그 뒤 1955년 신흥대학교(新興大學校 : 현 경희대학교)에 체육대학이 설립되었으며, 이어 1960년대에 접어들면서 이화여자대학교와 한양대학교에 체육대학이 설립되어 체육학의 독자적인 영역을 탐색하기에 이르렀다.

그 동안 사범대학 체육과에서 체육교사 양성 교육과정 중에 운동이 인체에 미치는 영향에 관한 이해가 필수적이라는 이유로 이학부에 소속시켜 졸업생들에게 이학사(理學士) 학위를 수여하였다. 그러나 1960년대에 시행된 고등교육기관의 정비 및 확충에 따라 체육학의 성격이 재규정되어 종래 이학사에서 체육학사(體育學士)로 개편되었고, 대학원에 체육학 석사과정이 설치되면서 그 학문적 위치를 다지게 되었다.

1980년에는 각 대학에 체육학 전공 또는 체육교육학 전공의 박사과정이 설치되어 체육학의 위치가 더욱 굳건해졌다. 체육학은 크게 체육과학과 스포츠과학으로 구분되고 있다. 체육과학은 인간 운동 현상을 대상으로 그 개념과 법칙 및 이론을 구성하고, 그 이론을 통하여 운동의 효과를 기술·설명·예측하려는 기초적 성격의 학문이다. 이에 대하여 스포츠과학은 체육과학에서 정립된 이론을 스포츠현장에 적용하여 경기성적의 향상을 도모하려는 실용적 성격의 학문이다.

한국체육학계는 1953년에 한국체육학회가 발족되었으며, 이 학회는 1986년 아시아 경기대회와 1988년 서울올림픽대회 기간에 국제스포츠과학 학술대회를 주관하였다. 이 학술대회를 계기로 전 세계의 체육과학자와 스포츠과학자들과의 학술교류를 통하여 체육학의 수준을 세계적 수준으로 끌어올

리는 데 노력하고 있다. 체육관계 학술단체로는 한국체육학회와 대한스포츠
의학회가 있다.


## 대학의 체육교육과 커리큘럼(서울대학교 사범대학)
## Dept. of Physical Education

### 한국무용입문
### Introduction to Korean Dance

우리나라 전통 춤의 본질을 역사적으로 고찰하고 이론적 배경을 분석한
후, 기본적인 전통 춤사위의 습득에 중점을 두어 공부한다. 구체적으로 한
국 춤의 역사, 한국 춤의 종류(궁중무용, 민속무용, 의식무용, 가면무용, 신
무용) 등이 포함되며 한국 춤의 기본 움직임(들기, 감기, 엎기, 제치기)을
자연스럽게 익힌다.


### 현대무용입문
### Introduction to Modern Dance

현대무용 과목은 모두 4단계로 이루어져 있다. 현대무용 입문은 그 첫
단계로서 일련의 현대무용 1, 2, 3단계를 위한 기초 단계라고 할 수 있다.
이 수업은 Body conditioning을 통해 신체의 기능을 향상하고 다음 단계의
현대무용에 필요한 동작기술을 익히는데 목적이 있다.


### 야외활동
### Camping

야외에서의 여러 가지 활동을 교육적인 측면에서 파악하여 이것을 교육
활동으로서 활용함과 동시에 그 교육적인 효과를 조직적이며 체계적으로
발전시켜 인간성 함양을 목표로 하며, 야영을 통하여 자연 속에서 집단적,

자율적인 생활을 함으로써 다수 속의 자기를 객관적으로 보고 참된 협력과 공동의 생활을 체험할 뿐만 아니라, 야영생활의 기술을 익히면서 생활 전체의 모든 활동을 통해 체력과 정신력을 단련한다.

## 건강운동과학개론
### Introduction to Health and Exercise Science

건강증진과 관련한 운동과학의 중요성을 이해하는데 초점을 둔다. 특히 다양한 분야의 운동과학 전문가로부터 듣는 강의로서 학생들이 구체적인 진로를 결정하기에 앞서 여러 유용한 정보를 접할 수 있는 기회를 제공한다.

## 체육교육론
### Principle of Physical Education

본 교과는 체육교육과 체육학을 이해하는데 바탕이 되는 기초개념 및 이론을 다룬다. 체육의 본질과 개념, 체육교육의 목적과 방법, 체육학의 대상과 방법 및 하위 학문영역 전반에 걸친 폭넓은 이해를 도모한다. 특히 20세기 전반에 걸쳐 이루어진 인간의 몸과 그 움직임에 대한 관점의 변화, 체육의 본질 및 개념 정의, 체육교육에서의 본질주의와 진보주의 그리고 체육의 학문화 운동의 과정에서 나타난 실증주의 경향과 비판 등을 중심으로 다룬다.

## 육상(트랙) 1
### Track and Field(Track)

육상경기는 모든 경기의 기본이 되는 스포츠로서 탁월한 기술과 신체적 특성을 요구하는 다양한 종목을 포함하는 스포츠이다. 육상1에서는 단거리 경기와 관련된 과학적인 이론과 트레이닝 방법을 숙지시키며, 실제 연습을 통해서 스타트, 스타트대시, 전력질주, 피니시 등의 기본 기능을 익히도록 한다. 또한 장애물 경기에 대한 이해도를 높이며, 특히 허들경기에 필요한 과학적인 이론과 트레이닝 방법을 숙지시키는 것을 목표로 한다. 허들 경기의 경기규칙 및 단거리 달리기 기술 외에 부가적으로 요구되는 허들 넘기 동작의 기술을 익혀 실제 허들경기에 적용시킬 수 있는 능력을 향상시킨다.

## 기계체조 1(마루운동)
## Gymnastics 1 (Floor Exercise)

마루운동은 맨손체조 운동으로 평균기, 정지기, 힘기, 뛰기기, 튀겨 일어나기, 물구나무서서 돌아 뛰기 등을 연결하여 조화롭고 리드미컬한 연기를 구성하는 종목이다. 본 교과에서는 기본적인 체조의 특성을 바탕으로 구르기와 돌기의 기초기능을 통하여 매트운동에 대한 이해를 학습한다. 기계체조에 대하여 전무한 상태에서도 아주 기초적인 동작부터 행하기 때문에 별 어려움 없이 실행 할 수 있도록 지도한다.

## 수영 1
## Swimming

본 과목은 평영을 배우고 싶어 하는 체육교육과 학생들을 위한 과목으로서, 평영 기술의 학습을 통해 수상에서의 안전 기술과 지식을 갖추도록 하는데 목적이 있다. 학습의 초점은 수상에서의 기술, 자신감, 지구력 등을 향상시키기 위한 보다 발전적인 평영 영법의 학습에 있다.

## 체육사 · 철학
## History and philosophy of Physical Education

이 과목에서는 우리나라와 세계 여러 나라의 체육의 역사를 시대별로 소개하고, 각 시대와 문화에 따른 체육의 발전모습을 공부함으로써 현재의 체육을 정확하게 이해하고 진단하도록 한다. 이를 통해 미래의 체육에 대한 인식과 성찰을 갖도록 한다. 또한 동서양의 체육의 발전과정을 비교하여 체육의 보편성과 특수성이 드러나도록 한다.

### 육상 2(필드)
### Track and Field

이 교과에서는 도약경기에 대한 이해도를 높이며, 특히 높이뛰기와 관련된 과학적인 이론과 트레이닝 방법을 숙지시키는 것을 목표로 한다. 높이뛰기 유형별 동작들을 익히고, 도움닫기, 발구르기, 공중동작, 착지 등 일련의 동작을 익혀 실제 경기에 적용시킬 수 있는 능력을 기른다. 또한 투척경기에 대한 이해도를 높이며, 특히 원반던지기와 관련된 과학적인 이론과 트레이닝 방법을 숙지시키는 것을 목표로 한다. 원반던지기의 경기규칙 및 기본동작, 턴동작, 던지기 동작 등 단계별 기술들을 익혀 실제 경기에 적용시킬 수 있도록 한다.

### 기계체조 2(뜀틀 · 철봉)
### Gymnastics(Vaulting Horse and Bar)

뜀틀운동은 도움닫기, 점프(발구름), 공중동작, 착지의 네 단계로 구분한다. 이러한 네 가지는 모두 일체적인 것으로 제 각기의 동작을 물리적인 인과관계에 의해서 연관성을 갖고 있는 것이다. 도움닫기는 발구름에 영향을 주고 발구름은 도약을 결정짓고 도약에 의한 공중자세는 착지하는 데에서 그 의의를 찾을 수 있다.

철봉운동은 두 가지 기본 형태가 있으며, 그 하나는 힘을 뺀 상태에서 매달려 행하는 운동이고, 다른 하나는 버티기의 형태로 철봉을 회전하는 지지 회전계의 기이다. 연기는 정지 없이 앞, 뒤 휘돌리기와 앞과 뒤, 정면 어깨 틀어 휘돌리기와 같은 변화 기술로 구성되는 종목이다. 본 강좌는 철봉의 기본 기, 흔들기를 중점적으로, 차오르기, 흔들어 오르기, 배떼고 돌기 등의 기초기능을 학습하는데 역점을 둔다.

## 빙상 1
## Skating

이 과목은 동계 방학 기간 중에 집중 수업의 형태로 이루어지며, 스케이팅의 특성과 기본 원리를 이해하고 스피드 스케이팅의 기본 기술을 체계적으로 배우는 것을 목적으로 한다. 최근 들어 국제적으로 위세를 보이고 있는 쇼트트랙 종목의 기초 기술과 그 원리도 수업 내용에 포함되어 있다. 구체적인 교수내용으로는 자세연습, 직선활주, 곡선활주, 팔동작, 출발, 훈련 방법 등을 포함한다.

## 여가레크리에이션
## Leisure Recreation

현대생활에서의 증가하는 여가시간에 대비한 레크리에이션의 의의, 필요성, 형태에 대하여 개론적으로 공부한다. 구체적인 내용으로는 레크리에이션의 개념, 가치, 목적 등과 활동에 필요한 지식과 기술, 그리고 실제 활동 등이 포함된다.

## 수영 2
## Swimming

본 과목은 자유형을 배우고 싶어 하는 체육교육과 학생들을 위한 과목으로서, 자유형 기술을 습득하는 데 목적이 있다. 학습의 초점은 수상에서의 기술, 자신감, 지구력 등을 향상시키기 위한 보다 발전적인 자유형 영법을 학습하는 데에 있다.

## 체육측정평가
### Measurement and Evaluation of physical Education

스포츠 정보 분석은 스포츠 현장과 체육현장에서 나타나는 현상을 정보화하여 체계적으로 분류, 분석하는 것을 의미한다. 본 과목은 과거의 측정 및 평가의 개념을 확장한 것으로 정보 분석의 목적을 명확히 정립하고 이 목적에 따라서 정보를 선택, 수집, 관리하며 최종적으로 분석하는 것을 포함한다. 이를 위해서는 측정 및 평가 분야에서 논의되는 타당도와 신뢰도의 개념 뿐 아니라 정보를 분류하고 관리할 수 있는 능력 및 다양한 분석기법으로 정보를 요약, 분석하는 방법에 관한 지식을 필요로 한다. 본 교과의 내용은 앞에 나열된 내용 구성요소들의 기초 이론과 현장에서 실제로 적용할 수 있는 실습을 포함한다. 체육 및 스포츠 현장에서 나타날 수 있는 상황을 설정하고 이 상황에서 다양한 정보 분석의 예시를 포함하며 정보 분석에 필요한 자료정리와 기초통계 기법을 컴퓨터를 이용하여 학습하는 기회를 가진다.

## 농구
### Basketball

농구의 기초 기술(패스, 드리블, 슛, 풋워크 등)과 경기 전술(속공법, 지공법, 대인방어, 지역방어 등) 등의 다양한 실기 기능을 익히는 것을 목적으로 한다. 특히, 심판법과 최근에 개정된 경기 규칙, 그리고 체계적인 트레이닝 방법을 제시함으로써 지도자의 자격을 갖추는 데에 도움을 주고자 한다. 또한 스포츠맨십과 팀 정신의 중요성을 인식시켜 한 사회의 구성원으로서의 자질을 함양하도록 한다.

## 배구
## Volleyball

배구는 레크레이션 경기로서 누구나 손쉽게 행할 수 있는 종목 중의 하나이다. 다른 구기 종목과 비교하여 배구의 특성을 이해하고, 실제 경기를 통해 협동심, 책임감, 예의를 함양하도록 하며 규칙을 지키고 상대방을 존중하는 올바른 사회성을 기르도록 한다. 구체적인 교수내용으로는 경기의 개요(배구의 역사)와 서브, 리시브, 토스, 패스 등의 기초기능, 팀플레이의 향상을 위한 효율적인 서브, 리시브, 스파이크 등의 응용 기능, 그리고 경기 방법 및 경기규칙, 지도법, 심판법 등이 포함된다.

## 축구
## Soccer

이 과목에서는 패스, 드리블, 킥, 트래핑과 같은 축구의 기본기술을 연습하여 이를 바탕으로 다양한 전술을 익혀 효과적이며 흥미롭게 축구경기를 할 수 있도록 하는데 그 목적이 있다. 또한 축구에 관련된 사건, 일화 및 과학적 원리도 소개하여 축구를 보다 재미있게 즐길 수 있도록 한다.

## 한국무용
## Korean Dance

우리나라 전통춤의 본질을 역사적으로 고찰하고 이론적 배경을 분석한 후 대표적인 전통 춤사위를 습득한다.

## 운동학습 및 심리
## Motor Learning and psychology

스포츠 장면에서의 인간행동을 분석, 이해하고 예언하며, 통제하는 과학으로서 스포츠의 목적을 달성하는데 효과적인 방법의 원리와 기술을 제공하는 분야이다. 연구영역은 성격, 동기, 불안 등 개인이 지닌 심리적 요인과 집단응집, 리더십, 사회적 촉진 등 개인을 둘러싼 사회적 요인에 대한 기존의 연구들을 살펴보고, 이러한 요인들이 스포츠행동에 어떤 영향을 미치는가를 탐구하여 경기력의 극대화를 위한 방법을 탐색하고 개발하는 심리학자로서의 기초적 소양을 제공한다. 또한 운동학습 영역은 운동기술의 특성과 운동학습의 과정에 따른 운동학습 모형을 탐색하고, 다양한 운동학습 유형에 적합한 운동기술의 획득과정을 다루는 영역으로 운동학습 단계의 특성 및 운동기술의 연습방법, 피드백과 운동학습과의 관계, 운동기술의 학습에 있어서 전이의 원리와 기능 등을 다룬다.

### 교육무용
### Educational Dance

교육무용은 신체와 관련된 내·외적 요소를 이용한 자기탐구를 목적으로 한다. 무용의 움직임을 이용한 자신의 표현욕구, 신체의 움직임, 자연적 리듬, 공간의 인식으로 신체 내·외적 요소들의 상호소통을 기대한다.

### 건강교육
### Health Education

이 과목에서는 건강증진 및 건강교육에 대한 내용을 학습한다. 건강증진에 대한 부분에서는 건강에 대한 개념 이해와 흡연, 음주, 스트레스와 같은 건강에 유해한 영향을 미치는 요인, 현대인들에게서 발생하기 쉬운 당뇨병, 비만과 같은 성인병에 대해 알아보고, 건강교육에 대한 부분에서는 건강증진 교육에 대한 다양한 접근방법을 통해 자신에게 맞는 프로그램을 계획할 수 있도록 한다.

## 무용교육
Dance Education

이 과목은 무용의 의미, 무용의 표현형식과 리듬, 무용표현과 추상적 운동, 무용 감상, 예술신체론, 무용교육, 무용과 음악, 무용요법, 한국무용사와 서양무용사, 현대에 있어서의 무용, 무용과 인류학 등의 주제들을 통한 무용에 대한 개괄적인 이해를 목적으로 한다.

## 무용장단
Rhythm of Dance

우리나라 전통춤에서 연주되는 반주음악에 대해 이해하고 실제로 악기를 다룬다. 한국춤에서 가장 많이 사용되는 장단인 굿거리, 그리고 염불, 진양조, 중모리, 중중모리, 자진모리 등의 기본 소리를 익히고 실제로 장구, 북을 치면서 장단을 익힌다.

## 기능해부학
Functional Anatomy

이 과목에서는 인체의 해부학적 지식을 바탕으로 움직임 기능의 이해와 활용 부분에 초점을 맞추고 있다. 따라서 머리, 팔, 다리, 몸통 등 각 기관의 명칭 및 움직임뿐 아니라 인체를 이루고 있는 뼈, 근육 및 신경에 대해서도 학습하게 된다. 또한 실습을 통해 강의시간에 배운 내용을 완전히 숙지하도록 하며 현장 적용을 가능하게 하는데 그 목적이 있다.

## 현대무용
Modern Dance

발레에 대한 반발로 생긴 현대무용은 형식의 정형화에서 탈피해 자유로운 표현이 주가 되는 움직임이다. 이 교과에서는 학생들 스스로 자기의 내적 감정을 동작이라는 매개체를 통해 표현할 줄 아는 능력을 배양시키는데 목적을 둔다. 또한 좋은 현대무용 공연을 보면서 현재의 무용이 어떻게 발전되고 있는가를 파악한다.

### 태권도
### Taekwondo

본 과목은 태권도 소개, 급소와 급소 공격, 실질적이고 적용 가능한 기술, 다른 무도와의 유사점과 차이점, 무도의 개념적 이해와 철학적 원리를 이해한다.

### 무용사
### History of Dance

이 과목에서는 고대 인류 문명과 함께 시작된 무용의 역사를 통사적으로 고찰한다. 르네상스시대 이후 20세기에 이르는 전반적인 서양무용사와 한국의 무용사를 중점적으로 다룬다.

### 탁구
### Table Tennis

탁구의 기본 기능을 기초로 하여 응용기술과 탁구의 지도방법을 익히도록 한다. 스트로크, 리시브, 스매시, 서브 등의 다양한 고난도 기술을 습득하도록 하며 다양한 공격과 수비 전술을 익히게 한다. 강의의 세부내용으로 공격 기술(연속타, 드라이브, 컷, 스매시에 의한 연속타), 수비전술(로빙, 컷), 그리고 다양한 상황에서 득점할 수 있는 경기 전술, 민첩성과 순발력 배양 등을 지도한다.

## 테니스
## Tennis

테니스의 기초 기술인 그립, 준비자세, 그라운드 스트록, 볼리, 스매쉬, 서브 동작을 익힌다. 기초기술 학습 후에 경기기술을 복식경기 위주로 익힌다. 체육을 전공하는 학생으로서 차후 테니스 실기 지도자의 입장에서 학습할 것을 강조하고, 각종 기초 기술 및 경기 전략의 원리와 이유를 이해한다. 경기의 질을 높이기 위한 에티켓과 인간관계를 다룬다.

## 체력육성
## Physical Fitness Training

이 과목에서는 체력육성의 과학적 지식과 운동방법을 숙지하여 그 가치를 효과적으로 얻을 수 있는 방법을 일러준다. 나아가 비만이나 성인병 그리고 건강한 삶의 태도 등과 운동의 관련성을 부각시킴으로써 평생토록 중요한 것이 운동임을 인식하고 주지시켜 체력운동을 생활화하는데 도움을 준다. 올바른 운동방법에 따라 매주 실시하는 체력운동으로 변화되는 자신의 몸과 마음을 체험시킨다.

## 스포츠경영학
## Sport Management

인간성 향상과 풍요한 커뮤니티 공간의 창출에 이바지하는 스포츠가 가진 가능성을 최대한으로 발휘하기 위한 관련 자원의 합리적 활용에 관련된 이론을 탐구한다. 즉 스포츠 사업 조직체(학교, 공공기관, 사회체육단체, 스포츠센터 등)을 하나의 경영체로 보고 그 경영체가 행하는 활동을 경영 활동으로 인식하여 스포츠 사업을 계획, 조직, 통제, 평가하는 일련의 활동을 연구한다.

## 한국체육사
## History of physical Education in Korea

한국 체육의 발전과정에 대해 개략적인 이해를 하고, 현재의 체제가 성립되는 과정 속에서 나타난 전통체육과 근대체육, 무예와 민속놀이 그리고 특정 스포츠와 주제에 대한 쟁점들을 다룬다. 동시에 수강생들이 개인적으로 전공하고자하는 분야나 관심이 높은 특정주제에 대하여 역사적 자료를 탐색하고 그 의미를 고찰한다.

## 전통무예
## Traditional Martial Arts

그동안 제도권에서 소외되어 왔던 전통무예는 '전통무예진흥법'의 제정과 함께 제도적 기반 속에서 정체성과 위상이 확립되고 있다. 이에 발맞추어 국내에서 자생되어 체계화되었거나 외국에서 유입되어 국내에서 독창적으로 정형화된 '전통무예'의 이론과 실기를 익힌다.

## 요트
## Yacht

요트는 수상스포츠의 대중화로 인하여 우리나라에서도 많은 인기를 끌고 있는 레저스포츠이다. 요트에는 갑판이 없는 작은 주정부터 호화로운 대형 범선까지 다양한 종류가 있다. 요트의 종류 및 구조를 알고, 그 추진원리를 이해하도록 학습한다.

## 국궁
## Korea Archery

한국의 대표적인 무예이자 장기였던 국궁에 대해 그 역사와 특성, 전통적 용구의 사용법 등에 관한 개괄적인 지식을 배운다. 또 현대 국궁경기의 규칙에 따라 국궁을 즐길 수 있도록 함으로써, 기초 체력은 물론 몸과 마음을 바르게 할 수 있도록 한다. 이러한 국궁 수련을 통해 전통적인 한국 체육의 멋을 느끼게 한다.

## 수상안전 및 구급법
### Water Safety & First Aid

경미한 부상도 적합한 안전조치 혹은 응급조치가 이루어지지 않으면 매우 위험한 상황으로 확대될 수 있다. 본 과목은 복잡 다양한 환경에서 발생되는 위험을 예방하고, 응급환자들을 병원으로 이송하기 전까지 안전하게 응급조치하는 여러 가지 방법들을 배운다.

## 운동생리학
### Exercise Physiology

이 과목에서는 생물학적 조절체계, 운동 시의 대사 작용, 운동 중 내분비계의 기능, 운동 중 근육신경기능, 운동에 반응하는 심폐기능, 체온조절, 지구력 훈련이 신체의 조직에 미치는 영향, 에너지 소비량을 측정하는 방법 등을 배운다. 이러한 운동생리학을 토대로 체력향상 및 경기력 향상을 도모하게 한다. 특히 건강 체력을 유지하기 위한 운동 프로그램 개발 및 엘리트 선수의 경기력 향상에 관하여 연구한다.

## 평생스포츠
### Lifetime Sports

다양한 스포츠 종목에 대한 일인일기(一人一技) 습득을 중심으로 체육과학 이론과 체육활동의 개인적·사회적 문제들을 다룬다. 이 교과에서는 다양한 레저스포츠 활동의 기회를 제공하고, 체육활동에서 나타나는 사회문화적 현상이나 체육활동의 효율성에 관한 문제 등을 집중적으로 논의한다.

### 스포츠교육학
Sports Pedagogy

체육교육과정이란 학교의 합리적인 계획과 교사의 체계적인 지도아래 이루어지는 학습자의 체육학습경험의 총체로서, 그 세부 내용으로는 체육교육의 목표, 내용, 방법, 평가에 관한 문제를 다루며 이를 통합하여 모형으로 개발하고 적용하는 데 초점을 둔다.

### 핸드볼
Handball

본 과목은 단체 경기인 핸드볼의 기초를 가르치는데 초점을 두고 있다. 본 과목에서는 학생들에게 핸드볼에 관련된 지식과 기술들을 소개한다. 여기에는 기초기술(패스, 캐치, 슛, 드리블), 응용기술(페인트, 블로킹 등)과 전술기술(공격법, 수비법 등) 및 경기방법, 규칙 등을 포함한다.

### 운동생화학 및 영양학
Exercise Biochemistry and Nutrition

운동영양학은 개개인이 신체적 활동을 수행하는데 알맞은 영양소에 대해 조사하고 연구하는 분야이다. 다양한 신체적 활동에 적합한 다양한 음식물의 질과 양, 그리고 적절한 소비를 통해 에너지가 어떻게 생성되는가에 대한 내용을 다룬다.

### 하키
Hockey

하키의 역사와 경기방법을 이해하고 기초 기술 및 전문기술을 습득하여 경기를 수행할 수 있는 능력을 기른다. 이를 위해 하키경기에 필요한 체력, 팀 전술, 경기 상황 판단 능력, 포지션별 임무 등을 연구하여 경기력을 효율적으로 발휘할 수 있도록 한다.

### 스포츠사회학
### Sport Sociology

본 과목은 게임현상 및 제도화된 게임으로서의 스포츠에 대한 개념을 이해하고, 사회제도로서의 스포츠를 이해한다. 또한, 사회참여형태로서의 스포츠를 이해하며, 사회현상으로서의 스포츠에 대한 개념을 파악하는데 목적이 있다.

### 양궁
### Archery

양궁의 역사, 양궁경기의 특성, 용구의 사용법 등에 관한 개괄적인 지식을 공부하고, 개인차에 따라 운동량을 조절하여 규칙적으로 양궁을 즐길 수 있도록 함으로써 예의와 인내심은 물론 기초체력과 바른 자세를 기를 수 있도록 한다. 또한 교수법에 대한 체계적인 학습을 목표로 전문적인 기술과 지식을 배양한다.

### 럭비
### Rugby Football

럭비의 경기규칙을 완벽하게 이해하고 경기에 필요한 carrying, passing, kicking, grounding을 숙달시킴으로써 지도자로서 갖추어야 할 역량을 학습시키는 것이 수업의 목적이다. 스포츠 정신에 입각한 fair play 정신을 함양시키는 것 또한 목적이라 할 수 있다.

## 유도
Judo

본 과목은 세계적으로 널리 보급되어 있는 전통 무술인 유도를 익힘으로써, 일상생활 가운데 뒤따르는 외부로부터의 위협에 대처하고, 자신을 보호할 수 있는 능력을 기르는 데 목적이 있다. 수업은 호신술의 기본자세와 기본동작, 호신술의 응용동작과 기술을 접목한 기술터득, 기술발표, 시청각교육으로 진행된다.

## 운동역학
Sport Biomechanics

인체의 움직임과 관련된 역학적 요인의 기본개념을 통해 이해한다. 특히 그 요인들과 운동과의 관계를 동작의 효율성 및 안전성 증진의 관점에서 다룬다. 인체의 움직임에 관여하는 요인은 크게 인체의 구조적 특징과 기능, 인체의 물리적 특성과 운동, 인체에 작용하는 힘의 조절로 구분하고 그모든 요인을 인체 동작의 역학적 법칙으로 통합한다.

## 스포츠정책
Sports Policy

이 교과는 사회체육의 제 현상을 설명하는데 필요한 정의, 개념, 그리고 사회체육의 본질적 정체를 밝히는 관련 사실이나 지식을 통하여 사회체육의 이해를 돕는 데 그 목적이 있다. 이를 위하여 사회체육의 본질, 유사개념, 참가요인 및 사회체육과 노동의 관계를 고찰하고, 사회체육의 주요 영역인 지역사회, 상업체육에 대하여 살펴본다. 그리고 사회체육의 핵심 구성요소인 시설, 지도자, 행정 조직 및 정책에 대하여 살펴본 다음, 미래사회에서의 사회체육의 역할 및 기능을 조망해 본다.

## 배드민턴
## Badminton

기본기술, 응용기술, 경기를 위한 전술 등을 학습하여 보다 숙달된 기술과 지도법을 갖추는 것이 목적이다. 다양한 상황에서 서브 및 리시브 방법, 포핸드 스트로크와 백핸드 스트로크, 오버헤드 스트로크 등을 적시에 사용할 수 있는 능력을 키울 수 있도록 지도한다.

## 스키
## Skiing

동계 스포츠의 대표적인 종목인 스키의 기술을 능숙하게 구사할 수 있도록 지도하며 플루크보겐(Pflugbogen: 스키를 역V자형으로 벌린 채 회전하는 기술), 페러렐(parallel), 웨더링(wedering) 등의 기술들의 지도법을 학습한다.

## 윈드서핑
## Wind Surfing

수상스포츠는 물을 매개로 이루어지는 신체활동으로서 요트, 스킨스쿠버, 카누, 조정, 윈드서핑 등의 종목으로 편성되어 있다. 본 수업은 수상에서 이루어지는 스포츠의 종류와 개념을 이해하고 수상스포츠에 사용되는 각 장비의 사용법과 운용방법을 익힘으로써 수상레저 및 스포츠 활동의 이론과 실기능력을 배양할 수 있도록 한다.

## 특수체육
## Physical education for the Disabled

이 강좌는 특수체육에 대한 정의, 역사, 관련법령, 통합체육 등 개론적인 내용을 소개하고자 한다. 또한 장애 유형별 분류 및 행동특성을 파악하여 학생들로 하여금 실제 프로그램에 적용시킬 수 있는 능력을 향상시키는데 그 목적이 있다.

## 건강 체조
### Health Exercise

건강 체조는 기계 또는 기구를 이용하지 않고 신체 각 부위를 자유롭게 운동시키는 체조를 말하는 것으로 그 내용으로는 일련체조, 짝체조, 꾸미기 체조, 스트레칭 등이 있다. 수업에서는 운동 전후에 실시할 수 있는 스트레칭 방법과 운동 특성에 맞는 스트레칭 방법에 대해 중점적으로 학습한다.

## 체육학연구법
### Methods of Research in Physical Education

체육학의 탐구대상은 신체활동 또는 인간의 움직임이며 기존의 모든 학문을 응용하는 종합과학이다. 체육학 연구법은 체육학의 한 분야로서 체육이나 스포츠 현장에서 문제해결이나 이론창출을 위한 질적 혹은 양적연구의 방법론에 관한 것이다. 주요내용은 체육학과 체육학 연구법에 대한 개관, 연구의 유형별 연구방법과 실제 연구의 사례, 그리고 논문의 작성요령이다.

## 야구
### Baseball

본 강좌는 야구의 기초를 익히는 데 초점을 맞추고 있다. 야구지식과 관련기술(포구, 송구, 타격, 주루, 수비 및 공격 기술) 및 태도를 습득한다. 기초기능(공받기와 던지기, 타격 폼 익히기), 복합기능(타격된 공을 받고 던지기, 각 수비 위치별 기능 익히기, 실제 타격하기), 전술기능(히트 앤드 런, 번트 앤드 런, 태그 업 플레이, 더블 플레이, 릴레이 플레이), 경기(두 팀으로 나누어 실제 야구경기하기) 등으로 구성되어 있다.

## 골프
## Golf

골프의 특성과 가치를 이해하고, 골프의 기초기술을 배운다. 학습 환경의 여건 상 아이언 샷을 통해 기본적인 그립, 자세, 어드레스, 스윙 방법을 습득하여 다른 클럽의 사용과 기술을 구사할 수 있는 능력을 갖게 하며, 골프의 매너, 경기방법, 경기규칙을 이해하여 장래 스스로 골프를 즐기고 기능의 향상을 도모할 수 있는 기본적인 자질을 갖추도록 한다.

## 볼링
## Bowling

본 강좌는 볼링의 역사, 경기규칙, 용어 등을 이해시키고 기초기술의 학습을 통해 볼링의 경기기술을 실제로 체득하고 능숙하게 구사할 수 있도록 한다. 구체적인 교수내용으로는 볼링의 개요(역사, 특성 및 효과, 볼링장의 설비와 볼링용구, 그립과 볼의 선택 요령), 투구동작(어드레스, 푸시어웨이, 다운스윙, 백스윙, 포워드 스윙, 릴리즈, 폴로 스루), 구질(스트레이드 볼, 커브 볼, 후크 볼), 핀을 겨냥하는 방법(목표를 잡는 방법, 스트라이크 겨냥방법, 스페어 처리방법) 및 스코어 기입방법, 경기진행방법 등이 포함된다.

## 스포츠마케팅
## Sport Marketing

이 과목에서는 스포츠마케팅의 기본개념과 원리를 소개한다. 본 과목의 목적은 스포츠마케팅의 정확한 개념과 중요성을 인식하고, 현실세계의 다양한 스포츠마케팅현상을 분석하고 이해할 수 있는 능력을 함양하는 것이다. 이를 위해 국내외 사례를 중심으로 스포츠마케팅요소를 공부한다.

### 스포츠의학입문
Introduction to Sports Medicine

본 과목은 스포츠의학의 입문 과목으로서 스포츠의학의 개념·역사·영역을 소개하고 각각의 영역에 대한 개괄적인 이해를 도모한다. 또한 질병에 대한 운동의 효과와 스포츠 상황에서의 상해와 장애에 대해 알아본다.

### 요가
Yoga

요가는 육체적, 정신적, 지적, 감정적인 모든 면에서 도움을 주는 인도의 전통 건강 수련법이다. 본 강좌는 요가의 근본적인 원리를 이해하도록 구성되어 있다. 즉 요가의 특정 동작들과 호흡기술, 집중과 이완을 배움으로써 몸과 마음을 안정적으로 다스릴 수 있게 된다. 또한 학생들이 깊은 이완 속에서 현재의 상황에 집중하는 방법을 배워 안정감과 균형, 집중의 향상을 유도하고, 스트레스와 통증의 감소, 느리고 깊은 호흡, 유연성과 근력의 증가 등의 육체적인 효과도 경험하도록 한다.

### 스쿠버다이빙
Scuba Diving

스쿠버다이빙은 간단한 보조용구 또는 수중호흡기를 부착하고 물속에 잠수하는 수상종목이다. 스노클다이빙과 스쿠버다이빙으로 구성되며, 수영을 기본적으로 배운 학생들을 대상으로 한다. 수중세계탐사, 잠수장비, 스쿠버 시스템 등의 내용을 학습한다.

### 스노보드
Snowboard

본 강좌는 스노보드의 기술을 능숙하게 구사할 수 있도록 지도하며 초심자 턴, 초급자 턴, 중급자 턴 그리고 기초 카빙 턴 등의 기술들의 지도법을 학습하는 것이 목적이다. 이를 위하여 스노보드 역사, 장비의 구조, 그리고 안전에 대하여 살펴본다.

◇ **미학, 예술 일반, 미술학 분야**

안내서

『꼭 읽어야 할 예술이론과 비평 40선』(도널드 프레지오시 편, 정연심 · 김
　　정현 책임 역. 미진사, 2013)

『미학 오디세이 (전3권)』(진중권 지음. 휴머니스트, 2014)

『미학과 미술(고대부터 현대까지 미술 작품에 담긴 미학의 역사)』(박일호
　　지음. 미진사, 2014)

『미학의 경계를 넘어』(볼프강 벨슈 지음, 심혜련 옮김. 향연, 2005)

『미학의 기본 개념사』(W.타타르키비츠 지음, 손효주 옮김. 미술문화, 1999)

『미학의 모든 것(미학의 기초 : 철학적 미학)』(제럴드 레빈슨 지음, 김주
　　현 · 김정현 · 신현주 옮김. 북코리아, 2013)

『미학의 문제와 방법(미학대계2)』(미학대계간행회 지음. 서울대학교출판
　　부, 2007)

『미학의 역사(미학대계 1)』(미학대계간행회 지음. 서울대학교출판부, 2008)

『비정형 : 사용자 안내서』(이브 - 알랭 부아, 로잘린드 E. 크라우스 지음, 정
　　연심 · 김정현 · 안구 옮김. 미진사, 2013)

『예술 감상 초보자가 가장 알고 싶은 67가지』(김소영 지음. 소울메이트,
　　2013)

『예술의 역설 : 근대 미학의 성립』. 오타베 다네히사 지음, 김일림 옮김. 돌
　　베개, 2011)

『이용재의 궁극의 문화기행 - 이색박물관 편』(이용재 지음. 도미노북스,
　　2011)

『朝鮮時代 記錄文化財 資料集: 造成記 · 畫記 · 銘文 · 上樑文』(文明大 外.

韓國美術史 研究所, 2011)

『존 듀이의 교육미학 : 예술교육의 철학과 이론』(김연희 저. 교육과학사, 2012)

『지정학적 미학 세계 체제에서의 영화와 공간』(프레드릭 제임슨 지음, 조성훈 옮김. 현대미학사, 2007)

『큐레이터와 딜러를 위한 멘토링 : 전시부터 판매까지, 큐레이터·딜러를 위한 인문학적 자기 발전법』(박파랑 지음. 아트북스, 2012)

『한 권으로 읽는 동양 미학 : 깊은 뜻은 형상 너머에 있다』(한린더 지음, 이찬훈 옮김. 이학사, 2012)

『현대의 예술과 미학(미학대계3)』(미학대계간행회 지음. 서울대학교출판부, 2007)

『(The) American century : 현대미술과 문화 1950~2000』(리사 필립스 지음, 송미숙 옮김. 지안출판사, 2011)

『꼭 읽어야 할 한국미술교육 40선 : 미술교육 연구·미술교육의 내용·미술교육의 실천·미술교육의 새로운 모색』(한국조형교육학회 지음. 미진사, 2014)

『뉴욕의 특별한 미술관 : 메트로폴리탄에서 모마까지 예술 도시 뉴욕의 미술관 산책』(권이선, 이수형 지음. 아트북스, 2012)

『독일 미술관을 걷다 : 13개 도시 31개 미술관』(이현애 지음. 마로니에북스, 2012)

『만남을 찾아서 : 현대미술의 시작』(이우환 지음, 김혜신 옮김. 학고재, 2011)

『미래의 미술관 : 국내외 미술관 교육의 역사 현황 대안』(김지호 지음. 한국학술정보, 2012)

『미술감상교육 : 수업의 구조와 감상의 기술』(류지영. 미진사, 2011)

『미술사 방법론 : 헤겔에서 포스트식민주의까지 미술사의 다양한 시각들』

(마이클 해트, 샬럿 클롱크 지음, 전영백과 현대미술연구회 옮김. 세미콜론, 2012)

『미술사를 움직인 100인 : 안견부터 앤디 워홀까지 동서양 미술사를 만든 사람들』(김영은 엮음. 청아출판사, 2013)

『미술실에서 미술관까지 : 이해 · 감상 · 표현』(이윤구 · 조우호 지음. 미진사, 2013)

『미술에 관한 모든 것 : 미술을 보는 101가지 통찰』(킷 화이트 지음, 김노암 옮김. 틔움, 2013)

『세상에서 가장 비싼 그림들 : 500년 미술사와 미술 시장의 은밀한 뒷이야기』(피에르 코르네트 드 생 시르 · 아르노 코르네트 드 생 시르 지음, 김주경 옮김. 시공사, 2012)

『시대의 눈 : 한국 근현대미술가론』(권행가 외 공저. 학고재, 2011)

『아방가르드와 미술시장 : 1940년에서 1985년까지 뉴욕 미술계』(다이아나 크레인 지음, 조진근 옮김. 북코리아, 2012)

『인도미술사 = The history of Indian art : 인더스 문명부터 19세기 무갈 왕조까지』(왕용 지음, 이재연 옮김. 다른생각, 2014)

『일본 · 현대 · 미술』(사와라기 노이 지음, 김정복 옮김. 두성북스, 2012)

『조선 르네상스 : 미술이 밝히는 조선의 역사』(하진욱 지음. 호메로스, 2013)

『조선시대 회화의 교류와 소통 : 조선시대 회화 연구의 새로운 접근』(박은순 · 박해훈 외 공저. 사회평론, 2014)

『테마 현대미술 노트 : 1980년 이후 동시대 미술 읽기-무엇을, 왜, 어떻게』(진 로버트슨, 크레이그 맥다니엘 지음, 문혜진 옮김. 두성북스, 2011)

『텔미텔미 : 한국 - 호주 현대미술 1976~2011 = Tell me tell me: Australian and Korean art 1976~2011』(글렌 바클리, 김인혜 공저. 국립현대미술관, 2011)

『한국불교미술사』(김리나 외 공저. 미진사, 2011)

『한국의 그림가격지수 2013』(최정표. 해남, 2013)

『한국현대미술 해외진출 60년: 1950~2010』(김달진미술자료박물관 편. 김달진미술자료박물관, 2011)

『현대미술 용어 100』(구레사와 다케미 지음, 서지수 옮김. 안그라픽스, 2012)

『현대미술에 관한 101가지 질문 : 피카소에서 백남준까지』(주자나 파르치 지음, 홍은정 옮김. 경당, 2012)

『화가로 보는 서양미술사 : 비잔틴에서 팝아트까지, 치마부에에서 앤디 워홀까지』(윌리엄 본 편집, 신성림 옮김. 북로드, 2011)


『Collectors, collections & collecting the arts of China: histories & challenges』(edited by Jason Steuber with Guolong Lai. University Press of Florida, 2014)

『Contemporary art : 1989 to the present』(edited by Alexander Dumbadze and Suzanne Hudson. Wiley - Blackwell, 2013)

『Defining contemporary art : 25 years in 200 pivotal artworks』(Daniel Birnbaum ··· et al. Phaidon, 2011)

『Designing with color : concepts and applications』(Chris Dorosz, J. R. Watson. Fairchild Books, 2011)

『Generative design : visualize, program, and create with processing』(Hartmut Bohnacker, Benedikt Gro$\beta$, Julia Laub ; editor, Claudius Lazzeroni ; translated by Marie Frohling. Princeton Architectural Press, 2012)

『Global studies mapping contemporary art and culture』(Hans Belting ··· [et al.] (eds.) ; texts by Julia T.S. Binter ··· [et al.]. Ostfildern : Hatje

CantzVerlag, 2011)

『National Research Institute of Maritime Cultural Heritage of Korea : guide』
(executive editor : Seong Nack-Jun. National Research Institute of
Maritime Cultural Heritage, 2012)

『Roundtable : 광주비엔날레 2012』 (캐롤 잉화 루 외 광주비엔날레 편, 광주
비엔날레, 2012)

『The practice of light : a genealogy of visual technologies from prints to
pixels』 (Sean Cubitt. The MIT Press, 2014)


## 사전 · 용어집 · 매뉴얼 · 박물관

『(대구대학교 중앙박물관) 30년 발자취: 1980~2010』 (이희돈, 황정숙 기획 ·
편집. 대구대학교 중앙박물관, 2011)

『(독일 라이프치히그라시민속박물관 소장) 한국문화재 = Korean art collection :
GRASSI Museum fur Volkerunde zu Leipzig Germany』 (국립문화재연
구소 편. 국립문화재연구소, 2013)

『관광문화재해설(유형 · 무형문화재, 기념물, 민속자료 등 문화재의 분류체
계에 따라 구분한)』 (정찬종 · 곽영대 지음. 백산출판사, 2012)

『국립해양문화재연구소 해양유물 전시관 안내』 (이철한 · 백은경 · 홍광희
원고 및 편집. 국립해양문화재연구소, 2013)

『근 · 현대 동산문화재 보존 관리 매뉴얼=A basic guide to the preservation
of modern movable cultural heritage』 (유재은 · 염인경 원고 · 편집. 국
립문화재연구소, 2013)

『레지던스 디렉토리=Residency directory : 공연예술 · 시각예술』 (정순민 책
임 편집, 이음스토리 편집기획. 한국문화예술위원회, 2013)

『문화재명칭 영문 표기 용례집 = English names for korean cultural heritage』.
문화재청 편. 문화재청 활용정책과, 2014)

『보존과학용어 = Conservation science terminology』 (한국문화재보존과학회
　　편. 한국문화재보존과학회, 2011)

『우리나라의 세계문화유산 = Korean world heritage』 (송명석 · 박재호 · 김은
　　주 지음. 반석출판사, 2013)

『유네스코 지정 한국의 세계문화유산』 (신광철 저. 일진사, 2011)

『(제29회) 대한민국미술대전 = The 29th grand art exhibition of Korea』 ( 한국
　　미술협회 편저. 학마을 B&M, 2011)

『2014년 국립현대미술관 연보』 (국립현대미술관, 2015)

『미국 미술 300년 = Art across America』 (국립중앙박물관 편. 국립중앙박물
　　관, 2013)

『한국근대미술시장사자료집 전6권』 (김상엽 편저. 경인문화사, 2015)

『한국근현대회화 100선: 명화를 만나다』 (국립현대미술관 편. 마로니에북스,
　　2013)


## 연속간행물

『(월간)아트코리아』 (아트코리아, 1996~. 월간)

『객석』 (예음, 1984~. 월간)

『동양예술』 (동양예술연구회, 2000~. 반년간)

『디자인+공예』 (디자인하우스, 1988~. 월간)

『문화예술』 (한국문화예술진흥원, 1987~. 월간)

『미학 · 예술학연구』 (미학예술학회, 1989~. 반년간)

『민족예술』 (한국민족예술인총연합, 1989~. 계간)

『아트프라이스』 (김달진미술연구소, 2003~. 계간)

『예술교육연구』 (한국예술교육학회, 2004~. 부정기)

『예술문화논총』 (한국문화예술진흥원, 1990~. 반년간)

『예술평론』 (한국예술평론가협의회, 1981~. 반년간)

『미술교육연구논총』(한국초등미술교육학회, 1995~. 반년간)

『미술사논단』(한국미술교육연구소. 1995~. 반년간)

『미술세계』(미술세계, 1984~. 월간.)

『서양 미술사 학회 논문집』(서양미술사학회, 1989~. 3/년)

『월간 미술』(월간미술, 1989~. 격월간)

『월간미술』(중앙일보사, 1989~. 월간)

『조형연구』(동아대학교 예술대학 조형연구소, 1995~. 연간)

『조형예술학연구』(한국조형예술학회, 1999~. 부정기)


『Art in America』(Brandt Art Publications, 1939~. M.)

『Art Monthly』(Art Monthly Australia Pty Ltd., 1999~. M.)

『Artforum international』(Artforum International Magazine, 1982~. M.)

『ARTnews』(ART news Associates, 1923~. M.)

『Oxford Art Journal』(Oxford University Press, 1978~. SM.)

『Studies in the History of Art』(National Gallery of Art, 1972~. Irregular)

『The International Journal of Art & Design Education』(Blackwell, 2000~.
    3/yr.)

『The Magazine of Art(Online)』(Cassell and co. http://gateway.proquest.com/)

『World Art: The Magazine of contemporary』(G+B Arts International, 1983~. Q.)

『Art in Culture』(미술사랑, 2000~. 월간)


## 웹 정보원

(웹진)예술세계, 한국예술문화단체총연합회 ⟨www.yechong.or.kr⟩

간송미술관 ⟨http://www.kansong.org/⟩

경향아티클 ⟨http://kharticle.com/⟩

국가보훈문화예술협회 ⟨http://www.bohoonart.co.kr/⟩

국립문화재연구소 〈http://www.nrich.go.kr/〉

국립민속박물관 〈http://www.nfm.go.kr/〉

국립현대미술관 〈http://www.mmca.go.kr/〉

네오룩 〈http://www.neolook.com/〉

김달진미술연구소 〈http://www.daljin.com/〉

대한민국예술원 〈http://www.naa.go.kr/〉

더아트로 〈http://www.theartro.kr/〉

문화재청 〈http://www.cha.go.kr/〉

문화포털 〈www.culture.go.kr/〉

미술사연구회 〈www.webmisa.net/〉

서울시립미술관 〈http://sema.seoul.go.kr/korean/〉

아산미술문화재단 〈http://www.asan.or.kr/〉

아트데일리 〈http://www.artdaily.co.kr/〉

아트앤맵 〈http://www.artnmap.com/〉

아트타임즈 〈http://www.arttimesnews.com/〉

예술경영(웹진) 〈http://webzine.gokams.or.kr〉

예술의전당 〈http://www.sac.or.kr/〉

퍼블릭아트 〈http://www.artinpost.co.kr/〉

한국근현대미술사학회 〈http://koma.scholarweb.kr/〉

한국동양예술학회 〈http://www.keart.co.kr/〉

한국문화예술국제교류협회 〈http://www.koreamgh.org/〉

한국문화예술경영학회 〈http://www.kosacm.org/〉

한국문화예술교육진흥원 〈http://www.arte.or.kr/〉

한국문화예술위원회 〈http://www.arko.or.kr/〉

한국문화원연합회 〈http://www.kccf.or.kr/〉

한국미술연구소 〈http://www.casasia.org/〉

한국미술사교육학회 〈http://www.kaahe.or.kr/〉

한국미술이론학회 〈http://www.artntheory.org/〉

한국미술협회 〈http://www.kfaa.or.kr/〉

한국미학예술학회 〈http://www.ksasa.org/〉

한국박물관협회 〈http://www.museum.or.kr/〉

한국예술원 〈http://www.ikac.kr/〉

한국미학예술학회 〈http://www.ksasa.org/〉

현대미술사학회 〈http://www.kahoma.or.kr/〉

ALICEONNET 〈http://www.aliceon.net/〉

American Federation of Arts(AFA) 〈http://afaweb.org/〉

Archives of American art 〈http://www.aaa.si.edu〉

The Art and Creative Materials Institute, Inc.(ACMI)
〈http://www.acminet.org/〉

ARTnews 〈http://www.artnews.com/〉

ARTstor Digital Library 〈http://library.artstor.org/library/〉

The Association of Historians of American Art(AHAA)
〈http://www.ahaaonline.org/〉

Blouin Artinfo 〈http://kr.blouinartinfo.com/〉

College Art Association 〈http://www.collegeart.org/〉

Grove Art online 〈http://www.oxfordartonline.com/〉

International Association of Art Critics(AICA) United States
〈http://www.aicausa.org/about/aica-international〉

J. Paul Getty Museum. 〈http://www.getty.edu/art〉

Louvre Museum 〈http://www. louvre.fr〉

Metropolitan Museum of Art 〈http://www.metmuseum.org/toah〉

Metropolitan Museum of Art: The Met 〈http://www.metmuseum.org/〉

MoMA 〈http://www.moma.org/search/〉

Musei Vaticani 〈http://www.museivaticani.va/〉

National Gallery of Australia 〈http://www.nga.gov.au/Home/Default.cfm〉

Tate Modern 〈http://www.tate.org.uk〉

Flasher(Online). flasher.com, 〈http://flasher.com/〉


## ◇ 연극학 · 영화학 정보원

### 안내서

『아단문고 미공개 자료 총서 : 영화 · 연극잡지. 2013』(아단문고 자료제공.
소명출판, 2013)

『연기 아카데미 : 탤런트, 연극배우, 영화배우 지망생들을 위한 연기지침서』
(손영호 편저. 청어, 2012)

『한국 공연예술의 흐름 : 연극 · 무용 · 음악극 : 고대에서 현재까지. 개정증
보판』(이두현 외 공저. 현대미학사, 2013)

『(2011)서울연극제희곡집 = (The)32nd Seoul theater festival collection of
plays』(서울연극협회 엮음. 서울연극협회, 2011)

『교육연극 입문 : 교육연극의 인지적 배경 = The intellectual background to
dramatic education』(리처드 코트니 저, 김주연 · 오판진 공역. 연극과
인간, 2014)

『김PD의 공연기획 : 연극 · 무용 · 뮤지컬 · 오페라 · 발레 · 창극 공연기획 길
라잡이』(김순국 지음. 컬처플러스, 2011)

『박정자와 한국 연극 오십년: 1962~2012』(수류산방 엮음. Surysanbang,
2012)

『서양연극의 총체적 개념정리』(김영무 편저. 엠 - 애드, 2014)

『세계 연극 교육의 현황과 전망』(고려대학교 한국어문교육연구소 엮음. 민속원, 2014)

『수업 중에 연극하자 : 교육연극의 실제 사례 30가지』(구민정·권재원 지음. 다른, 2014)

『한국연극 전환시대의 질주 : 1975~1995』(이태주 지음. 푸른사상, 2011)

『(세상에서 가장 영향력 있는) 50인의 영화』(톰 채리티 지음, 안지은 옮김. 미술문화, 2011)

『21세기의 독립영화 : 서울독립영화제 40주년』(서울독립영화제 엮음. 한국독립영화협회, 2014)

『3D 입체영화 제작 및 관람 가이드라인』(영화진흥위원회 기술지원부 지음. 영화진흥위원회, 2013)

『DSLR 시네마 : DSLR 카메라를 이용한 영화 제작 가이드』(커트 랜케스터 지음; 김창유·박한진 공역. 책과길, 2013)

『Save the cat! : 흥행하는 영화 시나리오의 8가지 법칙』(블레이크 스나이더 지음, 이태선 옮김. 비즈앤비즈, 2014)

『단편영화 제작 입문』(이찬복 지음. 커뮤니케이션북스, 2015)

『마스터 숏 : 저예산으로 명장면을 만들 수 있는 100가지 연출과 촬영 기술』 (크리스토퍼 켄워디 지음, 민경원 옮김. 커뮤니케이션북스, 2011)

『시나리오 고쳐 쓰기 : 완벽한 시나리오를 위한 각색 가이드』(폴 치틀릭 지음, 김청수 옮김. 비즈앤비즈, 2011)

『씨네샹떼 : 세계영화사의 걸작 25편, 두개의 시선, 또 하나의 미래』(강신주·이상용 공저, 민음사, 2015)

『영화를 좋아하는 사람이라면 꼭 알아야 할 70가지 : 〈씨네21〉 주성철 기자의 영화감상법』(주성철 지음. 소울메이트, 2014)

『영화이론이란 무엇인가』(Richard Rushton, Gary Bettinson 지음, 이형식 옮김. 명인문화사, 2013)

『일본어 잡지로 본 조선영화 전5권』 (한국영상자료원 한국영화사연구소 엮음.
　　한국영상자료원, 2010~2014)

『일본어잡지로 보는 식민지 영화 전3권』 (김태현 편역. 문, 2012)

『죽기 전에 꼭 봐야 할 한국영화 1001』 (이세기 지음. 마로니에북스, 2011)

『찍기 전에 꼭 봐야 할 저예산 영화 · 비디오 제작 가이드』 (헬렌 가비 지음,
　　이근우 · 길현정 옮김. 커뮤니케이션북스, 2014)

『한국영화 100선 : 〈청춘의 십자로〉에서 〈피에타〉까지: 영화학자, 평론가가
　　뽑은 한국영화 대표작』 (한국영상자료원 편. 한국영상자료원, 2013)


『Modern Asian theatre and performance 1900~2000』 (Kevin J. Wetmore, Jr,
　　Siyuan Liu and Erin B. Mee. Bloomsbury, 2014)

『Railing, reviling, and invective in English literary culture, 1588~1617: the anti -
　　poetics of theater and print』 (by Maria Teresa Micaela Prendergast.
　　Ashgate, 2012)

『Theatre in the expanded field: seven approaches to performance』 (Alan
　　Read. Bloomsbury Methuen Drama, 2013)

『Genre in Asian film and television: new approaches』 (edited by Felicia
　　Chan, Angelina Karpovich, Xin Zhang. Palgrave Macmillan, 2011)

『The film experience: an introduction. 3rd ed』 (Timothy Corrigan, Patricia
　　White. Bedford / St.Martins, 2012)

『The invisible art of film music: a comprehensive history. 2nd ed』
　　(Laurence E. MacDonald. Scarecrow Press, Inc., 2013)

## 사전 · 매뉴얼 · 백서 등

『(2013)한국 영화산업 결산』 (김보연 총괄책임, 김현수 외 집필. 영화진흥위
　　원회, 2014)

『세계 영화 대사전 = (The) history of world cinema』 (제프리 노웰 스미스 책임 편집, 이순호 외 옮김. 미메시스, 2015)

『영화 사전 : 이론과 비평. 개정판』 (수잔 헤이워드 지음, 이영기 외 옮김. 한나래, 2012)

『영화 프로듀서 매뉴얼 : Film producer manual : so you want to be a film producer : 영화프로듀서가 알아야 할 몇 가지 것들』 (박대희, 어지연, 유은정 공저. 영화진흥위원회, 2013)

『영화진흥 정책백서 : 2008~2012』 (영화진흥위원회 정책연구부 편집. 영화진흥위원회, 2014)

『Encyclopedia of religion and film』 (Eric Michael Mazur, editor. ABC-CLIO, 2011)

『The film encyclopedia : the complete guide to film and the film industry. 7th ed』 (Ephraim Katz. Collins Reference, 2012)

『The film handbook』 (Mark de Valk with Sarah Arnold. Routledge, 2013)

『Historical dictionary of Chinese cinema』 (Tan Ye, Yun Zhu. Scarecrow Press, Inc., 2013)

『The new biographical dictionary of film. 6th ed』 (David Thomson. Alfred A. Knopf, 2014)

『The Oxford handbook of film music studies』 (edited by David Neumeyer. Oxford University Press, 2014)

## 연속간행물

『공연과 리뷰』 (현대미학사, 1994~. 계간)

『독립영화』 (한국독립영화협회, 1999~. 부정기)

『브레히트와 현대연극』 (한국브레히트학회, 1994~. 반년간)

『演劇』(季刊演劇社, 1965~. 계간)

『연극』(국립극단, 2011~. 반년간)

『演劇評論』(연극평론사, 1970~. 계간)

『영상예술연구』(영상예술학회, 2001~. 반년간)

『映畵』(영화진흥공사, 1979~. 월간)

『영화교육연구』(한국영화교육학회, 1999~. 연간)

『영화연구』(한국영화학회, 1978~. 계간)

『映畵評論』(한국영화평론가협회, 1989~. 연간)

『한국극예술연구』(한국극예술학회, 1991~. 반년간)

『한국연극』(한국연극협회, 1976~. 월간)

『한국연극학 : 한국연극학회논문집』(한국연극학회, 1981~. 연3회)

『現代演劇』(현대연극사, 1971~. 계간)

『현대영미드라마』(한국현대영미드라마학회, 1997~. 연3회)


『American Cinematographer』(American Society of Cinematographers, 1920~. M.)

『Bulletin of the Comediantes』(Comekiantes, 1949~. SM.)

『Cineaste』(G. Crodus, 1967~. Q.)

『Cineforum』(Federation of Italian Cineforum. 1961~. M.)

『Cinema Journal』(University of Texas Press, Journals Division, 1966~ . Q.)

『Comparative Drama』(Dept. of English, Western Michigan University, 1967~. Q.)

『Contemporary Theatre Review』(Harwood Academic Publishers. 1992~. Q.)

『Cue Sheet』(Film Music Society, 1984~. Q.)

『Drama Reviews』(New York University, 1956~. Q.)

『Film & History』(Center for the Study of Film and History, 1971~. SA.)

『Film International』(Film International, 2003~. BM.)

『Film Quarterly』(University of California Press, 1958~. Q.)

『Historical Journal of Film, Radio and Television』 (International Association for Media and History (IAMHIST), 1981~. Q.)

『Journal of British Cinema and Television』 (Edinburgh University Press, 2004~. SA.)

『Journal of Film and Video』 (University of Illinois Press / University Film & Video Association (UFVA), 1984~. Q.)

『Journal of Film Preservation』 (Fédération Internationale des Archives du Film (FIAF), 1993~. SA.)

『Journal of Popular Film & Television』 (Heldref Publications, 1978~. Q.)

『Modern Drama』 (A. M. Hakkert, 1958~. Q.)

『Monthly Film Bulletin』 (British Film Institute. 1934~. M.)

『New Review of Film and Television Studies』 (Routledge, 2003~. 3/yr.)

『Quarterly Review of Film and Video』 (Routledge, 1962~. Q.)

『TDR(The Drama Review): The Journal of Performance Studies』 (MIT Press for the New York University/Tisch School of Arts, 1967~. Q.)

『Theater』 (Duke University Press, etc.], 1977~. 3/yr.)

『Theater Heute』 (Friedrich, 1960~. M.)


## 웹 정보원

국립예술자료원 〈http://www.knaa.or.kr/〉

서울연극센터 〈http://www.e-stc.or.kr/〉

서울연극협회 〈http://www.stheater.or.kr/〉

씨네21 〈http://www.cine21.com/〉

영화진흥위원회 〈http://www.kofic.or.kr/〉

한국공연예술센터 〈http://www.hanpac.or.kr/〉

한국공연윤리위원회 〈http://www.kmrb.or.kr/〉

한국극예술학회 〈http://www.kdrama.or.kr/〉

한국독립영화협회 〈http://www.kifv.org/〉

한국드라마학회 〈http://www.dramak.kr/〉

한국문화콘텐츠진흥원 〈http://www.kocca.kr/〉

한국연극평론가협회 〈http://www.ktheatrecritics.com/〉

한국연극학회 〈http://www.ktsa.or.kr/〉

한국연극협회 〈http://www.ktheater.or.kr/〉

한국연예예술인협회 〈http://www.keas.kr/〉

한국연예제작자협회 〈http://www.kepa.net/〉

한국영상자료원 〈http://www.koreafilm.or.kr/〉

한국영화데이터베이스 〈http://www.kmdb.or.kr/〉

한국영화아카데미 〈http://www.kafafilms.ac/〉

(재)한국영화복지재단 〈http://kff840626.co.kr/〉

한국영화인협회 〈http://www.koreamovie.or.kr/〉

한국영화진흥공사 〈http://www.trainingpark.co.kr〉

한국영화촬영감독협회 〈http://theksc.com/〉

한국영화학회 〈http://www.fisak.com/〉


AllMovie 〈http://www.allmovie.com/〉

American Society for Theatre Research 〈http://www.astr.org〉

Anthology Film Archives 〈http://www.anthologyfilmarchives/〉

Black Theatre Network 〈http://www.blacktheatrenetwork.org/〉

Council of Film Organization
    〈http://www.artscene.org/artists_organizations/organizations/film.html〉

Film Art Foundation 〈http://www.filmarts.org/〉

I.M.D.B. 〈http://www.imdb.com/〉

International Art Resources in Collaboration 〈http://www.artisttrust.org/〉

International Federation of Television Archives 〈http://fiatifta.org/〉

International Theatre Institute ITI

　　〈http://www.iti-worldwide.org/index.php〉

Theatre Historical Society 〈http://www.historictheatres.org/〉

Theatre History on the Web 〈http://www.videoccasions-nw.com/〉

Theatre Library Association(TLA) 〈http://www.tla-online.org/〉

The Southeastern Theatre Conference Inc 〈http://www.setc.org/〉

The World Wide Web Virtual Library Theatre and Drama

　　〈http://www.vl-theatre.com/〉


## ◇ 음악학 정보원

### 안내서

『100년 음악 박시춘 : 작곡가 박시춘 탄생 100주년 기념기록집』(박성서
　　글·사진 엮음. 소동, 2012)

『Rock의 작은 역사 : 1915~2051년까지 연대기로 읽는 rock』(에르베 부르이
　　지음, 이주향 옮김. 서해문집, 2012)

『그 남자의 재즈 일기 : 재즈 입문자를 위한 명반 컬렉션. 개정판』(황덕호
　　지음. 현암사, 2015)

『기타, 멋지게 한 곡 : 기타 고르기부터 연주까지 친절한 독학 가이드』(이
　　철원, 박의정 지음. 가디언, 2011)

『꽹과리 - 노수환의 풍물 길라잡이』(노수환 지음. 조율, 2011)

『대중가요 LP 가이드북 - 음반으로 보는 대중가요의 역사』(최규성 지음. 안
　　나푸르나, 2014)

『뮤지컬 레시피(Musical recipe) - 혼자 마스터하는 뮤지컬 트레이닝 북』(박
　　혜주 지음. 아이앤유, 2011)

『바그너의 혁명과 사랑 - 음악극과 미래예술의 이해(개정증보판)』(이동용
　　지음. 아파르, 2012)

『보정 한국음악사 - 고대부터 고려시대까지』(이혜구 구술, 석현주 정리. 국
　　립국악원, 2011)

『소속사 없이 음반내기 - 음반 제작, 유통, 등록, 홍보, 정산의 모든 것!』(오
　　승환 지음. 생각비행, 2014)

『쑥대머리 귀신형용 - 판소리의 모든 것 -』(송혜나 지음. 소나무, 2011)

『오케스트라 지휘(Art of instrumental conducting) - 관현악 지휘자를 위한 가
　　이드 북』(현동혁 지음. 예솔, 2011)

『음악을 연습하다 - 첼리스트를 위한 연습 지침서』(게르하르트 만텔 글, 김
　　채린 옮김. 오즈의마법사, 2012)

『음악학 원전강독』(홍정수 외 편역. 심설당, 2005)

『음악학』(홍정수 외 3인 공저. 심설당, 2014)

『음악학이란 무엇인가』(글렌 에이돈 지음, 서우석 옮김. 청한. 1989)

『자유롭고, 아름다운 음악 창작을 위한 Logic Pro 9』(최인영 저. Digital
　　Books, 2012)

『장구 : 노수환의 풍물 길라잡이』(노수환 지음. 조율, 2011)

『재즈 : 기원에서부터 오늘날까지』(개리 기딘스, 스콧 드보 저, 황덕호 옮
　　김. 까치, 2012)

『조선 지식인의 음악, 가곡 : 그 과거, 현재, 그리고 미래』(계명대학교 국학
　　연구원 편. 계명대학교 출판부, 2015)

『콘서트 기획과 제작 실무 : 대중음악공연』(김창훈 지음. 세광음악, 2012)

『프로툴즈 10 : Pro Tools 곧바로 활용하기』(최찬호 지음. 에프원북스, 2012)

『핑거스타일 우쿨렐레 입문 : 우쿨렐레의 새로운 세계!』(사토 마사야, SRM

편집부 번역. SRM, 2013)

『하우 투 랩 : 104명의 힙합 아티스트가 말하는 힙합 MC가 알아야 할 rap의
모든 것』 (폴 에드워즈 지음, 최경은 옮김. 한스미디어, 2011)

『하우 · 투 · 랩』 (폴 에드워즈 지음, 최경은 옮김. 한스미디어, 2014)

『한국 뮤지컬사(The history of Korean musicals: since 1941)』 (박만규 지음.
한울아카데미, 2011)

『Ableton Live 9 power! : the comprehensive guide』 (Jon Margulies. Cengage
Learning, 2014)

『K - pop : popular music, cultural amnesia, and economic innovation in
South Korea』 (John Lie. University of California Press, 2015)

『Refining sound : a practical guide to synthesis and synthesizers』 (Brian K.
Shepard. Oxford University Press, 2013)

## 사전 · 도록 · 핸드북 등

『국립민속국악원 20年 = 20th anniversary of Namwon National Gugak Center :
1992~2012』 (국립민속국악원 편. 국립민속국악원, 2013)

『국악기 연구 보고서 2013』 (국립국악원 편. 국립국악원, 2014)

『(국악박물관 소장) 국악 유물 도록』 (국립국악원 편. 국립국악원, 2011)

『왕실문화도감: 궁중악무 = The illustrated dictionary of the Joseon royal
culture: court music and dances』 (이홍주 · 전지예 원고. 국립고궁박물
관, 2014)

『The Oxford handbook of the American musical. edited by Raymond
Knapp』 (Mitchell Morris, Stacy Wolf. Oxford University Press, 2011)

## 연속간행물

『객석』(예음사, 1984~. 월간)

『낭만음악』(낭만음악사, 1988~. 계간)

『미학·음악학연구』(한국미학예술학회, 1991~. 반년간)

『월간 뮤즈』(월간뮤즈사, 1993~. 월간)

『음악과 민족』(민족음악학회. 1991~. 반년간)

『음악교육연구』(한국음악교육학회, 1956~. 월간)

『음악연구』(한국음악학회. 1982~. 연간)

『음악예술』(한국음악협회. 2006~. 계간)

『음악저널』(음악저널사, 1989~. 월간)

『음악춘추』(음악춘추사. 1995~. 월간)

『음악치료교육연구』(한국음악치료교육학회, 2004~. 반년간)

『피아노음악』(음연, 1982~. 월간)

『韓國音樂史學報』(韓國音樂史學會. 1988~. 월간)

『한국음악연구』(한국국악학회, 1974~. 반년간)


『Computer Music Journal』(MIT Press, 1977~. Q.)

『Journal of Music Theory』(Yale School of Music, 1957~. SM.)

『Journal of Music Therapy』(National Association for Music Therapy, 1964~. Q.)

『The Journal of Musicology: JM』(Imperial Printing, 1982~. Q.)

『Journal of Research in Music Education』(Music Educators National Conference, 1953~. Q.)

『The Music Review』(W. Heffer, 1940~. Q.)

『Music Teacher』(Evans Brothers, 1968~. M.)

『The Musical Quarterly』(G. Schirmer, 1915~. Q.)

『The Musical Times』(Orpheus, 1957~. M.)

『Neue Zeitschrift für Musik』 (B. Schott's Soehne, 1991~. M.)

『Notes : Quarterly Journal of the Music Library Association』 (Music Library Association, 1943~. Q.)

『Tempo』 (Boosey and Hawkes 1946~. Q.)


## 웹 정보원

국립국악원 〈http://www.gugak.go.kr/〉

국악놀이연구소 〈http://kukaknori.or.kr/〉

국제윤이상협회 〈http://www.yun-gesellschaft.de/〉

국제음악콩쿠르세계연맹 〈http://www.fmcim.org/〉

금호아트홀 〈http://www.musiana.com/〉

민족음악학회 〈http://www.musickorea.org/〉

벅스뮤직 〈http://www.bugs.co.kr/〉

전국타악연구소 〈http://www.taak.co.kr/〉

클래식 코리아 〈http://www.classickorea.co.kr/〉

한국국악교육연구학회 〈http://www.sskme.org/〉

한국국악학회 〈http://www.gugak.or.kr/〉

한국국악협회 〈http://www.kukakhyuphoe.or.kr/〉

한국대중음악상 〈http://www.koreanmusicawards.com/〉

한국서양음악학회. (1982) 〈http://www.musicology.or.kr/〉

한국아이국악협회 〈http://www.igukak.co.kr/〉

한국음악교육협회 〈http://www.kmes.or.kr/〉

한국음악사학회 〈http://www.skhm.or.kr/〉

한국음악저작권협회 〈http://www.komca.or.kr/〉

한국음악치료학회 〈http://www.musictherapy.or.kr/〉

한국음악콘텐츠산업협회 〈http://www.kmcia.or.kr/〉

한국음악협회 〈http://www.mak.or.kr/〉

American Guild of Musical Artists. 〈http://musicalartists.org/〉

American Music Center. 〈http://www.ame.net/〉

American Musician Union. 〈http://www.afm6.org/〉

IIMP FT(International Index to Music Periodicals Full-Text)

〈http://iimpft.chadvyck.com/〉

Imusicland 〈http://www.imusicland.com/〉

International Center for New Music (ICNM) 〈http://www.icnm.org/〉

Music Library Association. 〈http://www.musiclibraryassoc.org/〉

Society for American Music(SAM). 〈http://www.american-music.org/〉

Society for Music Theory(SMT) 〈http://www.societymusictheory.org/〉


## ◇ 무용학 정보원

### 안내서

『(아름다운 반세기) 무용가 채상묵』(채상묵 · 이지은 대담, 이지은 채록. 채
룬, 2011)

『기초 연기 수업: 연기의 원리와 실천』(안재범 지음. 연극과인간, 2013)

『김PD의 공연기획: 연극 · 무용 · 뮤지컬 · 오페라 · 발레 · 창극 공연기획 길
라잡이』(김순국 지음. 컬처플러스, 2011)

『김백봉: 신무용의 르네상스를 이루다』(서연호. 월인, 2014)

『댄스스포츠』(양은심. 글누림, 2010)

『무용 사색: 사이와 거리: 무용이란 무엇인가?』(한혜리. 한학문화, 2011)

『무용, 동작 심리치료의 이론과 실제』(김인숙 지음. 이담북스, 2012)

『무용교육과정』(육완순, 이희선. 스포츠북스, 2013)

『무용동작치료: 치유의 예술』(Fran J. Levy 지음, 고경순 외 공역. 시그마프레스, 2012)

『무용동작학습의 이론과 실제』(백정희 지음. 한양대학교 출판부, 2012)

『무용비평의 이해와 접근』(황인주 지음. 한국학술정보, 2012)

『무용예술코드』(김말복 지음. 한길아트, 2011)

『민속무용의 이론과 실제』(신의식 지음. S엔D, 2009)

『발레의 기초이론과 실기』(카를로 블라시스 지음, 김순정 옮김. 써네스트, 2010)

『쉽게 이해할 수 있는 레크리에이션』(정용우 지음. 대경북스, 2013)

『신체조 교본』(현대레저연구회. 태을출판사, 2010)

『안무법-즉흥을 활용한 기본적 접근』(산드라 커니 민튼, 한국학술정보, 2013)

『에어로빅 운동이론과 실제』(박상욱 · 김재우 지음. 스포츠북스, 2011)

『여가학』(노용구 지음. 대경북스, 2006)

『재미있는 서양무용사』(박경숙. 공주대학교 출판부, 2013)

『정의숙 전미숙 안은미의 춤 : 한국춤 백화제방의 세 꼭지점』(김승현 지음. 늘봄, 2011)

『조선궁중무용』(이흥구 지음. 열화당, 2000)

『종묘제례악 일무의 왜곡과 실제』(이종숙 지음. 민속원, 2012)

『창작무용 학습지도』(이영숙 지음. 금광, 2013)

『崔承喜평전: 1911~1969 :한류 제1호 무용가 최승희의 삶과 꿈』(강준식 지음. 눈빛출판사, 2012)

『춤으로 삶의 집을 짓다: 한국적 현대무용가 김복희』(김복희 지음. 이담 Books, 2013)

『춤을 빛낸 아름다운 남성 무용가들』(심정민 지음. 북쇼컴퍼니, 2011)

『춤의 찬가: My life & my dance: 나의 춤인생 60년』(구본숙 지음. 눈빛,

2012)

『춤창작을 위한 지침서』 (김신일·이찬주 공저. 공주대학교출판부, 2014)

『한국 공연예술의 흐름: 연극·무용·음악극 : 고대에서 현재까지. 개정증보판』 (이두현 외 공저. 현대미학사, 2013)

『한국무용사(역사의 흐름을 통한)』 (이영란. 스포츠북스, 2013)

『한국의 춤』 (김매자. 대원사, 2003)

『현대무용 안무론』 (도리스 험프리 지음, 송린 옮김. 현대미학사, 2012)


『The body of the people: East German dance since 1945』 (Jens Richard Giersdorf. The University of Wisconsin Press, 2013)

『Dance and movement sessions for older people: a handbook for activity coordinators and carers』 (Delia Silvester. Jessica Kingsley Publishers, 2014)

『The dance of reality: a psychomagical autobiography』 (Alejandro Jodorowsky ; translated by Ariel Godwin. Park Street Press, 2014)

『Introduction to modern dance techniques』 (Joshua Legg. Princeton Book Co., 2011)

『The place of dance: a somatic guide to dancing and dance making』 (Andrea Olsen. Wesleyan University Press, 2014)


## 사전류

『댄스스포츠사전(Dance sports dictionary)』 (도훈 편집부 편. 도훈, 2014)

『舞踊 評論 活動 資料集: 1968~2013』 (이병임 지음. Los Angeles: Dpro-LAB, 2014)

『한국무용사전(Korean dance dictionary)』 (도훈 편집부 편. 도훈, 2014)

## 연속간행물

『객석』 (예음, 1984~. 월간)

『몸』 (무용예술사, 1993~. 월간)

『무용예술학연구』 (한국무용예술학회, 1998~. 격월간)

『무용한국』 (무용한국사, 1968~. 간행빈도 다양)

『민족무용』 (세계민족무용연구소, 2002~. 반년간)

『우리춤 연구』 (우리춤연구소, 2005~. 반년간)

『춤』 (금연재, 1976~. 월간)

『춤, 이미지』 (한국현대무용진흥회, 1989~. 계간)

『한국무용기록학회지』 (한국무용기록학회, 2001~. 반년간)


『Ballet Review』 (Dance Research Foundation, 1965~. Q.)

『Dance Chronicle』 (Marcel Dekker, 1977~. 3/yr.)

『Dance Magazine』 (DANAD, 1927~. M.)

『Dance Research Journal』 (Congress on Research in Dance, 1974~. SA.)

『Dance Research : the Journal of the Society for Dance Research』 (The
　　　Society for Dance Research, 1983~. SA.)

『Dancing Times』 (Dancing Times, 1984~. M.)

『Modern Dance and Dancer』 (Pritchard & Pickett, 1934~. M.)

『Theatre, Dance and Performance Training』 (Taylor & Francis, 2010~. 3/yr.)


## 웹 정보원

국립무용단 〈http://www.ntok.go.kr/dance〉

국립발레단 〈http://www.kballet.org/〉

대한무용학회 〈http://www.ksdance.org/〉

서울발레씨어터 〈http://www.ballet.or.kr/〉

서울시립무용단 〈http://www.smdance.or.kr/〉

아카당스 〈http://cafe.naver.com/acadance〉

예술경영지원센터 〈http://www.gokams.or.kr/〉

예술의 전당 〈http://www.sac.or.kr/〉

이상댄스 〈http://www.esangdance.net/〉

창무예술원 〈http://www.changmu.co.kr/〉

춤추는거미 〈http://www.dancingspider.co.kr/〉

한국무용과학회 〈http://www.dancescience.or.kr/〉

한국무용교육학회 〈http://www.kdes.or.kr〉

한국무용기록학회 〈http://www.ksdd.org/〉

한국무용예술학회 〈http://www.krsds.com/〉

한국무용지도자협회 〈http://www.kdla.or.kr/〉

한국무용협회 〈http://www.dancekorea.org/〉

한국문화예술교육진흥원 〈http://lms.arte.or.kr/〉

한국문화예술위원회 〈http://www.arko.or.kr/〉

한국발레연구학회 〈http://balletkorea.org/〉

한국발레협회 〈http://www.koreaballet.or.kr/〉

한국벨리댄스협회 〈http://www.koreabelly.com/〉

한국의 집 〈http://www.koreahouse.or.kr/〉

한국재즈댄스협회 〈http://www.kjda.org/〉

한국현대무용진흥회 〈http://www.moderndance.co.kr/〉

한국현대무용협회 〈http://www.modako.co.kr/〉

American Ballet Ccompetition 〈http://www.adcibc.com/〉

American Ballet Theatre 〈http://www.abt.org/default.aspx〉

Association for the American Dance

⟨http://www.americancountrydanceassociation.com/⟩

Birmingham Royal Ballet ⟨http://www.brb.org.uk/⟩

Bolshoi Ballet Academy ⟨http://www.bolshoiballetacademy.com/⟩

Congress on Research in Dance (⟨http://www.cordance.org/⟩

Dance Critics Association ⟨http://www.dancecritics.org/⟩

Dance Masters of America Orlando ⟨http://www.dma-national.org/⟩

World Dance Alliance ⟨http://www.wda-americas.net/⟩

World Dance Council ⟨http://www.dancewdc.org/⟩


## ◇ 체육학 정보원

### 안내서

『사회체육학 총론』 (위성식 · 권연택 지음. 대경북스, 2010)

『생활체육학 총론』 (김혁출 · 심성섭 지음. SSUPRESS, 2014)

『스포츠 과학으로서의 운동역학』 (하철수 · 영림 지음. 형설출판사, 2014)

『스포츠 의 · 과학 통계분석』 (남상석 지음. 한나래아카데미, 2015)

『스포츠과학 연구방법론(개정판)』 (김경식 지음. 레인보우북스, 2010)

『스포츠과학이 경기력 향상에 미치는 사례 연구 (체육과학연구원의 스포츠
　　과학 지원 사례를 중심으로)』 (김영수 지음. 체육과학연구원, 2011)

『스포츠의 자연과학적 기초』 (김기진 외 7인 지음. 계명대학교출판부, 2013)

『이것이 스포츠 과학이다 』 (하철수 지음. 형설출판사, 2012)

『인문체육학의 시선』 (이학준 지음. 북스힐, 2009)

『체력의 발달 : 현대의체육 스포츠과학』 (송포의행 지음, 남병집 · 박홍식 옮
　　김. 금광미디어, 2015)

『체육 스포츠와 건강과학』 (서영환 지음. 대경북스, 2010)

『체육과 스포츠과학을 위한 체육학연구법』 (김종택 외 4인 공저. 레인보우
　　북스, 2007)
『체육학 개론』 (조창모 외 3인 공저. 빅북, 2014)
『체육학 개론』 (진성태 지음. 대경북스, 2013)
『체육학 개론』 (최종삼 · 손수범 공저. 21세기교육사, 2012)
『체육학 연구법』 (이강평 외 4인 공저. 금광미디어, 2015)
『체육학 통계실습: 기초편 (개정판 2판)』 (오수학 · 김병준 공저. 레인보우북
　　스, 2010)
『체육학의 철학적 이해』 (이정학 지음. 한국학술정보, 2011)
『특수체육학의 이해 (2판)』 (박기용 외 6인 공저. 영남대학교출판부, 2013)


## 사전류

『스포츠의학 운동과학대사전』 (편집 포럼 지음. 대경북스, 2005)
『체육학대사전(체육 룰 지도자편)』 (김창환 외 공저. 민중서관, 2000)
『체육학대사전(학술용어편)』 (이태신. 민중서관, 2000)
『한국체육과학연감(2015)』 (편집부. 한국스포츠연구원, 2014)


## 연속간행물

『IJASS : International Journal of Applied Sports Science(영문판)』 (한국스포
　　츠개발원, 반년간)
『스포츠과학』 (한국스포츠개발원, 계간)
『체육과학연구』 (한국 스포츠개발원, 계간)
『한국사회체육학회지』 (한국사회체육학회)
『한국스포츠교육학회지』 (한국스포츠교육학회)
『한국스포츠사회학회지』 (한국스포츠사회학회)

『한국체육과학회지』(한국체육과학회)

『한국체육학회지』(한국체육학회, 격월간)

『한국스포츠심리학회지』(한국스포츠심리학회지)


## 웹 정보원

국민체육진흥공단 〈http://www.kspo.or.kr/〉

한국사회체육학회 〈http://www.kssls.org/Treatise/howto.jsp〉

한국스포츠개발원 〈http://www.sports.re.kr/〉

한국스포츠교육학회 〈http://kasp.sportskorea.net/〉

한국스포츠사회학회 〈http://www.ksss.org/〉

한국체육과학회 〈http://www.iksss.or.kr/modules/doc/index.php?doc=intro〉

한국체육대학교 〈http://www.knsu.ac.kr〉

한국체육산업개발주식회사 〈http://www.ksponco.or.kr/〉

한국체육학회(사) 〈http://www.kahperd.or.kr/〉

한국스포츠심리학회 〈http://www.kssp.or.kr/〉

## 바

## 사

## 자

## 차

## 이종권(李鐘權)

성균관대학교 대학원 문헌정보학과 석·박사과정 졸업(문학박사)
전 건국대학교 강의교수, 제천기적의도서관 관장
현 서울 문정작은도서관 관장, 성균관대학교·상명대학교·대림대학교 평생교육원 강사
E-mail : 450345@hanmail.net
블로그 : http//bellpower.tistory.com

### 주요저서

『도서관경영학원론』(문헌, 2011)
『명품도서관경영』(문헌, 2011
『장서개발관리론』(Peggy Johnson 지음, 이종권·노동조 공역. 문헌, 2012)
『문헌정보학이란 무엇인가』(문헌, 2014)
『도서관경영론』(공저. 글로벌콘텐츠, 2014)
『공공도서관서비스경영론』(공저. 문헌, 2014)

### 주요논문

「공공도서관 서비스 질 평가모델 연구」(한국학술정보(주), 2001)
「우리나라 사서직의 평생교육 체계에 관한 연구」(2007)
「공공도서관 어린이문학 이용 활성화 방안」(2009)
「공공도서관의 평생교육 프로그램 체계화방안 연구」(2011)


## 백항기(白恒基)

성균관대학교 대학원 문헌정보학과 졸업(문학박사)
숙명여자대학교 도서관 정년퇴직
현 대림대학교, 숭의여자대학교 평생교육원 강사
E-mail : hkpaik@sm.ac.kr

### 주요저서

『한국십진분류법 제4판』(공저. 한국도서관협회, 1996)
『개정4판 한국십진분류법 해설』(공저. 한국도서관협회, 2011)
『대학도서관 평가제도 개선에 관한 연구』(공저. 한국교육학술정보원, 2005)
『전자저널 라이선스 계약 사례연구』(공저. 한국사립대학도서관협의회, 2007)
『문헌분류론(개정판)』(공저. 조은글터, 2011)
『도서관의 전략과 미래』(공저. 한국학술정보(주), 2012)

### 주요논문

「대학도서관 평가제도의 문제점과 개선방안」(1995)
「대학도서관 서비스 질의 구성요소」(공저. 2000)
「대학도서관 서비스에 대한 고객만족도 분석」(2001)
「대학도서관의 과제와 대책」(공저. 2006)

# 인문과학 정보원
## Key Information Resources of Humanities & Arts

2015년 9월 15일   초판 인쇄
2022년 8월 10일   2쇄 발행

지은이  이종권 · 백항기 공편
펴낸이  한 신 규
편 집  안 혜 숙
펴낸곳  **문현출판**
주 소  05827 서울시 송파구 동남로 11길 19(가락동)
전 화  Tel. 02) 443 - 0211, Fax. 02) 443 - 0212
E-nail  mun2009@naver.com
등 록  2009년 2월 23일(제2009 - 14호)

ISBN   978-89-94131-91-7  93020   정가 25,000원